Ursula Prutsch, Enrique Rodrigues-Moura
Brasilien. Eine Kulturgeschichte

Amerika ··· Kultur – Geschichte – Politik
Band 5

Die Reihe **Amerika: Kultur – Geschichte – Politik** wird herausgegeben von Christof Mauch, Michael Hochgeschwender, Anke Ortlepp, Ursula Prutsch und Britta Waldschmidt-Nelson.

Ursula Prutsch (Prof. Dr.) lehrt Geschichte Lateinamerikas und der USA an der Universität München. Ihre Forschungsschwerpunkte sind Brasilien und Argentinien.

Enrique Rodrigues-Moura (Prof. Dr.) lehrt am Institut für Romanistik der Universität Bamberg und forscht im Bereich der iberoromanischen transatlantischen Beziehungen.

Ursula Prutsch, Enrique Rodrigues-Moura

Brasilien

Eine Kulturgeschichte

[transcript]

Bibliografische Information der Deutschen Nationalbibliothek

Die Deutsche Nationalbibliothek verzeichnet diese Publikation in der Deutschen Nationalbibliografie; detaillierte bibliografische Daten sind im Internet über http://dnb.d-nb.de abrufbar.

© 2013 transcript Verlag, Bielefeld

2., unveränderte Auflage 2014

Umschlaggestaltung: Kordula Röckenhaus, Bielefeld
Umschlagabbildung Cover: Ursula Prutsch: Mulheres na orla de Copacabana (bearbeitete Digitalfotografie). Rio de Janeiro, 2009.
Umschlagabbildung Rückseite (von oben nach unten):
Rafa Ferretti: Manifestação em Porto Alegre: Bandeira do Brasil na Borges de Medeiros (Digitalfotografie). Porto Alegre, 24. Juni 2013. Rafa Ferretti: Casa colonial em Cambará do Sul (Digitalfotografie). Cambará do Sul, Rio Grande do Sul, 2011. Mapa de São Salvador (Amsterdam, o.A., um 1624). Acervo da Fundação Biblioteca Nacional – Brasil.
Lektorat: Ursula Prutsch, Enrique Rodrigues-Moura
Satz: Michael Rauscher, Katharina Scheffner
Druck: CPI – Clausen & Bosse, Leck
ISBN 978-3-8376-2391-8

Gedruckt auf alterungsbeständigem Papier mit chlorfrei gebleichtem Zellstoff.
Besuchen Sie uns im Internet: *http://www.transcript-verlag.de*
Bitte fordern Sie unser Gesamtverzeichnis und andere Broschüren an unter: *info@transcript-verlag.de*

Inhalt

Vom Stolz auf das Vaterland
und von tiefer Traurigkeit – Vorwort

Im Jahr 1990 war Brasilien nahezu bankrott. Zwanzig Jahre später gilt Lateinamerikas größter Staat als energische Supermacht, die sich anschickt einen Platz im Olymp der Industrienationen zu erkämpfen. Ist dies ein zufälliges Zusammenspiel eigener und globaler Entwicklungen oder wurde Brasilien vielleicht aus europäischer Sicht unterschätzt und bestenfalls als Schwellenland schubladisiert? Wir stellten uns die Frage, warum Portugals vormals größte Kolonie nach außen so selbstsicher auftritt. Ist dies das Resultat einer kurzen Entwicklung oder vielleicht eines langen historischen Prozesses?

Dass der portugiesische Thronfolger mit seinem Gefolge vor Napoleon nach Brasilien floh und sich das Machtverhältnis zwischen Zentrum und Kolonie deshalb umzudrehen begann, ist weltweit einzigartig. Im Gegensatz zum spanischen Kolonialreich löste sich Brasilien nicht durch jahrelange Revolutionen vom Mutterland und zerfiel dabei in Republiken. Es blieb intakt – als Monarchie, als Kaisertum, das Revolten und Autonomiebedürfnisse blutig niederschlagen ließ. Bereits im 19. Jahrhundert beanspruchte Brasilien eine Sonderstellung in den Amerikas. Es präsentierte sich als »Koloss im Süden«, der den USA zwar nicht ebenbürtig war, wohl aber den zweiten Rang für sich reklamierte. Gleichzeitig hielten seine Eliten an der menschenverachtenden Sklaverei bis zum Jahr 1888 fest. Und verschrieben sich der Philosophie von »Ordnung und Fortschritt« derart, dass sie *Ordem e Progresso* sogar auf ihre gelb-grüne Flagge heften ließen, eines der stärksten Symbole des südamerikanischen Staates.

Seine territoriale Ausdehnung, die gerettete politische Einheit und eine lange Tradition pragmatischer Außenpolitik sind wesentliche Gründe für Brasiliens heutige Machtposition. Nationale Einheit wurde lange mit kultureller Einheitlichkeit gleichgesetzt. Deshalb ging die Nationswerdung auch mit der Bekämpfung und Verfolgung afrikanischer und indigener Kulturen einher, deren »Rückschrittlichkeit« von Rassentheoretikern »wissenschaftlich bezeugt« wurde. Trotzdem überlebten regionale Lebensweisen und -welten, jene der

Gaúchos im Süden, der *nordestinos* im Nordosten, der Afro-Brasilianer gerade in Bahia und der Indios, nicht nur am Amazonas.

Das Interesse an Brasilien ist im deutschsprachigen Raum deutlich gestiegen. Es zeigt sich zum einen in politikwissenschaftlichen Untersuchungen über Chancen und Risiken des rasanten politischen Aufstiegs. Zum anderen bestimmen Reiseerzählungen über Samba, Karneval und die Gefährlichkeit von Favelas, aber auch viele und zu Recht alarmierende Berichte über Umweltzerstörung und die Bedrohung indigener Lebensräume das gegenwärtige Brasilienbild. Die Gesellschaft ist noch immer von Mangel und Privilegien geprägt. Die Metropole São Paulo mit ihren 25 Millionen Einwohnern glänzt als bedeutendes Bankenzentrum. In der Flugzeug- und Satellitenindustrie, bei der Ethanol-Erzeugung ist Brasilien führend, doch der Mindestlohn beträgt gerade einmal 200 Euro. Zwischen der (Un-)Möglichkeit des sozialen Aufstiegs und der Hautfarbe besteht noch immer ein enger Zusammenhang. Trotzdem hielt sich der Mythos der »Rassendemokratie«, vom konfliktfreien Schmelztiegel indianischer, afrikanischer und europäischer Elemente, sehr lange.

Diese Gegensätze spiegeln sich auch in zwei großen Erzählungen wider, die stets präsent sind: dem Optimismus künftiger Größe, angetrieben vom Motor der Ordnung und des Fortschritts, und dem Pessimismus des drohenden Scheiterns – angesichts der Kluft zwischen Großstadt und Hinterland, zwischen vielen hehren Vorsätzen und manch korrupter Praxis. Der Flugpionier Santos Dumont und der Formel 1-Held Ayrton Senna, die Meister des Fußballs Garrincha und Pelé, die künstlerischen Avantgarden nähren die Erzählung vom »Stolz auf das Vaterland«. Diese kippt umso rascher in tiefe kollektive Trauer: wenn die Fußball-WM verloren wird, Ayrton Senna tödlich verunglückt, wenn politische Korruption und Drogen-Gewalt unerträglich werden. Dann wird Brasilien zum »Land ohne Eigenschaften« und die literarische Figur des Macunaíma zum »Held ohne jeden Charakter«.

Bislang existiert keine Kulturgeschichte Brasiliens auf dem deutschsprachigen Buchmarkt, die seine kulturelle Vielschichtigkeit in den Vordergrund stellt und den Avantgarden in Wissenschaft, Kunst und Kultur Rechnung trägt. Dazu zählt der von Sklaven geschaffene Kolonialbarock Bahias. Dazu gehört die »kannibalische Bewegung«, deren Vertreter ironisch mit ihrer Forderung »Tupi or not Tupi«, das sei die Frage, dazu aufriefen, Europa nicht mehr zu kopieren. Wir legen dar, warum schwarze Fußballer in noblen Clubs zunächst mit weißgeschminkten Gesichtern spielen mussten und warum *candomblé* und Capoeira lange verboten waren, bevor sie in die Nationalkultur integriert wurden. Wir wollen zeigen, dass Favelas keineswegs nur Orte sind, in denen Gangs und Drogen zirkulieren, sondern ein global vernetzter Mikrokosmos, der inspirierende Musik und Literatur hervorbringt.

Der vorliegende Band bietet eine Kulturgeschichte Brasiliens, die Mythen hinterfragt und die Vielfalt des Landes beschreibt. Sie basiert zum Großteil auf eigenen langjährigen Forschungen und Publikationen. Wir sind uns bewusst, dass der Beginn unserer historischen Erzählung, die Entdeckung Brasiliens durch portugiesische Seefahrer, ein sehr klassischer ist. Gerade Anthropologen würden uns dafür kritisieren. Wir wissen, dass Brasilien vor 1498 nicht geschichtslos war; doch würden wir uns mit der Geschichte davor auf ein Terrain begeben, für dessen Analyse uns die Kompetenzen fehlen. Wir halten es nicht mit Stefan Zweigs Bemerkung, der sagte: »Nichts ist so sehr typisch für den Brasilianer, als daß er ein geschichtsloser Mensch oder zum mindesten einer mit einer kurzen Geschichte ist«. Im Gegenteil, 515 Jahre sind eine lange Geschichte.

Ursula Prutsch und Enrique Rodrigues-Moura

München und Wien
Bamberg und Porto Alegre im Sommer 2013

Entdeckungen – Brasil-Holz und Edle Wilde

Im Jahre 1498 sah Duarte Pacheco Pereira von seinem Schiff aus Land. Es war das heutige Brasilien. Der portugiesische König Dom Manuel hatte den versierten Seefahrer ausgesandt, um das Gebiet zu erkunden, das ihm nach dem Vertrag von Tordesillas vier Jahre zuvor zugewiesen worden war. Dieser wahrscheinlich erste europäische Blick auf Brasilien kommt bislang in der offiziellen Geschichte des Landes nicht vor. Als sein Entdecker galt bis heute Pedro Álvares Cabral. Seine Flotte von 13 Karavellen ankerte am 22. April des Jahres 1500 in einer weitläufigen Bucht des heutigen Bundesstaates Bahia.

Portugal, der exponierteste Staat in Europa, hatte sich im 15. Jahrhundert unter der Regentschaft von Heinrich »dem Seefahrer« zur führenden Seemacht mit modernen nautischen Kenntnissen entwickelt und Lissabon in den Rang einer europäischen Handelsmetropole erhoben. Dort sammelte der deutsche Kartograph Martin Beheim Daten für seinen ersten Globus. Man wusste nicht erst seit Kolumbus, sondern schon seit dem Hochmittelalter, dass die Erde rund und keine Scheibe ist, allerdings unterschätzte man noch ihre Größe und hatte unterschiedliche Auffassungen von ihrer Beschaffenheit.

Um Handelsrouten nach Asien, um Faktoreien und Gewürzmonopole wurde ein zäher Wettbewerb geführt. In den europäischen Seemächten hatte Portugal früh ambitionierte Konkurrenten. Dass mit Christoph Kolumbus ein Genuese im Dienst der spanischen Könige 1492 auf Hispaniola landete (heute die Dominikanische Republik und Haiti), störte die machtpolitischen Ambitionen der portugiesischen Herrscher. Sie protestierten gegen den spanischen Anspruch auf »Indien«, ohne es auf diesem Wege schon selbst erreicht zu haben. Kolumbus wollte übrigens zeitlebens nicht wahrhaben, dass er Gebiete eines bis dahin unbekannten Kontinents betreten hatte. Um den Konflikt zwischen Spanien und Portugal beizulegen, wurde der Papst um einen Schiedsspruch gebeten. Und Portugal fühlte sich aufgrund anderer Entscheidungen des Heiligen Stuhls und eines Vertrags mit Spanien im Recht.

Denn Heinrich »der Seefahrer« war der Großmeister einer Christusmiliz gewesen. Ihr hatte Papst Eugen IV. alle entdeckten und noch zu entdeckenden Inseln auf dem Weg nach Indien zugesprochen. Die Portugiesen waren auf Madeira, Porto Santo, den Azoren, São Tomé und den Kapverden gelandet; 1486 hatte Bartolomeu Dias das afrikanische Kap der Guten Hoffnung umfahren. Die Motive für die Expeditionen und Landnahmen waren vielfältig. Es war der Geist der Reconquista, der Wiedereroberung christlicher Territorien, die an die Araber, die Mauren, gefallen waren. Dazu kamen wissenschaftliche Neugierde, die Suche nach handelstauglichen Waren, nach Gold und Getreide, nach bebaubarem Land, das für Zuckerplantagen geeignet wäre.

Die politischen und wirtschaftlichen Gründe wurden mit der Christianisierung von »Heiden« verbunden. Deren Expansionsbestrebungen galt es zu unterbinden. Und durch einige Papstbullen hatten die Portugiesen schon im Vorhinein den höchsten christlichen Segen für ihre Ambitionen erhalten. Mit ihren Fahrten entlang der afrikanischen Küste erarbeiteten sie sich binnen kurzem ein profundes Wissen über Navigation und Standortbestimmungen, über die Beschaffenheit der damals bekannten Welt, das sie an manchem Wissen, wie es die Bibel vermittelte, zweifeln ließ. Die Wahrnehmung der äußeren Welt war komplex geworden.

Als die Portugiesen erstmals den Äquator passierten, war eine Orientierung nach dem Polarstern nicht mehr möglich. Wenn sie ihn nicht mehr sahen, nahmen sie die Sonne zum Fixstern ihrer atlantischen Berechnungen. Dafür benützten sie das arabische Astrolabium, das sie für ihre Zwecke grundlegend weiterentwickelten. Es wird *astrolábio náutico* genannt. Nur war die Standortbestimmung auf dem unruhigen Meer sehr fehleranfällig, weshalb die Seefahrer an der afrikanischen Küste immer wieder an Land gingen, um ihre Position nach dem jeweiligen Sonnenstand möglichst exakt zu bestimmen. Dies sollte dann auch Cabral in Brasilien tun. Er vermaß sich nach heutigen Gesichtspunkten nur wenig.

Mit seiner Kunst des Navigierens war Portugal nicht allein, sondern hatte in Kastilien (später Spanien) einen Konkurrenten. Beide hatten sich mehr als ein Jahrzehnt vor Kolumbus' Überquerung des Atlantiks durch den Vertrag von Alcáçovas das Meer aufgeteilt, das sie kannten. Madeira, die Azoren und die Kapverden gehörten Portugal, die kanarischen Inseln dem Königtum Kastilien. Dieses versprach, nicht weiter südlich gegen Afrika zu segeln als bis zum 27. Breitengrad. Das bedeutete allerdings für die Indienfahrten, dass Christoph Kolumbus' Entdeckungen portugiesisches Territorium sein konnten. Als der Genuese von seiner spektakulären Reise zurückkehrte, landete er mit einem seiner beiden Schiffe in Lissabon. Vom portugiesischen König ehrenvoll empfangen, wurde er darüber informiert, dass diese Leistung und das neue Land Portugal zustünden. Das zweite Schiff von Kolumbus ankerte allerdings in Galizien, das zu Spanien gehörte, und brachte den Katholischen Königen rasch die erfolgreiche Nachricht, er habe einen anderen Weg nach Indien gefunden. Sofort überdachten die Katholischen Könige ihren alten Vertrag mit Portugal und wandten sich an den Papst, einen geborenen Spanier. Es war ein Heimvorteil. In einer Reihe von fünf Bullen bot er ihnen eine Teilung des Atlantiks zugunsten Spaniens an.

Die Entscheidung wollte Portugal nicht akzeptieren, weil es für seine geplanten Indienfahrten die atlantischen Winde nur ausnutzen konnte, wenn es ab der Höhe des afrikanischen Guinea in einem ausgedehnten Bogen Richtung Südwesten segelte, die sogenannte *volta do Brasil*. Zwar war die Strecke nach Seemeilen länger, aber dank der günstigen Winde zeitlich um vieles kürzer. In der Höhe des Kaps der Guten Hoffnung steuerten die Seeleute dann wieder Richtung Osten, um es direkt zu umfahren. Der politische Nachteil dieser Route war, dass die Portugiesen nach den päpstlichen Entscheidungen durch spanische Gewässer gesegelt wären.

Nach einer zähen einjährigen Debatte einigten sich die beiden iberischen Mächte schließlich im Jahr 1494. Sie unterzeichneten den Vertrag von Tordesillas. Die Grenzlinie verlief 370 leguas westlich der Kapverdischen Inseln von Norden nach Süden. Das ist ungefähr der 46. Längengrad. Der westliche Teil – praktisch der gesamte amerikanische Kontinent – sollte Spanien gehören und nur ein kleiner östlicher Teil, der etwa einem Drittel des heutigen Brasilien entspricht, den Portugiesen. Dennoch war es eine zufriedenstellende Lösung für Portugal. Es wollte eine möglichst effiziente Reiseroute nach Indien finden, ohne seine eigenen Gewässer verlassen zu müssen. Dass die Linie durch einen neuen Kontinent gehen würde, war damals weder den Spaniern noch den Portugiesen bewusst.

Drei Jahre nach der Unterzeichnung des Vertrags von Tordesillas erkundete Vasco da Gama den Seeweg nach Indien. Vermutlich hatte er kein Festland gesehen, als ihn die *volta do Brasil* knapp an Brasilien vorbeiführte. Vielleicht gab es Anzeichen von Landnähe. Denn ein Jahr später sandte Dom Manuel den Seefahrer Duarte Pacheco Pereira aus, damit er herausfinde, wie die Gewässer beschaffen seien, die Portugal gehörten. Womöglich, so vermutete man, gebe es ja auch dort Land. Der Navigator schrieb seinen Bericht *Esmeraldo de Situ Orbis* an den König erst ein paar Jahre später nieder, auf Portugiesisch:

Im dritten Jahr Eurer Regentschaft, im Jahr 1498, als Ihre Hoheit mich beauftragte, den westlichen Teil zu entdecken, auf die andere Seite des breiten Ozeans zu segeln, wo ein so großes Festland gefunden und gesehen wurde, mit vielen und großen Inseln [...] und diese Größe erweiterte und verlängerte sich noch sehr, dass weder das Ende der einen Seite noch der anderen Seite in Sicht war.[1]

---

1 | Duarte Pacheco Pereira, »Esmeraldo de Situ Orbis« (Livro I, Capítulo 2), in A Travessia do Mar Oceano. A viagem ao Brasil de Duarte Pacheco Pereira em 1498, ed. Francisco Contente Domingues (Lisboa: Tribuna, 2011), 92.

Zu jener Zeit konkurrierten zwei Sichtweisen über die Welt. Die eine stellte sich die Erde als eine riesige von Wasser umspülte Landmasse vor. Die etwas neuere hingegen hielt sich an die Interpretation von Ptolemäus. Er behauptete, dass inmitten einer unregelmäßigen Landmasse das Meer liege. Duarte Pacheco Pereira glaubte an diese zweite. Nach seiner Entdeckung meinte er sie sogar wissenschaftlich zu beweisen. So schrieb er überzeugt:»Die Erfahrung, die die Mutter der Dinge ist, befreit uns und zwar von jedem Zweifel, der uns plagt.«[2] Somit lagen beide, Christoph Kolumbus wie Duarte Pacheco, falsch. Der erste starb im Glauben, dass er einen Teil Indiens betreten hatte. Der zweite glaubte am Ende der Welt gewesen zu sein.

Pedro Álvares Cabral, der offizielle Entdecker Brasiliens, kam mit seiner Flotte auf dem Weg nach Indien wohl nicht, wie lange angenommen, vom geplanten Kurs ab und driftete zufällig immer weiter in Richtung Südwesten. Seine Flotte nahm einen, Duarte Pacheco ähnlichen, Kurs und erreichte am 22. April 1500 Brasilien. Rasch kam die Mannschaft mit den ersten Indios ihres Lebens in Kontakt.»Von Bord aus konnten wir Menschen am Strande erkennen, vielleicht sieben oder acht«, notierte sein Zahlmeister Pêro Vaz de Caminha.»Braun, nackt, ohne irgendwie die Schamteile zu verdecken, hielten sie in den Händen Bogen und Pfeile. So liefen sie geradewegs auf das Boot zu.«[3] Die Indios attackierten nicht, eine sichere Anlegestelle für die Flotte war bald gefunden und Porto Seguro benannt. Ein paar Tage später feierten die Abenteurer ihre erste Messe und tauften das Territorium»Land des Wahren Kreuzes«. Vaz de Caminha, der in Indien sein Leben verlieren sollte, hinterließ mit seinem Brief vom 1. Mai 1500 das Gründungsdokument Brasiliens:

[Ob] sich darin Gold oder Silber, irgendein Metall oder Eisen findet, können wir heute noch nicht wissen, auch sahen wir es nicht. Jedoch hat das Land eine ausgesprochen gute Luft [...] Gewässer gibt es auch viele, unendliche. Und deshalb ist es erfreulich, dass, wenn man es nutzen will, sich hier alles findet, wegen der Gewässer, die es hat. Doch der beste Nutzen, den man ihm bieten kann, scheint mir die Rettung dieser Leute zu sein. Und dies sollte das erste Samenkorn sein, das Ihre Hoheit in ihm pflanzen möge.[4]

Rasch rafften die Portugiesen indianische Gerätschaften, Meerkatzen, Papageien und exotische Hölzer zusammen, beluden ein Schiff und sandten es nach Lissabon zurück. Die anderen setzen ihren Weg nach Indien fort. Was die in-

2 | Luís Filipe Barreto, Descobrimentos e renascimento. Formas de ser e pensar nos séculos XV e XVI (Lisboa: Imprensa Nacional-Casa da Moeda, 1982), 244.

3 | Pêro Vaz de Caminha, Carta a El-Rei D. Manuel. Edição de Manuel Viegas Guerreiro (Lisboa: Imprensa Nacional-Casa da Moeda, 1974).

4 | Vaz de Caminha, Carta a El-Rei D. Manuel.

digenen Brasilianer von diesem Verhalten hielten, ist nicht überliefert. Denn ihre Kulturen und Erzähltraditionen kannten keine Schriftlichkeit. Das Land des Wahren Kreuzes, ein paar Jahre später nach dem ersten Exportprodukt, dem Brasil-Holz, benannt, war um 1500 von etwa fünf Millionen Indios bewohnt. Skelettfunde und Feuerspuren in Höhlen lassen auf eine 30.000-jährige Siedlungsgeschichte schließen. Im Gegensatz zu den Hochkulturen in Mexiko und im Andenraum sind jedoch weder Spuren monumentaler Baukunst noch schriftliche Aufzeichnungen erhalten.

Die Indigenen Brasiliens waren Ackerbauern und verlegten aufgrund ihrer Anbaumethoden regelmäßig ihre Wohnsitze. Sie lebten in kleinen politischen Einheiten mit Gemeinschaftseigentum und Arbeitsteilung zwischen Männern und Frauen. Indigene Völker tauschten auch Frauen, Objekte und Wissen mit anderen Stämmen. Das bedeutet, dass auch ihre Kulturen sich immer wieder veränderten. Ihre Gesellschaften hatten hierarchische Strukturen mit Häuptlingen und Schamanen, ihren religiösen und heilkundigen Autoritäten. Ihnen war das Tragen der bunten »Federkronen« vorbehalten, der begehrten Sammelobjekte europäischer Adeliger. Die Tupinambá und Tupiniquin – sie gehörten beide zur Tupi-Guarani-Sprachfamilie – waren die ersten indigenen Völker Brasiliens, mit denen die Europäer Kontakt aufnahmen.

Vaz de Caminha zeichnet einen wahren Garten Eden, ein tropisches Paradies nackter Unschuld und indianischer Harmonie zwischen wohlgestalteten Menschen. Historiker hoben angesichts vieler Berichte über kannibalische »Wilde« die außergewöhnlich kulturelle Offenheit des Autors hervor. Er begründet mit seiner überschwänglichen Erzählung einen kulturellen Topos über Brasilien, der sich bis ins 21. Jahrhundert zieht: Entweder ist alles fantastisch oder alles miserabel.

Mittlerweile ist bekannt, dass Vaz de Caminha an seine Schilderungen die ungewöhnliche Bitte knüpfte, den nach São Tomé in Afrika verbannten Schwiegersohn zu begnadigen, weshalb er dem König eine solche Schilderung bot. Sein Brief blieb jedoch lange Zeit unveröffentlicht. Es waren Berichte von Amerigo Vespucci, Hans Staden und vielen anderen, die ein gegensätzliches Bild vermittelten, das nachhaltig die europäischen Vorstellungen von der Neuen Welt prägte: vom exotischen Kannibalen-Land.

Bereits ein Jahr nach Cabrals folgenreicher Expedition sandte der portugiesische König zwei weitere Flotten über den Atlantik nach Brasilien. Die eine ankerte in der Bucht von Guanabara, die fälschlich für eine Flussmündung gehalten und deshalb Januar-Fluss (Rio de Janeiro) genannt wurde. Die zweite hatte den Florentiner Amerigo Vespucci an Bord. Nach ihm benannten Matthias Ringmann und der Kartograph Martin Waldseemüller den neuen Kontinent auf ihrer berühmten Globussegmentkarte. Sie hatten verstanden, dass sich zwischen Europa und Indien eine eigene, riesige Landmasse befand. 1507 gedruckt, wird die Karte gelegentlich auch als »Geburtsurkunde Amerikas« bezeichnet.

Vespucci meinte angesichts der spektakulären Landschaft in einem irdischen Paradies zu sein, bis er in Kontakt mit dem Stamm jener Indios kam, die wegen ihrer Lippen- und Ohrpflöcke (botoque = Spund) von den Kolonisatoren Botokuden genannt wurden. Im Laufe der Jahrhunderte sollte sich diese Bezeichnung bei europäischen Siedlern als Synonym für »eingeborene Wilde« durchsetzen.

1501 belud die portugiesische Expedition gleich eine Karavelle mit Holz, dessen tiefroter Farbextrakt den Indios zur Körperbemalung und Textilfärbung diente. Es wurde Brasil-Holz genannt. Für die Etymologie des Namens »Brasilien« gibt es mehrere Erklärungen. Er könnte von *brasa*, einem offenen Feuerkessel, stammen oder vom gälisch-irischen *Brysail*, einer mythischen Insel im Atlantik, oder aber von einem roten Holz aus dem Orient, das im Mittelalter *brasile* und *brisilli* genannt wurde. 1511 wurde es erstmals auf einer Landkarte festgeschrieben.

Die Krone stellte rasch den Handel mit dem neuen Färbemittel unter Monopol und verpachtete die Nutzungsrechte an Kaufleute wie Fernando de Noronha, Namensgeber eines großen, Brasilien vorgelagerten Archipels im Atlantik. Während des gesamten 17. Jahrhunderts erlangte das wertvolle Brasilholz an der Amsterdamer Börse Höchstpreise, bevor es wegen modernerer Färbemethoden an Bedeutung verlor. Die Bestände wurden allerdings so dezimiert, dass die Pflanze heute zu den bedrohten Baumarten gehört.

Das Schlägern, Transportieren und Verladen des *Pau Brasil* war nur mit Hilfe der indigenen Bevölkerung möglich, weil es keine Lasttiere gab. Die lokalen Tupinambá und Tupiniquin arbeiteten jedoch nur kurze Zeit für einen Lohn von Glasperlen, Kleidern und Werkzeug für die Händler und Matrosen, die sie bald zu versklaven begannen und damit zu Feinden machten. Mit der erzwungenen Verschiffung einiger Tausend Tupi-Gefangener in die spanische Karibik war gutes Geld zu verdienen, denn dort hatten Kolumbus' Konquistadoren die indigene Bevölkerung durch Kriege und Keime rasch ausgerottet. Noch bevor das portugiesische Königshaus aus dem Sklavenhandel und dem Brasil-Holz nachhaltigen Profit schlagen konnte, erhielt es durch französische Händler Konkurrenz, die 1503 Brasilien erreichten.

Der französische König Franz I. hatte die Autorität des Papstes, die Neue Welt zwischen zwei europäischen Mächten aufzuteilen, durchaus in Frage gestellt und provokant gefragt, ob denn Adam, der biblische erste Mensch, ein Testament hinterlassen hätte. Frankreich, England und Holland beanspruchten ein frei zugängliches Meer und schickten deshalb ihre Flotten über den Atlantik. Die Franzosen handelten sogar erfolgreicher mit dem Brasil-Holz, weil sie klüger mit den Indios kooperierten. Damit verletzten sie freilich die Territorialsphäre der portugiesischen Krone, die nun Flotten mit dem Auftrag in die Kolonie sandte, befestigte Handelsplätze anzulegen und mit den Einheimischen sensibler umzugehen. Dieser Wettbewerb förderte eine für die Neue Welt nicht ungewöhnliche Art der Kooperation durch Rivalität. Die Franzosen verbündeten sich mit den Tupinambá, die im Hinterland von Rio de Janeiro lebten, die Portugiesen mit den südlicher lebenden Tupiniquin, die wiederum mit den Tupinambá verfeindet waren. Diese Verflechtungen spielen in vielen Reiseberichten eine Rolle. Nur durch die Hilfe der Tupinambá brachten die Franzosen ein Fort zustande, das sie in der Bucht von Guanabara bauten.

Auch im Nordosten errichteten sie später kurzlebige Handelsstützpunkte. Der bedeutendste war São Luís do Maranhão. Um dem Expansionsdrang der Franzosen und jener Spanier entgegenzuwirken, die gerade den Río de la Plata (Silberstrom) auskundschafteten und die portugiesische Kolonie vom Süden her bedrohten, betraute König João III. den Seemann Martim Afonso de Sousa mit dem Kommando über fünf Schiffe. Sie steuerten mit 500 Soldaten und Kolonisten, Haustieren, Pflanzen und Gerätschaften beladen nach Brasilien. Rechtlich gehörte die Mündung des Río de la Plata zwar Spanien, doch war sie kartographisch ebenso wenig exakt vermessen wie die Linie von Tordesillas. Deshalb setzte sich die Praxis durch, erst zu erobern um dann zu verhandeln.

Martim Afonso de Sousa erkundete die Küste von Pernambuco hinab bis zum Río Uruguay. Er sandte Expeditionen ins Hinterland und gründete zwei Ortschaften: das nach dem Patron von Lissabon benannte São Vicente und São Paulo de Piratininga, das heutige São Paulo. Was Afonso de Sousa zugute kam, war sein Kontakt mit schiffbrüchigen und deportierten Portugiesen, die seit Jahren unter Indigenen lebten. Sie waren, nach heutigen Worten, die ersten interkulturellen Vermittler Amerikas.

Der berühmteste unter den Schiffbrüchigen war Diogo Álvares Correia, von den Tupi Caramuru genannt. Er war in Bahia gestrandet. Caramuru passte sich an und heiratete Paraguaçu, eine Indio-Frau vom Volk der Tupinambá. Der Legende nach soll er sie sogar nach katholischem Ritus in Frankreich geheiratet haben. Getauft hieß sie fortan Catarina und ging als besonders gläubige Konvertitin in die brasilianische Geschichte ein. Der Portugiese half den Franzosen, den Verbündeten der Tupinambá, das begehrte Brasil-Holz zu finden; er half den eigenen Landsleuten aber auch als Dolmetscher.

Angesichts der Größe Brasiliens und der europäischen Konkurrenz verstand die Krone, dass ihre Ressourcen und ihre Marine von 300 hochseetüchtigen Schiffen zur Verteidigung und Ausbeutung ihres Gebietes nicht ausreichten. Deshalb wählte sie ein Modell, das sich schon auf den Atlantikinseln bewährt hatte: die Landstücke in Form erblicher Lehen an Günstlinge zu übertragen. Als läge es auf einem Reißbrett, wurde Brasilien in 15 Kapitanien *(capitanias)* zergliedert und zwölf verdienten Adeligen oder Bürgern *(donatários)* verliehen, mit der Auflage, die Landstücke zu erschließen und wirtschaftlich zu nutzen. Martim Afonso de Sousa erhielt wegen seiner kolonisatorischen Leistungen den größten Anteil.

Wirtschaftlich erfolgreich waren zunächst nur die leichter erreichbaren nördlichen Kapitanien Brasiliens, über die sich bald Zuckerplantagen, Baumwollfelder, Tabak- und Maniokpflanzungen erstreckten. Diese Landschenkungen konnten den *donatários* wieder entzogen werden, falls sie die königlichen Auflagen nicht erfüllten. Um sich gegen Europäer und Indigene zu verteidigen, hielten sich die *donatários* private Milizen, deren oberster Offizier amtlich *Capitão-mor*, inoffiziell *Coronel* (Oberst) genannt wurde. Denn die virtuell aus der transatlantischen Distanz gezogenen Grenzlinien der Kapitanien wurden verschoben und von jenen zurechtgebogen, deren lokale Autorität am größten war. Der *coronelismo* ist bis heute als Ausdruck für die autoritäre Macht wohlhabender Großgrundbesitzer gebräuchlich, die meist auch politische Ämter ausübten.

Wenige Portugiesen wagten in der Mitte des 16. Jahrhunderts Siedlungsexperimente in Brasilien, weil mit indischen Gewürzen viel schneller Macht und Reichtum zu erwarten war. Portugals größte Kolonie war vielmehr ein Verbannungsort für getaufte Juden, »Neuchristen« genannt, und für Verbrecher, die man nicht mehr verköstigen wollte und jenseits des Atlantiks sich selbst überließ: »Ich bezeuge Eurer Hoheit und schwöre bei meiner Todesstunde«, klagte der Lehensträger von Pernambuco 1546 seinem König, »daß die Deportierten dem Land keinen Vorteil und nichts Gutes bringen, aber viel Böses. Möge Eure Hoheit mir glauben, diese Leute sind hier im Lande schlimmer als die Pest, deshalb bitte ich um Gotteswillen, mich in Zukunft mit solchem Gift zu verschonen.«[5]

Die spanischen Konquistadoren waren auf gut organisierte indigene Hochkulturen und reiche Edelmetallvorkommen gestoßen. Das führte zu völlig unterschiedlichen Entwicklungen in den spanischen und portugiesischen Kolonien. Erst nachdem sich die Portugiesen in Brasilien festgesetzt hatten, sahen sie sich durch den Vertrag von Tordesillas im Nachteil. Deshalb versuchten sie ihn im Laufe von 250 Jahren auszuhöhlen. Dies gelang, weil die Andenkette für die von den Pazifikküsten nach Osten siedelnden Spanier zunächst fast unüberwindbar schien. Zweitens war die Linie von Tordesillas nach den damaligen Vermessungsmethoden im Inland schwer auszumachen. Und drittens wurde sie von den portugiesischen Siedlern völlig ignoriert, als Portugal zwischen 1580 und 1640 in einer Personalunion mit Spanien vereint war. Der transatlantische Seeweg der Portugiesen war um einiges kürzer und ungefährlicher als die Route jener Spanier, die den Andenraum und die Westküste der heutigen USA erreichen wollten. Der Nordosten Brasiliens lag, in Segeltagen gerechnet, Europa am nächsten.

---

5 | Zit. nach Gerhard Pfeisinger, »Die portugiesische Kolonie Brasilien und das brasilianische Kaiserreich 1500-1889«, in *Lateinamerika 1492-1850/70.* hg. von Friedrich Edelmayer, Bernd Hausberger und Barbara Potthast (Wien: Promedia, 2005), 65.

Trotzdem schien es, als seien die portugiesischen Kolonisierungspläne durch Kriege, Tropenkrankheiten, Schiffbrüche, Gesetzesübertretungen und Korruption zum Scheitern verurteilt. Nur etwa 5.000 Europäer sollen um 1550 in der Kolonie gelebt haben. Deshalb griff der König ein und erwarb die Kapitanie Bahia, ein Zentrum der Farbholz- und Zuckergewinnung, für die Krone. Sie erhielt nicht nur die Rechts- und Finanzaufsicht, sondern auch eine königliche Küstenflotte.

Ein weiterer Grund für die geringe Motivation, nach Brasilien auszuwandern, lag wohl am Image eines Landes, das manchen als Garten Eden, als irdisches Paradies edler Wilder, galt, vielen jedoch als Land der Kopflosen und Kannibalen, auch deshalb, weil sich letzteres Bild besser verkaufte.

Wahrhaftige Historien von Kannibalen

Zunächst also zu den Menschen: Wir fanden in jenen Regionen eine so große Menge Menschen, die niemand zählen konnte (wie es in der Apokalypse heißt) – und zwar Menschen, die sanft und umgänglich sind. Alle, beiderlei Geschlechts, laufen nackt umher, ohne irgendeinen Körperteil zu bedecken; und wie sie aus dem Leib der Mutter kommen, so gehen sie bis zu ihrem Tod [...].[6]

Nicht nur Amerigo Vespucci, der diese Zeilen 1503 im *Mundus Novus* niederschrieb, einem frühen Bestseller der Reiseliteratur, war fasziniert von der Nacktheit der Indios, besonders der Frauen. Er pries ihre Schönheit und kritisierte ihre ungezügelte Wollust. Aus dieser permanenten Blöße könne sich, so schloss er, nichts anderes als promiskuitives Leben, Inzest und Respektlosigkeit vor der Ehe ergeben. Nur einen Absatz später wendet er sich dem Kannibalismus zu.

Sie pflegen nämlich einander (und besonders die Sieger die Besiegten) aufzuessen, und Menschenfleisch ist bei ihnen eine allgemein übliche Speise. Auch mögt Ihr dieser Nachricht wohl glauben schenken, denn man hat schon gesehen, daß ein Vater seine Kinder und sein Weib verspeiste; und ich selbst kenne einen Mann, mit dem ich auch gesprochen habe, über den man berichtete, er habe von mehr als dreihundert menschlichen Leibern gegessen. Weiters war ich einmal siebenundzwanzig Tage in einer Stadt, wo ich in den Häusern das Menschenfleisch eingesalzen an den Balken hängen sah.

Vespucci versichert seinen Lesern nicht nur, authentisch zu berichten, sondern den Indigenen auch das Versprechen abgerungen zu haben, ihren bedenklichen Brauch aufzugeben. Doch dann habe er resigniert.

Charakteristisch für alle Reiseberichte jener Zeit ist ihr Bezug auf die Bibel, das damalige wissenschaftliche Referenzwerk par excellence. Die biblische Erwähnung der Anthropophagie, des Verzehrs von Menschenfleisch als

---

6 | Robert Wallisch, Der Mundus Novos des Amerigo Vespucci (Text, Übersetzung und Kommentar) (Wien: Verlag der österreichischen Akademie der Wissenschaften, 2002), 19, 21.

Gottesstrafe, hat das frühneuzeitliche Denken beeinflusst. Zudem kam Kannibalismus in der antiken Mythologie vor. Kronos, der Herrscher über den Sternenhimmel, verschlang seine Kinder. Eine gewisse ideengeschichtliche Verwandtschaft ist in der christlichen Eucharistie, dem symbolischen Verzehr des göttlichen Leibes, angedeutet, und verweist auf die gemeinschaftsstiftende und kraftspendende Wirkung. Die Begegnung mit Brasilianern, die Kannibalismus tatsächlich zu einem Bestandteil ihres Zeremoniallebens gemacht hatten, beeindruckte die europäischen Kolonisatoren zutiefst. Dass er nur eine rituelle Funktion hatte, sparten ihre Reiseberichte meist aus. Im Gegenteil. In ihrem Buhlen um eine breite Leserschaft stehen Abenteuer und Sensationalismus im Vordergrund. Während Vespuccis Berichte an seine Geldgeber ethnographisch durchaus nüchtern gehalten sind, bieten jene für das breite Publikum eine Prosa der Übertreibung, gespickt mit exotischen Merkwürdigkeiten und bizarren Bräuchen. Die Auflagen gaben ihm Recht. In nur drei Jahren erzielte der *Mundus Novus* 22 lateinische Ausgaben. Eine Basler Edition leistete sich sogar einen der ersten Holzschnitte mit Darstellungen der Indigenen. Zwanzig Jahre später zirkulierten 66 Ausgaben der *Neuen Welt* in sechs weiteren Sprachen.

Die Portugiesen, die Besitzer des Landes der »Kannibalen«, hinterließen vergleichsweise wenig gedruckte Reiseerzählungen. Die Korrespondenzen über die nautischen Erfahrungen wurden nicht immer archiviert und waren oftmals praktischer Natur, keine literarischen und ethnographischen Erzählungen für ein größeres Publikum. Landkarten wurden durchaus gedruckt. Doch zerstörten das Erdbeben und der große Brand von Lissabon des Jahres 1755 viele Dokumente. Die Portugiesen waren humanistische Pragmatiker, die ihre Er-Fahrungen nach dem Prinzip des »learning by doing« gestalteten. Die große Leistung Portugals für das Wissen der Renaissance war die Empirie.

Die im deutschsprachigen Raum bekannteste Schilderung des brasilianischen Kannibalismus hinterließ der Hessische Landsknecht Hans Staden. Was in seiner *Warhafftig Historia unnd beschreibung einer Landtschafft der Wilden / Nacketen / Grimmigen Menschfresser Leuthen / in der Newen welt America gelegen* besonders beeindruckt, ist die reiche Bebilderung mit 54 Holzschnitten. Staden schiffte sich 1547 auf einem portugiesischen Schiff als künftiger Kämpfer gegen Indigene und Franzosen nach Brasilien ein. Nach seiner Rückkehr nach Europa heuerte er auf einem spanischen Schiff an, das dann in São Vicente (bei Santos) ankerte. Dort geriet er in die Gefangenschaft der Tupinambá. Die indianischen Verbündeten der Franzosen sahen den Deutschen als Portugiesen und somit als Feind.

Darauf führten sie mich nackt zu dem Franzosen hinein. Es war ein junger Mann, den die Wilden Caruatá-uára nannten. Er redete mich französisch an, und ich konnte ihn nicht verstehen. Die Wilden standen um uns her und hörten uns zu. Wie ich ihm nun nicht antworten konnte, sagte er ihnen in ihrer Sprache: ›Tötet und eßt ihn, den schlechten

Kerl; er ist ein richtiger Portugiese, euer und mein Feind.‹ Das verstand ich gut und bat ihn deshalb um Gotteswillen, er möchte ihnen doch sagen, daß sie mich nicht äßen. Er antwortete aber: ›Sie wollen dich essen‹. Da dachte ich an den Spruch Jeremiae, im 17. Kapitel, wo es heißt: ›Verflucht ist der Mann, der sich auf Menschen verläßt‹.[7]

Stadens erzählerischer Duktus ist von antiken Heldensagen geprägt und enthält viele Elemente von Komik und Satire, wie sie im Zeitalter der Religionskriege in Mode gekommen waren. So heißt es an einer Stelle:»Der Sohn des Häuptlings Cunhambebe band mir die Beine dreimal übereinander, und ich mußte so mit zusammengepreßten Füßen durch die Hütte hüpfen. Darüber lachten sie und riefen: ›Da kommt unser Essen hergehüpft.‹«[8] Als seine versuchte Flucht auf ein französisches Schiff scheitert, weil dessen Mannschaft ihn in letzter Minute zurückweist und erneut den Indios überlässt, schreibt er:»Als ich an Land kam, waren die Wilden fröhlich und riefen: Nein! Da kommt er zurück!«

Das Leitmotiv ist die Angst vor der Verspeisung. Ständig wird der Hesse mit den indigenen Ankündigungen, bald tot zu sein, bedroht. Seine Kreativität, die Tupinambá etwa durch Wettervorhersagen zu beeindrucken, und»Gottes Hilfe«, das heißt eine große Portion Glück, sichern ihm das Überleben, während seine Erzählung in der detaillierten Beschreibung eines kannibalischen Aktes gipfelt – allerdings im ethnographischen Teil.

Denn Staden ging es ebenso um Wahrhaftigkeit wie anderen Autoren. Seine Historie gliederte er in zwei Teile, das emotional geschilderte Abenteuer und die versucht nüchterne wissenschaftliche Abhandlung. Anders als Vespucci betont er, dass Kannibalismus keine Form der Nahrungsaufnahme, sondern ein Ausdruck von Hass und Feindschaft gewesen sei. So lautet die wohl berühmteste, im ethnographischen Teil des Buches platzierte, Episode:

Wenn ihm die Haut abgeputzt ist, nimmt ein Mann ihn und schneidet ihm die Beine über den Knien und die Arme am Leibe ab. Dann kommen die vier Frauen, nehmen die vier Stücke, laufen um die Hütten und machen vor Freuden ein großes Geschrei. Danach trennen sie den Rücken mit dem Hintern vom Vorderteil ab. Das teilen sie unter sich. Das Eingeweide behalten die Frauen. Sie sieden es, und mit der Brühe machen sie einen dünnen Brei, Mingáu genannt, den sie und die Kinder schlürfen. [...] Wenn alles verteilt ist, gehen sie wieder nach Hause, und jeder nimmt sich sein Teil mit. Derjenige, der den Gefangenen getötet hat, gibt sich noch einen Beinamen, und der Häuptling der Hütte kratzt ihm mit dem Zahn eines wilden Tieres oben in die Arme. Wenn es geheilt ist, sieht man die Narben, und die gelten als ehrenhafter Schmuck. Während dieses Tages muß

---

7 | Hans Staden, Zwei Reisen nach Brasilien 1548-1555. In die Sprache der Gegenwart übertragen, mit einem Nachwort und mit Erläuterungen versehen von Karl Fouquet (Marburg an der Lahn: Trautvetter & Fischer Nachf., 1995), 63.
8 | Staden, Zwei Reisen nach Brasilien, 67.

der Mann in einer Hängematte stilliegen. Man gibt ihm einen kleinen Bogen mit einem Pfeil, mit dem er sich die Zeit vertreiben soll, und er schießt auf ein Ziel aus Wachs. Das geschieht, damit ihm die Arme vor dem Schreck des Totschlages nicht unsicher werden.[9]

Hans Staden kam schließlich durch französische Händler frei. Sie kauften ihn los und er kehrte in seine Heimat zurück, wo er drei Jahre später seine *Wahrhaftige Historie* veröffentlichte. Allein im Erscheinungsjahr 1557 erlebte sie vier Auflagen. Ausgaben in Antwerpen und Amsterdam folgten rasch. Für die erfolgreiche Verbreitung sorgte auch die Wahl der Sprache. Im Gegensatz zu Vespucci schrieb Staden, der Protestant war, in der Volkssprache Deutsch.

Nach den Erkenntnissen der modernen Anthropologie praktizierten die brasilianischen Indios gelegentlich kannibalischen Ritualmord an Feinden. Er nahm weit weniger Raum ein, als die europäischen Reiseberichte vorgaben. Die historische Forschung der 1960er Jahre zweifelte solchen Zeremonial-Kannibalismus insgesamt an. Doch Stadens detaillierte Schilderungen sind zu genau, um nur das Produkt einer europäisch-kolonialen Phantasie zu sein. Überdies weisen sie viele Parallelen mit Kriegsritualen anderer indigener Kulturen auf.

Die Reisebeschreibungen des Portugiesen Vaz de Caminha, des Florentiners Vespucci, des Hessen Hans Staden haben Parallelen, nicht nur in der Schilderung des Kannibalismus, sondern auch des indigenen Lebens. Detailliert zeichnen sie Körperbemalung und Federkronen nach, die durchstochenen Wangen und Lippen, an denen Schmucksteine befestigt waren, die Art und Weise, wie bunte Federn mit klebrigen Lösungen an Körper geheftet wurden. Die erzählerische Phantasie überschritt oftmals die Grenzen des Realen. Der französische Protestant André Thevet berichtete von den guten Tupinambá, die er kennenlernte, und fürchtete die unbekannten Kannibalen, die im Schatten der dichten Wälder lebten. Vom spanischen Konquistador Francisco de Orellana übernahm er die Sagen vom kämpferischen Frauenbund der Amazonen, den Kriegerinnen, die jeden Versuch der spanischen Annäherung mit Pfeilschüssen stoppten.

Die Ursprünge dieses Mythos bleiben bis heute unklar, doch er war wirkmächtig genug, um dem Amazonas seinen Namen zu geben. Da sich die europäische Phantasie die absurdesten Wesen, Kopflose, Ganzkörperbehaarte ausdachte, widerlegten manch Reisende diese Vorstellungen von der Tierheit der Eingeborenen. Gottesglaube oder eine Religion, die zu respektieren wäre, gestand ihnen kein Abenteurer zu. Es waren die Reiseberichte aus der Karibik und aus Brasilien, die europäische Vorstellungen von der Neuen Welt prägten. Sie flossen in literarische und wissenschaftliche Texte ein, sie inspirierten Gravierungen und Gemälde, lange bevor die Briten in Nordamerika ihre ersten Kolonien gründeten.

---

9 | Staden, Zwei Reisen nach Brasilien, 144-146.

Hugenotten und Holländer im Garten Eden

Die französischen Händler brachten nicht nur das begehrte Brasil-Holz nach Europa. Sie verschleppten auch Tupinambá. Im Jahr 1550 waren sie sogar der Höhepunkt eines Festes für den französischen König Heinrich II. und seine Gattin, Katharina von Medici. Die Veranstalter schufen bei Rouen an der Seine eine wahre Kunstlandschaft mit nachgebauten Dörfern in tropisch angehauchter Atmosphäre. Darin platzierte man 50 Indios, verschiedene Papageienarten und Affen. 250 Matrosen und Prostituierte wurden als Komparsen engagiert und nach europäischen Vorstellungen als Indios bemalt. Die Tupinambá waren eine solch exotische Attraktion, dass hohe Geistliche und Botschafter es sich nicht nehmen ließen, sie zu begaffen. Vor allem aber sollten die Schätze der Natur die französische Krone anspornen, damit sie sich an künftigen Brasilien-Reisen finanziell beteilige oder ganze Expeditionen ausstatte. Das Fest dauerte drei Tage. Es bot neben Jagd und Fischfang auch fremde Tänze, in einer Ästhetik, die an die »Wildnis« gemahnte.

Die Neugierde für Brasilien war nun auch in gelehrten Kreisen geweckt. Der französische Admiral Coligny war Protestant. Er träumte von einer hugenottischen Fluchtburg in Amerika, einem »antarktischen Frankreich«. Darüber beriet er sich mit Nicolas Durand de Villegagnon, dem Vize-Admiral der Bretagne. Villegagnon war ein Mann der Renaissance, ein Feldherr mit hoher Bildung. Seine Flotte verließ Le Havre im Mai 1555 mit 600 Personen an Bord. Ein halbes Jahr später ankerte sie in der Bucht von Guanabara. Auf einer kleinen, dem Festland vorgelagerten Insel errichtete man das Fort Coligny. Heute befindet sich dort die Marineschule, ihr gegenüber der Flughafen Santos Dumont. Finanzieren wollte man das theologische Experiment ganz profan durch den illegalen Handel mit Brasil-Holz.

Während ein Teil der Kolonisten, darunter der Chronist André Thevet, im Folgejahr wieder zurückkehrte, blieb Villegagnon vor Ort, um sein Unternehmen voranzutreiben. Er vermisste vor allem theologisch versierte Siedler für die Mission der Indigenen und der Eigenen. Deshalb schrieb er an den Genfer Theologen Jean Calvin, seinen ehemaligen Studienkollegen, und bat ihn um theologisch gebildete Verstärkung aus Europa. Während Villegagnon wartete und sein Fort ausbauen ließ, tobte an den Ufern der Bucht ein Indio-Krieg zwischen verfeindeten Stämmen. Die Franzosen hielten sich an die Praxis ihrer Vorgänger und pflegten gute Handelsbeziehungen mit den Tupinambá. Rasch lernten die Hugenotten von ihnen die Verarbeitung von Baumwolle und die Zubereitung heimischer Speisen. 1557 traf schließlich die erwartete Verstärkung von 300 Kolonisten im Fort Coligny ein. 14 Pastoren waren unter ihnen.

Villegagnon ging die kulturelle Anpassung seiner hugenottischen Männer zu weit. Denn sie drohten seine Utopie des »antarktischen Frankreich« zu verspielen, weshalb er Vergehen gegen sein Projekt bald mit drakonischen Strafen zu ahnden begann. Für sexuelle Vergnügungen mit Indio-Frauen stand schwerer Kerker oder die Todesstrafe. Dazu kamen theologische Konflikte um die Rolle der Eucharistie. Sie gipfelten schließlich in der Ermordung zweier Genfer Protestanten. Obwohl sie vor europäischen Glaubenskonflikten geflohen waren, brachten sie diese in die Neue Welt. Einige flüchteten deshalb vor dem Despoten ans Festland, um von dort bald nach Europa zurückzukehren. Villegagnon hatte nicht viel gewonnen. Im Jahr 1560 wurde das Fort Coligny von den Portugiesen zerstört und dem Kolonisator Martim Afonso de Sousa zugesprochen. Seine Truppen waren von christianisierten Tupi-Indios unterstützt worden. Der Hugenotte Villegagnon kehrte nach Frankreich zurück.

Aus Dank dafür schenkte Afonso de Sousa dem Häuptling Araribóia (Grausame Schlange) einen Landstrich in der Bucht von Guanabara. Dort gründete der Kazike Niterói, heute eine Stadt von 400.000 Einwohnern, Rio de Janeiro gegenüber. Ein paar Jahre später gründete ein portugiesischer Feldherr auf dem Festland in der Nähe des Forts Coligny die Siedlung São Sebastião do Rio de Janeiro. Ihre Festung wurde erst 1922 im Zuge der Stadterweiterung geschleift. Die größten Verluste in diesem Kleinkrieg zwischen Franzosen und Portugiesen hatten allerdings die Indios zu tragen, wegen ihrer Allianzen mit den Europäern und ihrer Feindschaften untereinander.

Das »antarktische Frankreich« vor Rio war zwar gescheitert. Im Norden Brasiliens vermochten sich die Franzosen allerdings zu halten. Kurz nach der Niederlage von Villegagnon ließen sie sich auf dem Gebiet der heutigen Stadt Cayenne nieder, erweiterten von dort aus ihr Territorium und besitzen es noch heute – als französisches Übersee-Département Guyane. Im frühen 17. Jahrhundert gründeten sie auch noch das Fort São Luís do Maranhão.

Der Schuhmacher Jean de Léry, einer jener Genfer Protestanten, kehrte nach Europa zurück. Allerdings hinterließ er einen ungewöhnlichen Reisebericht, der so bemerkenswert war, dass er Michel de Montaignes Abhandlung über den Kannibalismus, *Des Cannibales* (1580), beeinflusste. Denn Léry wurde Augenzeuge grausamer Gemetzel zwischen Katholiken und Protestanten. Er vergleicht sie mit den kulturellen Praktiken der Indios, die er zehn Monate lang studiert hatte. Seine *L'Histoire d'un voyage fait en la terre du Brésil* von 1578 war nur ein paar Jahre nach der blutigen Bartholomäusnacht verfasst, dem katholischen Gemetzel an Protestanten. Sie zollt den »Wilden«, den *Sauvages*, weit mehr Respekt als Staden und Vespucci.

Denn im Gegensatz zu Vespucci scheint Léry die Nacktheit der Indiofrauen natürlich im Vergleich zur verführerischen Aufmachung der Europäerinnen. Diese sei den guten Sitten weit abträglicher als selbstverständliche Blöße. Selbst die Polygamie verurteilt er nicht, weil sie das Ansehen des Mannes hebe und soziale Kompetenz voraussetze. In Europa war sie ihm allein schon deshalb nicht denkbar, weil man dort nicht einmal mit einer Frau harmonisch zu leben verstehe. Kannibalische Praktiken leugnet Léry nicht, doch erteilt er der Vorstellung, Anthropophagie sei eine spezifische Vorliebe der Indigenen, eine klare Absage. Er erkannte sie als Ritual der Abschreckung, der Rache am Feind. Und selbst in diesem Punkt schneidet Frankreich schlechter ab als die »Wilden«, weil seine »Zivilisierten« sich in Religionskriegen regelrecht massakrierten. Geiz und Profitgier waren ihm die symbolischen Formen der allgegenwärtigen Menschenfresserei. »Die *Sauvages* verspeisen ihre Feinde, die sie im Krieg gefangen nehmen – wenn sie *tot* sind. In Europa dagegen sind es die Gier und der Wucher, die die Menschen *lebendig verzehren*.«[10]

An Schlüsselstellen des Textes lässt der Autor die Indios selbst zu Wort kommen, fügt Gespräche ein, die er geführt haben will. Wie Staden und Vespucci setzt er auf Wahrhaftigkeit. Lérys in Genf publizierter Bericht erhielt zu Lebzeiten fünf Ausgaben, wurde ins Lateinische, Deutsche und Holländische übersetzt und galt bis weit ins 18. Jahrhundert hinein als Referenzwerk. Noch der Anthropologe Claude Lévi-Strauss, der 1935 nach Brasilien kam, pries die *Histoire* als bedeutendes Werk, weil sie genaue Beschreibungen von Flora und Fauna, von Religion und Gesellschaftsstruktur, von Heilkünsten und Bestattungsriten biete. Zudem hat Léry, wie viele Zeitgenossen, seine Studie in späteren Ausgaben mit anderen Reiseberichten verglichen. So bezog er sich auf Thomas Harriots Abhandlung über Roanoke, den ersten und gescheiterten Versuch der Briten, 1588 im heutigen North Carolina eine Kolonie zu gründen.

In seiner Enttäuschung über Europa entwirft Léry ein nahezu paradiesisches Gegenbild Brasiliens. Seine *Sauvages* brauchen kein Feld zu beackern, sind keine biblisch gefallenen Menschen, sondern leben von tropischen Früchten brasilianischer Erde in autarken Gemeinschaften, denen Luxus und Gewinnstreben unbekannt sind. Michel de Montaigne studierte Lérys Aufzeichnungen für seine Abhandlungen zum Kannibalismus, den er relativierte, auch weil er die Sensationslust der zirkulierenden Brasilienliteratur unerträglich fand. Ohne dort gewesen zu sein, war Montaigne der erste, der Kannibalismus aus ethisch-humaner Sicht bewertete und mahnte, sich selbst zu erkennen, bevor man den anderen kritisiere. Der Philosoph, dessen Diener im »Antarktischen Frankreich«

---

10 | Franz Steinkohl, Der Ethnologe und sein Objekt. Jean de Lérys edle Wilde in Brasilien (Rheinfelden: Schäuble, 2000), 31.

gewesen war, hatte mit Hilfe eines Übersetzers Gespräche mit Tupinambá geführt. Mit seinem Werk *Des Cannibales* zeichnete Montaigne schon zweihundert Jahre vor Rousseau ein nachhaltiges Bild des »Edlen Wilden«. Sein Text und das exotische Fest für das Königspaar schufen in Frankreich eine wirkungsmächtige Vorstellung von Brasilien als tropisches Paradies.

Mit ihrem tropischen Mauritsstad hatten die Holländer mehr Glück. Die Zuckerstadt Salvador da Bahia, die sie 1624 besetzten, mussten sie ein Jahr später wieder räumen, doch in Nordostbrasilien, in Pernambuco, hielten sie sich dreißig Jahre. Der Angriff der Niederländer auf Territorien der portugiesischen Kolonie war zwar riskant, denn er fand zur Zeit der spanisch-portugiesischen Personalunion statt. Deren Vorteil war, dass die mächtige spanische Flotte die brasilianische Küste mitkontrollierte. Nach dem Ende des spanisch-niederländischen Waffenstillstandes im Jahr 1621 sahen die Oranjes keinen Grund mehr für kolonialistische Zurückhaltung. Im selben Jahr schufen sie die Niederländisch-Westindische Gesellschaft. Sie hatte die Amerikas im Visier. Zum Wunschterritorium gehörte natürlich die Kapitanie von Pernambuco mit ihren ausgedehnten Zuckerplantagen. Am internationalen Handel mit Zucker, seiner Verarbeitung und im Sklavenhandel waren die Holländer schon beteiligt, nun wollten sie sich auch die Produktionsgebiete des Rohstoffs sichern.

Das portugiesische Königshaus hatte gerade vom Generalgouvernement Bahia ein großes Gebiet im Nordosten ausgegliedert und es zum Estado do Maranhão erhoben, um die Region der Zucker-, Kakao- und Tabakproduktion stärker an Lissabon zu binden. Bahia mit seiner Hauptstadt Salvador hieß fortan Estado do Brasil. Das französische São Luís, von den Portugiesen rückerobert, wurde die Hauptstadt des riesigen Estado do Maranhão, dessen Geschichte und dessen transatlantische Beziehungen von der historischen Forschung bis heute vernachlässigt wurden. Er umfasste damals auch Pará, Amazonas, Teile von Ceará und Piauí.

Nachdem die Holländer vor Kuba die gesamte spanische Silberflotte gekapert hatten, eroberten sie Olinda, die Hauptstadt von Pernambuco. Sie taten es den Franzosen gleich, indem sie sich mit den Indios verbündeten. Zudem setzten sie afrikanische Sklaven als Arbeitskräfte für die Plantagen ein. Das konnten sie auch deshalb, weil sie kurzzeitig wichtige portugiesische Umschlagplätze für den Sklavenhandel in Afrika erobert hatten, Luanda und São Tomé. Es war keine Seltenheit, Sklaven in großem Stil aus Afrika zu verschleppen und vom Nordosten Brasiliens aus in die Karibik und sogar noch weiter, bis nach New York zu verschiffen, das damals Neu-Amsterdam hieß und den Holländern gehörte. Seine Wall Street, seine Docks waren durch Sklavenarbeit geschaffen worden.

Da der Aufbau einer effizienten Kolonialverwaltung an der mangelnden politischen Erfahrung der Kaufleute und am regionalen Widerstand scheiterte, wurde 1636 Graf Johann Moritz von Nassau-Siegen als Gouverneur über den Atlantik gesandt. Der Feldherr war wie der Franzose Villegagnon ein belesener Mann der Renaissance. Darüber hinaus war er ein selbstbewusster Bauherr, Städteplaner und Mäzen, offen für andere Kulturen. Auf einem Felsen vor Recife errichtete der Niederländer eine prächtige Residenz und dekorierte sie mit Gemälden seiner Hofmaler. Moritz von Nassau hatte Künstler, Wissenschaftler und Schriftsteller mitgenommen, ein Observatorium errichten lassen und Maler mit der »Abbildung« bukolischer Landschaften beauftragt. Sie dienten gleichsam als Werbeplakate für europäische Kolonisten – und als Werbung für ihn selbst. Dadurch gelang es dem Adeligen, ein nachhaltiges Image seines Erfolgs zu formen. Frans Post blieb sieben Jahre auf Mauritsstad und schuf Landschaftsbilder in nahezu fotografischer Detailtreue, menschen- und pflanzenreich, und einer Strahlkraft, wie sie für die niederländische und flämische Malerei charakteristisch war. Selbst die *engenhos*, die Zuckerplantagen mit ihren bunt gekleideten Sklaven, spiegeln eine helle, stille Welt vor. Trotz ihrer idealistischen Darstellungen sind die Gemälde bis heute bedeutende rare Zeitdokumente.

Moritz von Nassau dehnte die holländische Herrschaft bis ins heutige Ceará und Alagôas aus und nahm Sergipe ein. Die holländische Kolonie war gerade wegen ihrer politischen und religiösen Toleranz außergewöhnlich. Denn mit der Niederländisch-Westindischen Gesellschaft waren ebenfalls Protestanten und jüdische Händler ins Land gekommen, während im portugiesischen Brasilien nur der Katholizismus und seine Orden zugelassen waren. Dort galt die Inquisition, wenn sie auch nur äußerst lasch gehandhabt wurde und Indios und afrikanische Sklaven aussparte.

Recife wurde befestigt und mit einem Abwassersystem versehen. Dort entstand die erste offizielle Synagoge Lateinamerikas und eine spektakuläre Brücke, die Mauritsstad mit dem Festland verband. Seiner Fähigkeiten bewusst, investierte Moritz von Nassau viel Geld in die Landsitze Boa Vista und Vrijburgh. Sie waren exotische Parks im exotischen Garten Eden. Sein Brasilien war kein Reich, sondern ein militärisch gestützter Handelsposten, der einen langen und breiten Küstenstreifen okkupiert hatte. Er erstreckte sich von Pará bis nach Pernambuco.

Bald zog sich der talentierte Selbstvermarkter die Feindschaft seiner Geldgeber, der Niederländisch-Westindischen Gesellschaft, zu. Er kehrte nach Europa zurück. Die portugiesischen Pflanzer hassten wiederum die Gesellschaft, weil sie die von ihr gehandelten Sklaven mit rarem Bargeld bezahlen mussten. Die Holländer boten dafür Kredite, doch zu Wucherzinsen, von denen wohlhabende Bürger in Amsterdam und Antwerpen profitierten. Für Moritz von Nassau wurde kein ebenbürtiger Nachfolger gefunden, die Kolonie schlitterte in eine Krise. Das portugiesische Angebot, sie zurückzukaufen, lehnten die Holländer ab. Es kam zum Krieg, der von Milizen unterschiedlicher Provenienz geführt wurde.

Die Holländer stellten ein Söldnerheer von Europäern, indigenen und afrikanischen Sklaven zusammen, ebenso die Portugiesen. Fahnenflucht gegen das Versprechen von Freilassungen und mehrmalige Frontwechsel gehörten zu diesem Kampf um Land und Religion. Die portugiesischen Jesuiten gossen ihre frommen Wünsche in Gedichtform. So schuf Antônio Vieira ein *Gebet für den guten Erfolg der portugiesischen Armeen gegen jene von Holland (Sermão pelo bom sucesso das armas de Portugal contra as de Holanda)*. Die Portugiesen siegten, die Holländer zogen 1654 ab. Ihre Zuckerproduktionstechnik nahmen sie mit und wandten sie in ihrem karibischen Kolonialbesitz auf den Antillen an. Sie waren fortan den portugiesischen Unternehmern unangenehme Konkurrenten. Selbst als der Zuckerboom im 18. Jahrhundert vom Goldboom abgelöst wurde, blieb Zucker ein wichtiges Produktions- und Exportgut. Nach der erfolgreichen Sklavenrevolution in Haiti, dem Alptraum der damaligen Sklavenhaltergesellschaften, erhielt die brasilianische Zuckerwirtschaft sogar einen neuen Aufschwung.

In Surinam konnten sich die Niederländer halten und entließen es erst 1975 in die Unabhängigkeit. Die Kunstwerke blieben. Während die Reiseberichte seiner Vorgänger mit Holzschnitten, Zeichnungen und Landkarten illustriert waren, wird Frans Post von Kunsthistorikern als Amerikas erster Landschaftsmaler gesehen. Ebenso wird heute sein Landsmann Albert Eckhout gewürdigt. Seine Porträts von Indios, Mulatten und Mameluken (den Nachkommen von Europäern und Indios), die allerdings manch europäische Accessoires erkennen lassen, galten als erste realistische Studien von eingeborenen Amerikanern und entstanden zwei Jahrhunderte vor jenen des US-Amerikaners George Catlin.

Noch während der holländischen Herrschaft in Nordostbrasilien schickten sich portugiesische Kolonisten an, ohne direkten königlichen Auftrag den Sklavenumschlagplatz Luanda von Brasilien aus zurückzuerobern. Der Kampf gegen die Holländer wurde vielmehr von ihnen als von Portugal direkt organisiert. In Pernambuco wurden die beiden Schlachten von Guararapes gegen die Holländer gewonnen. Im späten 19. Jahrhundert sollten diese Kampfschauplätze dann zu einem starken Symbol der Unabhängigkeit Brasiliens hochstilisiert werden.

Der portugiesische König konnte sich in der Befreiung des brasilianischen Nordostens deshalb nicht stark engagieren, weil er in Europa gegen die Spanier kämpfen musste, um die Souveränität seines Landes nach 60 Jahren der Personalunion mit den spanischen Habsburgern wiederherzustellen. Noch im frühen 20. Jahrhundert wurde von Intellektuellen darüber diskutiert, ob es nicht besser für Brasilien gewesen wäre, überhaupt von den toleranten Holländern kolonisiert gewesen zu sein. Gilberto Freyre, einer der Diskutanten, verteidigte die Leistung der Portugiesen. Allerdings unterschied diese Debatte zwischen einer »besseren« und einer »schlechteren« Kolonialmacht. Eine Kolonisierung war es allemal.

Portugal hatte seine Herrschaft nach dem Abzug der Holländer in der Region konsolidiert und Brasilien symbolisch erhöht. Der portugiesische Thronfolger durfte sich fortan Prinz von Brasilien nennen. Das Königshaus dehnte im späten 17. Jahrhundert seinen Machtanspruch auch in den tiefen Süden aus, bis zum heutigen Uruguay. Am Delta des Río de la Plata ließen die Portugiesen Colônia do Sacramento errichten – ein architektonisches Zeichen der Provokation, dem spanischen Buenos Aires fast genau gegenüber. Bald galt es als lukratives Schmuggelparadies. Nun hatte der König sein Ziel erreicht: seinen Machtbereich in der Neuen Welt vom Delta des Amazonas im Norden bis zum Delta des Río de la Plata im Süden auszudehnen.

Zuckerwelten, Sklaven und Jesuiten

Auf Madeira hatten die Portugiesen erstmals Zuckerrohr gepflanzt. Um 1530 wuchs es bereits in Pernambuco. Die Produktion war kostspielig, arbeitsintensiv und schwierig, weil das Zuckerrohr, wenn nicht rasch gepresst, bald an Süße verlor. Zucker wurde auch in Bahia und im Süden, im heutigen Staat São Paulo, kultiviert. Der *donatário* Martim Afonso de Sousa holte sich für effiziente Zuckermühlen sogar deutsche und flämische Ingenieure. Stete Produktionssteigerung und der Import neuester Technik war auch ein wichtiges Thema für die Senatoren im Stadtrat von Salvador da Bahia.

Solche Zuckerwelten benötigten ausgedehnte Ländereien, denn sie bestanden aus dem Herrenhaus *(casa-grande)*, der Sklavenhütte *(senzala)*, der Kapelle, der Mühle zum Pressen des Zuckerrohrs, dem Kesselhaus zum Sieden der Molasse, den Zentrifugen zum Raffinieren und Weißen des braunen Rohzuckers, der Portionierungs- und Verpackungshütte, dem Holzlager, den Ställen und dem Verwaltungsgebäude. Um diese Gebäude zogen sich Gemüse- und Obstgärten, Viehweiden und Getreidefelder. Sie versorgten einen Mikrokosmos, der mehrere hundert Personen zählen konnte. Er prägte die lokalen Gesellschaftsstrukturen durch die familiäre ökonomische Macht. Ein Gouverneur von Maranhão habe sich, so der Historiker Sérgio Buarque de Holanda, einmal darüber beklagt, dass die Menschen nicht gemeinsam, sondern einzeln lebten, da jedes Haus ein wahres Gemeinwesen sei. Hier bildete sich die patriarchalische Großfamilie ab, wie sie das Leben auf der Iberischen Halbinsel prägte, mächtig und fordernd. Landbesitz war ein Symbol von Autorität, Gehorsam und Macht.

Zum erweiterten Familienkreis gehörten in der Logik der Pflanzer die Sklaven. Man besorgte sie durch Razzien auf fremden Sklavenschiffen und durch Kriegszüge im Hinterland. Denn das Schlagen von Brasil-Holz war mit der indigenen Arbeitsteilung noch kompatibel, es war Männerarbeit. Die den Frauen zugeordnete landwirtschaftliche Arbeit war es jedoch nicht. Deshalb musste ein »permanenter Kriegszustand« ausgerufen werden, wie er bei den mittelalterlichen Kreuzzügen angewandt worden war. Er bot die juristische Grundlage für die Jagd auf Indios. Die ins Hinterland – weit über die Linie von Tordesillas hinaus – ausgesandten paramilitärischen Trupps von 100 Personen und mehr trugen eine Fahne *(bandeira)* mit sich, als Symbol für ihre Landnahme.

Da solche Expeditionen mühsam waren, gab die Krone ihnen den Auftrag, Flussläufe auch gleich nach Waschgold abzusuchen. Denn wenn die Spanier in ihrem Kolonialreich das *El Dorado*, Gold- und Silberminen gefunden hatten, warum sollte dies nicht auch für Portugal gelten? Im Laufe des 17. Jahrhunderts zogen die Paulistaner *bandeirantes* hinauf bis zum Amazonasursprung, drangen nach Westen bis ins heutige Paraguay und nach Süden bis zum Delta des Rio de la Plata vor. Weil sie den Vertrag von Tordesillas zugunsten Brasiliens verschoben, wurde ihnen in São Paulo noch im 20. Jahrhundert ein imposantes Denkmal errichtet. Durch sie war Brasilien die größte Kolonie im Reich der portugiesischen Thalassokratie geworden, einer Seeherrschaft, die sich über den Atlantik, den Indischen Ozean und selbst zum Pazifik hin erstreckte. Das *bandeirante*-Prinzip, wo Brasilianer lebten, sei auch Brasilien, sollte noch im 20. Jahrhundert gelten, als die Republik Brasilien ihre Grenzen zum Nachteil mancher Nachbarstaaten verschob. Noch heute sind die *bandeirantes* Namensgeber für Automarken, Fregatten und Flugzeuge. Sie symbolisieren den brasilianischen Pioniergeist und blenden dabei völlig die verheerenden Auswirkungen dieses Expansionismus auf die Eingeborenenbevölkerung aus.

Gegen die Praxis des Indianerraubs, der sich zum Genozid auswuchs, erhoben sich immer häufiger prominente geistliche Stimmen. 1549 ins Land gekommen, sandten die Jesuiten ihre Ordensmitglieder ins Hinterland, wo sie Missionsdörfer *(aldeias* oder *reduções)* für die Christianisierung der Indigenen errichteten. Obwohl Martim Afonso de Sousa ins Innere von São Paulo vorgedrungen war, gilt Pater Manoel Nóbrega als offizieller Gründer von São Vicente bei Santos und von São Paulo. Die Jesuiten wurden allein schon wegen der militärischen Struktur des Ordens mit der geistigen Führungsrolle vor Ort beauftragt. Weil sie sich besonders auf andere Kulturen einließen und selbst religiösen Synkretismus akzeptierten, wurden sie von anderen Orden kritisiert. Diese Form der *soft power* diente den Jesuiten jedoch als Mittel zum letztendlichen Zweck, der Evangelisierung der »Heiden«. Zunächst hatten die Ordensbrüder die Versklavung der Indios als »Gerechten Krieg« verteidigt. Allerdings gerieten sie regelmäßig in Konflikt mit den Siedlern, die es vorzogen, *bandeirantes* zu beauftragen, und mit den Sklavenjägern selbst.

Denn diese überfielen regelmäßig die jesuitischen Missionen, weil sie damit künftige Arbeitskräfte gleich konzentriert fanden und en gros rauben konnten. Die Jesuiten standen der königlich autorisierten Landnahme immer stärker im Weg. 1587 hatte ihnen der König das exklusive Recht für die Errichtung von Missionen zugesprochen und die Indios zu freien Untertanen der portugiesischen Krone erklärt. Diese Entscheidung rief jedoch bei den Plantagenbesitzern einen Sturm der Entrüstung hervor. Der Jesuit Antônio Vieira, ein ehemaliger Berater des Königs, verurteilte die Versklavung der Urbevölkerung vehement.

Doch riet er aus Staatsräson, sie durch Afrikaner zu ersetzen, sonst gerate das gesamte Kolonisierungsexperiment ins Wanken. Mit diesem Verbrechen hatten die Jesuiten weit weniger Probleme. Im Gegenteil: auch sie erwarben die neuen Sklaven.

Die Jesuiten sahen sich als Wächter über Moral und gute Sitten, weshalb sie das unmoralische Zusammenleben portugiesischer Kolonisten mit Indio-Frauen und afrikanischen Sklavinnen anprangerten. Da vor allem unverheiratete Männer einwanderten, wurde interethnisches Zusammenleben rasch zur Normalität – weit mehr als in den englischen Kolonien in Nordamerika. Viele Neusiedler waren Soldaten und Abenteurer, die ihre afrikanischen Sklavinnen mitbrachten, sodass der Jesuit Nóbrega bald nach seiner Ankunft dem König klagte:

> Hierzulande gibt es eine große Sünde, nämlich, daß so gut wie alle Männer ihre Negersklavinnen als Konkubinen halten [...]. Es wäre eine sehr nützliche Sache, wenn Seine Hoheit einige Frauen herüberschicken würde [...]. Dies könnten durchaus auch gefallene Mädchen sein, denn sie werden alle gut verheiratet, so daß sie nicht zu jenen gehören würden, die für Gott und die ganze Welt eine endgültige Schande sind.[11]

Martim Afonso de Sousa und andere Abenteuer waren auch deshalb erfolgreich gewesen, weil sie immer wieder auf Portugiesen trafen, die in indigenen Gemeinschaften lebten.

Es gibt einige Parallelen zwischen Brasilien und den britischen Kolonien in Nordamerika, gerade Virginia, North und South Carolina, wo Pflanzer ihre ausgedehnten Felder von Sklaven und männlichen Kontraktarbeitern bebauen ließen. Daneben allerdings entwickelte sich eine von puritanischen Familien getragene Einwanderung, die von Gemeinschaftsgeist getragen und von Geistlichen begleitet war. Die Puritaner trieb die Vorstellung an, von Gott auserwählt zu sein, um eine utopische Gesellschaftsordnung in der Neuen Welt aufzubauen, die der verkommenen in Europa entgegenstünde.

Anders im portugiesischen Brasilien. Der Historiker Sérgio Buarque de Holanda verweist auf den iberischen Standesdünkel, den Individualismus, gepaart mit Arroganz, großzügiger Lässigkeit und Überlegenheitsgefühl. Verglichen mit puritanischen Gesellschaften habe in Brasilien der würdige Müßiggang geherrscht, das Verteidigen ererbter Privilegien und die Gier nach einem Wohlstand ohne Anstrengung. In ihrer kulturellen Anpassungsfähigkeit seien die portugiesischen Kolonisten jedoch unübertroffen gewesen:

> Wo ihnen Weizenbrot fehlte, lernten sie das einheimische Brot zu essen [...] Sie haben sich auch daran gewöhnt, wie die Indios in Hängematten zu schlafen. Einige, wie zum

---

11 | Zit.n. Pfeisinger, »Die portugiesische Kolonie Brasilien«, 67.

Beispiel Vasco Coutinho, der Gründer der Stadt Espírito Santo, gingen sogar so weit, Tabak zu trinken und zu kauen, wie Zeitzeugen uns berichten. Von den Indios übernahmen sie zudem noch Jagd- und Fischereiwerkzeuge, Boote aus Rinden oder Einbäume, die auf den Flüssen und in den Küstengewässern segelten, und die Brandrodung zur Vorbereitung der Äcker. Das Haus der Iberischen Halbinsel, das ernst und düster nach innen gewandt war, verlor im neuen Klima seine Strenge, indem es eine Veranda enthielt: einen Zugang zur Außenwelt.[12]

Das elitäre Verständnis der Puritaner ließ Beziehungen mit Indios viel weniger zu als das Selbstverständnis der portugiesischen Kolonisten, von denen die meisten Männer waren. Das hatte zur Folge, dass Tupi-Guarani und nicht Portugiesisch die Umgangssprache im 16. und 17. Jahrhunderts war. Der Jesuit José de Anchieta bediente sich des Tupi. Er verfasste die erste Grammatik, schrieb Gedichte und religiöse Theaterstücke, *autos* genannt, in der Sprache der Indigenen, mit dem Ziel, sie zu bekehren. Die Jesuiten sahen sich bald selbst als Einheimische. Auf die Rolle des Tupi-Guarani als das Brasilianische sollten im 20. Jahrhundert dann diverse Autoren verweisen, als sie dazu aufriefen, sich endlich des Eigenen zu besinnen, statt das Europäische als das Maß aller Dinge zu sehen: Nicht Goethe oder der portugiesische König, nein, »Tupi or not Tupi«, das sei die Frage.

Die Ordensbrüder Nóbrega, Vieira und Anchieta zeichneten aus politisch-religiösen Gründen ein tugendhaftes Bild der Indigenen und ein lasterhaftes der portugiesischen Machthaber. Das veränderte Indio-Bild hat viel mit der Einführung des afrikanischen Sklavenhandels zu tun. Erst ab dem Moment, als er genug schwarze Sklaven für die Plantagenwirtschaft lieferte, beschrieben die Jesuiten ihre indigenen Schützlinge plötzlich als körperlich fragil, die harter Arbeit nicht gewachsen seien. Sie holten das Image des »Edlen Wilden« mit seiner passiven Friedfertigkeit hervor. Die Indios wurden weiterhin in Dörfern konzentriert, den Experimentierfeldern für eine göttliche Gesellschaft auf Erden.

Zwischen 1538 und 1850 wurden 3,6 Millionen Afrikaner nach Brasilien verschleppt. Manche Studien sprechen sogar von 5 bis 6 Millionen. Das war etwas mehr als ein Drittel aller Sklavenimporte in die Neue Welt. Erst 1888 sollte Brasilien die Sklaverei abschaffen, als letzter Staat in der Westlichen Hemisphäre. In ihm leben heute die meisten Menschen afrikanischer Herkunft außerhalb Afrikas. Mit dem System der Sklaverei waren die Portugiesen seit 1500 vertraut, als sie begannen, auf der Insel São Tomé Zuckerplantagen durch Sklaven bewirtschaften zu lassen. Mit dem christlichen König des Kongo schlossen sie einen Vertrag, der ihnen seine Kriegsgefangenen zusicherte. Der Herrscher des

---

12 | Sérgio Buarque de Holanda, Die Wurzeln Brasiliens. Essay (Frankfurt a.M.: Suhrkamp, 1995), 28.

Kongo wurde mit Waffen bezahlt und vermochte damit wiederum seine Position gegenüber anderen Königreichen zu stärken.

Der sogenannte Dreieckshandel zwischen Europa, Afrika und der Neuen Welt war eine iberische Erfindung. Die Krone bezahlte die versklavte »Ware« mit Gewehren und anderen Produkten. Die nach Brasilien verschifften Sklaven wurden mit Zucker und anderen Rohstoffen vergütet. Diese transportierte man wiederum mit den geleerten Sklavenschiffen nach Europa. Solche Gegengeschäfte waren im merkantilistischen System, das an Geldmangel litt, ideal. Der Sklavenhandel war äußerst lukrativ, Sklavenbesitz ein Zeichen von Reichtum, der Sklave ein Zahlungsmittel.

Sklaven hatten keine Bürgerrechte. Sie waren nie eine homogene Gruppe. Afrikaner und Afrikanerinnen unterschiedlicher Volksgruppen und sozialer Ränge wurden versklavt. Schon auf den Schiffen von der eigenen Gemeinschaft getrennt und in Ketten gelegt, wurde ihnen die Kommunikation erschwert und damit die Möglichkeit genommen, zu revoltieren. Ein Gutteil der Sklaven kam aus dem damaligen Guinea-Raum. Sie waren Wolof, Mandinga, Sonrai, Peul und Hausa. Während des 17. Jahrhunderts kamen vermehrt Bantu-Gruppen aus dem Kongo- und Angola-Raum (Kimbundu, Ovimbundo, Kokoongo) hinzu. Sie wurden ein Jahrhundert später von Afrikanern aus der Goldküste (Fon, Ashanti, Ewe, Yoruba) abgelöst. Die Hausas stammten aus dem islamisch-afrikanischen Kulturkreis, waren oft schriftkundig und führten deshalb immer wieder Aufstände an. Sie brachten den Islam nach Brasilien. Mittlerweile sind diese dunklen Kapitel der brasilianischen Geschichte so präsent, dass (Alt-)Präsident Lula da Silva sich bei seiner Afrika-Reise im Jahr 2003 im Senegal offiziell dafür entschuldigte.

Die erzwungene Eingliederung in die Kolonialgesellschaft bedeutete einen tiefen Einschnitt in Leben und Psyche der Versklavten, weil sie darauf angelegt war, Identitäten zu brechen. Sklaven mussten den Katholizismus akzeptieren und konnten ihre eigenen Religionen und kulturellen Praktiken nur heimlich ausüben. Und sie wurden gezwungen, christliche Namen anzunehmen. Mozart und Wagner haben lange als Vornamen überlebt. Sie waren von jenen Herren vergeben worden, die klassische Musik liebten.

In kirchlichen Kreisen setzte sich bald die Auffassung durch, dass ein Leben im christlichen, gesunden Brasilien besser sei als im kranken, »heidnischen« Afrika, dass die Entwurzelung deshalb ihre Errettung bedeute. Die katholische Kirche stellte die Institution der Sklaverei nicht in Frage. Orden besaßen Sklaven, die Jesuiten eigene Sklavenschiffe. Die wenigen Kritiker aus ihren Reihen wurden wieder nach Portugal zurückgesandt. Als ein portugiesischer Priester in Angola Ende des 16. Jahrhunderts einen kurzfristigen Stopp des angolanischen Sklavenhandels erwirken konnte, protestierten die lokalen Geistlichen mit folgenden Argumenten:»Es ist kein Skandal, unsere Schulden in Sklaven zu zahlen; die Sklaven sind in diesem Land lokales Zahlungsmittel, so wie Gold und Silber in Europa oder Zucker in Brasilien.«[13] Antônio Vieira stellte in einem Text von 1662 die rhetorische Frage, ob es gut sei, Afrikaner zu versklaven und sagte sich dann:»Ohne Schwarze kein Pernambuco und ohne Angola keine Schwarzen«.[14] Theologisch behalf er sich mit dem angeborenen Sündenfleck, der schwarzen Farbe als Schicksal. Die Befürworter der Sklaverei beriefen sich dabei auf die Bibel, auf die Geschichte von der Verfluchung des Ham durch Noah (Genesis 9, 18-27).

Dort wird erzählt, dass Ham seinen Vater Noah betrunken und nackt in einem Zelt schlafen sah und, statt ihn zu bedecken, seinen Brüdern davon erzählte. Mit dieser Respektlosigkeit verletzte er die jüdischen Glaubens- und Familientradition. Aus dem Schlaf erwacht, verfluchte Noah nun Hams Sohn Kanaan und seine Nachkommen und verdammte sie zur Knechtschaft durch Geburt, was bedeutete, dass auch ihre Hautfarbe fortan schwarz sein würde. Damit war die biblische Verbindung von schwarzer Hautfarbe mit Knechtschaft geschaffen, und mit ihr das Recht zur Knechtung. Die Inhumanität der Sklaverei mag in den Augen vieler Geistlicher ein Unrecht gewesen sein, sie war in ihrer Logik aber keine Sünde.

Im Gegensatz zur Sklaverei im britischen und französischen Kolonialreich, wo *slave codes* mit viel Zynismus und wenig Spielräumen für Sklaven unterschiedliche»Rechte« und Pflichten regelten, gab es solche Kodizes in Brasilien nicht. Die Behandlung der Sklaven überließ man dem Gutdünken ihrer Herren. Jesuitische Texte und Predigten ermahnten sie, statt Zynismus Mäßigung walten zu lassen. Es galt die Faustregel der»drei Ps«,»pau, pão, pano« (Peitsche, Brot, Kleidung). Der Jesuit Pater Antonil kritisierte Verstümmelungen und brutale Strafen bei Schwangeren. Er riet den Sklavenherren, ihre Schützlinge schon aus Kostengründen gut zu behandeln und für Reproduktion zu sorgen. Ein väterliches Verhalten wurde empfohlen, ein Sklavenherr, den man liebte und fürchtete, aber nicht hasste. Als Trost für»gerechte« Folter und Strafe wurde wiederum die Bibel bemüht. Auch Antônio Vieira war sich des Sklavenelends durchaus bewusst. Die Leiden der Sklaven verglich er deshalb mit den Leiden von Jesus Christus am Kreuz. Die irdischen Schmerzen, die Peitschen, die Wundmale waren ein Prüfstein auf dem Weg ins Paradies, wo es alle besser hatten. Gleichheit zwischen Schwarz und Weiß war möglich, allerdings erst im Jenseits. Somit spielte Rassismus noch weit vor der Verbreitung moderner Rassentheorien eine bedeutende Rolle, um die Sklaverei zu rechtfertigen.

---

13 | Andreas Hofbauer, Afro-Brasilien. Vom weißen Konzept zur schwarzen Realität (Wien: Promedia Verlag, 1995), 64.

14 | Hofbauer, Afro-Brasilien, 66.

Trotz der christlichen Indoktrinierung gelang es den brasilianischen Sklaven, ihre Religionen und Kulturen in beeindruckender Weise aufrechtzuerhal-
ten. Für manche Heilige gab es eine afrikanische Entsprechung. Im Heiligen
Georg, dem Drachentöter und Schutzpatron der Waffenschmiede, fanden die
Sklaven Ogun, ihren Gott des Eisens und des Krieges, wieder. Manche Jesuiten
verteidigten die afrikanischen Tänze, weil sie Zeugen der beruhigenden Wirkung auf die Sklaven wurden. Dass viele Elemente afrikanischen Kulturlebens
in Brasilien fast ungebrochen überlebten, hat auch mit der Brutalität der Plan-
tagensklaverei zu tun. Gerade in den *engenhos*, den Zuckerunternehmen, betrug die durchschnittliche Lebenserwartung sieben Jahre, weshalb ständig neue
Sklaven verschleppt und angekauft wurden.

Die brasilianische Sklaverei unterschied sich in manchem von der amerikanischen: Interethnische Beziehungen waren viel häufiger. Die Farbenlinie
zwischen schwarz und weiß war und ist in Brasilien diffuser, während in den
USA die Regel galt, dass ein Tropfen schwarzen Blutes eine weiße Genealogie nachhaltig verunreinigte. Das brasilianische Portugiesisch kennt hingegen
mehr als 100 Ausdrücke für Hautfarben. Trotz ihrer Rechtlosigkeit wurde es
Sklaven leichter gemacht, durch Freibriefe, Testamente oder eigenes Einkommen freizukommen. Das gelang städtischen Leihsklaven am besten, die ihre
Arbeitskraft an andere Herrn vermieteten. Das brasilianische System war komplex. Freibriefe *(cartas de alforria)* enthielten manchmal tückische Klauseln, die
eine Wiederversklavung androhten, wenn der Entlassene »undankbar« war. Fernando Henrique Cardoso, Alt-Präsident Brasiliens und ein berühmter Soziologe, soll einmal gesagt haben, dass er einen Fuß in der Küche habe. Das meint,
dass auch in seiner Genealogie schwarze Vorfahren waren. Gleichzeitig macht
dieser Satz deutlich, dass das schwarze Brasilien vor allem diente: auf dem Feld
und in der Küche.

Wie in den USA war auch in Brasilien der rechtliche Status der Mutter ausschlaggebend. Ein Kind eines weißen Sklavenherrn und seiner Sklavin wurde
als Sklave geboren und oft auch vom leiblichen Vater verkauft. Manchmal hatten die bei der Taufe Anwesenden die Möglichkeit, den Täufling freizukaufen.

Die brasilianische Gesellschaft war eminent rassistisch, aber sie pflegte
keine Apartheid. Sie war eher bereit, Schwarze und Mulatten als freie Bürger
zu akzeptieren. Das Konkubinat war weitverbreitet, die schwarze Mucama eine
Institution und in der Literatur, wie bei Gilberto Freyre, auch idealisiert. Viele
Mucamas erreichten die Freiheit für sich und für ihre Kinder.

Salvador, das »schwarze Rom«, und der *Quilombo* von Palmares

Ohne Schwarze hätte es kein Pernambuco gegeben, schrieb Antônio Vieira. Sicherlich auch kein Salvador. Der Reichtum der pittoresken Stadt mit dem offiziellen Namen São Salvador da Bahia de Todos os Santos beruhte auf Zucker und dem Sklavenhandel. Bis ins frühe 18. Jahrhundert hinein wurden auf dem Mercado Modelo Tausende Afrikaner und Afrikanerinnen für die Plantagen im Landesinneren oder für Bau der 100 Kirchen der Stadt gehandelt. 1549 gegründet, war Salvador die erste Hauptstadt Brasiliens und Bischofsitz, Tomé de Sousa ihr erster Generalgouverneur. Mit ihm waren das königliche Regiment und die Jesuiten ins Land gekommen. Caramuru, der Schiffbrüchige, hatte auch dem Gouverneur geholfen und dafür eine Leibrente erhalten. Den Jesuiten hatte der Portugiese, der seinen Reichtum vermutlich durch Sklavenhandel erwarb, Geld vermacht.

Salvador liegt malerisch an der größten Bucht des Landes, die, von Hügeln umgeben, noch Reste des charakteristischen Regenwalds der *mata atlântica* birgt. Ihre besondere Geschichte gab der Stadt viele Beinamen: »schwarzes Rom« wegen des Kirchenreichtums, den die Legende auf 365 hochstilisierte, und der afro-brasilianischen Bevölkerung. »Stadt der Frauen« nannte sie die amerikanische Anthropologin Ruth Landes 1947, weil die Religion des *candomblé* von Frauen dominiert wird. »Stadt der Freude« suggeriert das Bild einer immerwährend fröhlichen Stadt der Feste, dabei wird gerade Salvador wegen seiner hohen Arbeitslosigkeit und Gewalt häufig als urbaner Problemfall geschildert. Mehr als zwei Drittel der Stadt sind nicht einmal an ein Abwassersystem angeschlossen.

Weil die Altstadt von Salvador den größten kolonialen Stadtkomplex in ganz Lateinamerika bietet, wurde sie 1985 in den Rang eines UNESCO-Welterbes erhoben. Der Revitalisierungsboom der letzten 25 Jahre ließ die Innenstadt um den Pelourinho, den markantesten Platz der Oberstadt, schick und teuer und damit für viele Bewohner nicht mehr leistbar werden. Dass der Pelourinho nach dem Schandpfahl benannt ist, an dem die Sklaven öffentlich ausgepeitscht wurden, wird heute selten erinnert. Zur »sozialen Säuberung« gehört auch die Räumung von Favelas in besten Lagen mit Blick auf die Bucht. Sie führt zu Kleinkriegen zwischen einer Stadtverwaltung, die auf Disneyfizierung setzt, und den Bewohnern der Armenviertel, die um billigen Lebensraum kämpfen.

Die Hauptstadt des Estado do Brasil erlebte im 17. und frühen 18. Jahrhundert eine wahre Blütezeit. Für die Handelsflotten auf ihrem Weg nach Indien war Salvador eine Zwischenstation, um Wasser und Lebensmittel zu laden. Als Zentrum der religiösen und politischen Macht und des Obersten Gerichtshofs beschäftigte es eine Vielzahl von Beamten und geistlichen Würdenträgern. In seiner weiten, von kleinen Wasserarmen durchzogenen, Bucht *(recôncavo)* mit den ihr vorgelagerten Inseln lagen die Zuckerplantagen. Durch die vorteilhafte Lage konnten ihre Besitzer den Zucker günstig und rasch nach Europa verschiffen. Die Politik im Senat des Stadtrates bestimmten vor allem sie, weshalb es nicht übertrieben war, sie Landadelige *(nobreza da terra)* zu nennen. Zwar fühlten sich die Unternehmer noch immer als treue Untertanen des portugiesischen Königs, doch ihre Interessen kollidierten immer wieder mit den Wünschen der Krone.

Das Zentrum der lokalen Kultur war das Jesuitenkolleg. Seine Qualität war so hoch, dass der Stadtsenat mehrmals in Lissabon anfragte, ob man es nicht in den Rang einer Universität erheben könne. Im Kolleg lehrte etwa der mährische Jesuit Valentin Stanzel aus Olmütz, dessen astronomische Beobachtungen später sogar von Isaac Newton zitiert wurden. Die Anfragen aus Salvador wurden stets abgelehnt. Denn im Gegensatz zum spanischen Kolonialreich, wo es schon seit dem 16. Jahrhundert renommierte Universitäten gab, zeigte Portugal kein Interesse daran, Universitäten in seinen Kolonien zu errichten. Wer studieren wollte, musste eben nach Portugal ziehen. Coimbra war die international bekannteste Kaderschmiede für hohe Staatsämter, eine exklusive Ausbildungsstätte für Zivil- und Kirchenrecht. Immerhin durften die Absolventen des Kollegs in Salvador, wollten sie in Coimbra studieren, dort im zweiten Studienjahr einsteigen. Die Brasilianer bildeten an der Universität eigene Zirkel und Netzwerke, die nach der Rückkehr ins Heimatland oftmals Bestand haben sollten.

Auch in der Wahl ihrer Lektüre wurden die Bewohner der Kolonien massiv beschnitten. Aufgrund des Diktats aus Lissabon, keine Druckerpresse in Brasilien zu betreiben, mussten die Bücher aus Portugal importiert werden. Die Zensoren der Krone bestimmten, welches Schriftgut sie zirkulieren ließen und welches nicht. Dass eine solche Herabwürdigung der Kolonialen danach rief, unterlaufen zu werden, liegt auf der Hand. Die kulturelle Szene Salvadors brachte eine Reihe von literarischen Texten, Theaterstücken und Lehrbüchern hervor. Gedruckt wurden sie freilich in Portugal.

Gregório de Matos und Manoel Botelho de Oliveira waren bedeutende Lyriker. Sie schrieben ihre Verse auf Portugiesisch, Latein oder auf Spanisch, weil es als kulturelle Hochsprache galt, selbst in Portugal. Der Satiriker Gregório de

Matos ließ es sich nicht nehmen, auch Spott und Hohn über das Leben in Salvador zu gießen. Er wurde deshalb vom König nach Angola verbannt. Im frühen 18. Jahrhundert öffneten in Salvador auch Akademien ihre Pforten. Zwar waren sie nach europäischen Vorbildern errichtet, hatten jedoch vielmehr Saloncharakter. Ihre Mitglieder wollten dem Zentrum beweisen, dass auch sie imstande waren, wertvolle kulturelle Werke hervorzubringen. Eine dieser Stätten gab sich deshalb den Namen Brasilianische Akademie der Vergessenen (Academia Brasílica dos Esquecidos, 1724). Sebastião da Rocha Pitas lokalpatriotische *Geschichte des portugiesischen Amerika* (*História da América Portuguesa*, 1730) war der stärkste Ausdruck dieses kolonialen Selbstbewusstseins. Der Schriftsteller Haroldo de Campos, ein besonderer Kenner des »Höllenmauls« Gregório de Matos, vertritt deshalb die These, dass es im Salvador der Barockzeit bereits ein eigenständiges kulturelles Leben gegeben habe. Der Literaturwissenschaftler Antonio Candido hält dem entgegen, dass man erst von einer Nationalkultur sprechen könne, wenn sich Autoren und Leser als Angehörige einer Nation fühlen und ein gemeinsames Bewusstsein für eigene kulturelle Traditionen entwickelt haben. Diese Eigenständigkeit war damals zweifellos noch nicht gegeben, weil Salvador wie andere brasilianische Städte künstlerisch und literarisch noch immer von Lissabon abhängig war. Es bestimmte den Kanon großer Werke und Autoren.

Die Akademien und das Jesuitenkolleg waren elitär. Dass dunkelhäutige Brasilianer aufgenommen wurden, war äußerst selten. Die Orden der Benediktiner, Karmeliter und Franziskaner sorgten für üppige religiöse Inszenierungen an den zahlreichen Festtagen. Sie boten Paraden, Musikkapellen, Komödien *(jograis)* und Theaterstücke *(autos)*. Die Bruderschaften gestalteten prächtige Umzüge. Schon in Portugal wurden schwarze Sklaven in die katholische Volkskultur und in das System der Bruderschaften eingebunden. De facto galt auch in Brasilien die Segregation. Für Sklaven und Freigelassene wurden eigene *confrarias* oder *irmandades* gegründet. Ihre Rolle kann nicht hoch genug eingeschätzt werden. Sie waren die einzig legale Organisationsform für Schwarze bis zur Abschaffung der Sklaverei. Allein in Salvador gab es zu Beginn des 18. Jahrhunderts 31 solcher *irmandades*. Sie kümmerten sich um Begräbnisse, Totenmessen und Krankenpflege. Sie setzten sich, meist vergeblich, um die Freilassung von versklavten Mitbrüdern ein.

Fast alle schwarzen Bruderschaften verehrten die Mutter Gottes des Rosenkranzes, die Nossa Senhora do Rosário. An ihrem Fest wählten sie symbolisch aus ihrer Mitte einen »König des Kongo«. Dieser Akt stärkte das Zugehörigkeitsgefühl, noch Teil einer afrikanischen Gemeinschaft zu sein. Er milderte das erzwungene Leben in einer katholischen Gesellschaft zumindest bei solchen Gelegenheiten. Zwar waren die Religionen des *candomblé* und des *umbanda* verboten, doch flossen vielfältige Elemente afrikanischer Kulturen in die Gestaltung der katholischen Feste ein: durch Mythen und Trommelformationen, durch bestimmte Gottheiten, andere Rhythmen, Schmuckstücke und Kleidung. Diese synkretistische Ästhetik prägte später dann den Karneval. Durch den regelmäßigen Import von Sklaven aus Afrika, durch das heimliche Praktizieren der verbotenen Religionen, blieb viel Kulturgut erhalten.

Der französische Ethnologe Pierre Verger, ein ausgewiesener Kenner westafrikanischer Kulturen, war fasziniert, als er in den 1940er Jahren in Salvador da Bahia zu leben begann und begriff, wie stark diese Kulturen in der Region überdauert hatten. Vergers brillante Schwarz-Weiß-Fotos von Zeremonien und Szenen des täglichen Lebens haben bis heute großen ethnologischen und künstlerischen Wert. Jorge Amado, der in Salvador lebte, machte schwarze Bahianerinnen zu Protagonistinnen seiner Romane.

Die Geschichte der brasilianischen Sklaverei ist auch eine Geschichte ihres Widerstandes. Ihre Formen waren vielfältig: Sklaven beschädigten Werkzeug, arbeiteten langsam, verübten Attentate auf ihre Besitzer und Aufseher, flohen, revoltierten, ermordeten ihre Neugeborenen, um sie vor der Sklaverei zu bewahren, oder begingen Selbstmord, mit Gift oder Schlamm. Salvador hatte im frühen 19. Jahrhundert mehr dunkelhäutige Einwohner als Weiße. Solche demographischen Bedingungen sorgten bei den Eliten stets für Angst.

In jener Zeit erfasste eine Islamisierungswelle Teile der schwarzen Bevölkerung. In Moscheen im Untergrund wurde Lesen und Schreiben der Koransuren gelehrt. Schriftamulette mit Stellen aus dem Koran zirkulierten. Es war eine weitere Form des Synkretismus, der Schwarze unterschiedlicher Herkunft zu einer Schicksalsgemeinschaft verband. Eine radikale Gruppe plante 1835 einen Dschihad, einen heiligen Krieg. Sie wählte einen katholischen Feiertag für ihre Malê-Revolte. Die 300 Aufständischen wurden rasch bezwungen. Ihr Plan, ein schwarzes Bahia zu errichten, war verraten worden.

In den USA hatte es eine Reihe von Aufständen gegeben. Keiner hatte lange gedauert. Zu gut waren die Milizen der Kolonien, später der Einzelstaaten, organisiert; die Fluchtmöglichkeit im ausgedehnten Plantagensystem war schwierig. Die brasilianische Geschichte ist ebenso von zahlreichen Revolten und Tausenden von *quilombos* geprägt. Im Jahr 1740 definierte sie der portugiesische Übersee-Rat als Siedlungen von mindestens fünf entlaufenen Sklaven. Dorthin schafften es jene, die von den bezahlten Menschenjägern, den *captães-do-mato*, nicht aufgespürt und wieder versklavt wurden. Im Durchschnitt hatten drei von zehn solcher Fluchtdörfer Bestand. Ihre Bewohner bauten Mais, Bohnen und Süßkartoffeln an. Dass sie andere Dörfer überfielen, um Gebrauchsgegenstände und Waffen zu erbeuten, war nicht ungewöhnlich. *Quilombos* waren ein Mikrokosmos unterschiedlicher Stämme und Ethnien, sogar Weiße und Indigene waren darunter. Das Wissen um sie war ein starkes Fluchtmotiv. Manchen Bewohnern wurde Jahre später verziehen. Sie erhielten Freibriefe. Dass der Jesuit Padre Vieira diese Nachsicht zum einen rügte, weil sie letztendlich das gesamte

System gefährde, zum anderen die künftige Befreiung aller Sklaven als ideale Lösung imaginierte, macht die gelebte Doppelmoral des Systems allzu deutlich. Dem politischen und ökonomischen Nutzen wurde jahrhundertelang humanitäres Denken untergeordnet, auch im Falle der *quilombos*.

Ein *quilombo* erlangte übernationale Berühmtheit: die »Republik« von Palmares. Sie lag in der Kapitanie Pernambuco und entstand zu Beginn des 17. Jahrhunderts. Auf einem Areal von 27.000 km² hielten seine 20.000 oder 30.000 Bewohner fast hundert Jahre lang den Milizen der Gouverneure stand, weil sie mit Guerillataktiken mitunter ihre eigenen Hütten niederbrannten und sich im Gestrüpp des *mato* versteckten. Schließlich bot Ganga-Zumba, der König von Palmares, dem Gouverneur von Pernambuco einen Friedensvertrag in der Hoffnung auf einen nachhaltigen Frieden an. Ganga-Zumba forderte darin Frieden und Freiheit für alle in Palmares Geborenen und freien Handel mit Siedlern der Nachbarschaft, im Gegenzug bot er dem Gouverneur die Vasallenschaft seiner Gemeinde. Sie stand jedoch nicht geschlossen hinter ihrem Herrscher. Zumbi, ein Palmarino von hohem militärischem Rang, war ein Gegner dieses Vertragsgeschäfts. Er hatte vermutlich selbst Sklaven gehabt, um die Macht zu kopieren, die ihn unterdrückt hatte.

Lang anhaltende Dürre und der Preisverfall bei Zucker hatten zudem eine verheerende Hungersnot ausgelöst, die der Gouverneur für sich zu nutzen verstand. Er kaufte Lebensmittel auf und versprach jedem Kampfwilligen ausreichend Nahrung, der gegen Palmares zog und hielt die Geistlichen an, von den Kanzeln herab Kreuzzugsstimmung zu schüren. Mit etwa 10.000 Söldnern brach im Januar 1694 das damals zweitgrößte in Brasilien aufgestellte Heer nach Palmares auf. Seine Bewohner igelten sich in ihrem Haupt-*quilombo* Macaco ein und bauten ihn mit Gruben und Fußangeln zur Festung aus. Sie hielt den Angreifern jedoch nicht stand. Angesichts der Niederlage begingen viele Palmarinos Selbstmord. Zumbi floh und wurde zwei Jahre später vom *bandeirante* Jorge Velho gefasst, sein Kopf am Hauptplatz von Recife aufgespießt und publikumswirksam zur Schau gestellt.

Als der afro-brasilianische Beitrag zur Geschichte Brasiliens in den 1930er Jahren erstmals positiv bewertet wurde, erhob man Palmares fälschlich zur »Republik«, zu einer Art von Demokratie. Nach Palmares nannte sich in den 1960ern eine marxistische Stadtguerilla, die gegen die Militärdiktatur kämpfte. Zumbi ist bis heute ein Held des Nordostens, nicht nur für die Rockband *Nação Zumbi*. Sein Todestag, der 20. November, wird in vielen Gemeinden als eine Art Nationalfeiertag des schwarzen Bewusstseins gefeiert.

Geschätzte 2.500 *quilombos* bestehen heute noch. Sie sind über das gesamte Bundesgebiet verstreut. Die Verfassung garantiert ihren Bewohnern definitiv das Land, das sie vor Hunderten von Jahren illegal in Besitz genommen hatten. 290 Fluchtdörfer sind bislang zertifiziert. Ihre Bewohner haben definitive Landrechtstitel erhalten. Diese geschützten Gemeinden zogen auch Migranten an, die keine *quilombo*-Vergangenheit hatten, aber eine solche erfanden. Die Bewohner protestieren immer wieder gegen Landspekulatoren, die aufgrund fehlender Dokumente die Rechtmäßigkeit der *quilombos* anzweifelten, noch dazu, weil viele ihrer Bewohner die Geschichte ihrer Heimatorte nicht mehr kennen.

Neueste Forschungen belegen, dass viele *quilombos* tatsächlich erst nach dem Ende der Sklaverei entstanden waren, etwa durch Landschenkungen ehemaliger Sklavenherrn. Was über Jahrhunderte weitervermittelt wurde, ist das afrikanische Erbe in Musik, Bräuchen und Religionen. Die Nachkommen der Sklaven profitieren deshalb von der Bildungs- und Sozialpolitik der letzten zehn Jahre. Mit den Schulen und Lesefertigkeiten entstehen auch Kulturvereine, die Lieder von Sklaverei und Flucht aufschreiben und diese Geschichten auch publizieren. Damit wächst bei vielen *quilombolas* der Stolz und das Bewusstsein eine bedeutende Vergangenheit gehabt zu haben. Das historische Zentrum von Palmares (heute im Bundesstaat Alagoas gelegen) gehört mittlerweile zum nationalen Kulturerbe.

Gold und Barock in Minas Gerais

In den letzten Jahren des 17. Jahrhundert wurden Gold- und Edelsteinsucher endlich fündig. In Minas Gerais (den Allgemeinen Bergwerken) wurden Smaragde und am Oberlauf des Rio São Francisco Goldkörner gefunden. Ähnlich wie in Kalifornien 150 Jahre später lösten diese Entdeckungen ein wahres Geldfieber aus: Aus Portugal strömten jährlich etwa 4.000 Migranten zu, aus den Küstenregionen kamen Tausende in den Minendistrikt. Um 1710 soll es bereits 100.000 Minensklaven gegeben haben. Sie waren aus den krisengeschüttelten Zuckerregionen des Nordostens und aus Bahia zugewandert. Etwa 430.000 Menschen sollen sich im Laufe von 100 Jahren auf den Weg zu den Minen aufgemacht haben.

Die Goldfunde kamen gerade zur rechten Zeit. Sie brachten der Krone enorme Gewinne, aber auch eine Reihe von Problemen. Die Goldgräberlager, dessen größtes den Namen Vila Rica (später Ouro Preto) erhielt, benötigten Aufsichtsbehörden und Lebensmittel in solchen Mengen, wie sie im Umkreis nicht zu produzieren waren.

Die Abwanderung von Arbeitskräften aus Portugal war im Zeitalter des Merkantilismus besonders problematisch, weil er Bevölkerungswachstum als Quelle des Wohlstands förderte. Im Jahr 1720 ließ der König bereits die Auswanderung nach Brasilien verbieten und den Minendistrikt wegen seiner Bedeutung in den Rang einer Kapitanie erheben. Brasilien bekam den Status eines Vizekönigtums. Steuerbeamte wurden in die Kolonie gesandt, um jedem Unternehmer das königliche Fünftel *(quinto)* abzupressen – angesichts der gängigen Schmuggelpraxis ein schwieriges Unterfangen, trotz regelmäßiger Leibesvisitationen der Minenarbeiter. Ihre stärkste Motivation zu klauen war der Wunsch nach Freiheit und Aufstieg. Er floss in die berühmte Volkslegende von Chico Rei ein, einem versklavten König aus dem Kongo. Er habe sich und seinen Sohn durch harte Arbeit und durch Goldklümpchen freikaufen können, die er in seinen Haaren versteckt habe. Schließlich soll er eine Mine gekauft und mit den Einnahmen die Sklaven seines Stammes befreit haben. 1985 von Walter Lima Jr. verfilmt, gehört *Chico Rei* zu den wenigen Streifen, die in Brasilien über die Sklaverei gedreht wurden.

Weil der Schmuggel florierte, hob die Krone eine eigene Steuer auf Sklavenbesitz ein. Denn ein Drittel der jährlichen Goldförderung, das waren etwa 15
bis 20.000 Kilogramm in den ertragreichsten Jahren, pflegte zu verschwinden.
Auch litten die Konzessionäre der Minen unter stetem Kapitalmangel, weil das
Gold in Lebensmittel, Arbeitskleidung und Sklaven eingetauscht wurde.

Mit *Kultur und Opulenz in Brasilien* (*Cultura e opulência do Brasil*, 1711) erschien dann auch eine kritische Analyse über Gier und Gold in Minas Gerais.
Hinter dem Pseudonym André João Antonil verbarg sich ein Jesuit italienischer
Herkunft. Er stellte den Bergbau, Korruption und Bereicherung so kenntnis-
reich dar, dass die königliche Verwaltung alle Exemplare, derer sie habhaft wurde, verschwinden ließ. Antonil klagte vor allem über die hohen Sklavenpreise,
die ein Ergebnis des Goldbooms waren. Sie gefährdeten die Zuckerproduktion
von Bahia, weshalb die Senatoren des Stadtrates von Salvador im Jahre 1710 an
den König schrieben, dass er doch die Goldminen schließen möge. Sie argu-
mentierten mit dem Reichtum Brasiliens, der wohl vielmehr auf Landwirtschaft
beruhe, denn auf dem schnellen Geld des Goldes. Der König gab dieser Bitte
natürlich nicht nach. Für Antonil war die Existenz der Minen sogar eine Strafe
Gottes. Die Kolonialherrschaft der Portugiesen stellte er dennoch nicht in Frage.

Wenn Kapitalmangel in wirtschaftshistorischen Darstellungen auch immer
wieder betont wird, so profitierten die Minenbesitzer vom Reichtum, der sich
in der üppigen barocken Kirchenlandschaft mit ihren goldüberladenen Altä-
ren und ihrem reichverzierten Statuenschmuck präsentierte. Ouro Preto, bald
zur Verwaltungsstadt von Minas Gerais erhoben, wurde wegen ihrer barocken
Pracht die »wertvolle Perle Brasiliens« genannt.

Es ist vor allem die Steinmetz- und Holzschnitzkunst von Antônio Francisco
Lisboa, die Ouro Preto, Mariana und andere Städte in Minas Gerais zu beliebten
Touristenzentren gemacht haben. Durch eine Krankheit später zum Krüppel
geworden, schuf Aleijadinho (Krüppelchen), Sohn eines portugiesischen Architekten und seiner afrikanischen Sklavin, Meisterwerke sakraler Kunst. Dazu
zählen die Statuen der Kirche des Heiligen Franz von Assisi in Ouro Preto.
Dazu gehört sein Gesamtkunstwerk, die aus Seifenstein geschnitzten zwölf
Propheten für einen Kreuzweg an der Kirche Bom Jesus do Matozinho in Con-
gonhas do Campo. Für die Darstellung der Passion Christi schuf er in derselben Stadt 66 lebensgroße Holzstatuen. Während der Respekt für Aleijadinhos
künstlerische Leistungen im Laufe des 19. Jahrhunderts verklingen sollte, weil
man die Perfektion des Europäischen vermisste und stattdessen die Fehler brasilianischen Epigonentums in den Blick nahm, stieg Aleijadinho in den 1920er
Jahren zum Symbol heimischer Kreativität auf. Sein Barock war kein simples
Kopieren europäischer Hochkultur mehr, sondern gerade wegen seiner individuellen Ausdrucksstärke ein Manifest genuiner Schaffenskraft.

Über Schmuggel, Korruption und Steuerhinterziehung in der Goldbranche
informiert, ließ der König im Norden von Minas Gerais, wo 1727 reichhaltige

Diamantvorkommen offiziell entdeckt wurden, eine andere Praxis anwenden. Er entsandte Soldaten, damit sie das königliche Diamantenmonopol im neuen Distrikt streng kontrollierten. Sie taten das mit einer Härte, dass Historiker von einem Polizeidistrikt sprachen. Die Hauptlagerstätte hieß Arraial do Tijuco, heute ist sie unter dem bezeichnenden Namen Diamantina bekannt.

Ein Soldat war auch ein talentierter Maler. Carlos Julião hinterließ 43 farbprächtige Aquarelle. Sie halten die Arbeits- und Alltagskultur in der Minenstadt realistisch fest: jene der Sklaven, der Diamantenwäscher in ihrer groben Arbeitskleidung, der mit Peitschen bewaffneten weißen Aufseher in Uniform und der aufgeputzten Oberschicht.

Der Diamantenboom bewirkte ein Sinken der Preise auf dem Weltmarkt, was der Krone wiederum weniger Einkünfte bescherte als sie erhoffte. Deshalb versuchte sie die Preise durch staatlich geregelte Produktion stabil zu halten. Ähnlich wie in Spanien verhinderten die hohen Einkünfte im bevölkerungsschwachen Portugal die Industrialisierung und förderten sie hingegen in Großbritannien. Von dort bezog Portugal Luxuswaren, Maschinen und Industrieerzeugnisse und bezahlte sie mit dem Gold seiner Kolonien. Die Abhängigkeit von den Briten war noch dazu im Vertrag von Methuen 1703 besiegelt worden. Er bot Portugal Zollerleichterungen beim Weinexport nach England und garantierte den Briten dafür den Absatz der Fabrikerzeugnisse im iberischen Staat. Im Gegensatz zur Zuckerwirtschaft war der Gold- und Diamantenabbau von frühindustriellen Arbeitsbeziehungen geprägt. Sklaven konnten sich leichter freikaufen und als Lohnarbeiter anheuern lassen.

1718 fanden *bandeirantes* auch in Cuiabá Gold. Bald wurden Mato Grosso und Goiás zu Kapitanien erhoben. Nach der Linie von Tordesillas waren sie spanisches Gebiet. Um all die Gold- und Diamantenarbeiter mit Lebensmitteln zu versorgen, mussten große Mengen Fleisch und Weizen in den Minendistrikt gebracht werden. Sein erstes, wenn auch rudimentäres, Verkehrsnetz verdankte Brasilien deshalb auch dem Edelmetall- und Edelsteinboom. Hatten die Migranten aus São Paulo zu den Minen anfangs noch zwei Monate benötigt, waren es dank einer neuen Straße ab Rio nur noch 14 Tage. Weil sie solcherart präsenter waren, zettelten die zugewanderten Paulistas einen Krieg mit Goldsuchern aus Portugal an. Er zog sich zwei Jahre hin, von 1708 bis 1709. Die heutige Überlandstraße von Rio de Janeiro nach Minas Gerais basiert auf der alten Gold-Transportroute. Rio entwickelte sich rasch zum Hauptumschlagplatz für die Schätze der Allgemeinen Bergwerke. Bald war es ein Zentrum der Goldschmiedekunst und löste als Sklavenmarkt selbst Salvador da Bahia ab. Derart aufgewertet wurde Rio de Janeiro im Jahr 1763 mit seinen 15.000 Einwohnern zur Hauptstadt erkoren. Fast 200 Jahre später musste es diesen Rang an das neugegründete Brasília abtreten.

Revolten gegen die ferne Königsmacht:
Jesuiten und Tiradentes

Der Edelmetallboom des 18. Jahrhunderts hatte den Zuckerboom abgelöst. Die Bedeutung der Rohstoffe ließ die Macht und den direkten Einfluss der Krone auf Brasilien wachsen. Es war zum Vizekönigtum erhoben worden. Größere Freiheiten erlangte es deshalb jedoch nicht. Im Gegenteil. Mittlerweile unterstanden acht Generalkapitanien direkt der Krone. Nur in den Städten hatten sich relativ autonome Räte gebildet. Die Pflanzeraristokratie lebte auf ihren Plantagen und fuhr gelegentlich in die Städte, die wiederum unter der »Diktatur der Landgüter« litten. Die heimischen Unternehmer beklagten die hohen Steuern und strengen Reglements, welche Gewerbe betrieben werden durften und welche nicht. Die Brasilianer mussten auch mit der Praxis leben, dass portugiesische Kolonialbeamte und Händler oft aus Opportunismus bevorzugt behandelt wurden.

Im Jahr 1732, als in Minas Gerais das Goldfieber seinen Höhepunkt erreichte, wandte sich Antônio Rodrigues da Costa, ein portugiesischer Beamter in königlichem Dienst und Mitglied des Übersee-Rats, an den König. Er verkündete Dom João V., der hochmütig von sich zu behaupten pflegte, niemanden zu fürchten und niemandem etwas zu schulden, dass sich die Machtverhältnisse zwischen dem Königreich Portugal und Brasilien zugunsten der reicheren Seite verschoben hätten. Deshalb sei es für die Brasilianer bald nicht mehr akzeptabel, vom Mutterland regiert zu werden

Auch zwischen den Jesuiten und der Krone wuchsen die Unstimmigkeiten. Die Identität des Ordens basierte auf der Bekehrung von Indios. Die bekanntesten Missionsdörfer waren die sieben Guarani-Reduktionen im heutigen Dreiländereck Brasilien, Argentinien und Paraguay. Diese Sete Povos das Missões nährten den Mythos vom mächtigen Jesuitenstaat. 1609 war erste Reduktion in Südbrasilien entstanden, in der Nähe der Iguaçú-Wasserfälle. Rasch wurden weitere Dörfer im Hinterland errichtet. Zum einen boten sie einen gewissen Schutz vor den umherstreifenden *bandeirantes* und vor der korrupten Kolonialgesellschaft. Zum anderen waren sie Experimentierfelder für die katholische

Indoktrinierung. Nach zwanzig Jahren waren bereits 60.000 Indigene in den südbrasilianischen Missionsdörfern konzentriert.

Die Jesuiten griffen in die Familienstruktur der Guarani ein, weil sie die Polygamie verboten. Hochzeiten und andere Feste wurden zunächst nach indigenem Ritus abgehalten, dann nach katholischem. Auch bei der Landverteilung galt eine Mischform. Das beste Landstück einer Reduktion war das Land Gottes (Terra de Deus). Es wurde, ähnlich der mittelalterlichen Allmende, gemeinschaftlich bearbeitet. Dies entsprach auch den indigenen Arbeitsweisen. Darüber hinaus erhielt jede Familie eine eigene Parzelle zugeteilt. Das Land Gottes diente dem Getreideanbau und der Viehwirtschaft. Seine Erträge wurden für den Bau und die Instandhaltung der Kirchen, des Spitals und der Schule verwendet. Daraus mussten auch die Abgaben für den König erwirtschaftet werden. In den Dörfern galt die Tauschwirtschaft. Geld benötigte man für die Außenwelt und für Produkte, die nicht selbst hergestellt wurden. Mit dieser ausgeklügelten Struktur und ihrer Autarkie machten die Reduktionen des Südens den nahen Städten Buenos Aires und Asunción Konkurrenz. Dort entstand der Mythos von den Reichtümern, die in den jesuitischen Dörfern gehortet würden.

Zum Neid kam die strategisch ungünstige Lage. Denn Spanien und Portugal reklamierten diese Gebiete für sich. Die Jesuiten verteidigten ihr Missionsexperiment mit fähigen Guarani-Milizen und torpedierten die Pläne des portugiesischen Königs, seinen Einflussbereich weiter nach Süden auszudehnen. Schließlich einigten sich beide iberischen Monarchien im Vertrag von Madrid im Jahre 1750: Die portugiesische Colônia do Sacramento (später Uruguay) ging an Spanien, das heutige Rio Grande do Sul an Portugal. Nicht nur das. Durch den Vertrag von Madrid, der jenen von Tordesillas obsolet machte, wurden die von den *bandeirantes* okkupierten Gebiete nun offiziell als portugiesisches Territorium anerkannt, d.h. der Amazonasraum, Mato Grosso, Santa Catarina und Paraná. Brasiliens Ausdehnung hatte sich verdoppelt.

Für die Jesuiten war der Vertrag fatal. Denn er legte auch die Auflösung ihrer Reduktionen in Südbrasilien fest. Ihre jesuitischen Schutzherren sollten ins spanische Gebiet übersiedeln. Sie weigerten sich, was einen ungleichen Krieg gegen die spanisch-portugiesische Armee zur Folge hatte. Er dauerte sechs Jahre und leitete das Ende ihres Missionswerkes ein. 1757 wurden sie in Portugal und seinen Kolonien verboten, zehn Jahre später auch in Spanien. Die Jesuiten hatten den Königen zwar jahrhundertelang die Macht gestärkt, nach dem Ordensprinzip waren sie ihnen aber nicht zu unbedingtem Gehorsam verpflichtet. In Brasilien waren etwa 600 Ordensbrüder tätig gewesen. Es brauchte lange, um das durch sie verwaiste Bildungssystem wieder aufzubauen.

Marquês de Pombal, der portugiesische Premierminister unter dem schwachen König José I., hasste die Jesuiten. Stellvertretend für alle stand Antônio Vieira, weshalb Pombal alles belastende Material, das verfügbar war, zusammentragen ließ. Das siebenbändige Manuskript der *Maquinações de Vieira Je-*

suíta (Die Machenschaften des Jesuiten Vieira) befindet sich noch heute in der Nationalbibliothek von Lissabon. Besonders bezichtigte der Premierminister den Orden, für die Rückschrittlichkeit Brasiliens verantwortlich zu sein, gerade weil er die Indios bewusst in Missionsdörfern isoliert habe. Pombal entwarf ein Gegenmodell. Die Indigenen erhob er zu gleichberechtigten Untertanen der Krone. Weil sie Portugiesisch lernen und sich möglichst assimilieren sollten, riet er weißen Brasilianern sogar, Indios zu heiraten. Selbst abwertende Bemerkungen wurden sanktioniert.

Als gebildeter Aufklärer mit absolutistischen Zügen war Pombal überzeugt davon, dass aus Brasilien noch viel mehr herauszuholen wäre als Gold und Cash Crops. Er sandte Forschungsexpeditionen in die Kolonie, damit sie exotische Tiere, verwertbare Pflanzen und Mineralien für die Zentralmacht sammelten. Nach den schweren Erdbeben und Bränden von Lissabon, die große Teile der Stadt einäscherten, presste Pombal noch mehr Kapital aus den Kolonien. Allerdings ließ er die Verfolgung der zwangsgetauften Juden durch die Inquisition stoppen.

Im Jahr 1785 verbot die psychisch kranke Königin Maria I. schließlich alle Manufakturen im Landesinneren Brasiliens, aus Sorge, dass zu viele städtische Arbeiter ins Hinterland abwandern würden. Ihr Dekret betraf die Textilmanufakturen, die Produktion edler Stoffe wie Samt, feines Leinen und Baumwolle, ebenso Stickereien mit Gold- und Silberfäden. Nur billige Stoffe aus grober Baumwolle durften gefertigt werden, Stoffe, wie sie Arme, Sklaven und Indios verwendeten.

Aus Angst vor dem Ungehorsam ihrer Untertanen ließ die Krone auch nur importierte Zeitungen zu. Flugblätter und kritische Texte zirkulierten geheim. Freilich wussten die gebildeten Brasilianer über politische Entwicklungen in Europa und den heutigen USA Bescheid. Die großen Distanzen zwischen den wenigen Städten in Brasilien erschwerten jedoch die gezielte oppositionelle Politik gegen die Krone. Wohl waren die meisten brasilianischen Studenten in Coimbra inskribiert, doch einige gingen auch nach Frankreich. Dort nahmen sie republikanische Ideen auf. So kam es nicht von ungefähr, dass eine brasilianische Studentengruppe in Montpellier mit der vorrevolutionären Stimmung in Frankreich und damit auch mit den Idealen der Amerikanischen Revolution konfrontiert wurde.

Einer von ihnen, José Joaquim da Maia, richtete am 2. Oktober 1786 einen Brief an Thomas Jefferson, den Verfasser der amerikanischen Unabhängigkeitserklärung, und bat ihn um Unterstützung für eine geplante Revolte gegen die portugiesische Herrschaft. Die Brasilianer würden nach Norden blicken, schrieb der Student, weil sie dem Beispiel der Vereinigten Staaten folgen wollten und sie zudem Bewohner desselben Kontinents seien. Maia scheute auch keine Mühen, um Jefferson in den USA aufzusuchen. Dort erklärte er ihm, dass viele Brasilianer die Unabhängigkeit wünschten, aber keine Persönlichkeit hätten, die bereit wäre, eine solche ohne die Rückendeckung durch eine mächtige Nation zu erkämpfen. Er sei, so berichtete Jefferson 1787 dem Politiker John Jay, dem jungen Brasilianer gegenüber freundlich, aber reserviert geblieben. Als Privatmann und Amerikaner habe er Verständnis für die Freiheitsbedürfnisse der Brasilianer gezeigt, doch mit einer europäischen Macht wollten die USA keinen weiteren Konflikt vom Zaun brechen.[15] Außerdem war der Unabhängigkeitskrieg gerade erst beendet, die ehemaligen 13 Kolonien noch lose miteinander verknüpft, gemeinsame außenpolitische Richtlinien waren noch nicht definiert.

Die brasilianischen Gelehrtenkreise gaben nicht auf. Sie planten in Minas Gerais, wo der lange Arm der Krone besonders manifest war, eine Revolte mit dem Ziel, mehr wirtschaftliche Autonomie für Brasilien zu erreichen. Manche dachten sogar an die Ausrufung einer unabhängigen Republik. Literarische Salons hatten den Boden für widerständiges Gedankengut bereitet. Ein Aufstand brauchte versierte Militärs. Dem Soldaten und Dentisten Joaquim José da Silva Xavier, auch Tiradentes (Zahnzieher) genannt, übertrugen die Rebellen die militärische Verantwortung für eine geplante Revolte. Man schrieb das Jahr 1789.

Noch bevor die Revolte ausbrach, wurde sie aufgedeckt, weil ein verschuldeter Händler namens Joaquim Silvério dos Reis von den geheimen Treffen im Haus des Richters und Lyrikers Cláudio Manuel da Costa berichtete. Ihre Führung wurde eingekerkert und später nach Afrika verbannt, Tiradentes hingegen grausam hingerichtet. Er war dezidiert republikanisch gewesen, an ihm wurde ein Exempel statuiert. Sein Tod war dem Königshaus eine Messe und ein siebentägiges Fest wert. Die offizielle Geschichtsschreibung bezeichnete den geplanten Aufstand als Inconfidência Mineira, als Verrat von Minas. Vielmehr war er eine Verschwörung und der stärkste Ausdruck einer tiefen Krise des kolonialen Systems, die angesichts der Französischen Revolution und der Amerikanischen Unabhängigkeit an Dynamik gewann.

Die nationale Geschichtsschreibung erhob hundert Jahre später Tiradentes, den Mann der Unterschicht, zum Märtyrer und größten Helden des Landes; der Verräter war nunmehr Silvério dos Reis. Im 20. Jahrhundert, während der Militärdiktatur, wurde Tiradentes sogar als »ziviler Schutzherr der brasilianischen Nation« gefeiert. Trotz des Misserfolgs machte die Revolte Schule. 1798 rebellierten Handwerker, Soldaten und Landlose in Salvador da Bahia gegen die koloniale Ordnung. Viele von ihnen waren *mulatos*. Sie hofften, dass eine republikanische Ordnung ihnen mehr Rechte bieten würde. Dass die Aufständischen ebenso bald verraten wurden, ist auch ein Zeichen dafür, dass die Revolten in Brasilien nie zu größeren Unabhängigkeitsbewegungen anschwollen.

---

15 | Darlene Sadlier, Brazil Imagined. 1500 to the Present (Austin: University of Texas Press, 2008), 103.

Die Sorge, mit dem Ende der Kolonialherrschaft auch die ökonomische Basis zu verlieren, war zu groß.

Was die republikanischen Oppositionellen wohl nicht für möglich gehalten hatten, ereignete sich 1808. Der portugiesische Hof floh vor den napoleonischen Truppen – in die eigene Kolonie.

Der König in seinem Exil – Versailles in den Tropen

Zu Weihnachten des Jahres 1807 schifften sich über 20.000 Personen im Lissaboner Hafen nach Brasilien ein: der Thronfolger und seine Familie, ihr Hofstaat, prominente Kleriker und hohe Beamte mit der Staatskasse und den bedeutendsten Werken der königlichen Bibliothek. Die Flotte wurde von britischen Schiffen eskortiert. Nach einem Zwischenstopp in Salvador da Bahia erreichte sie Anfang 1808 Rio de Janeiro. Es wurde zur künftigen Residenz erkoren. Seine Bewohner hatten die Kirchen der Stadt herausgeputzt, die Altäre poliert und die Hafendocks für die Ankunft des Herrscherhauses dekoriert.

Mit dieser spektakulären Flucht wurde das Verhältnis zwischen Zentrum und Kolonie neu definiert. Der Prinzregent Dom João ließ Brasiliens Häfen offiziell für Ausländer und internationale Unternehmen öffnen, das Manufakturverbot aufheben und die Banco do Brasil gründen. Die Engländer hatten die spektakuläre Überfahrt vorfinanziert, eine Geste, die ihnen ein besonderes Privileg einräumte: einen Einfuhrzoll für britische Waren von nur 15 Prozent, die sogar ein Prozent niedriger waren als jene für portugiesische Güter.

Englische Maschinisten und Schiffsbauer, schwedische Eisenarbeiter, deutsche Ingenieure und französische Fabrikanten wurden für den Aufbau einer eigenen Industrie engagiert. Europäische Reisende und Wissenschaftler nützten die geöffneten Grenzen, um das Land der Kannibalen und Merkwürdigkeiten ausgiebig zu erforschen. Zu ihnen zählte Jean-Baptiste Debret. Er gehörte zur »französischen Mission«, deren Maler, Bildhauer und Architekten großen Einfluss auf die Entwicklung der heimischen Kunstszene haben sollten. Debret fing in Zeichnungen und Aquarellen Szenen aus dem Alltagsleben ein, in den Straßen Rio de Janeiros und auf den Plantagen. Seine ungeschminkten Darstellungen von gefolterten Sklaven und zynischen Aufsehern gehören zu den bedeutenden Bildquellen ihrer Zeit. Die größte Sammlung der Werke Debrets in Brasilien beherbergt das Museu Chácara do Céu in Rios pittoreskem Stadtteil Santa Teresa.

Eine russische Expedition hatte den deutschen Maler Moritz Rugendas engagiert. Sein Landsmann, der Geologe Wilhelm Ludwig von Eschwege reiste nach Minas Gerais. Prinz Maximilian zu Wied-Neuwied, ebenfalls in Brasilien unterwegs, zeigte sich gerade von den Botokuden fasziniert und beschrieb sie ausführlich. Einen engagierte er, nannte ihn Quäck und ließ ihn nach Europa kommen. In eine Livrée gesteckt, galt er als Sensation von Neuwied, verfiel jedoch bald dem Alkohol und verstarb nach einem Unfall. Was die Europäer mit solchen Verpflanzungen anrichteten, reflektierten sie wohl nicht. Es galt aufzufallen.

Die Amerikanische und die Französische Revolution hatten in Brasilien republikanisches Denken gefördert. Doch die als progressiv verkaufte Wirtschafts- und Kulturpolitik des Hofes wurde vor Ort wenig gewürdigt. Die Braganças verpflanzten höfischen Glanz nach Brasilien. Das System der Sklaverei stellten sie nicht in Frage. Im Gegenteil. Gleich 1808, als die USA den Sklavenhandel verboten, ermöglichte der Prinzregent per Dekret wiederum die Versklavung der Indios, für drei Jahrzehnte. Auch manche Bewohner von Rio spürten die Präsenz des Königshauses am eigenen Leib. Sie wurden delogiert. Weil das ehemalige Landhaus São Cristóvão in der Quinta da Boa Vista erst zur repräsentablen Residenz umgebaut werden musste, ließ der Prinzregent Dom João Stadthäuser als Wohnraum für seine Entourage beschlagnahmen. Sie erhielten die Markierung »PR« (Príncipe Regente). »Ponha-se na rua« (Raus) hießen die Siglen im Volksmund.

Ein tropisches Versailles sollte Rio de Janeiro werden, allerdings ein modernes, das sich von dekadenten Städten Europas deutlich unterschied. Die neue Polizei sammelte Obdachlose auf und leitete sie zur Arbeit an. Daran mangelte es nicht. Ministerien, Museen und Bibliotheken mussten errichtet, Druckereien und Galerien eröffnet, ein Gerichtshof und eine Militärakademie gebaut werden. Dagegen hieß der Prinzregent hässliche Kaschemmen und übel riechende Verkaufsstände, etwa für Fisch, aus der Nähe der höfischen Eleganz verbannen. Glücksspiele und Schmierenkomödien wurden sanktioniert, richtiges Benehmen wurde durch öffentliche Anschläge eingemahnt. Es galt, die Kolonie zu zivilisieren. Hingegen verstanden sich Dom João und Dom Pedro als Volksregenten, die selbst Prostituierte in wöchentlichen Audienzen empfingen.

Zwar wurde die Kolonie durch die Präsenz des Hofes aufgewertet. 1815 rief Dom João ein Vereinigtes Königreich von Portugal, der Algarve und Brasilien aus. Seinen Sohn Dom Pedro vermählte er 1817 mit Erzherzogin Maria Leopoldine von Habsburg, der Tochter des österreichischen Kaisers Franz I. Die arrangierte Ehe war ein Werk des autoritären Staatskanzlers Fürst Metternich, der im Rahmen der Heiligen Allianz von Österreich, Preußen und Russland auf Lateinamerikas Zukunft Einfluss nahm. Angesichts der seit 1810 in Spanisch-Amerika geführten Unabhängigkeitskriege sollte zumindest ein Teil der Amerikas monarchisch bleiben. Das Gottesgnadentum wollten die Herrscher der Heiligen Allianz gegen die republikanische Moderne zäh verteidigen. Für die konservativen Mächte, die Napoleon besiegt hatten, war es besonders während des Wiener Kongresses von Vorteil, in Südamerika mit einer mächtigen Monarchie statt mit unsicheren Republiken und ihren Caudillos zu verhandeln. Dass durch die Heirat des Thronfolgers mit einer Habsburgerin auch der lange Arm des Metternichschen Neoabsolutismus auf Brasilien ausgriff, traf republikanisch gesinnte Brasilianer schwer. Schon 1817 organisierten Bürger in Pernambuco einen Aufstand gegen die plötzliche royale Nähe und spalteten sich ab. Einige von ihnen waren Freimaurer. Paris entwickelte sich im Laufe des 19. Jahrhunderts zum bedeutendsten Exil für politische Flüchtlinge. Es waren lokale Potentaten, hohe Offiziere und Beamte, die mit der Übersiedlung des Hofes ihre Selbständigkeit massiv eingeschränkt sahen. Selbst der amerikanische Alt-Präsident Thomas Jefferson kommentierte die Revolte in Pernambuco in einem Brief an den Marquis de Lafayette:»Portugal, das mit der Ausweitung seines Überseebesitzes in den Süden ausgreift, hat seine große Nordprovinz Pernambuco verloren, und es würde mich nicht wundern, wenn Brasilien massiv revoltierte und seine königliche Familie zurück nach Portugal schickte. Brasilien ist stärker bevölkert, wohlhabender, energiegeladener und ebenso weise wie Portugal.«[16]

Es war nicht nur die plötzliche Präsenz der Herrscherfamilie vor Ort, es waren die neuen Steuern, gegen die sich viele Brasilianer auflehnten. Die Einkünfte dienten dem Repräsentationsbedürfnis des neuen Zentrums. Die Steuerlast schwächte den Agrarsektor im Hinterland zu einer Zeit, als der Gold- und Diamantenboom verebbt war.

Die alten Kapitanien wurden in 20 Provinzen mit eigenen Gouverneuren und Gerichten umgewandelt. Rio de Janeiro gewann an Macht, während der revoltierende Nordosten an Macht einbüßte. 1818 zum König von Portugal, Brasilien und der Algarve gekrönt, lernte Dom João VI. nichts aus den Erfahrungen mit dem Nordosten, sondern nützte die Unabhängigkeitskriege im spanischen Lateinamerika für die neuerliche Besetzung des nördlichen La-Plata-Raums, heute Uruguay.

Mittlerweile war Napoleon besiegt, und in Portugal regierte ein Ständeparlament *(Cortes)* mit einem restaurativen Politikverständnis. Der Staat sollte wieder eine konstitutionelle Monarchie und Brasilien, zur Kolonie herabgewürdigt, wieder von Lissabon regiert werden. Deshalb wurde König Dom João auch zur Rückkehr nach Europa aufgefordert. Hätte er sich geweigert, dann hätte man ihm entweder den Thron entzogen oder ihn zu einer Politik gezwungen, die Brasiliens neue Selbständigkeit beendet hätte. Der König ließ sich mit seiner Entscheidung sehr lange, etwa zwei Jahre Zeit, und kehrte 1821 nach Europa zurück. Sein Sohn Dom Pedro entschied sich am 9. Januar 1822 zu bleiben. Dieses Datum ging als »Tag des Bleibens« (»dia do fico«) in die Geschichte ein:

---

16 | Sadlier, Brazil Imagined, 104.

»Wenn es zum Vorteil aller und dem allgemeinen Glück der Nation dient, bin ich bereit! Sagen Sie dem Volk, ich bleibe.«

Diese Entscheidung war wesentlich dafür, dass Brasilien trotz seiner räumlichen Dimensionen als staatliche Einheit erhalten blieb. Der politische Frieden war jedoch nicht wiederhergestellt. In Portugal stritten sich die absolutistischen mit den liberalen Fronten um die künftige Rolle Brasiliens, das von diesem Konflikt nicht unberührt blieb.

Dom Pedro hatte sich mit José Bonifácio de Andrada e Silva angefreundet. Der herausragende Intellektuelle hatte zehn Jahre lang Europa bereist, war in Sachsen und Preußen, Kärnten und der Steiermark gewesen, um Bergwerkstechniken zu studieren. Andrada e Silva war kein Separatist. Er optierte vielmehr für ein luso-brasilianisches Imperium, in dessen Ständeparlament Portugal und Brasilien dasselbe politische Gewicht haben würden. Seine Vorstellung teilten auch andere Landsleute. Diese »Generation von 1790« waren aufgeklärte Denker, die Liberalismus mit technokratischen Ideen verbanden. Sie wollten das Land durch Wissenstransfer aus Europa, durch eine rationelle Verwaltung modernisieren. Andrada e Silvas Idee war es auch, die Hauptstadt ins Landesinnere zu verlagern. 140 Jahre später wurde dieser Gedanke dann mit Brasília umgesetzt.

Angesichts der portugiesischen Machtpolitik handelte Andrada e Silva pragmatisch. Er machte Dom Pedro die Loslösung vom Mutterland schmackhaft und riet ihm, sich an die Spitze eines brasilianischen Unabhängigkeitsprozesses zu stellen. Denn Portugal verlangte von Dom Pedro einen Eid auf die portugiesische Verfassung. Er leistete ihn, weil die Mehrheit der brasilianischen Entscheidungsträger in Rio de Janeiro noch immer an einer konstitutionellen Monarchie für Brasilien festhielt. Als Portugal schließlich den Prinzregenten Dom Pedro per Dekret zur Rückkehr nach Europa aufforderte, verstanden die Eliten Brasiliens, dass ihnen weiteres Abwarten nur Nachteile einbrächte.

Am 7. September 1822 verkündete der Prinzregent in einer dramatischen Geste am Fluss von Ipiranga bei São Paulo die Unabhängigkeit von Portugal und damit von seinem Vater. Dort hatten ihn mehrere Nachrichten erreicht, verfasst von den Cortes, von José Bonifácio de Andrada e Silva und von seiner Frau Leopoldina. Während die Cortes dem Prinzregenten mitteilten, seine Macht beschnitten zu haben, rieten die beiden anderen, sich den Cortes zu widersetzen. Leopoldine versicherte ihrem Gemahl, dass Brasilien ihn als Monarchen wünsche.

Dom Pedros Ausruf »Freiheit oder Tod« ging als Grito de Ipiranga (der Ausruf am Ipiranga), als Gründungsmythos in die Geschichte Brasiliens ein, der 7. September ist seither Nationalfeiertag. Es gibt nur wenige Zeugen dieser Freiheits-Inszenierung, lediglich die eigene Garde und einige Reisebegleiter. Dementsprechend dürftig ist die Berichterstattung über diese historische Tat. Dom Pedro I. sei nach diesem geschichtsmächtigen Schwur nach São Paulo geritten und habe einen Goldschmid beauftragt, »Unabhängigkeit oder Tod« in eine Platte einzugravieren und sie mit grünen und goldenen Bändern zu schmücken. Mit diesem Gründungsdokument sei er in São Paulo erschienen, wo ihn das Publikum feierlich zum Kaiser von Brasilien akklamierte. Dom João VI. benötigte für die Anerkennung seines Sohnes als neuen Herrscher Brasiliens drei Jahre.

Nicht alle Provinzen Brasiliens folgten dem Ruf der Unabhängigkeit. Große Teile des Nordostens (Pará, Maranhão, Piauí, Ceará), Teile Bahias und Cisplatina (Uruguay) leisteten Widerstand, weil sie lieber von Portugal aus regiert werden wollten. In Bahia führte eine junge Frau namens Maria Quitéria in Uniform ein Bataillon an und kämpfte verwegen gegen die portugiesischen Truppen. Die »Jeanne d'Arc Brasiliens« wurde 1996 zur Schutzpatronin eines Offizierskorps gewählt.

Brasilien löste sich nicht durch einen Unabhängigkeitskrieg vom Mutterland, sondern durch jahrelange transatlantische Debatten und Entscheidungen, deren Hauptakteure die Mitglieder des Königshauses waren. Im Gegensatz zum vormaligen Spanisch-Amerika, das in republikanische Einzelstaaten zerfiel und die Sklaverei abschaffte, erschuf sich Brasilien nur vermeintlich neu. Es war eine konstitutionelle Monarchie mit einem europäischen Herrscher, der sich sogar zum Kaiser erhob. Es war ein monarchisches Relikt auf einem republikanisch geprägten Kontinent. Die aufblühende Kaffeewirtschaft verband moderne Infrastruktur und relative Pressefreiheit mit dem feudalen System der Sklaverei. Da Großbritannien und Frankreich sie abschafften, war sie in Brasilien erst recht lukrativ.

Dass der Unabhängigkeitsprozess von wenigen Eliten getragen worden war, zeigte sich bald in zahlreichen Revolten. Schon 1824 war es wiederum Nordostbrasilien, das eine unabhängige »Konföderation des Äquators« ausrief. Die kaiserliche Armee und Marine machten diesen separatistischen Plan rasch radikal zunichte. Selbst dieser Sezessionsversuch führte nicht zu einem gesamtstaatlichen Unabhängigkeitskrieg, zum einen wegen der mangelnden Kommunikation zwischen lokalen Machtzentren, die vor allem an der Küste lagen, zum anderen wegen einer post-feudalen Gesellschaftsordnung mit geringem Bildungsniveau. Die republikanischen Oppositionellen vermochten nie eine breitere Öffentlichkeit zu bewegen, die – wie etwa in den britischen Kolonien in Amerika – überregionale Netzwerke und gemeinsame Widerstandskonzepte entwickelt hätte. Zwischen den rebellierenden Provinzen des Nordostens und Südens lagen mehrere Tausend Kilometer und mit Rio de Janeiro und São Paulo zwei mächtige Städte, deren Eliten vom Kaiserhof am ehesten profitierten.

Dom Pedro I. gab 1824 eine Verfassung in Auftrag. Sie schuf einen zentralistischen Staat mit einem Zwei-Kammer-Parlament (dem Abgeordnetenhaus und dem Senat). Die Verfassung legte ein eingeschränktes Wahlrecht fest, das vom Einkommen abhängig war. Darunter fielen zwei Prozent der Bevölkerung. Dem Kaiser wurden erhebliche Befugnisse eingeräumt. Er durfte den Ministerrat und die Mitglieder des Senats ernennen, ebenso Gesetze durch sein Veto verhindern. Die in der Verfassung dargelegte »vierte Gewalt« dachte ihm die Rolle eines Mediators zwischen dem monarchischen und dem konstitutionellen Prinzip zu. Später sollte er im Zuge einer Reform zugunsten des Parlaments etwas an Macht einbüßen.

Die Revolten, die zentralistische Politik und häufige außereheliche Affären brachten dem Herrscher massive Kritik ein. Dom Pedro hatte ein offizielles Doppelleben geführt und mit seiner Geliebten Domitila de Castro fünf Kinder gezeugt. Dass er seine vom dritten Kind hochschwangere Ehefrau Leopoldina so malträtierte, dass sie starb, war selbst einer machistischen Gesellschaft zu viel. Pedro hätte nach Portugal zurückkehren können, denn sein Vater João VI. war in der Zwischenzeit verstorben. Vermutlich wollte Pedro die tropisch warme Welt von Rio und seinen luxuriösen Sommersitz in Petrópolis nicht mit jener des Tejo und Lissabons vertauschen. Er wollte bleiben. Wiederum wurde eine familiäre Rochade als Kompromiss verkauft:

Dom Pedro setzte seine minderjährige Tochter Dona Maria auf den portugiesischen Thron. Weil dieser Plan sich mit dem Anspruch seines jüngeren Bruders Dom Miguel auf denselben Thron kreuzte, verheiratete Dom Pedro I. seine Tochter Maria mit ihrem eigenen Onkel. Dom Miguel wartete nur kurz, bevor er die Krone für sich selbst reklamierte. Das wiederum wollte Pedro I. aus machtpolitischen Gründen nicht dulden. Hier wiederholt sich die Geschichte. Pedro tat es seinem Vater gleich und verließ 1831 seine neue Heimat, um portugiesischer König zu werden. Der in Brasilien verbliebene Sohn, Dom Pedro II. war jedoch ebenfalls noch minderjährig. José Bonifácio de Andrada e Silva, der liberale Politiker, übernahm die Vormundschaft für den jungen Thronfolger; eine provisorische Regierung bemühte sich bis 1840 wenig erfolgreich um politische Stabilität.

Im Jahr 1826 war Leopoldine von Habsburg im Alter von 28 Jahren nach einer demütigenden Ehe mit einem brutalen Gatten verstorben. Ihre Biographen beschäftigte die Frage nach den politischen Einflussnahmen einer Habsburgerin, die vom aufgeklärten Absolutismus geprägt und in Wien aufgewachsen war, auf die brasilianische Unabhängigkeit.

Ihre Hochzeit und Übersiedlung nach Brasilien hatte allerdings den Anlass für eine der größten österreichischen Expeditionen des 19. Jahrhunderts geboten, die zwei Mitglieder der Königlich-Bayerischen Akademie der Wissenschaften begleiteten. Zudem initiierte Leopoldine eine Einwanderungspolitik, die sich gezielt auf Migranten aus den deutschen Staaten und dem Kaisertum Österreich richtete. Die europäischen Siedler hatten mehrere Funktionen zu erfüllen: sie sollten Land urbar machen, die Grenzen zur Provinz Cisplatina (Uruguay) sichern und die Frontier auf Kosten der Indio-Bevölkerung kontinuierlich nach Westen verschieben. Und sie sollten angesichts der vielen Afro-Brasilianer dafür sorgen, dass Brasilien ethnisch möglichst »weiß« würde.

Die österreichisch-bayerische Brasilienexpedition

Die österreichische Brasilien-Expedition war ein herausragendes Beispiel für die geopolitischen Interessen einer europäischen Großmacht, die keine Überseekolonien besaß, aber im Konzert der Kolonialmächte mitzuspielen gedachte. Wie andere Expeditionen diente sie nicht nur der reinen Naturwissenschaft und der Sammlung exotischer Schätze, sondern auch der Suche nach handelstauglichen Rohstoffen wie Salpeter und Porzellanerde, nach Nahrungsmitteln, Hölzern und medizinischen Pflanzen. Gerade nach den napoleonischen Kriegen und der Kontinentalsperre versuchte das Kaiserhaus Österreich den Handel durch neue Märkte zu reaktivieren. Die Dauer der Forschungsreise nach Brasilien war zunächst nicht limitiert, die finanzielle Förderung großzügig, die Liste der Vorgaben genau. Gemeinschaftliche Berichte waren ohne Privatmitteilungen nach Wien zu senden, lebende Tiere nur in Ausnahmen. Form und Themen der Notizen wurden vorgegeben, auszufüllende Beiblätter über *Reisen und Exkursionen* ausgeteilt.

Solcherart machtpolitisch aufgeladen, stritten sich einige Wissenschaftler schon im Vorfeld um die Gunst, die Expedition leiten zu dürfen. Endlich stand die Gruppe fest: Johann Natterer, Assistent am kaiserlichen Hofnaturalienkabinett in Wien (heute Naturhistorisches Museum), der Hofgärtner des Oberen Belvedere Heinrich Wilhelm Schott, der Kammerbüchsenspanner von Erzherzog Ferdinand und Hofjäger Dominik Sochor, der Prager Botaniker Johann Christian Mikan und der Naturhistoriker Johann Emanuel Pohl. Die beiden Landschaftsmaler Thomas Ender und Johann Buchberger wurden als Bild-Dokumentatoren engagiert. Schließlich wurden noch Leopoldines ehemaliger Lehrer Rochus Schüch als künftiger Hofbibliothekar der Residenz in Rio de Janeiro, ein Florentiner Botaniker und einige Gehilfen ausgewählt. Weil Mikan und nicht Natterer zum Expeditionsleiter erwählt wurde, schrieb dieser gekränkt an den Staatskanzler Metternich:

Durch meine vielen Reisen, und mannigfaltigen Dienste glaubte ich das Zutrauen zu verdienen, mit welchem mich Herr Director v. Schreibers in seinem ersten an Euer Durchlaucht überreichten Reiseplan, zur Leitung der gesammten naturhistorischen Expedition in Brasilien auf eine mühevolle Reiß, wie es Euer Durchlaucht bekannt seyn wird, vorschlug [...]. Meine Ehre, das Zutrauen, in meine Rechtschaffenheit und in meine Kenntniße sind dabey gefährdet.[17]

Der Brief blieb ohne Folgen, die Entscheidungen über die Expeditionsleitung irreversibel. Schon 1815 hatte der bayerische König Maximilian Joseph I. seiner Akademie der Wissenschaften eine Reise ins Innere Südamerikas nahegelegt, wollten doch die Wittelsbacher anderen europäischen Höfen in der Sammlung exquisiter Exotika nicht nachstehen. Der König hatte allerdings eine Route in Spanisch-Amerika ins Auge gefasst. Johann Baptist Spix, Absolvent der Universität Bamberg und Konservator der Zoologisch-Zootomischen Sammlung, und Carl Friedrich Philipp Martius, ein Botaniker, wurden als geeignetste Kandidaten ins Auge gefasst. Beide waren noch jung, Spix 24, Martius sogar erst 21, äußerst talentiert und früh gefördert worden. Nach der Niederlage Napoleons, auf dessen Seite Bayern gestanden war, und den ökonomischen Folgen der napoleonischen Kriege waren die königlichen Budgetmittel erschöpft und manche Gebiete Bayerns so ausgebeutet, dass für ihre Bewohner eigene Auswanderungsbewilligungen in die USA erwirkt wurden. An eine teure Expedition war nicht zu denken.

Auf dem Wiener Kongreß erfuhr König Maximilian, der Schwiegervater des österreichischen Kaisers Franz I., von den Expeditionsabsichten des Kaiserhauses und erwirkte die Erlaubnis, die beiden jungen Wissenschaftler mitzusenden. Spix und Martius erhielten einen genauen Aufgabenkatalog und mussten sich verpflichten, ein wissenschaftliches und ein ökonomisches Journal mit genauen Belegen ihrer Ausgaben zu führen. Beide schifften sich gemeinsam mit einigen österreichischen Kollegen am 10. April 1817 in Triest auf der Fregatte Austria ein, die anderen auf der Fregatte Augusta, die Kronprinzessin Leopoldine und ihr Gefolge auf einem portugiesischen Linienschiff.

Spix und Martius erreichten nach einem überaus heftigen Adria-Sturm schließlich Mitte Juli 1817 Rio de Janeiro. »Nein! Brasilien und kein anderes Land ist jenes schon in der Urzeit geträumte hesperische und das hoffnungsreiche Paradies unserer Erde«, schrieben sie bald nach ihrer Ankunft nach München.[18] Weil die österreichische Gesandtschaft von ihnen keine Notiz genom-

---

17 | In: Haus-, Hof- und Staatsarchiv (AT-OeStA/HHStA), St. K. Brasilien, Korr. 1814-1817, Vol. 58-61, Natterer an Metternich, Wien, 27.12.1816.

18 | Ludwig Tiefenbacher, Die Bayerische Brasilienexpedition von J. B. Spix und C. F. Ph. Martius 1817-1820, in Brasilianische Reise 1817-1820, hg. von Jörg Helbig (München: Hirmer Verlag, 1994), 31.

men habe und man sich über Ziel und Route nicht einig gewesen sei, setzten sich die beiden Bayern verärgert ab und stellten ihre eigene Expedition zusammen. Die Österreicher wiederum kritisierten den mangelnden Teamgeist ihrer bayerischen Kollegen. Spix und Martius kontaktierten den russischen Konsul in Rio de Janeiro, Georg Heinrich Freiherr von Langsdorff, dessen Kaffeefazenda ein Treffpunkt europäischer Reisender und Intellektueller war. Nur Thomas Ender begleitete die beiden bayerischen Naturforscher durch die Provinz São Paulo und hielt ihre Reisen in Skizzen fest.

Auch die österreichische Expeditionsgruppe sollte sich aufsplittern. Die Reisepläne wurden stets in Rio festgelegt und von der Gesandtschaft abgesegnet. Die ersten Forschungsreisen in die Provinz São Paulo unternahmen sie noch gemeinsam. Mikan, der bis zum Paraíba-Fluß gekommen war, seine Frau und der Maler Thomas Ender litten am tropischen Klima und kehrten 1819 zurück, ebenso der Maler Johann Buchberger, der an den Folgen eines schweren Reitunfalls litt. Pohl und Schott erforschten die Provinzen Rio de Janeiro, die Ilha Grande und die zentralbrasilianische Provinz Goiás. Beide schifften sie sich zwei Jahre später nach Europa ein. Zuvor hatte Schott in Rio de Janeiro noch einen sogenannten Akklimatisationsgarten angelegt, in dem lebende Pflanzen und Tiere eine Zeitlang in künstlich gekühltem Klima aufbewahrt wurden, bevor man sie nach Zentraleuropa verfrachtete.

Am längsten blieb Johann Natterer. Gemeinsam mit dem Hofjäger Sochor bereiste er die südbrasilianischen Provinzen bis nach Rio Grande do Sul. Wegen politischer Unruhen von ihrer Gesandtschaft 1821 aufgefordert, nach Rio zurückzukehren, blieben sie dort einige Monate, um dann zu einer ausgedehnten Forschungsreise in die Provinzen Goiás und Mato Grosso aufzubrechen. In dessen Hauptstadt Cuiabá lebten sie ein Jahr lang und hinterließen zahlreiche Dokumente, die sich noch heute dort befinden. Auf ihrer sechsten Inlandsreise erreichten beide schließlich den Rio Guaporé. Bald darauf verstarb Dominik Sochor in São Vicente am Fieber. Ein Jahr später erreichte Natterer die Aufforderung aus Wien, unverzüglich zurückzukehren. Er weigerte sich und erwirkte zwei weitere Forschungsjahre. Die siebende Reise führte Natterer an die Grenze Boliviens und den Rio Madeira entlang, die achte zum Amazonas, wo ihm Spix und Martius allerdings zuvorgekommen waren. Natterer zog es weiter, den Rio Negro entlang bis an den Orinoco. Weitere vier Jahre erforschte er das Gebiet an den Nebenflüssen des Amazonas. Von Santarém (damals Vila de Tapajós) aus bereiste er in seiner zehnten Reise Pará und kehrte über die alten Zuckerprovinzen Maranhão, Rio Grande und Paraíba nach Rio de Janeiro zurück. Im Herbst 1836, nach 18 Forschungsjahren, traf er endlich in Wien ein.

Schüch war als Bibliothekar und Mineraloge in Brasilien geblieben und zum Barão de Capanema erhoben worden. Das von ihm mitkonzipierte Naturalienkabinett bildete den Kern des heutigen Brasilianischen Nationalmuseums. Schüchs Sohn Wilhelm sollte in Wien am Polytechnikum studieren und am ersten brasilianischen Telegraphennetz mitarbeiten, sein Urenkel Gustavo Capanema sollte als einflussreicher Bildungsminister Brasilien über die 1930er Jahre hinaus prägen.

Spix und Martius waren drei Jahre unterwegs, von Januar 1818 bis 1820. Sie legten 10.000 Kilometer zurück. Wie ihre österreichischen Kollegen hatten sie von Rio aus zunächst den nahen Westen und Süden bereist, waren allerdings durch Minas Gerais, Goiás, Bahia, Pernambuco, Piauí, Maranhão und Pará gekommen. Ihre Reisen entlang des Amazonas und des Rio Solimões bis an die peruanische Grenze nahmen zehn Monate in Anspruch.

Was sie alle verband, war wissenschaftliche Akribie in Humboldtschen Dimensionen. Sie waren noch einer wissenschaftlichen Tradition verhaftet, die nicht klar nach Disziplinen trennte und die Welt als Kosmos, als Einheit in beeindruckender Vielfalt, begriff. Fast alle verfügten über botanische, zoologische, chemische, physikalische, meteorologische, kartographische, medizinische und politische Grundkenntnisse. Ähnlich waren die Verhaltensweisen: nach den körperlichen und finanziellen Möglichkeiten so weit und lange als möglich zu reisen, alles Erdenkliche zu vermessen, zu sammeln und abzubilden und mindestens ein Exemplar jeder Spezies über den Atlantik zu schicken.

Die Wiener und die Münchner forderten in Briefen Flaschen, Einweckgläser und Messgeräte an, verpackten ihre Schätze in Kisten und sandten sie nach Europa zurück. Die Aufzeichnungen waren beeindruckend: Natterer allein fertigte 50.000 sorgfältig datierte Notizen an. Er erfasste 12.293 Vogelgattungen, 32.825 Insekten, 1.146 Säugetiere, 1.678 Reptilien, 1.671 Fische, 409 Krebstiere, 1.024 Molusken, etwa 40.000 Pflanzen und sammelte fast 2.000 völkerkundliche Objekte. Eine Menagerie lebender Tiere, für den Tiergarten Schönbrunn und den Hof-Burggarten bestimmt, erreichte ihre Bestimmungsorte. Damit verhalf Natterer seinem Heimatland zu einer der größten Brasilien-Sammlungen der Welt. Die von Spix und Martius zusammengetragenen Objekte befinden sich heute im Staatlichen Museum für Völkerkunde in München. Diese Ergebnisse wären nie ohne Mitarbeiter und vor allem Sklaven möglich gewesen, die trugen, transportierten, ruderten, jagten und sammelten, Tiere präparierten oder in Weingeist einlegten, Pflanzen trockneten, Essen kochten, Kleidung und Ausrüstung reparierten.

Die Fülle und Vielfältigkeit der nach Wien gesandten Objekte war so beeindruckend, dass Johann Pohl 1821 im Palais Harrach ein eigenes Brasilianum einrichtete und als Kustos verwaltete. Zuvor hatte er im Burggarten eine exotische Schau kuratiert, mit zwei Indios, Botokuden, als Höhepunkten. Nachdem sie von der Bevölkerung ausgiebig begafft worden waren, arbeiteten die beiden in den kaiserlich-königlichen Gärten und starben bald. Wie viele Zeitgenossen stand Natterer, anders als Humboldt, den Rassismen seiner Zeit unreflektiert gegenüber. Bereits Ende 1824 hatte er seinem Bruder geschrieben, dass er sich einen schwarzen Sklaven gekauft habe, »er ist ein hübscher Junge von etwa 12-13

Jahren, von Mozabique, den will ich mitbringen, wenn er am Leben bleibt, die andern 2 habe ich noch.«[19] Die Sklaverei hinterfragte der Naturforscher nicht. Thomas Ender, der als Maler des Biedermeier noch eine erfolgreiche Karriere genoss, hatte auf der Überfahrt, in Rio und São Paulo 700 Zeichnungen angefertigt. Die Aquarelle, in Wien fertiggestellt und mit tropischen Menschen und Tieren nach damaligem Geschmack erst in Europa angereichert, sind in der Akademie der Bildenden Künste archiviert. Pohl hatte die offizielle Berichterstattung übernommen. Seine *Reise ins Innere von Brasilien* gliederte er in einen wissenschaftlich formulierten Teil für die kaiserlichen Auftraggeber und die Fachkollegenschaft und einen erzählerischen für ein interessiertes Publikum. Der prächtig gestaltete Band bietet auch ein Panorama der Hauptstadt Rio im frühen 19. Jahrhundert.

Allerdings ist Pohls Werk auch Herrschergeschichtsschreibung. Vergleiche mit dem Bericht von Spix und Martius machen dies deutlich. Die beiden Bayern veröffentlichten schon 1823 ihre *Reise in Brasilien*. Ihre Reflexionen konnten mutiger sein als jene der österreichischen Kollegen. Denn sie mussten nicht die geopolitischen Interessen, auf denen die Verbindung zwischen Habsburg und Bragança beruhte, legitimieren. So führten sie die brasilianische Rückständigkeit darauf zurück,

dass eine zweihundertjährige Colonialverfassung zu mächtig auf den Charakter des Brasilianers eingewirkt habe, als dass er sich jetzt schon mit derselben Energie, welche den Europäer auszeichnet, den ernsten Beschäftigungen der Industrie, der Künste und Wissenschaften hinzugeben vermöchte, die das Glück und die innere Kraft eines Staates befestigen. Es ist bis jetzt mehr der Sinn für Bequemlichkeit, Luxus und gefällige Formen des äusseren Lebens, der sich hier schnell verbreitet, als der für Künste und Wissenschaften im eigentlichen Sinne.[20]

Natterer war mit seiner brasilianischen Frau, seiner Tochter und drei Sklaven nach Wien zurückgekehrt. Enttäuscht vom abgeflauten Interesse an seinen Leistungen begann er mit der Aufarbeitung seiner Entdeckungen. Zum Assistenten des Museums-Kustos herabgewürdigt, musste gerade *er* die Schließung des Brasilianums abwickeln. Das Interesse daran war längst verebbt. Die zahlreichen Schätze wurden dem heutigen Naturhistorischen Museum und dem heutigen Völkerkundemuseum einverleibt, viele landeten als Geschenke oder Tauschobjekte in anderen europäischen Sammlungen.

Im Ausland während zahlreicher Museumsbesuche zur Revision der Vogelwelt mehrfach ausgezeichnet, blieben Natterer solche Ehrungen im Inland

---

19 | Johann Natterer an Josef Natterer, 16.12.1824, in: Wien-Bibliothek, J.N.7882.

20 | Dr. Joh. Bapt. von Spix und Dr. Carl Friedr. Phil. von Martius, Reise in Brasilien auf Befehl Sr. Majestät Maximilian Joseph I. Königs von Baiern (München: Lindauer, 1823), 100.

versagt. In all den Jahren in Brasilien hatte er regelmäßig Briefe nach Wien gesandt, weil er das Abfassen langer Berichte nicht mochte, hatte seine Beobachtungen in Tage- und Notizbüchern festgehalten, von denen viele bis vor kurzem
als verschollen galten. Aufzeichnungen waren in Pará während eines Bürger-
kriegs verloren gegangen, andere beim Brand eines Trakts der Wiener Hofburg
im Revolutionsjahr 1848 zerstört worden. Zwar korrespondierte Natterer mit
Martius und vielen anderen Kollegen, doch hatten die Tropenkrankheiten blei-
bende gesundheitliche Schäden hinterlassen. Er verstarb 1843 in Wien. Erst in
den letzten Jahren werden Natterers beeindruckende Leistungen für die Natur-
wissenschaften und die Sprachforschung, gerade der Bororos im Amazonasgebiet, gewürdigt und sukzessive aufgearbeitet.

Es war Carl Friedrich Philipp von Martius, dessen Leistungen die größte
Nachhaltigkeit erzielten. Er zählte zu den jüngsten Wissenschaftlern der Expedition, überlebte nicht nur Tropenkrankheiten unbeschadet, sondern war auch
nach seiner Rückkehr noch aktiv genug, um schneller als seine Konkurrenten
aus dem Erlebten wissenschaftliches Kapital zu schlagen. Er hatte nicht das
Pech eines Georg Heinrich von Langsdorff, der als Kopf einer russischen Brasilienexpedition im Laufe von acht Jahren Tausende von Forschungskilometern
zurücklegte und sein Privatvermögen einsetzte, nach schweren Fieberkrank-
heiten aber unter solchem Gedächtnisverlust litt, dass die Aufarbeitung seiner
Expedition scheiterte und auch der größte Teil des Archivs verlorenging.

Der erst 1868 verstorbene Martius ist als außergewöhnlicher Botaniker und
scharfsinniger Beobachter des beforschten Landes in die Geschichte eingegangen. Seine *Flora brasiliensis* führte er mit Spix – bis zu dessen Tod 1826 – und
mit dem österreichischen Botaniker Stephan Endlicher fort. 1906 mit dem 40.
Band abgeschlossen, gilt sie heute als die größte jemals verfasste botanische
Arbeit. Daneben schrieb Martius an einem Katalog der Völker Brasiliens und
betrieb Sprachforschung. Seine Überlegungen, wie brasilianische Zivilisation
in üppigen Tropen möglich sei, verarbeitete er 1831 sogar literarisch in *Frey Apol-
lonio – Ein Roman aus Brasilien*. Der Roman wurde erst 1992 veröffentlicht.

In Brasilien wurde Martius vor allem wegen eines Wettbewerbs berühmt,
den er gewann. 1840 hatte ihn das Instituto Histórico e Geográfico Brasileiro ausgeschrieben, weil es das beste Konzept für eine offizielle Geschichte des
Landes mit einer Goldmedaille prämieren wollte. Martius, der schon zuvor als
möglicher Kandidat kontaktiert worden war, lieferte einen bis heute nicht ins
Deutsche übersetzten Essay unter dem Titel *Como se deve escrever a história do
Brasil* (*Wie die Geschichte Brasiliens geschrieben werden soll*, 1843). Er hielt eine
solche nur auf der Basis einer ethnischen Dreiteilung sinnvoll, indem man den
massiven Einfluss der europäischen Kolonisatoren, aber auch jenen der indigenen Bevölkerung und der schwarzen Sklavenbevölkerung berücksichtige. Mit
diesem Vorschlag setzte er sich durch. Allerdings wurde sein Entwurf in einer
Zeit, als Brasilien noch nicht einmal den Sklavenhandel verboten hatte, bald ad

acta gelegt. Er wäre von den brasilianischen Rassentheoretikern des 19. Jahrhunderts wohl auch zurückgewiesen worden. Erst 90 Jahre später durch den Historiker Sérgio Buarque de Holanda und den Soziologen Gilberto Freyre wieder hervorgeholt, gilt der Essay des Bayern heute als Gründungstext der modernen brasilianischen Geschichtsschreibung und beeinflusste viele brasilianische Intellektuelle nachhaltig.

»Neue Heimaten«: Europäer gegen Indigene

Carl Philipp von Martius und Hans Staden sind die Namensgeber jenes Instituts, das sich in Brasilien der deutschsprachigen Einwanderung widmet. Unter dem Einfluss Leopoldine von Habsburgs entwarf das Königshaus 1820 erste Richtlinien für seine Einwanderungspolitik. Denn das Modernisierungsprojekt der Braganças war mit den vier Millionen Menschen, die damals auf fast acht Millionen km² lebten, nicht zu bewältigen. 1804 war Haiti nach einer erfolgreichen Sklavenrebellion neben den USA die zweite unabhängige Republik auf dem Kontinent geworden, mit einem schwarzen Präsidenten.

Die Südstaaten der USA und Brasilien, die beiden größten sklavenhaltenden Gesellschaften, fürchteten, dass das haitianische Beispiel Schule machen würde. In der Tat mehrten sich in Nordostbrasilien die Sklavenrevolten. Weiße europäische Einwanderer sollten dazu ein zivilisatorisches und pazifistisches Gegengewicht schaffen. Die kaiserliche Einwanderungspolitik setzte auf eine gezielte Anwerbung von Landwirtefamilien und auf die Besiedlung der Frontier, dem Kreuzungspunkt europäischer Moderne und indigener Lebensräume. Bald durften auch die Provinzen ihre eigene Migrationspolitik betreiben. Private Eisenbahngesellschaften boten das Land entlang der Schienen zur Urbarmachung an. Unternehmer warben in Städten, Häfen und Handelsstützpunkten um investitionsfreudige Händler und Gewerbetreibende.

In seiner ersten Verordnung zur Einwanderung versprach König Dom João VI. 1820 den Siedlern Land und Steuerfreiheit für zehn Jahre. Die verheerende Wirtschaftslage im post-napoleonischen Europa hatte lokale Autoritäten bewogen, durch Sonderbewilligungen verarmte Familien, darunter so manche Zuchthäusler, loszuwerden. In einigen deutschen Gebieten wurden die Zunftordnungen aufgelöst. Die Gewerbefreiheit verunsicherte allerdings viele Handwerker und entwurzelte sie. Als aussichtsreichstes Land für eine neue Zukunft galten freilich die USA. Schweizer Bauern und Handwerker gehörten zu den ersten, die das riskante Experiment der Brasilienwanderung wagten. Ihr Nova Friburgo ging als unglückliches Siedlungsprojekt in die Geschichte ein. Das Unternehmen, dem der Schweizer Schriftsteller Alex Capus mit *13 wahre Geschichten* (2004) ein eindringliches literarisches Denkmal setzt, sollte kläglich scheitern.

Zu Beginn des 19. Jahrhunderts litt der schweizerische Handel unter hohen Ausfuhrzöllen für Uhren und Textilien, wie sie Frankreich, Österreich und die Niederlande verlangten, und unter mageren Jahren der Missernten. 1080 Freiburger, Waadtländer und Walliser machten sich im Juli 1819 auf eine mehrmonatige entbehrungsreiche Reise nach Holland auf, um bald von Schleppern und Kaufleuten betrogen zu werden. Zwar erreichten sie Brasilien im Herbst desselben Jahres, doch mittellos und viel zu spät, um noch Pflanzungen anzulegen. Die Regenzeit hatte begonnen.

Nach fünf Tagen Fußmarsch im tropischen Regen von Rio hinauf ins Orgelgebirge hatten die Kolonisten nicht die versprochenen Hütten vorgefunden, sondern nur halbfertige Baracken, »feucht und kalt und fensterlos, voller Würmer und Insekten, und umgeben von Schlamm und Wasserlachen«.[21] Ein Jahr später hatten die meisten Familien aufgegeben und waren weggezogen. Heute ist Nova Friburgo ein Rückzugsort für Rios Oberschicht und trägt in mancher Dachschräge, in manchem Hotelnamen noch Zeichen des Schweizer Ursprungs. Auf 850 Metern Seehöhe konnte auch ein Schweizer Alpenmythos aufrechterhalten werden. 2010 rückte Nova Friburgo in den Blickpunkt der Öffentlichkeit. Denn Regenfälle und Hangrutschungen hatten nicht nur Hütten, sondern auch Luxusvillen weggerissen, eine bittere Konsequenz nicht beachteter Bauvorschriften.

Aus der Erfahrung mit Nova Friburgo schuf das Kaiserhaus präzise Migrationsgesetze und lockte mit lukrativen Angeboten Einwanderungswillige an. Zu Landbesitz und Steuerfreiheit kam schließlich die Erlaubnis, auch Protestanten die Einreise zu ermöglichen. Bis 1830 wanderten etwa 10.000 Migranten vorwiegend aus deutschen Staaten ein. Sie wurden zunächst nach Rio Grande do Sul gelenkt.

Die Gründung des Weilers São Leopoldo am 25. Juli 1824 markiert den Beginn einer strukturierten Siedlungspolitik. Das Datum ging 150 Jahre später als Dia do Colono (Tag des Siedlers) in die brasilianische Geschichte ein. Rio Grande do Sul erhielt durch den Transfer unterschiedlicher deutschsprachiger Kulturen und Siedlungsformen ein völlig neues Gepräge. Auch die Provinz Santa Catarina wurde rasch kolonisiert. Die erfolgreichste Privatkolonie jener Jahre war Blumenau, 1850 am Itajaí-Fluss gegründet. Hermann Blumenau war zwei Jahre lang durch Südbrasilien gereist, um dem Kaiser Dom Pedro II. ein Siedlungsprojekt zu unterbreiten. Er verwaltete die Kolonie mit ihren Einwanderern aus Holstein, Hannover, Braunschweig und Sachsen zehn Jahre lang selbst, danach sprang die kaiserliche Regierung ein. Heute ist die Stadt wegen ihrer Fachwerkbauten und ihres Oktoberfestes, des größten in Lateinamerika, übernational bekannt.

---

21 | Alex Capus, Abenteuer Nova Friburgo, in Alex Capus, 13 wahre Geschichten (Wien, Frankfurt a.M.: Deuticke Verlag, 2004), 62.

In den deutschen Staaten waren zahlreiche Kolonisationsvereine entstanden. Sie prüften Siedlungsmöglichkeiten und halfen, bürokratische Hürden zu bewältigen. Der Hamburger Kolonisationsverein für Südbrasilien, 1849 ins Leben gerufen, schloss einen Vertrag mit dem Schwager des Kaisers Dom Pedro II., dem Prinzen von Joinville. Er stellte mehr als 33.000 Hektar Land zur Verfügung. Im Gegenzug musste der Verein innerhalb von fünf Jahren 1.500 Einwanderer nach Brasilien bringen. Joinville wuchs rasch dank des Zuzugs von deutschen und schweizerischen Protestanten.

Bis zur Mitte des 19. Jahrhunderts konnten Kolonisten sich Land durch bloße Inbesitznahme aneignen. Danach mussten sie das neu vermessene, öffentliche Land kaufen und erhielten dafür auch staatliche Zuschüsse. Diese Regelung förderte allerdings skrupelloses Spekulantentum. *Grileiros* erwarben Land in großem Stil, teilten es in Parzellen und boten diese teurer an, weil die notarielle Beglaubigung kostspielig war.

Das staatliche Siedlungsland wurde meist in »Lose« von 25 Hektar parzelliert, die im Idealfall um ein Koloniezentrum gruppiert waren. Dort befanden sich die Kirche und die Verwaltungsgebäude. Koloniedirektoren sorgten in den ersten Jahren für den reibungslosen Ablauf in Siedlungszentren, stellten Werkzeuge, Maschinen und Saatgut bis zur ersten Ernte zur Verfügung und trieben Pachtgebühren ein, bis die Landstücke abbezahlt waren. Kolonien wurden auch entlang der Eisenbahntrassen angelegt oder waren geplante (vorläufige) Endstationen wichtiger Verkehrsverbindungen, *no fim da linha*. Diese entwickelten sich rascher zu internationalen Mikrowelten von Europäern, später Japanern, Syrern und Libanesen. Diese Praxis ethnischer Vermischung war ein Prinzip der brasilianischen Siedlungspolitik und sollte die Bildung sprachlicher Enklaven verhindern. Freilich gelang das in der Praxis nicht immer, weil sogar halbe Dörfer und familiäre Netzwerke aus Europa transferiert wurden. Familiennachzug spielte eine große Rolle.

Allerdings wäre es falsch anzunehmen, dass Deutschsprachige automatisch in Gemeinden deutscher Sprache, italienischsprachige nur in »italienischen« Kolonien siedelten. Denn gerade die Religion spielte eine wichtige identitätsstiftende Rolle. Der Katholizismus blieb Staatsreligion; Protestanten wurden geduldet und erst ab der Jahrhundertmitte zivilrechtlich akzeptiert. Interreligiöse Ehen waren allerdings im 19. Jahrhundert selten. Katholiken und Protestanten siedelten sich ungern in denselben Kolonien an, selbst wenn beide Gruppen deutsch sprachen. Ijuí in Rio Grande do Sul, das vorwiegend von deutschsprachigen Böhmen und Südtirolern aus dem Habsburgerreich besiedelt wurde, war von Beginn an italienisch- und deutschsprachig, jedoch katholisch.

Die Auswirkungen des Nationalismus spielten im Laufe des 19. Jahrhunderts eine immer größere Rolle. Wer vor 1871 seine landsmannschaftliche Identität, sein Hessen-, Sachsen- oder Bayerntum, zelebriert hatte, wurde danach oft Deutscher. Österreich-Ungarn (seit 1867 eine Doppelmonarchie) hingegen förderte eigene (Hilfs-)Vereine und pochte auf eine supranationale Identität, damit seine Deutschsprachigen nach der verlorenen Schlacht von Königgrätz (Sadová) im Jahr 1866 gegen die Preußen nicht die Seiten wechselten und vielleicht auf Kaiser Wilhelm anstießen, statt den Geburtstag ihres Kaisers Franz Joseph I. zu feiern. Der Alldeutsche Verband machte dementsprechend Druck auf deutschsprachige Österreicher und Schweizer, sich der Deutschtums-Welle anzuschließen. Das funktionierte nur teilweise. Trotz der Viersprachigkeit ihrer Heimat war gerade der Einigkeitswillen der republikanischen Schweizer und ihr Verständnis besonderer Bürgerfreiheit auch in Brasilien durchaus manifest.

Schützenvereine, Singgruppen, Heimatvereine, Musikkapellen und Zeitungen boten Ersatz für verlorengegangene Bindungen und kultivierten Bilder von Heimat, die durchaus Gefahr liefen, in Überlegenheitsdenken und Rückwärtsgewandtheit zu erstarren. Wer in Europa selbst- oder unverschuldet ins Elend geraten oder gescheitert war, wollte sich als Entwicklungshelfer für eine oft als kulturlos wahrgenommene Umgebung verstehen und damit selbst erhöhen. In den isolierten Streusiedlungen der Frontier blieb das karge kulturelle Leben freilich meist auf eigene Traditionen beschränkt, gerade weil die Kommunikation mit den Indios schwierig war oder vermieden wurde. Den Ankunftsorten, die von den Siedlern als geschichtslos wahrgenommen wurden, schrieben die Einwanderer durch ihre Traditionen und Kulturen ihre eigene Geschichte ein.

Diese Vorstellung des Kulturtransfers verbanden Vereine auch mit ihrer Mission des Bewahrens. Während Europa in Dekadenz versinke, hätte man das Beste der eigenen Kultur und die hehrsten Werte in die Neue Welt gerettet. Solche Denkmuster hielten sich bis weit ins 20. Jahrhundert hinein und sollten erst im Zweiten Weltkrieg, als Deutsch, Italienisch und Japanisch verboten wurden, in Frage gestellt werden. Lange überlebten im weiten Feld der deutschen und österreichischen Migrationsforschung ein paar Ewiggestrige, die in Brasilien (und nicht nur dort) Enklaven des wahren Deutschtums zu finden glaubten.

Die Ausgewanderten wurden von ihren ehemaligen Heimatländern mit Fibeln, Singbüchern, Kalendern und Kaiserbildern versorgt, damit sie der Heimat nicht verloren gingen. Konsuln wurden von ihren Gesandten auf kräftezehrende Reisen per Wagen und Pferd ins Hinterland geschickt, um dort nach dem Rechten zu sehen. Weil eine Handvoll Diplomaten für die Obsorge der Untertanen nicht ausreichte, beauftragten europäische Regierungen auch reisende Schriftsteller und Militärexpeditionen mit Visiten bei ihren Landsleuten.

Das österreichische Bildungsministerium verschiffte im späten 19. Jahrhundert, als die Auswanderung aus seinem Kronland Galizien (heute Teile von Polen und der Ukraine) boomte, regelmäßig Schulbücher in polnischer und ukrainischer Sprache über den Atlantik. Nach seiner Logik auch mit gutem Grund. Es fürchtete angesichts der Nationalitätenkonflikte, dass seine polnischen Untertanen sich in Brasilien mit den Polen aus dem Deutschen Reich und aus Russland zusammentun würden, um eigene Lehrbücher zu schreiben und darin den Wunsch nach einem eigenen Staat zu schüren. Dies war bei der hohen Anzahl von Rückwanderern keineswegs unbegründet.

Die Kolonisten lebten nicht nur mit oder neben europäischen Nachbarn. Sie lieferten sich während des gesamten 19. Jahrhunderts blutige Kleinkriege mit Guarani, Xokleng und Kaingang. Während auf europäischer Seite Gewehre und Armbrüste zum Einsatz kamen, hatten die Indigenen gelernt, ihre Pfeile mit Spitzen aus Metall zu versehen, das sie aus Siedlerhütten entwendet hatten. Für Jagden auf Indios wurden paramilitärische Trupps von *bugreiros* (Bugerjägern) gebildet. Sie bestanden meist aus Gruppen von acht bis fünfzehn Personen, von Mestizen und christianisierten Indios, die den Lebensraum der autochthonen Bevölkerung besser kannten. In manchen Kolonien hob man eigene Steuern zur Indiojagd ein. Diese wurden ermordet oder vertrieben, die gewonnenen Landstriche in europäischen Auswanderungsbroschüren dann als »unbesiedelt« angepriesen. Indios besaßen keine Landtitel, sie waren Teil einer zu »zivilisierenden« Natur.

Diejenigen, die den Widerstand überlebten, wurden missioniert, entweder in Reservate gezwungen oder als Arbeitskräfte eingesetzt und gelegentlich auch adoptiert. Gemeinhin wurden sie Botokuden genannt, während der Begriff Tupi als Bezeichnung für Edle Wilde in die Nationalliteratur eingeflossen war. Dieser unhinterfragte Genozid an der Indio-Bevölkerung wurde in der deutschsprachigen Migrationsgeschichte lange vernachlässigt. Zweifellos litten die Europäer große Entbehrungen. Sie hatten sich in neue Lebenswelten mit belastendem Klima, mit ungewöhnlichen Tieren und Krankheiten, mit dichten Regenwäldern und unbekannten Böden einzuleben. Sie wurden oftmals betrogen und in Plantagen ausgebeutet. Ihre Leistungen sind in zahlreichen Publikationen auch dargestellt worden, doch sie ging oftmals auf Kosten der indigenen Bevölkerung.

Die erfolgreiche Integration in die brasilianische Gesellschaft des 19. Jahrhunderts bestand für so manche europäische Siedler auch darin, selbst Sklaven zu beschäftigen. So kamen einige Tiroler und Rheinländer in der Gemeinde Leopoldina (in der Provinz Espírito Santo) durch Kaffeeanbau zu Reichtum, der auf der Arbeit von minderjährigen Xokleng und schwarzen Sklaven beruhte.

Der Kaffeeboom:
Einwanderer als Sklavenersatz

Um 1800 waren die ersten größeren Kaffeeplantagen in Rio de Janeiro entstanden. Bald zogen sich Landschaften mit Tausenden von Kaffeebäumen durch die Provinz São Paulo. Die Plantagen wurden von Sklaven bewirtschaftet und mit ersten Bahntrassen verbunden. Die Gelder dafür stammten aus Großbritannien. Die Engländer hatten am Ende des 18. Jahrhundert den Sklavenhandel abgeschafft. Diese Entscheidung führte freilich zu einem massiven Arbeitskräftemangel in ihren karibischen Zuckerplantagen. Aus Angst vor der brasilianischen Konkurrenz hofften die Briten, Brasilien würde es ihnen gleichtun, wenn sie nur genügend Druck auf den südamerikanischen Staat ausübten. Sie scheuten sich nicht, portugiesische oder brasilianische Sklavenschiffe samt ihrer Menschenfracht auf hoher See zu verfolgen und mitunter zu versenken.

Dass die USA und Spanien im frühen 19. Jahrhundert den Sklavenhandel verboten, verhalf Portugal zu noch höheren Einnahmen. Für die europäische Macht war es lange Zeit eine innenpolitische Angelegenheit gewesen, Sklaven innerhalb des eigenen Kolonialreiches, von Angola nach Brasilien, zu verschiffen. Selbst nach der Unabhängigkeit Brasiliens florierten die Geschäfte. Ehemalige Sklaven hatten sich im Rahmen des transatlantischen Sklavenhandels hochgearbeitet. *Mulatos* waren Reeder geworden. Dass die Briten nun von Brasilien das Verbot des Sklavenhandels forderten, überhörten der Kaiser und die einflussreiche Pflanzerelite geflissentlich.

Als Dom Pedros Unterstützer José Bonifácio de Andrada e Silva für das Ende der Sklaverei eintrat, erhielt er wenig positive Resonanz. Andrada e Silva führte neben den humanitären auch volkswirtschaftliche Gründe ins Feld. Die Sklaverei galt ihm als überholt, wenig profitabel und modernisierungshemmend. Auch Dom Pedro I. schrieb unter dem Pseudonym O Filántropo gegen den Handel mit Sklaven an. An der Institution rüttelte er nicht. Was Brasiliens Eliten verband, war die Verteidigung der Sklaverei und die Vorstellung, dass die Portugiesen schuld an der Rückständigkeit des Landes seien. Andrada e Silvas Gedanken zu den ökologischen Auswirkungen der großflächigen Monokulturen waren noch visionärer. Sie wurden in Brasilien nicht beachtet, viel später aber in den USA. Dort erhielt er ein Denkmal in New Yorks 5th Avenue.

1830 gab Brasilien schließlich dem britischen Druck nach und schuf ein Scheingesetz nach dem Motto »para inglês ver« (damit es der Engländer sieht). Der Engländer Charles Darwin entrüstete sich ein paar Jahre später über die Unmenschlichkeit der Sklaverei, als ihn seine Reise mit dem Segelschiff Beagle auch nach Brasilien führte.

Während meines restlichen Aufenthalts in Rio wohnte ich in einer Hütte an der Bucht von Botafogo. Es war unvorstellbar sich noch etwas Erfreulicheres zu wünschen als ein paar Wochen in diesem großartigen Land zu verbringen. In England genießt jeder, der eine Schwäche für Naturkunde hat, während seiner Spaziergänge einen großen Vorteil, weil es immer etwas gibt, was seine Aufmerksamkeit erregt; aber in dieser fruchtbaren Klimazone, die vor Leben wimmelt, sind die Attraktionen so zahlreich, dass er selten in der Lage ist, überhaupt zu gehen.[22]

Es sollte noch zwanzig Jahre dauern, bis Brasilien den Handel mit afrikanischen Sklaven 1850 einstellte. Allein in diesem Zeitraum wurden über 400.000 nach Brasilien verschleppt. Doch die Sklavenpreise erhöhten sich, in manchen Gebieten um das Dreifache. Die Nachfrage nach dem Genussmittel Kaffee war mittlerweile in den USA und in Europa derart gestiegen, dass die Anbaugebiete expandierten. Selbst alte Zuckerplantagen wurden mit dem lukrativen Exportgut bepflanzt.

1846 und 1847 waren in Europa Jahre verheerender Missernten gewesen. Im Revolutionsjahr 1848 war in deutschen Staaten und im Kaiserreich Österreich die Grunduntertänigkeit und Leibeigenschaft aufgehoben worden. Das merkantilistische System hatte ausgedient, Auswanderung wurde zunehmend als Ventil für überschüssige Arbeitskräfte akzeptiert, für die Modernisierungsverlierer der Industriellen Revolution. In den meisten deutschen Staaten wurde die Auswanderungsfreiheit um die Mitte des 19. Jahrhunderts als Grundrecht beschlossen.

In jenen Jahren erhielt Senator Nicolau Vergueiro, ein Kaffeepflanzer aus São Paulo, staatliche Unterstützung für die Anwerbung europäischer Einwanderer. Für ihn war die Abschaffung der Sklaverei nur noch eine Frage der Zeit. Vergueiro nahm vorzugsweise Familien mit mindestens drei arbeitsfähigen Personen auf, streckte ihnen die Reisekosten bis zum Hafen Santos vor und ließ sie so lange auf seinen Plantagen arbeiten, bis ihre Schulden abbezahlt waren. Sie erhielten ein mit Kaffeebäumen bepflanztes Landstück zur Pflege und Ernte. Mindestens die Hälfte des jährlichen Gewinns musste in diesem

---

22 | Charles Darwin, The voyage of the beagle (Hertfordshire: Wordsworth Editions Limited, 1997), 29.

Halbpachtsystem zur Schuldentilgung abliefert werden. Da die Fazenden noch an Technologie- und Kapitalarmut litten, waren Arbeitskräfte teuer. Die Halbpacht schien ideal, um den Übergang von einem Wirtschaftsprinzip, das rein auf Sklaverei basierte, zu einem Lohnarbeitersystem zu bewältigen.

Je länger die Europäer abhängig waren, desto besser. Dafür sorgten etwa die überhöhten Lebensmittelpreise in den Gemischtwarenläden der Kaffeebarone. Damit die Europäer nicht flohen, wurden Aufseher beschäftigt. Die Reise- und Ausweispapiere wurden oft eingezogen, manch Fluchtversuch endete in der Nachbarplantage. Manchmal arbeiteten die Europäer sogar neben Sklaven auf den Plantagen. Sie wurden allerdings nie wie afrikanische Sklaven behandelt, die meist für das Roden und Pflanzen neuer Kaffeesträucher verantwortlich waren. Die Europäer waren kein Besitz.

1856 revoltierten deutsche und Schweizer Arbeiter auf Senator Vergueiros Modell-Fazenda in Ibicaba. Der Besitzer setzte sogar Militär gegen sie ein. Der Graubündner Lehrer Thomas Davatz zeichnete minutiös die juridischen Verfehlungen des Senators auf: die Art, wie die Kaffeelieferungen berechnet wurden, der willkürliche Wechselkurs zwischen europäischer und heimischer Währung, die hohen Transportkosten der Neuangekommenen zur Plantage, die Profitverteilung bei den Verkaufserlösen des Kaffees. Die Anschuldigungen waren massiv, Davatz musste die Plantage verlassen. Vier Jahre später wurde dem Schweizerischen Gesandten Johann Jakob von Tschudi sogar der Zutritt zu Vergueiros Fazenda verwehrt. Daraufhin sandten die Regierungen der Schweiz und Preußens Migrationswarnungen aus.

Den Europäern machten auch die Tropenkrankheiten zu schaffen. Malaria- und Gelbfieberepidemien, schmerzhafte Wurmkrankheiten waren häufig, die medizinische Versorgung war allerdings katastrophal. Das ungerechte Halbpachtsystem wurde durch das *colonato*-System ersetzt. Die Siedler wurden nun für eine bestimmte Anzahl von Kaffeebäumen, die sie betreuten, entlohnt. Ihre Freizeit konnten sie für den Anbau von Gemüse und für die Herstellung von Käse, Stickereien und Konfitüre verwenden. Mit dem Verkauf der Produkte auf den lokalen Märkten konnten sie schließlich eigenen Grund und Boden erwerben. Im Gegensatz zu den USA, wo bundesstaatliches Land billig an Einwanderer verkauft wurde, war Landerwerb in Brasilien teuer. Große Investitionen in Straßen und Eisenbahnlinien, die es den Landwirten leichter gemacht hätten, ihre Produkte zu verkaufen, unterblieben.

Auswanderung war auch ein Geschäft. Werbeannoncen prangten in Zeitungen und Monatskalendern. Sie hingen in Reisebüros, in Gaststuben und Geschäften, sie lagen selbst zwischen den Seiten von Gebetsbüchern. Vermutlich 90 Prozent der Auswanderungswilligen wollten in die Vereinigten Staaten. Manche ließen sich in ihren Heimatorten oder erst in den europäischen Hafenstädten von Agenten der Eisenbahngesellschaften, Provinzregierungen oder Plantagenbesitzern für Brasilien gewinnen. Als sich die negativen Berichte von

Reisenden, Diplomaten und Migranten häuften, entschloss sich Preußen im Rahmen des Heydtschen Reskripts, die Wanderungswerbung für vier Jahrzehnte (von 1859 bis 1896) zu verbieten. Die Agenten wandten sich nun stärker dem Habsburgerreich zu, das erst 1897 ein solches Werbeverbot aussprach.

Gerade im österreichischen Galizien, wo die Analphabetenrate besonders hoch war, machten sich die Agenten ethnische Konflikte zunutze. So waren die griechisch-unierten Ukrainer (Ruthenen) ökonomisch, politisch und kulturell sehr benachteiligt, im österreichischen Abgeordnetenhaus unterrepräsentiert und von polnischen Großgrundbesitzern dominiert. Agenten verbreiteten im ruthenischen Umfeld das Gerücht, Brasilien sei eine von Kronprinz Rudolf beherrschte Provinz, wohin der Kaiser selbst die Auswanderung empfehle, nur die Polen würden diese Nachricht geheim halten. Andere Agenten sprachen von Kaiserin Leopoldine, der mit Dom Pedro I. verheirateten Habsburgerin; denn sie hätte testamentarisch den Polen mit Unterstützung des Papstes Land versprochen.

1874, im Jahr als die erste telegrafische Verbindung zwischen Brasilien und Europa eingerichtet wurde, setzte auch die italienische Einwanderung ein. Schließlich wurde Einwanderern die Gratis-Überfahrt versprochen, wenn sie auf São Paulos Plantagen arbeiteten. Viele Italiener nahmen das Angebot an. Als zu Ende des 19. Jahrhunderts die Dampfschiffe schneller und die Schiffspassagen billiger geworden waren, ergoss sich ein breiter europäischer Auswanderungsstrom aus Ost- und Südosteuropa, aus Spanien und Portugal nach Brasilien.

Statistiken sind allerdings mit größter Vorsicht zu interpretieren. Aus den deutschen Staaten, später dem Deutschen Reich sollen etwa 200.000 gekommen sein. Der Vielvölkerstaat der Habsburgermonarchie, aus dem mindestens 80.000 Menschen nach Brasilien wanderten, kommt in Migrationsgeschichten meist gar nicht vor, weil sie Nationalitäten mit Sprachen und Territorien vermengen. Deshalb ist oft von »Italienern«, »Polen« und »Deutschen« die Rede. Ähnlich schwer hat es die Schweizerische Migrationsforschung. Denn Italiener konnten aus Italien, aus Österreich-Ungarn, aus der Schweiz kommen, mit dem Begriff Deutsch verhält es sich ähnlich komplex. Ukrainer existierten in den Statistiken meist gar nicht, sie wurden oft den Polen zugerechnet. Die »Türken« waren meist Libanesen und Syrer.

Viele brasilianische Archive haben in den letzten Jahren mit der Digitalisierung von Passagierlisten und Immigrationskarteien begonnen. Somit werden sich viele Zahlen revidieren lassen. Wie bedeutend und selbstverständlich Auswanderung aus Europa geworden war, spiegelt die Fülle von Quellen wider: Ratgeber, Zeitungen, Monatskalender und Heimgarten-Literatur druckten Geschichten von der neuen Heimat ab. Auswanderer-Romane, voll von Pioniergeist, Entbehrung und viel Nostalgie, waren beliebte Genres. Besonders häufig wurde ein Roman von Amalia Schoppe mit dem heute undenkbaren Titel *Die Auswanderer nach Brasilien oder die Hütte am Gigitonhona. Nebst noch andern mo-*

ralischen und unterhaltenden Erzählungen für die geliebte Jugend von 10 bis 14 Jahren
(1828) gelesen. Auf Flohmärkten finden sich heute noch die Romane Friedrich
Gerstäckers mit ihrem roten Einband und ihren farbig-exotischen Prägungen.
Selbst Jakob und Wilhelm Grimm hofften, ihr *Deutsches Wörterbuch* würde den
ausgewanderten Landsleuten, die über das »salzige Meer« gelangten, »wehmü-
tige, leibliche Gedanken an die Heimatsprache eingeben oder befestigen«, oder
sogar Dichter hinüberziehen.[23]

---

23 | Grimm, Jacob, Einleitung, in Jacob Grimm, Wilhelm Grimm, Deutsches Wörterbuch
(Leipzig: Hirzel, 1854), ii-lxvii.

Zwischen Rio, Philadelphia und Karlsbad: Dom Pedro II.

Im Jahr 1841 war Dom Pedro II. 16 Jahre alt. Brasiliens Eliten erklärten ihn für volljährig und krönten ihn. Der junge Kaiser übernahm das Erbe einer konfliktbeladenen, von Sklavenaufständen und Bürgerkriegen geprägten Interimsregierung. In ihr hatten liberale und konservative Parteien einander ebenso bekämpft wie Föderalisten und Zentralisten.

Am meisten forderte ihn die Revolução Farroupilha, die Revolution der Lumpen, in den südbrasilianischen Provinzen Rio Grande do Sul und Santa Catarina heraus, ein Bürgerkrieg, der die gesamte Region für ein Jahrzehnt destabilisierte. Der Name beruht auf der abgetragenen Kleidung seiner Kämpfer. Mit der Revolution protestierten die südbrasilianischen Großgrundbesitzer, unterstützt von der städtischen Mittelschicht, gegen die Achse Rio de Janeiro–Minas Gerais–São Paulo, die bevorzugten Provinzen. Sie wehrten sich gegen Steuererhöhungen und eine Reform der Provinzmilizen, die lokale Machteinbußen bedeuteten.

Dreimal riefen lokale Führer der Revolution sogar unabhängige Republiken aus. In Giuseppe Garibaldi hatten sie einen prominenten Mitstreiter. Der italienische Freiheitskämpfer hatte eine Brasilianerin geheiratet und verbrachte mehrere Jahre im Süden. Anita Garibaldi spielt in lokalen Mythen bis heute eine Rolle. 1845 wurden die Aufständischen von den kaiserlichen Truppen besiegt und durch eine Generalamnestie in die Nation zurückgeholt. Geschwächt hatte sich die Revolution zuvor bereits selbst, durch interne Differenzen zwischen den Befürwortern einer zentralistischen Republik und jenen einer dezentralisierten Monarchie. Für den Süden ist die Farroupilha bis heute ein wichtiges Symbol der Gaúcho-Identität.

Dom Pedro II. regierte nicht gerne. Zwar steuerte er kraft seiner Rolle als »vierte« Gewalt die Politik und entschied, welche Partei an die Macht kommen sollte und welche nicht. Doch für seine Kritiker reiste er viel zu oft, nach Karlsbad zur Kur, wo er seine habsburgischen Verwandten traf, nach Paris, wo er die Freundschaft von Victor Hugo genoss und die Aufnahme in die Französische

Akademie der Wissenschaften. Er korrespondierte mit Louis Pasteur und dem Rassentheoretiker Gobineau. Stets brachte er technische Neuheiten aus Europa mit. Es waren Symbole der Modernität, während die Regierungen seiner Zeit lediglich eine einzige moderne Überlandstraße bauten. Sie verband Juiz de Fora mit Petrópolis und wurde 1861 eröffnet. 1852 befuhren die ersten Raddampfer den Amazonasstrom. Das erste Telegramm, das Dom Pedro II. über Kabel nach Europa sandte, wurde groß gefeiert, während die Kommunikation in das eigene Hinterland über Jahrzehnte hinweg mühsam war. Staatliche Investitionen in Infrastrukturen unterblieben.

Vor diesem Hintergrund entfaltete sich die literarische Strömung der brasilianischen Romantik. Ihr prominentester Vertreter, José de Alencar, war Journalist und Rechtsanwalt, Abgeordneter und Schriftsteller, Minister und Dramaturg. Die polemischen Essays des frühen Abolitionisten spiegeln die ersten Versuche einer schmalen, hochgebildeten Elite wider, das junge, aber so heterogene Kaisertum als Einheit zu begreifen. Brasilien sollte, so dachten sie, doch mehr charakterisieren als die Distanz zu Portugal. Zumindest verband wohl alle dasselbe Ziel: Fortschritt und Zivilisierung zu erreichen, und dies am besten durch die Anwerbung europäischer Einwanderer. Ihnen hatte die wilde Natur, die Barbarei der Indigenen, zu weichen. Die verbliebenen Ureinwohner galt es zu retten, indem man sie in die Sphäre der Literatur und Kunst verschob. Ähnlich wie in den USA war der Mythos des »verschwindenden Indios« ein Leitmotiv der romantischen Literatur, wobei José de Alencar in literarischer Fiktion gängige Bilder von weißen Europäern und Indigenen überdachte. In seinen Romanen *O Guarani* (1857) und *Iracema* (1865) – ein Anagramm für Amerika – holte der Autor den Mythos vom Edlen Wilden hervor, wie Chateaubriand mit *Atala* und James Fenimore Cooper mit *Der Letzte Mohikaner*.

In *O Guarani*, das später von Carlos Gomes als Oper gestaltet wurde, verliebt sich der Indio-Häuptling Peri in Cecília, die blonde Tochter eines portugiesischen Adeligen. Während beide durch ritterliche Tugenden hervorstechen, Tapferkeit und Edelmut bei Peri, Anmut und Schönheit bei Cecília, sind alle anderen portugiesischen Figuren des Romans verkommen. So bleibt es an Peri und Cecília, Alte und Neue Welt in Harmonie zu verbinden.

Die Beschäftigung mit den Indigenen wurde vom brasilianischen Kaiserhaus nun auch wissenschaftlich betrieben. Es förderte Expeditionen in den Nordosten. In Rio wurde ein Nationalmuseum für anthropologische Studien eingerichtet. In den späten achtziger Jahren kam der Schweizer Naturforscher Emilio Goeldi nach Brasilien. In Belem do Pará leitete er das naturkundliche Museum und transformierte es zu einer bedeutenden Forschungsstätte für den Amazonasraum. Seine Mitarbeiter engagierten sich in Natur- und Artenschutz und erforschten die negativen Folgen der Bodenbebauung durch Cash Crops.

Dom Pedro II. importierte nicht nur Symbole des Fortschritts aus Europa, er schätzte auch den Erfindergeist und die Bildungspolitik der USA. Ab der Jahrhundertmitte entstanden auch protestantische Mädchenschulen, darunter eine amerikanische (das heutige Colegio MacKenzie). In den 1870er Jahren war bereits ein Drittel der Lehrer in Rio Frauen und 1887 promovierte die erste Medizinerin. 1876 sollte der Kaiser sogar nach Philadelphia reisen, um als Ehrengast an den Feiern des hundertsten Jahrestags der amerikanischen Unabhängigkeit teilzunehmen. Der technikbegeisterte Kaiser traf bei der Weltausstellung auch Alexander Graham Bell, der dort seinen harmonischen Telegraphen, gerade fertiggestellt, präsentierte. Es war der Prototyp des Telefons. Bald prangte ein solches im kaiserlichen Palast in Petrópolis. Dass der damals einzige Monarch der Neuen Welt gerade bei den Unabhängigkeitsfeiern der großen Demokratie des Westens zugegen war, scheint aus heutiger Sicht ungewöhnlich zu sein. Beide Staaten verband das Bewusstsein von Größe, auch wenn sich Brasilien durchaus noch als rückständig empfand. Beide waren Einwandererstaaten, hatten starke Europabezüge, als ehemalige Kolonien aber auch Ressentiments gegenüber ihren Mutterländern.

Für Brasilien waren die USA bereits der wichtigste Exportmarkt für Kaffee und Latex und zudem ein spannendes Testareal: erstens interessierte, wie europäische Einflüsse dort am besten verarbeitet würden, und zweitens, wie der US-amerikanische Süden das Ende der Sklaverei im Jahre 1865 ökonomisch bewältigte. Dom Pedro II. reiste von Philadelphia deshalb auch nach New Orleans. Seine Stadtväter schienen vom exotischen Monarchen sehr angetan gewesen zu sein. Denn Dom Pedro II. gab sich durch seine Kleidung und seinen Habitus viel mehr als bürgerlicher Gelehrter denn als Kaiser eines südlichen Landes. Auch in Rio galten seine abendlichen Dinner selbst mit Gästen als bescheiden und schnell gegessen. Ein Journalist in New Orleans schrieb sogar: »This is the type of king I like; he comes to a republican country dressed as a republican.«[24] Lokale Baumwollpflanzer versicherten dem Monarchen wohl, dass ehemalige Sklaven so effizient arbeiten würden wie freie Lohnarbeiter.

Gleich nach dem Ende des amerikanischen Bürgerkrieges hatte Brasilien sogar 3-4.000 Auswanderer aus den konföderierten Südstaaten aufgenommen. Die Baumwollpflanzerfamilien hatten den Krieg und ihre Existenzgrundlage verloren. Brasilien, das noch immer an der Sklaverei festhielt, war ihnen ein idealer Fluchtort. Obwohl viele von ihnen wieder zurückkehrten, zeugen heute noch Städtenamen von diesem Experiment. So zum Beispiel Americana, das in der Nähe von São Paulo liegt. Die *confederados* feiern ihre Herkunft jedes Jahr, in Kleidern der Südstaatenaristokratie, mit Barbecues und der Flagge der Konföderierten.

Das Geschäft mit der Baumwolle boomte ein Jahrzehnt lang, weil viele Plantagen im amerikanischen Bürgerkrieg zerstört oder von den schwarzen

---

24 | Colin M. MAcLachlan, A History of Modern Brazil (Wilmington: Scholarly Resources Inc., 2003), 18.

Arbeitskräften verlassen worden waren. Als sie sich wieder erholten, drückten sie die Preise auf dem Weltmarkt. Für den brasilianischen Nordosten war diese Entwicklung dramatisch. Dazu kam eine außerordentliche Dürre. Viele Flächen, auf denen zuvor Nahrungsmittel angebaut worden waren, hatte man jedoch für Baumwolle umgewidmet. Das bedeutete, dass Hunderttausende ihre Lebensgrundlage verloren und in die Städte migrierten. In der Provinz Ceará war nahezu der gesamte Rinderbestand vernichtet. Das fatale Zusammenspiel von Klimaveränderungen, globalen Wirtschaftsbeziehungen und falschen politischen Entscheidungen hatte einen kargen Raum im späten 19. Jahrhundert in ein Armenhaus verwandelt.

Die Folgen des Baumwollanbaus hatte Dom Pedro nicht voraussehen können, doch die Folgen des extensiven Kaffeeanbaus im Umland von Rio galt es dringend zu beheben. Er hatte in der Mitte des 19. Jahrhunderts zu einer massiven Wasserknappheit in der Hauptstadt geführt. Als die Trinkwasserversorgung zusammenzubrechen drohte, beschloss die Regierung 1860 ein Aufforstungsprogramm. Heute profitiert Rio von der Lebensqualität, eines der größten städtischen Waldgebiete zu haben. Die alten Kaffeeplantagen wurden zu Weideland gemacht. Die Anbaugebiete verschoben sich in die Provinz São Paulo.

In der Politik setzte sich der Kaiser gegenüber einer wertkonservativen Elite nicht durch, und wenn er es tat, dann durch die Entsendung von Truppen und nicht durch die Förderung eines demokratischen Systems, das seine eigene Position gefährdet hätte. Er behalf sich mit klassischen Instrumenten der Machtpolitik, indem er eine überladene Bürokratie schuf und Ämter mit Günstlingen besetzte.

All die politischen Unruhen, mit denen Dom Pedro II. konfrontiert war, ereigneten sich in Provinzen, die kapitalistisches Unternehmertum mit viel britischem Kapital konzentrierten wie São Paulo, oder in geographischen Randgebieten mit historisch gewachsenen starken Autonomiebedürfnissen, wie in Pernambuco und Rio Grande do Sul. Dass Dom Pedro II. zudem unter dem Einfluss des Generals Luís Alves de Lima e Silva (Duque de Caxias) stand, der während seiner langen Karriere hohe Ministerämter bekleidete, förderte sein demokratisches Bewusstsein nicht. Es war der Duque de Caxias, der die brasilianischen Truppen im Paraguaykrieg befehligte, einem der verlustreichsten Konflikte des 19. Jahrhunderts in Lateinamerika.

Der Paraguaykrieg
und die Suche nach Ordnung und Fortschritt

Der Tripel-Allianz-Krieg kostete zwei Drittel der paraguayischen Männer das Leben. Eigentlich hatte ihn Brasilien vom Zaun gebrochen. Das Binnenland Paraguay hatte sich von seinen mächtigen Nachbarstaaten bedroht gefühlt und deshalb aufgerüstet. Für Brasilien, das den Paraguayfluss für Warentransporte nach Mato Grosso benötigte, war das kleine Land lediglich eine notwendige Pufferzone gegenüber Argentinien. Die Lage verschärfte sich, als uruguayische Gauchos illegal Land in Südbrasilien okkupierten. Brasilien verlangte Entschädigungen dafür und war bereit, diese gewaltsam einzufordern. Aus Angst, von Brasilien annektiert zu werden, wandte sich Uruguay an Paraguay, das daran litt, keinen Zugang zum Meer zu haben. Bevor dessen Diktator Francisco Solano López den Uruguayern zu Hilfe kam, sperrte die kaiserliche Marine Brasiliens die Häfen von Uruguay, seine Armee marschierte ohne Kriegserklärung ein, unterstützte den Gegner des amtierenden Präsidenten, hievte ihn an die Macht und erhielt die erwarteten Entschädigungen zugesprochen.

Nun reagierte Paraguay. Es sperrte den gleichnamigen Fluss für brasilianische Schiffe. Dann brach es die Beziehungen zum mächtigen Nachbarn ab und marschierte Ende 1864 in Mato Grosso ein. Womöglich bedachte es nicht, dass Argentinien und Uruguay sich auf die Seite Brasiliens stellen würden. Gegen diese Tripel-Allianz hatte Paraguay schlechte Chancen. Der Krieg endete 1870 mit dem Tod des paraguayischen Diktators Solano López am Río Aquidabán. Manche Quellen sprechen von 300.000 Menschen, die im Krieg ihr Leben verloren. Paraguay erholte sich jahrzehntelang nicht von dieser Niederlage. Weil sie Frauen dazu zwang, sich vormalige Männerdomänen anzueignen, galt Paraguay noch um die Jahrhundertwende als »Land der Frauen«. Der brasilianische Kaiser ließ den Sieg mit einem Triumphzug und einem Te Deum feiern. Für ihn war es ein Triumph der »Zivilisation« gegen die »Barbarei«, gegen die Tyrannei eines Diktators. Diese Version wurde dann auch durch Staatskünstler und Historiker wie Alfredo d'Escragolle Taunay verfestigt. Er bot mit *A Retirada da Laguna* 1874 eine historische Erzählung über eine besonders verlustreiche Phase der Auseinandersetzungen.

Für Brasilien war der Krieg in vielerlei Hinsicht folgenreich. Er zerrüttete die Staatsfinanzen, Steuern wurden erhöht, 30.000 Tote waren zu beklagen. Republikanisch gesinnte Brasilianer fürchteten, dass der Sieg die Macht des Kaisers stärke. Die Zwangsrekrutierungen riefen den größten Unmut hervor. Denn wer wollte in einem Krieg in einem Land sein Leben lassen, das vorwiegend von Guarani-Indios bewohnt war. Das Parlament hatte den Rekruten Landstücke und andere Wohltaten versprochen. Wenige nahmen das Angebot wahr. Die brasilianischen Truppen bestanden aus zwangsrekrutierten Armen und Ausgegrenzten, Gesetzesbrechern, Hilfsarbeitern und Sklaven. Gerade aus ihren Reihen kamen diejenigen Veteranen, die einen Prestigegewinn aus dem Kriegsdienst zogen.

Im Heer erhielten sie kostenlose Ausbildung, die den Aufstieg in eine höhere soziale Schicht verhieß. Handwerker, niedere Beamte und freigelassene Sklaven nutzten diese Chance. Der Paraguaykrieg hatte Sklaven die Freiheit versprochen, wenn sie sich zum Kriegsdienst meldeten. Das durch den Sieg gewonnene Selbstbewusstsein wirkte sich auf die Anti-Sklaverei-Bewegung aus und stärkte damit auch den Republikanismus, der seine Vordenker in den Militärakademien hatte.

Bis 1920 gab es in Brasilien keine Universitäten im Humboldtschen Sinn. Wer eine akademische Karriere einschlagen wollte, konnte Philosophie, Medizin, Jura an einer Fakultät oder Ingenieurswissenschaften an der Escola Politécnica studieren, ein Priesterseminar oder die Marine- und Militärakademien besuchen. Recife und Rio hatten solche Kaderschmieden. Die Marine war ein Hort der kaisertreuen Pflanzersöhne, das Militär ein Hort der republikanisch gesinnten Aufsteiger. 1870 wurde das erste republikanische Manifest in einer Zeitung mit dem bezeichnenden Namen *A República* verfasst, ein Jahr später in São Paulo eine Republikanische Partei gegründet.

In ihrem Einflussbereich stand die neue »Generation von 1870«, wie sie später genannt wurde. Sie war urban, intellektuell und kritisch, weil sie ihren Blick nun auf ein unbekanntes, ländliches Brasilien richtete, für dessen Rückständigkeit sie die Politik der Monarchie verantwortlich machte. In zahlreichen Texten dachten ihre Mitglieder über Modelle nach, wie die Kluft zwischen Land und Stadt, zwischen Zentrum und Peripherien am ehesten überwunden würde, damit sich Brasilien als Nation begreifen könne. In den neuesten Erkenntnissen europäischer Wissenschaft, in der Literaturkritik, dem Evolutionismus, Sozialdarwinismus und Positivismus glaubten sie die Rezepte für den eigenen Fortschritt zu finden. Dabei ging es den republikanischen und oftmals rassistischen Intellektuellen auch um eine bessere Außenwirkung. Brasilien sollte nicht als unbedeutende Region am Ende der Welt, sondern als unabhängiger, aufstrebender Staat wahrgenommen werden. Die Kritik dieser Avantgarde richtete sich vor allem gegen die romantische Literatur eines Alencar, den anti-intellektuellen Katholizismus, die Sklaverei, weil sie unreflektiert und fortschrittshemmend waren.

Dass diese ambitionierte Dichter- und Denkergeneration in einem Dilemma steckte, das Land modernisieren zu wollen, allerdings wieder mit Theorien aus dem europäischen Ausland, machte der Schriftsteller Machado de Assis besonders deutlich. In seinem literarischen Text *Evolução* (*Evolution*, 1906) wird vom zukünftigen Politiker Benedito gesagt: »Aber in intellektueller Hinsicht war er weniger originell. Er war wie eine florierende Herberge, wo Ideen unterschiedlicher Herkunft und Sorte zirkulierten und sich zur Familie des Hauses an den Tisch setzten.«[25]

Zur »Generation von 1870« zählte auch der Politiker Rui Barbosa. Der vielseitig begabte Rechtsanwalt ließ sich in Rios Stadtteil Botafogo eine prächtige Villa in einem schattigen Garten bauen. Heute ist sie vielen Brasilien-Spezialisten als Fundação Casa Rui Barbosa mit ihrer umfangreichen Bibliothek und ihren Nachlässen als angenehmer Arbeitsplatz bekannt.

Kein lateinamerikanisches Land hat sich so sehr dem Positivismus verschrieben wie Brasilien. Seine Maxime, die Grundlage der Menschheitsreligion sei die Ordnung und ihr Ziel sei der Fortschritt, faszinierte republikanisch gesinnte Politiker und reformerische Militärs. Der französische Philosoph Auguste Comte prägte sie mit seinem Motto »Die Liebe als Prinzip und die Ordnung als Basis, der Fortschritt als Ziel« am stärksten. Comte hatte die Soziologie zur praktikabelsten aller Wissenschaften für die Lösung von Problemen erhoben. Sie erforschte Lebensbedingungen, suchte nach gesellschaftlichen Schwächen und Übeln, die zu beseitigen waren. Die Evolution der Gesellschaft konnte für ihn nur auf rationalen Erkenntnissen basieren. Comte, der anti-klerikal war, misstraute dem Liberalismus und der Demokratie; er wollte die Steuerungsstellen der Politik vielmehr autoritären Technokraten und Denkern anvertrauen.

Nicht von ungefähr fielen Comtes Ideen in den Militärakademien auf fruchtbaren Boden. Der Offizier Benjamin Constant, ein Gründungsvater des Republikanismus, rief 1876 die Positivistische Vereinigung ins Leben. Technischer Fortschritt, Industrie, ein starker und möglichst autoritärer Staat, die Schwächung der traditionellen Oligarchien waren zentrale Elemente positivistischer Politik, die Brasilien bis heute prägen. Der Glaube an den Fortschritt war so tief, dass seine Adepten ihm sogar Tempel errichteten, mit Vorlesungen als Ersatz-Predigten. Ein Tempel steht in Rio de Janeiro, im Stadtteil Glória, ein anderer in Porto Alegre. Ordnung und Fortschritt wurde als säkulare Religion, als Zivilisierungsmission so bindend und bestimmend für die Zukunft des Landes, dass *Ordem e Progresso* 1889 auf die brasilianische Flagge geheftet wurde.

---

25 | Machado de Assis, Obra completa. 3 Bde (Rio de Janeiro: Nova Aguilar, 2004), II, 704.

Der wohl berühmteste afro-brasilianische Positivist war Tobias Barreto de Menezes. 1882 erhielt er an der juridischen Fakultät von Recife eine Professur und prägte die dortige rechtsphilosophische Schule. Dass sich der Positivismus in Brasilien derart entfalten konnte, hat auch mit der intellektuellen Schwäche der katholischen Kirche zu tun. In der Kolonialzeit hatte der portugiesische König die hohen kirchlichen Ämter besetzt. Dieses Recht hatte ihm der Papst zugestanden. Der brasilianische Kaiser war das Oberhaupt der katholischen Kirche Brasiliens geblieben. Dom Pedro II. war ein liberaler Katholik, der auch Freimaurerlogen förderte, ohne ihnen anzugehören.

In ihrer Abhängigkeit von der Politik konzentrierten sich die Kleriker auf das Zeremonielle, auf die Gottesdienste. Kirchliche Karrieren waren zu einem öffentlichen Dienst geworden, in den viele geflohen waren, weil die Kirche sie materiell versorgte und nicht, weil sie sich für die Moral und den Glauben einer Gesellschaft verantwortlich fühlten. So hielt der Klerus im weiten Hinterland selten religiöse Werte ein. Außerdem war er stark von den Großgrundbesitzern abhängig. Jeder Clan hatte seinen Pfarrer, der fast in einem Dienstverhältnis zum Sklavenherren stand. Im Gegensatz zu den USA, wo sich protestantische Gruppierungen wie die Quäker früh in der Anti-Sklaverei-Bewegung engagiert hatten, fanden im Rahmen der katholischen Kirche Brasiliens kaum Debatten darüber statt. Ihre Abschaffung betrieben gerade anti-klerikale Republikaner; unter ihnen waren viele Positivisten.

Das Ende der Sklaverei
und der Traum vom Weiß-Werden

Die Anti-Sklaverei-Bewegung, der Abolitionismus, formierte sich im katholischen Brasilien erschreckend spät. Das von Abraham Lincoln 1865 in den USA fintenreich durchgesetzte Ende der Sklaverei gab den brasilianischen Debatten eine erste Dynamik. Als dann bald darauf in Puerto Rico und Kuba, den letzten Bastionen des spanischen Kolonialreichs, die Sklaverei abgeschafft wurde, blieb nur noch Brasilien übrig, ein beschämender Makel für seine republikanischen Fortschrittsadepten.

Wie sehr die parlamentarische Mehrheit trotzdem an der Sklaverei festhielt, zeigen einige problematische Gesetzgebungen: 1871 wurde das *Lei do Ventre Livre* verabschiedet. Es garantierte Neugeborenen von Sklavinnen die Freiheit bis zum achten Lebensjahr. Die Regierung bot Sklavenherrn Entschädigungen an, doch diese lehnten sie ab, solange die Sklaverei erlaubt war. Fünf Jahre später folgte das ebenso zynische *Lei dos Sexagenários*. Es entließ alle 60-jährigen Sklaven in die Freiheit, wohl wissend, wie wenige Sklaven dieses Alter erreichten und dass diejenigen, die es schafften, aus Mangel an Geld und Alternativen bei ihren Herren bleiben würden.

Dass die Sklaverei trotz dieses Beharrungsvermögens zwölf Jahre später, im Jahr 1888, abgeschafft wurde, ist nur durch ein komplexes Zusammenspiel von schwarzem Widerstand, kritischem Journalismus, flammenden Parlamentsreden und internationalen Einflüssen erklärbar. Viele Stimmen erhoben sich gleichzeitig. Sie flossen jedoch nie zu einer einheitlichen Protestbewegung zusammen. Jedoch lösten sie einen sozialen Prozess aus, der die spätimperiale Gesellschaftsordnung so sehr belastete, dass das Kaisertum darüber zerbrach.

Die Provinz São Paulo beschäftigte die meisten Sklaven. Viele waren allerdings auf Plantagen und im Eisenbahnbau mit italienischen Arbeitern und anarchistischen Ideen in Kontakt gekommen. Die Bahnlinien waren beliebte Fluchtwege in die Städte. Allein in den Hügeln um Santos hatten sich 1886 bereits 10.000 Plantagen-Flüchtlinge niedergelassen. Engagierte Studierende fuhren an den Wochenenden an die Stadtränder, interviewten Geflohene und organisierten mit anderen kritischen Bürgern, darunter auch freien *mulatos*, Protestveranstaltungen, schrieben Artikel und druckten Flugblätter. Allerdings bremste die Zensur des kaiserlichen Brasiliens allzu wortgewaltiges Engagement. Weil Dom Pedro II. im Ausland weilte, bat der positivistisch beeinflusste Offiziersclub von Rio schließlich die Regentin Prinzessin Isabel, entflohene Sklaven nicht mehr jagen zu müssen. Im Parlament hatte der Kaiser als Gegner der Sklaverei gelegentlich vorsichtige Reden gehalten. Erst als die Republikanische Partei und die katholische Kirche sich 1887 zur Sklavenbefreiung durchrangen, sprach er ein Machtwort. Die konservative Partei konnte die Entscheidung nicht mehr verhindern.

Wie sehr das demokratische Ausland auf Veränderungen in Brasilien wartete, betonte der Diplomat Joaquim Nabuco, der berühmteste weiße Abolitionist, unermüdlich. Gemeinsam mit André Rebouças rief er die erste Anti-Sklaverei-Gesellschaft ins Leben und gründete die Zeitschrift *O Abolicionismo*. Die Sklaverei hemme, so schrieb er, Eigeninitiative und industrielle Entwicklung und gefährde die nationale Einheit. Nabucos Zielpublikum war die dominant weiße Elitengesellschaft, seine Bühne das Parlament. Dort müsse Abolition erkämpft werden, nicht auf der Straße. Der Vertraute des Kaisers dachte euphemistisch. Er glaubte an ein harmonisches Zusammenleben von ehemaligen Sklaven und ihren Herrn, frei von Hass.

André Rebouças war so etwas wie Nabucos afro-brasilianischer Gegenpart: Ingenieur und Professor am Polytechnikum, Berater des Kaisers und führend beim Bau der Wasserversorgung für Rio de Janeiro tätig, pflegte Rebouças einen aristokratischen Lebensstil. Er fühlte sich als Weißer, der zufällig mit schwarzer Hautfarbe geboren war, bis ihm in den Nordstaaten der USA der Zutritt zu Hotels und Restaurants verweigert wurde.

Luís Gama hingegen war der Sohn einer Sklavin und eines Pflanzers aus Bahia, der den Jungen verkauft hatte. Im Alter von 18 Jahren kam Gama frei. Der Autodidakt arbeitete sich bis zum Jura-Abschluss hoch. Aus Protest gegen den politischen Katholizismus, der die Sklaverei verteidigte, wurde er Protestant. Gama war so sehr vom Abolitionismus in den USA beeinflusst, dass er schrieb, er wünsche, ein Bürger der Vereinigten Staaten zu sein und träumte von den »Vereinigten Staaten von Brasilien«, wie sich das Land dann tatsächlich einige Jahre später nennen sollte. Als Abolitionist blieb Gama ein Einzelkämpfer.

José do Patrocínio, ebenfalls ein freier Schwarzer, wusste die Medien geschickt einzusetzen. Er hatte Medizin studiert und dabei unter rassistischen Äußerungen gelitten. Patrocínio reiste in die nordostbrasilianische Provinz Ceará, weil sie 1884 die Sklaverei abschaffte und den Abolitionisten im Rest des Landes Auftrieb gab. Er veranstaltete Konzerte mit bekannten Solisten, um sie als Plattformen für seine Ziele zu nutzen. Seine journalistischen Attacken gegen die kaiserliche Regierung waren so bissig, dass man ihn ins Amazonasgebiet verbannte. Als der Kaiser abdankte, kam er zurück.

Die drei prominenten Afro-Brasilianer spiegeln die Vielschichtigkeit des Schwarzseins wider, die unterschiedlichen Selbst- und Fremdwahrnehmungen. Während die einen durch ihr Vermögen aufstiegen und Selbstbewusstsein demonstrierten, versuchten die anderen sich an die weiße Elitengesellschaft anzupassen: durch besondere Anstrengungen, überkorrekte Kleidung und Haltung, durch Schweigen über Diskriminierung. Der Schriftsteller Machado de Assis gehörte dazu. Er sprach nie über seine Hautfarbe, heiratete eine Weiße und verpackte seine Gesellschaftskritik in sanfte Ironie der literarischen Fiktion.

Das berühmte *Lei Áurea*, das von Prinzessin Isabel unterzeichnete Goldene Gesetz vom 13. Mai 1888, beendete die Sklaverei zu einem Zeitpunkt, als sie ihre ökonomische Relevanz verloren hatte. Formen von Neo-Sklaverei bestehen freilich fort. 1888 wurde eine halbe Million Menschen in die Freiheit entlassen. Das System der Sklaverei endete in Brasilien ohne Bürgerkrieg oder soziale Revolution. Viele blieben bei ihren ehemaligen Herrn, nunmehr Arbeitgebern. Um die Erinnerung an die barbarische Vergangenheit auszulöschen, entschied sich Rui Barbosa in seiner Funktion als Landwirtschaftsminister, alle staatlichen Dokumente und Unterlagen über das System zu verbrennen, das so prägend für Brasiliens Geschichte und Wirtschaft gewesen war. Brasilianische Forscher stützen sich deshalb auf Gemeinde- und auf Privatarchive.

Staatliche Hilfe gewährte man den Freigelassenen nicht. Die sozialen Konsequenzen der unterlassenen Fürsorge spiegelt sich im Roman *O Cortiço* (*Der Bienenkorb*, 1890) von Aluísio de Azevedo wider. Seine Protagonisten sind Anti-Helden im naturalistischen Sinne. Sie leben dichtgedrängt in den Elendsquartieren Rio de Janeiros, geplagt von ihrer Armut und ihren Lastern. Determiniert von ihrer Umwelt leben sie von der anderen Welt der Bürger getrennt. Azevedos Text ist auch deshalb bedeutend, weil erstmals Unterschichten Protagonisten eines heimischen literarischen Werks sind. Azevedo schwamm auf der Welle der evolutionistischen und sozialdarwinistischen Theorien, verfasst von Ernst Haeckel, Herbert Spencer und Arthur de Gobineau. Mit ihrer Hilfe sollte nun auch die zentrale Frage der Elitengesellschaft gelöst werden: Wie kann die brasilianische Gesellschaft möglichst »aufgeweißt« werden. Überzeugt von der Inferiorität, ja Degeneriertheit der afro-brasilianischen Bevölkerung musste Fortschritt »weiß« sein. Konsequenterweise sollten, so dachten manche, freigelassene Sklaven außer Landes gebracht werden, am besten »zurück nach Afrika«. Hingegen, so dachte die Mehrheit, seien noch mehr Einwanderer aus Europa zu holen. Der Staat São Paulo gab bis in die späten 1920er Jahre erhebliche Mittel für die Anwerbung europäischer Arbeiter und Landwirte aus. In diesem Zeitraum strömten etwa dreieinhalb bis vier Millionen Einwanderer aus Süd- und Osteuropa ins Land.

Wie viele Wissenschaftler seiner Zeit ging der Gerichtsmediziner Raimundo Nina Rodrigues aus Salvador da Bahia davon aus, dass ein erfolgreicher Nationalstaat eine homogene Bevölkerung brauche. Er entwickelte eine rassistische

Theorie der schwarzen Kultur: schwarz hielt er zwar für biologisch-moralisch minderwertig, aber tropentauglich. Der Pessimist glaubte, dass ethnische Vermischung den Weißen nur Nachteile bringen würde. Einen optimistischeren Weg wählte João Baptista de Lacerda und präsentierte ihn am Internationalen Rassenkongress in London im Jahr 1911. Im Gegensatz zu den amerikanischen Theoretikern, die glaubten, dass ein Tropfen schwarzen Blutes eine weiße Genealogie auf ewig verunreinige, errechnete Lacerda, dass Brasilien im Jahr 2011 weiß sein würde, wenn man nur genug Europäer ins Land brächte, wo doch die weiße »Rasse« der schwarzen überlegen sei.

Am frühen Morgen des 15. November 1889 putschte das Militär. Manoel Deodoro da Fonseca, kurz zuvor noch Monarchist, drang mit ein paar Soldaten in den Saal des Ministerrates ein, betrat den Balkon und rief die Republik aus. Zwar wurde von den wenigen Beteiligten die Marseillaise, das Kampflied der Republikaner, angestimmt. Weil sie von der Bevölkerung nicht angenommen wurde, entschied man sich, die alte Kaiserhymne von 1831 weiterzuverwenden. Der Kaiser dankte ab und ging zwei Tage später wohl nicht ungern in seine französische Wahlheimat ins Exil. Dom Pedro II. verzichtete auf eine Pension der republikanischen Regierung und verlebte seine beiden letzten Lebensjahre als reisender Kaiser samt Entourage in Cannes, Karlsbad und Paris.

Gründungswirren einer Republik

Nun galt es auch eine neue Flagge zu gestalten. Die ersten Designer entwarfen eine Kopie der US-Flagge, allerdings mit 20 Sternen und waagrechten Streifen in grün-gelben Farben. Den Positivisten gefiel sie nicht, es fehlte ihnen an formaler Eigenständigkeit. Die zweite Flaggenversion, die jeder Fußballfan kennt, behielt die Farben grün und gelb bei. Sie haben nichts mit dem Naturparadies und dem Gold von Minas Gerais zu tun. Es sind die heraldischen Farben der Braganças (grün) und der Habsburger (gelb). Man behielt sie mit dem Argument bei, dass sich zwar das Regime geändert habe, aber nicht das Vaterland.

Die Insignien des Kaiserhauses wurden nun durch ein blaues, kugelförmiges Firmament ersetzt, dessen 20 Himmelskörper in etwa die Sternenkonstellation verkörpern, wie sie am 15. November um 8 Uhr 30 früh am Himmel stand, als die Republik ausgerufen wurde. Die Anzahl der Sterne hat sich im Laufe der Zeit vermehrt. Heute sind es 27. Sie symbolisieren die 26 Bundesstaaten und den Bundesdistrikt Brasília.

Der Übergang von der Monarchie zur Republik war schwierig und konfliktbeladen, allerdings kein völliger Bruch mit der vorhergehenden Ordnung. Viele Beamte und Offiziere des kaiserlichen Heers blieben auf ihren Posten. Bereits in der Übergangsregierung stand mit Marechal Manoel Deodoro da Fonseca ein hochrangiger Militär an der Spitze des Staates. 1891 wurde er dann auch zum Präsidenten ernannt, bald jedoch gestürzt.

In der Staatsform war man sich fast einig. Brasilien sollte eine föderalistische Republik nach dem Vorbild der USA werden. Um die Macht der neuen Bundesstaaten, der ehemaligen Provinzen, und die Regierungsform wurde bald gestritten, geputscht und gekämpft. Zur Verunsicherung trugen neue Steuerbelastungen bei. Die Bundesregierung finanzierte sich über Zolleinnahmen, Postgebühren und Steuern auf Immobilien. Schließlich führte ein Spekulationsfieber um die Währung Real zum Kursverfall und zu einem Börsenkrach.

Die Verfassung von 1891 hielt mehr als 40 Jahre. Sie legte die Struktur der Vereinigten Staaten von Brasilien mit ihren 20 Einzelstaaten fest. Sogar eine neue, zentral gelegene Hauptstadt wurde darin festgeschrieben, allerdings erst siebzig Jahre später als Brasília aus dem Boden gestampft. Wie in den USA legte die Verfassung eine dreigliedrige Gewaltenteilung zwischen der Judikative (dem Obersten Gerichtshof), der Legislative (durch Senat und Repräsentantenhaus) und der Exekutive (dem Präsidenten) fest. Seine Amtszeit betrug vier Jahre, eine Wiederwahl war nicht möglich. Die Bundesstaaten erhielten umfangreiche Kompetenzen in der Steuer- und Einwanderungspolitik. Sie unterhielten eigene Truppen, eine Zivil- und Militärpolizei. Drohte von außen Gefahr, durfte der Bund durch das Bundesheer in die Staaten eingreifen.

Die Verfassung trug deutlich die Handschrift der Positivisten, wobei Rui Barbosa eine besondere Rolle einnahm. Er setzte sich mit seinen Forderungen, Staat und Religion zu trennen, durch und zog sich damit noch stärker die Feindschaft der katholischen Kirche zu. Durch die Verfassung wurde der Adel abgeschafft, Zivilehe und Religionsfreiheit wurden eingeführt. Die Religionen der Afro-Brasilianer waren darin aber nicht gemeint. Im Gegenteil. Man schuf einen eigenen Rechtsparagraphen zur Kontrolle ihrer religiösen Praktiken. »Hexerei« war schon 1890 mit Strafe belegt worden, die afrikanischen Trommelformationen *(batuques)* wurden es 15 Jahre später. Den Abgeordneten des trockenen Nordostens gelang es, die Bekämpfung der Dürre als nationale Aufgabe in die Verfassung zu schreiben. Die Folgen der großen Dürrekatastrophe fünfzehn Jahre zuvor waren noch tief im kollektiven Gedächtnis verankert.

Obwohl die USA für die Staatsform Pate standen, gibt es deutliche Unterschiede. Die Struktur und Verfassung der USA stehen am Ende einer langen Tradition demokratischer Selbstverwaltung und Gewaltenteilung, die seit 1619 im Virginia House of Burgesses praktiziert wurde, selbst wenn damals noch kein allgemeines Wahlrecht galt. Die brasilianische Verfassung verankerte ein ehrgeiziges Regelwerk als Ausgangspunkt einer geplanten Entwicklung, um es in der Praxis stets zu brechen.

Vieles gefährdete von Anfang an die Etablierung einer soliden Demokratie: Es gab nur eine schmale Mittelschicht, hingegen eine Analphabetenrate von 85 Prozent. Die sozialen Unterschiede waren groß, das Wahlrecht nur wohlhabenden Männern zugedacht. Die Parteien waren schwach, das politische Leben prägten einflussreiche Familien. Der *coronelismo*, das Erbe des Kaiserreichs, besteht im Nordosten Brasiliens bis heute weiter: eine intrigante Herrschaft von Lokalpotentaten, die sich mit Gewalt und Wahlbetrug an der Macht halten. Dazu kamen die Militärs, die sich als ausgleichende Ordnungsmacht verstanden.

Die ersten Jahrzehnte der Republik gingen als Belle Époque in die Geschichtsschreibung ein. Brasilien wurde stärker in die Globalisierungsdynamik der Jahrhundertwende mit ihren schnelleren Verkehrsmitteln und dichteren Kommunikationsnetzwerken, internationalen Unternehmen und technischen Neuerungen eingebettet. Doch wurde der Gründerzeitoptimismus gleich jäh unterbrochen. Ein Börsenkrach, heftige Debatten um das Verhältnis zwischen Bundesregierung und Bundesstaaten, zwischen Monarchismus und Republikanismus ließen unter dem neuen Regierungschef, dem Militär Floriano Peixoto, die Fronten aufeinanderprallen: die Bürger von Rio de Janeiro, die Kaffeebarone von São Paulo und die Viehbarone von Minas Gerais verteidigten einen liberalen Föderalismus. Möglichst viel Autonomie wollte auch der südlichste Bundesstaat, das wohlhabende Rio Grande do Sul, das unter der Revolução Farroupilha schon einmal seine Unabhängigkeit erklärt hatte. Von Uruguay aus agierte ein ehemals kaiserlicher Politiker heftig gegen den positivistischen Gouverneur von Rio Grande do Sul, Júlio de Castilhos, und zettelte schließlich eine »föderale Revolution« an.

Da Floriano Peixoto als Präsident nicht gewählt wurde, sondern sein Amt der Absetzung seines Vorgängers verdankte, bekämpfte ihn eine politische Opposition, zu der auch die Marine zählte. Peixoto wehrte sich und regierte per Dekret, hob die Pressefreiheit auf und verfolgte seine Gegner. Der aufrechte Republikaner Rui Barbosa floh ins argentinische Exil, wo er Freiheit und politische Offenheit schätzen lernte.

Einige Marinestützpunkte meuterten, weil der Präsident sich Neuwahlen verweigerte. Im September 1893 ließ die Marine den Hafen von Rio de Janeiro für viele Monate blockieren. Die neugegründete Republik war gerade einmal vier Jahre alt und kannte schon den ersten Bürgerkrieg. Weil er die Blockade beendete, galt Floriano Peixoto als Retter der Republik. Den Beinamen »eiserner Marschall« verdankte er seinen Schlägertrupps, jungen Offizieren, auch »Jakobiner« genannt, und einer repressiven Politik, die innerhalb von drei Jahren den Idealismus der Verfassung durch die brachiale Realität einer Entwicklungsdiktatur zunichte gemacht hatte.

Prudente José de Morais, der dritte Präsident Brasiliens und zugleich ihr erster ziviler, beendete den Krieg dann 1895 offiziell. Er war ein gemäßigter Republikaner, der sich als Interessensvertreter der Pflanzerelite von São Paulo verstand. Auch deshalb lebte er mit Entmachtungsdrohungen durch die Monarchisten und die Jakobiner. Sie zettelten 1896 einen neuerlichen Krieg an, dessen Brutalität bis heute in der kollektiven Erinnerung vieler Brasilianer präsent ist – den Krieg von Canudos.

»Zivilisation und Barbarei«:
Der Krieg von Canudos

»Jener Feldzug mutet an wie ein Rückfall in die Vergangenheit. Und er war – im vollsten Sinne des Wortes – ein Verbrechen. Prangern wir es an«, schreibt Euclides da Cunha in *Os Sertões* (1902), auf Deutsch unter dem Titel *Der Krieg im Sertão* erschienen.[26] Dieser Krieg am Ende der Welt war die erste Niederlage der brasilianischen Republik, obwohl ihn die Bundestruppen schließlich gewannen. Vier Expeditionen mit 12.000 Soldaten (das war nahezu die Hälfte der brasilianischen Bundesarmee), 100 Krupp-Kanonen und Dynamit waren nötig, um eine armselige Stadt im Hinterland des Staates Bahia dem Erdboden gleichzumachen.

Ihre Bewohner, viele ehemalige Sklaven und Indios, waren dem Ruf des asketischen Laienpredigers Antônio Maciel, besser bekannt als Conselheiro (der Ratgeber), gefolgt. Sie hatten in der sonnenversengten Steppe als Viehzüchter und Händler in gemeinschaftlicher Selbstverwaltung gelebt, bis die politischen Eliten sie als Bedrohung der nationalen Ordnung ausmachten. Der Conselheiro galt Positivisten wie Euclides da Cunha als abergläubischer Geisteskranker. Er war allerdings ein konservativer Katholik, der sich dem Bau und der Instandsetzung von Kirchen widmete; doch hing er, wie viele Brasilianer des Nordostens, dem *sebastianismo* an. Dieser Erlöser-Mythos hat seine Wurzeln im Portugal des 16. Jahrhunderts. Er war nach dem Tod des Königs Dom Sebastião entstanden, der 1578 in einer Schlacht in Nordafrika sein Leben verloren hatte. Sein Leichnam wurde jedoch nicht gefunden. Weil er ohne Nachkommen gewesen war, setzte sich Philipp II. von Spanien als legitimer Nachfolger durch. Dies hatte eine sechzigjährige Personalunion zur Folge. In jener Zeit war die Legende aufgekommen, dass Dom Sebastião wiederkommen würde, weil einige Schwindler sich seiner Identität bedienten. Nach der Abdankung von Dom Pedro II. nutzte der Conselheiro von Canudos den schon im Nordosten verankerten Mythos, um

---

26 | Euclides da Cunha, Krieg im Sertão (Frankfurt a.M.: Suhrkamp, 1994), 8. Übersetzung von Berthold Zilly.

seinen Anhängern glauben zu machen, dass Dom Sebastião zurückkäme und mit ihm die Kaiserzeit.

Als die junge Republik finanzielle Belastungen auf die neuen Staatsregierungen abwälzte und diese wiederum neue Steuern einführten, erhob sich das bettelarme Hinterland gegen die Steuern auf Vieh. Der Ratgeber machte sich zum Wortführer des Protests. Er verdammte die korrupten Steuereintreiber und die Republik, weil sie – im Gegensatz zum Kaiser – nicht von Gott legitimiert sei. Die Zivilehe empfand er als Verrat an der Einheit zwischen Staat und Religion.

Der Widerstand des charismatischen Predigers rief jene Oppositionelle auf den Plan, die dem Präsidenten Prudente de Morais politische Schwäche vorwarfen. Sie inszenierten eine Verschwörung, ließen in der willfährigen Presse über eine monarchistische Bewegung schreiben, die in Canudos ihren Ausgang genommen habe. Der Krieg war nicht nur ein Stellvertreterkonflikt zwischen politischer Führung und Opposition. Er wurde zum Kampf zweier Brasilien hochstilisiert, des modernen der Küstenregion gegen das monarchistisch feudale des Hinterlandes. Das Thema der beiden Brasilien ist bis heute eine Konstante in der Geschichtswissenschaft wie in der Literatur.

Ein Chronist der blutigen Rettungsmission für die republikanische Ordnung war Euclides da Cunha. Der Militäringenieur aus São Paulo schiffte sich nach Bahia ein, das zweieinhalbtausend Kilometer entfernt lag. Angesichts des zähen Krieges sollte er sich zum scharfsinnigen Erforscher eines Brasilien entwickeln, das die urbanen Eliten weder bereist noch als Teil der Nation akzeptiert hatten. Sein Werk setzt nicht mit dem Kriegsgeschehen ein, dessen Schlachten, Material- und Menschenaufwand dann auf 500 Seiten sachkundig dargestellt werden. Die Leser müssen sich durch 60 Seiten Landschaftsbeschreibung von phantasmagorischer Intensität durchwinden, bis sie mit ihm die ersten Siedlungen des Sertão erreichen. Euclides da Cunha hatte wohl Alexander von Humboldt gelesen, aber auch europäische Rassentheoretiker. Als Evolutionist glaubte er an die Überlegenheit der Weißen und empfand Rassenmischung[27] als Makel. In der Überzeugung, dass die Bewohner des Sertão, die *jagunços*, degeneriert seien, war Euclides da Cunha aufgebrochen. Obwohl er seinen Rassismus nie ablegte, relativierte er vor Ort seine Ansichten angesichts des Widerstands, den die Siedlung mit ihren 5.000 Lehmhütten den Bundestruppen entgegenbrachte. Er habe in diesen zähen *caboclos* [Mischlingen] »den starken Kern unserer werdenden Nation« gesehen, schrieb da Cunha beeindruckt. Und in der zweiten Ausgabe des Werks fügte er noch hinzu, dass sie ein Kraftzen-

---

27 | Da der Begriff »Rasse« im Deutschen durch den Nationalsozialismus eine äußerst negative Konnotation erfahren hat, setzen wir ihn hier unter Anführungszeichen. Dies gilt auch für den Begriff der »Rassendemokratie«.

trum für die künftige Konstitution des Landes seien, ein lebendiger Fels des brasilianischen Nationalcharakters.

Bald erkannte der Chronist, dass in der dornenbewachsenen *caatinga* fest gefügte taktische Einheiten in korrekter Marschordnung sinnlos und die tonnenschweren Geschütze kaum zu transportieren waren. Dass die Stoffuniformen sich verhedderten und die Verteidiger der Republik, nach Wochen des Hungerns geschwächt, sich physisch nicht mehr von ihren Gegnern unterschieden, die sich mit erbeuteten Waffen, Mistgabeln, Sicheln, Steinen und Buschmessern verteidigten. Dass die Angreifer ebenso Afro-Brasilianer, Mulatten, Mestizen waren wie die Verteidiger. Der *sertanejo* war da Cunha jetzt bloß ein Rückschrittlicher, den man integrieren könnte, kein Degenerierter mehr. Selbst der Conselheiro mutierte zu einem großen, bizarren Mann der Gegenseite. Im Sertão wurde dem Autor bewusst, dass die Zivilisation den »derben, zurückgebliebenen Landsleuten« wenig voraushatte.

Diese handelten zumindest folgerichtig. In seiner räumlichen und zeitlichen Insellage konnte der jagunço [...] nichts anderes tun, als was er tat – schlagen, furchtbar einschlagen auf die Nation, die ihn fast drei Jahrhunderte lang verstoßen hatte und die ihn nunmehr in die Wunderwelt unseres Zeitalters holte, mitten in ein Geviert von Bajonetten, um ihm den Glanz der Zivilisation im Mündungsfeuer der Gewehrsalven vorzuführen.[28]

Euclides da Cunha hatte den Eliten der Hauptstadt vor Augen geführt, dass ihr Krieg illegal und gegen Staatsbürger einer jungen Nation gerichtet war, nicht gegen Barbaren, die auf dem Staatsgebiet hausten und am besten zu vernichten seien. *Os Sertões* gerät auch zu einer Totenrede für 15.000 bis 20.000 Opfer. Genaue Zahlen gibt es nicht. Die Männer waren abgekehlt oder niedergestochen und zuvor zu einem Hoch auf die Republik gezwungen worden. Die etwa 400 überlebenden Frauen und Kinder hatte man den Soldaten als Prämien geschenkt. Sie verkauften ihre menschliche Beute in die Prostitution oder Lohnsklaverei. Die Leiche des Conselheiro wurde exhumiert und der abgetrennte Kopf nach Salvador transportiert, wo der Rassentheoretiker Nina Rodrigues den Schädel vermaß. Er stellte, vielleicht mit Verwunderung fest, dass keine Degeneration zu erkennen sei.

Innerhalb eines Jahres hatte *Os Sertões* fünf Auflagen erreicht und seinem Autor die Aufnahme in die Akademie für Literatur und damit den Zugang zum intellektuellen Olymp ermöglicht. Man lobte seine Zivilcourage und kritisierte seinen schwülstigen Stil. Die Debatte um die Einordnung der neuen Bibel der Nation in das literarische oder doch wissenschaftliche Genre hält bis heute an. Fest steht, dass Euclides da Cunhas Zugang und Werk außergewöhnlich waren. Während Brasiliens Intellektuelle die Stechuhr in einem Büro bedienten und

---

28 | Da Cunha, Krieg im Sertão, 407f.

auf Neuigkeiten aus Paris warteten, habe Euclides da Cunha sich in das tief-
gründige Herz des Landes begeben und zur brasilianischen Nationswerdung
beigetragen, schrieb der Literaturwissenschaftler Afrânio Peixoto 17 Jahre später. Nun wurden die illiteraten und mestizischen Bewohner des Hinterlandes,
die *sertões*, auch in anderen lateinamerikanischen Werken zur mythischen und
metaphorischen Essenz der Nation hochgehoben. Kulturschaffende fühlten
und fühlen sich bis heute durch diesen Stoff inspiriert. Die marxistische Linke entdeckte Canudos in den 1960er Jahren als sozialrevolutionäres Bollwerk.
Die Filme des Cinema Novo von Glauber Rocha schufen Bilder von asketischer
Mystik. 1997 wurde *Canudos* als Historiendrama von Sergio Rezende verfilmt.
Doch die sozial- und bildungspolitische Einbindung der *sertões* in die Nation ist
bis heute nicht gelungen.

Eine besondere Hommage erfuhr die Geschichte durch den peruanischen
Autor Mario Vargas Llosa, der in seinem Werk *Der Krieg am Ende der Welt* 1981
dem Autor ein Denkmal setzt. In der Region wird der Geist des Conselheiro
noch heute beschworen. Die Popgruppe *Cordel do Fogo Encantado* lässt Canudos
gemeinsam mit Zumbi von Palmares hochleben.

Ein Opernhaus am Amazonas –
Der Kautschukboom

Im Jahr 1896, als die brasilianischen Truppen nach Canudos vorrückten, endeten in Manaus die letzten Arbeiten für ein prächtiges Opernhaus. Zwei Millionen Dollar hatte der Bau verschlungen. Diesen Luxus verdankte die Region dem Kautschukboom. Vom frühen 18. bis zum Ende des 19. Jahrhunderts deckte Brasilien nahezu den weltweiten Bedarf am begehrten Rohstoff. Die im Amazonas beheimatete *Hevea brasiliensis* war wegen ihres besonders elastischen und reinen Pflanzensaftes hochgeschätzt.

Die Nachfrage stieg rapide an, als der Autokönig Henry Ford in den USA sein Modell T im Jahr 1908 in Serie gehen ließ und Thomas A. Edisons Versuche, Latex synthetisch herzustellen, scheiterten. Kautschuk wurde zu einem begehrten Rohstoff und machte einige Unternehmer zu Multimillionären. Ihren Reichtum verdankten sie der Ausbeutung amazonischer *seringueiros*, der Kautschukzapfer. Denn die Kautschukbäume wurden zunächst nicht in Plantagenform kultiviert, sondern von indianischen Lohnarbeitern oder Migranten aus dem steppenhaften Nordosten ausgemacht. Jeder *seringueiro* war für hundert oder zweihundert Bäume verantwortlich, musste noch vor Sonnenaufgang den Pflanzensaft aus kleinen, am Stamm befestigten Bechern sammeln, weil er da am dünnflüssigsten war. Gehärtet wurde er dann im toxischen Rauch von brennenden Palmennüssen. Die solcherart gewonnenen Ballen wurden an Sammelstellen verfrachtet und nach Gewicht vergütet.

Euclides da Cunha, der Kriegs-Chronist von Canudos, hatte auch den Amazonas bereist. Den Kautschukhandel bezeichnete er als besonders kriminelle Form der Lohnarbeit. Die Suche nach dem begehrten Saft trieb brasilianische *seringueiros* weit hinein nach Acre, das zu Bolivien gehörte. Etwa 50.000 aus dem Nordosten sollen es gewesen sein. Sie beanspruchten das Land und riefen zunächst die Unabhängigkeit aus. Der bolivianische Staat verpachtete das Gebiet an eine New Yorker Gesellschaft und erhoffte sich damit die Unterstützung durch die USA. Brasilien sperrte daraufhin den Amazonas für die Schifffahrt nach Acre. Die New Yorker Gesellschaft gab nach und verkaufte Brasilien die

Landrechte für eine halbe Million Dollar. Das *uti possidetis*, das Recht, Land zu reklamierten, weil dort schon Brasilianer lebten, hatte wieder seine Wirkung gezeitigt.

Am Höhepunkt des Kautschukbooms machte Latex 40 Prozent der brasilianischen Exporte aus. Er wurde in Auto- und Fahrradreifen, Schläuche, Stiefel und Schuhsohlen, Regenmäntel, Dichtungen, Ventile und Kondome verwandelt. Ihren Gewinn steckten die Kautschukbarone des Amazonas in den Bau prächtiger Jugendstilvillen. Sie stifteten neoklassizistische Stadthäuser und Prachtstraßen in Belém und Manaus, die beide um das Attribut wetteiferten, das Paris der Tropen zu sein. Die Bürger von Belém behaupteten sogar, näher an Paris zu sein als der Rest des Landes. Das edle Kaufhaus Paris n'América, den Galeries Lafayette in Paris nachgebildet, zeugt noch heute vom Boom.

Es hieß, dass manch neuer Patrizier sogar die Wäsche zum Stärken nach Portugal geschickt haben soll. Die Stadtväter ließen für ihr Teatro Amazonas Architekten, Steinmetze und Maurer aus Europa kommen, den Marmor aus Italien, Kristallluster aus Venedig und Glasfenster aus dem Elsass importieren. Sogar die Zufahrtstrassen überzog man mit Latex, damit jene Gäste, die sich bei den Aufführungen verspäteten, mit ihrem Kutschenlärm nicht die Darbietungen der Opernstars störten. Der berühmte italienische Tenor Enrico Caruso sang dort zwar nie, er hatte wegen einer Gelbfieberepidemie seinen Auftritt abgesagt, doch Adelina Patti, Maria Callas, José Carreras und viele andere Sänger traten im Teatro Amazonas auf.

Manaus hatte um 1900 mehr Theater als Rio de Janeiro und glänzte bald nach der Hauptstadt in elektrischem Licht. Das überteuerte Leben ließ die Favelas an den Stadträndern wachsen. Und wegen ihrer Casinos und Bordelle galten Belém und Manaus bald als Sündenpfuhl der Unmoral und Verschwendung. Der Boom war kurzlebig. Der britische Abenteurer Henry Wickham, ein selbsternannter Kautschukexperte mit aristokratischem Gehabe, schmuggelte Samen illegal nach Großbritannien und wurde dafür von Königin Victoria in den Ritterstand erhoben. In den königlichen Gärten großgezogen, wurden die Setzlinge nach Asien verschifft, wo sie in Plantagen auf Sumatra und in Malaysia prächtig gediehen und Manaus schließlich den Bankrott bescherten. Das Opernhaus mit seinem neobarocken Saal, dem üppigen Golddekor und dem roten Samt blieb als Symbol tropischer Verschwendung bestehen, die Manaus für ein paar Jahre zu einer der teuersten Städte der Welt gemacht hatte.

Werner Herzog ließ sich vom Reichtum des peruanischen Kautschukbarons Carlos Fermín Fitzcarrald López für seinen Film *Fitzcarraldo* inspirieren. Darin beschallt ein grenzgenialer Erfinder, gespielt von Klaus Kinski, den Urwald mit Opernmusik, um danach einen 340 Tonnen schweren Flussdampfer von Indios über einen Berg ziehen zu lassen. 2007 kam der deutsche Regisseur Christoph Schlingensief an diesen Kreuzungspunkt zwischen europäischer Moderne und schwer bezwingbarer Natur. Er inszenierte im Teatro Amazonas im Rahmen des Festivals Amazonas de Opera den *Fliegenden Holländer* von Richard Wagner als fantasmagorisches Gesamtkunstwerk mit einer Menge von Brasilien-Klischees, um sie nicht alle zu brechen.

Die Entdeckung der Indios

Die Kautschukbarone vermochten sich ein Stück Europa zu erkaufen. Doch um 1900 herrschte das Gefühl historischer Verspätung vor. Man maß sich am Alten Kontinent und kritisierte sich dafür, weil dies die eigenen Probleme, wie ein von Mestizen, Mulatten und Indios bewohntes Territorium in eine Nation zu verwandeln war, nicht löste.

Brasilien suchte seine Identität. Euclides da Cunha entdeckte nicht nur die *seringueiros* und die *sertanejos*. Der in Rio de Janeiro geborene Autor behauptete, ein Nachfahre von Kelten, Griechen und Tapuio-Indianern zu sein. Wie ernst er dies meinte, ist nicht zu sagen, doch es zeigt, wie stark das Bedürfnis war, Alte und Neue Welt miteinander zu verbinden. Dies galt auch für den Umgang mit dem Indigenen. Das Ergebnis sollte jedoch möglichst homogen sein.

Die Indio-Bilder der Romantik wurden zwar in Künstlerkreisen noch weitergepflegt. Allerdings mehrten sich die Stimmen jener, die den Genozid verurteilten und Schutzprogramme einforderten. In Brasilien waren um 1900 von deutschen Kolonisten geförderte Indio-Schutzvereine entstanden. Sie warben für Missionierung und wetterten gegen Waffengewalt. Hugo Gensch, ein Arzt aus Blumenau, hatte ein Indio-Mädchen adoptiert und machte bei wissenschaftlichen Kongressen Werbung für die »sanfte Form der Zivilisierung«, weil so viele Indios in Reservaten zugrunde gegangen seien.

Ein ungewöhnliches Beispiel für den veränderten Umgang mit der Ur-Bevölkerung ist in den Akten des Haus-, Hof- und Staatsarchivs in Wien zu finden: Zwischen 1896 und 1900 ermordeten Kaingang mehr als dreißig ukrainische und polnische Auswanderer aus Österreich-Ungarn, die sich kurz zuvor, ohne es zu wissen, auf ihrem Lebensraum niedergelassen hatten. Während einige Journalisten die Mythen von Menschenfressern bedienten, die ihre Opfer zerstückelten, versuchten andere die Beweggründe der grausamen Taten zu verstehen. Zudem waren solche Attacken inzwischen bereits seltener geworden.

Die österreichisch-ungarischen Diplomaten hatten naturgemäß wenig Verständnis für diese Überfälle auf ihre Untertanen. Sie baten den Staatspräsidenten von Paraná, den Siedlern Waffen zu leihen oder Bugerjäger in die Kolonien zu schicken. Darin wurden sie sogleich von der deutsch-brasilianischen Presse unterstützt. Denn obwohl in diesem Fall Polen und Ukrainer und nicht Deutsche zu beklagen waren, ging es um einen Konflikt zwischen Alter und Neuer Welt. Die blutigen Vorfälle führten auch zu heftigen Diskussionen zwischen der brasilianischen Bundesregierung und der Regierung von Paraná. Unterschiedliche Vorstellungen prallten hier aufeinander: europäisches Überlegenheitsdenken, brasilianische Wirtschaftsinteressen und die Kritik der Nativisten. Als weiße Einheimische befürchteten sie angesichts der hohen Einwanderungszahlen eine »Überfremdung«. Schließlich kamen auch die Argumente all jener ins Spiel, die den Genozid endlich stoppen wollten.

Der Staatspräsident von Paraná war allerdings gegen die Bewaffnung von Siedlern. Er bot eine alternative Lösung an, die in den USA undenkbar gewesen wäre: Er sandte missionierte Kaingang-Indios, Coroados genannt, in die Kolonie Lucena. Dort sollten sie mit den Osteuropäern zusammenleben und sie gegen die aggressiven Indios beschützen. Als Unterkunft wies man ihnen die verlassenen Hütten der ermordeten Siedler zu. Die Lösung war zwar ungewöhnlich, aber nicht praktikabel. Denn die Zugezogenen hatten kein Land. Um sich zu ernähren, stahlen sie Nahrung aus den Scheunen der Europäer. Verzweifelt, machten sich zwei Bauern auf eine mühselige, lange Reise in die Hauptstadt Curitiba auf. Dort klagten sie in ihrem Konsulat: »Die Botokuden töten uns und die Coroados zehren unsere Vorräte auf.« Daraufhin sammelte der lokale österreichisch-ungarische Hilfsverein Geld für die Hinterbliebenen der Attacke. Ob die Kolonisten mit diesem Geld Waffen kauften oder ob sie mit den Indio-Familien weiterhin zusammenlebten, lässt sich nicht mehr belegen.[29] Der Staatspräsident handelte für seine Zeit sicherlich ungewöhnlich. Als Sozialwissenschaftler respektierte er die Landforderungen der Kaingang und unterzeichnete in den Jahren 1902 und 1903 Dekrete, die ihnen 50.000 Hektar Land in Paraná zusicherten. Diese Reservate sind heute Urwald-Inseln inmitten der Eintönigkeit riesiger Soja- und Zuckerrohrfelder.

Im Amazonasgebiet setzte sich der Militär Cândido Rondon für den Schutz von Indios ein. Sie standen einer Moderne im Wege, die sich anschickte, den westlichen Amazonasraum radikal zu erobern. Rondon, der selbst Mestize war, beaufsichtigte die Verlegung der ersten Telegraphenlinien durch die heutigen Bundesstaaten Acre und Rondônia: »Wer an der Rondon-Linie lebt, könnte meinen, er lebe auf dem Mond«, schrieb Claude Lévi-Strauss Jahrzehnte später. Denn ein Gebiet, so groß wie Frankreich, durchzog von einem Ende zum anderen die Telegrafenlinie. »Zwar gibt es das Kabel, aber da es, kaum gelegt, bereits überflüssig war, hängt es schlaff von faulenden Masten herab, die nicht ersetzt werden, Opfer der Termiten oder der Indianer, die das charakteristische Summen der Telegrafendrähte für das Geräusch eines Stocks wilder Bienen

---

29 | In: Haus-, Hof- und Staatsarchiv (AT-OeStA/HHStA) Wien MdÄ, AR, F 15-58-1, F 15-59-7, 9-19.

halten.«[30] Die lokalen Legenden erzählten auch Geschichten von Angestellten, die den Telegraphen am Leben erhielten, und Indios, die den Fremdkörper in ihrem Territorium zu zerstören trachteten.

Cândido Rondon und viele andere beeinflussten die Gründung der nationalen Indio-Schutzbehörde, des Serviço de Proteção aos Índios, die viele Stämme vor dem Verschwinden bewahrte. Daraus ging in den sechziger Jahren die FU-NAI hervor. Der Indioschutz versuchte sich an Integrationsmodellen, wie sie der Staatspräsident von Paraná vorschlug. Am Schicksal vieler Stämme änderte solche Einsicht wenig. Noch um 1930 wurden große Landstriche in Südbrasilien erschlossen. Bevor die ersten europäischen und asiatischen Siedler kamen, rief man die Indio-Schutzbehörde, damit sie die Indios in Reservate zwinge.

Die Eingliederung der Indios in die Nation inspirierte auch Autoren. In Rio erschien 1911 *O triste fim do Policarpo Quaresma* (unter *Das traurige Ende des Policarpo Quaresma* vom Züricher Ammann-Verlag herausgebracht). Darin träumt ein unbedeutender, aber redlicher Beamter im Kriegsministerium nach »dreißig Jahren des patriotischen Meditierens« von Mitteln und Wegen, wie sein Land modernisiert und die Unfähigkeit seiner politisch Verantwortlichen beseitigt werden könne.

Policarpo studiert die Indios, die Boden- und Klimabeschaffenheit seines Landes und kommt zum Schluss, dass es nur Zeit und ein wenig mehr Ursprünglichkeit brauche. Seine Utopien machen ihn zum Gespött der Leute und bringen ihn schließlich ins Irrenhaus. Denn er fordert: »Policarpo Quaresma, brasilianischer Staatsbürger und Beamter – überzeugt, daß die portugiesische Sprache Brasilien aufgenötigt ist, [...] ersucht in Ausübung seiner verfassungsmäßigen Rechte den Nationalkongreß, das Tupi-Guarani zur Amts- und Nationalsprache des brasilianischen Volkes zu erklären.«[31] Der Antragsteller erklärt, dass die höchste geistige Offenbarung eines Volkes die Sprache sei, diejenige der Indios von facettenreicher Ausdruckskraft und deshalb als einzige geeignet, die Schönheiten Brasiliens in Worte zu übersetzen. Dass er auf die Sprache der Tupi zurückkam, ist nicht ungewöhnlich, hatte es doch als *lingua franca* im 16. und 17. Jahrhundert große Bedeutung gehabt.

Das Buch ist eine patriotische Anklage. Lima Barreto spart nicht mit Kritik an der Korruption in seiner Heimat, dem inquisitorischen Terror und dem literarischen Hurra-Patriotismus. Ihn fasziniert das Komisch-Respektlose der Volkskultur, gleichzeitig schockiert ihn der soziale Zustand des Landes. Im *Policarpo Quaresma* steckt auch viel Autobiographisches. Als Mulatte war Lima Barreto auf der Polytechnischen Hochschule diskriminiert worden. Er brach sie ab, um seine Familie zu versorgen, arbeitete fortan als Beamter im Kriegsministe-

---

30 | Claude Lévi-Strauss, Traurige Tropen (Frankfurt a.M.: Suhrkamp, 1978).

31 | Lima Barreto, Das traurige Ende des Policarpo Quaresma (Zürich: Ammann Verlag, 2001) 26, 63. Übersetzung von Berthold Zilly.

rium und als Schriftsteller. Die Brasilianische Akademie für Literatur nahm ihn
nie auf. Er schwankte zwischen Selbsthass und Selbstbewusstsein, zwischen
Anpassung an die weißen Eliten und Distanz. Sein Wohnhaus nannte er Vila
Quilombo. In einer Nervenheilanstalt auf der Ilha do Governador war er aufgewachsen, weil sein Vater dort arbeitete. Verfolgungswahn und Alkoholismus
brachten ihn schließlich wieder dorthin. Die Krankenakte nannte ihn einmal
»weiß«, ein anderes Mal »farbig«, und wegen seiner Sprache sogar »Anarchist«.
Dort verstarb Lima Barreto dann im Alter von 41 Jahren. *O Triste fim do Policarpo
Quaresma* gehört seit langem zum Kanon jener Bücher, die für das Verständnis
Brasiliens unentbehrlich sind. Es spiegelt die innere Befindlichkeit der Nation
wider, die sich nach außen als künftige zweite Großmacht am Kontinent dar-
stellte.

Eine Insel auf dem Kontinent –
Außenpolitik im Schatten der USA

Ein halbes Jahr lang, vom Oktober 1889 bis zum April 1890, hatten 21 amerikanische Staaten in Washington über eine gemeinsame Außen- und Wirtschaftspolitik diskutiert. Hinter dem vermeintlich altruistischen Ziel panamerikanischer Freundschaft, wie sie der Konferenz-Initiator James Blaine ausstellte, standen klare wirtschaftspolitische Ziele der USA. Es galt, die Märkte im Süden auszuweiten und den britischen Einfluss zurückzudrängen. Außenminister Blaines Ziele einer gemeinsamen Zollunion scheiterten ebenso am Widerstand der Lateinamerikaner wie jene einer gemeinsamen Währung.

Die Kommunikation war mühsam gewesen, weil die lateinamerikanischen Diplomaten zwar Französisch, die Sprache mit dem höchsten Prestige, aber meist nicht Englisch konnten. Die Delegierten der Vereinigten Staaten, meist Großunternehmer, waren weder des Spanischen noch des Portugiesischen mächtig und hatten nicht an Übersetzer gedacht. Einen Erfolg konnte die Konferenz verbuchen: die Gründung eines inter-amerikanischen Büros, das sich ab 1906 Panamerikanische Union und nach dem Zweiten Weltkrieg dann Organization of American States (OAS) nennen sollte.

Der Kubaner José Martí, ein vehementer Kämpfer für die Unabhängigkeit seines Landes von Spanien, war als Journalist bei der Konferenz geladen gewesen. Unter dem Eindruck der Debatten veröffentlichte Martí einen Essay unter dem Titel *Nuestra América (Unser Amerika*, 1891). Er war eine Reflexion über die Chancen Lateinamerikas und die Gefahren, die von den imperialistischen USA für den Süden ausgehen würden. Neun Jahre später setzte der Uruguayer José Enrique Rodó mit seinem Werk *Ariel* ein kulturphilosophisches Zeichen, das genau in dieselbe Richtung zeigte: das simple Kopieren europäischer Traditionen sei ein falscher Weg für die Zukunft des Kontinents. Martí und Rodó mahnten, sich endlich der eigenen Wurzeln und Energien zu besinnen und Institutionen zu schaffen, die den eigenen Bedürfnissen entsprächen. Diese Mischung aus Selbstermächtigung und Selbstkritik an überkommenen Strukturen sollte am ehesten der aggressiven Außenpolitik der USA entgegenwirken.

Die Vereinigten Staaten wurden nicht rundweg abgelehnt. Ihre Dynamik und ihre Industrie, ihre Universitäten und ihr Erfindergeist fanden Respekt. Für die katholischen Eliten Lateinamerikas waren die als rein protestantisch wahrgenommenen USA allerdings kalt, materialistisch und egoistisch, während man sich selbst als gefühlvoll, geistreich und herzlich empfand. Nicht von ungefähr ließ Rodó den Luftgeist Ariel aus dem Shakespearschen Drama *Der Sturm* in seinem Werk sprechen. Während die einen lateinamerikanischen Eliten einem Panamerikanismus anhingen, der in der Zusammenarbeit mit den USA Chancen sah, verteidigten die anderen einen Panlatinismus, der den USA äußerst distanziert gegenüberstand.

Martís Konzept eines einigen Amerika war allerdings spanischsprachig. Brasilien kam darin nicht vor und strebte dies auch nicht an, obwohl es ein Mitgliedsstaat der neuen panamerikanischen Vereinigung war. Schon das brasilianische Kaiserreich hatte sich von seinen Nachbarn abzugrenzen gewusst. Es fühlte sich den Republiken überlegen und hielt sie für tyrannisch und anarchistisch. Diese Überzeugung wurde noch durch den Paraguaykrieg genährt. Danach wurde diese Haltung wohl relativiert, von den Sklavereigegnern und jenen, die vor den eigenen tyrannischen Militärs ins spanischsprachige Exil fliehen mussten, nach Buenos Aires oder Montevideo.

Hingegen ließen Brasiliens neue Machthaber keine Gelegenheit aus, um die Größe der USA zu preisen, und sich damit selbst zu erhöhen. Ökonomisch war man abhängig, waren die USA doch der wichtigste Abnehmer von Kaffee und Latex. Der brilliante Jurist Rui Barbosa schrieb aus dem Exil, wie lächerlich es doch sei, die USA monomanisch zu preisen: »Ein Land, das uns so offen verachtet und dessen Politik anderen amerikanischen Republiken gegenüber so skandalös erpresserisch ist.«[32] Die amerikanisch-brasilianische Freundschaft wurde bald durch ein provokantes Werk auf die Probe gestellt, das Rui Barbosas Kritik auf die Spitze trieb.

Eduardo Prado schrieb mit seinem Essay *A ilusão americana* (1893) eine nüchterne und kritische Abrechnung mit den USA. Er klagt sie an, Panamerikanismus lediglich als Verkleidung für rücksichtslosen Kapitalismus zu nutzen. Deshalb sei er eine Illusion. Ebenso illusorisch sei die Solidarität zwischen amerikanischen Staaten und damit die Hoffnung, jemals von den USA beschützt zu werden. Die brasilianische Bundesregierung reagierte prompt und verbot das Werk des Monarchisten, was die in Paris gedruckte zweite Auflage sogleich auf dem Deckblatt in der Hoffnung auf größeren Absatz vermerkte.

Prado zweifelte angesichts der Gründungswirren dieser Republik, die so korrupt begonnen hatte, an der Mündigkeit ihrer Bürger. Er zweifelte auch an ihren Lenkern, an Floriano Peixoto und den Militärs, die mit eiserner Hand

---

32 | Zit. n. Ori Preuss, Bridging the Island. Brazilians' views of Spanish America and Themselves, 1865-1912 (Frankfurt a.M.: Vervuert, 2011), 135.

regierten. *A ilusão americana* war deshalb auch ein verzweifelter Versuch, Brasiliens Einzigartigkeit zu retten. Prado machte es zur Insel auf dem Kontinent, die den USA moralisch überlegen sei. Damit fügt sich sein Text zu den Reflexionen eines José Martí und später eines José Enrique Rodó.

Kein Kritiker bekannte sich zu solch radikalem Isolationismus wie Prado. Denn um 1900 erwachte das brasilianische Interesse am Nachbarn Argentinien. Diejenigen, die vor Floriano Peixoto geflohen waren, schätzten die Offenheit von Buenos Aires, einer boomenden Stadt mit europäischem Flair. Ein schwerwiegender außenpolitischer Konflikt erhöhte zudem das Prestige des südlichen Nachbarlandes Argentinien.

Im Dezember 1902 kreuzten italienische, deutsche und britische Kriegsschiffe vor den Küsten Venezuelas auf und beschossen einige seiner Häfen. Gegen diese imperialistische Art, gewaltsam Schulden einzutreiben, schlug der argentinische Aussenminister Luis María Drago Alarm. Er regte an, solch kriminelle Akte in Zukunft zu sanktionieren. Auch waren sie gegen die Monroe-Doktrin von 1823, die (verkürzt) einen Angriff Europas auf einen amerikanischen Staat als einen Angriff auf alle wertete. Der Vorstoß des Argentiniers ging als Drago-Doktrin in die Geschichte ein.

Die USA lehnten den klugen Vorschlag des Argentiniers erwartungsgemäß ab. Denn sie hatten ihrerseits keinerlei Probleme, in Mexiko und Zentralamerika militärisch einzugreifen, wenn sie ihre Geschäfte gefährdet sahen. Ihre ablehnende Haltung zur Drago-Doktrin wurde von Brasilien unterstützt. José Maria da Silva Paranhos Júnior, kurz Baron von Rio Branco genannt, war gerade Außenminister geworden. Er hielt am offiziellen Kurs der Selbsterhöhung an der Seite der USA fest.

Rio Branco war Realpolitiker. Dass Brasilien durch die USA bedroht sein könnte, tat er als Fiktion ab. Darin lag er nicht falsch. Als Präsident Theodore Roosevelt einen Zusatz zur Monroe-Doktrin verfassen ließ, um seine Handelspolitik in Mexiko und Zentralamerika zu legitimieren, unterstützte ihn Brasilien auch darin. Mit den USA teilte und verteidigte es die Ansicht, dass schwache und desorganisierte Staaten eben zu disziplinieren seien. Als zur selben Zeit dunkelhäutigen Offizieren eines brasilianischen Kreuzschiffes in Norfolk, Virginia, der Zutritt zu einem Hotel verweigert wurde, wies Rio Branco die Legationen einiger lateinamerikanischer Staaten rasch an, Zeitungskommentare darüber zu leugnen.

Rio Branco war ein politisches Talent. Geschickt schlug er binnen zehn Jahren für das ohnehin mächtige Brasilien einen Landgewinn in der Größe Frankreichs heraus. Von den Franzosen erhandelte er die Region von Amapá im Norden. Von den Briten bekam er Roraima. Dem New Yorker Bolivian Syndicate kaufte er das Kautschukgebiet von Acre ab. Bolivien bekam dafür einen Zugang zum schiffbaren Madeirafluss. Geschickte Grenzverhandlungen mit Peru, Kolumbien, Venezuela und dem niederländischen Surinam brachten weitere

Regionen ein. Der Höhepunkt seiner Karriere war zweifellos der Besuch des amerikanischen Außenministers, der 1906 zur panamerikanischen Konferenz angereist war. Erstmals hatte sich ein hochrangiger Politiker der USA so weit in den Süden gewagt. Die neue Partnerschaft bezeichnete der Historiker Bradford Burns später als »ungeschriebene Allianz«.

Der Sklavereigegner Joaquim Nabuco durfte als erster Botschafter Brasiliens nach Washington ziehen. Dem leidenschaftlichen Panamerikaner wurde nachgesagt, mehr Yankee zu sein als die Yankees selbst. Nabuco wurde nicht müde, die Allianz zwischen Brasilien und den USA als besten Schutz gegen ausländische Bedrohung zu preisen. Nur sie vermöge den Graben zwischen dem angelsächsischen und dem lateinischen Geist zu überwinden.

Präsident Theodore Roosevelt wollte solch Loyalität nicht unbedankt lassen. Zudem war auch sein Interesse am Süden erwacht. Nach einer politischen Niederlage brach er im Dezember 1913 zu einer Dschungelexpedition ins Amazonasgebiet auf. Begleitet von Cândido Rondon, wollte Roosevelt den Rio da Dúvida, den Fluss des Zweifels, erforschen und zum Rio Aripuanã vorstossen. Die Reise erwies sich als höchst belastend und gefährlich. Der Fluß war aus Kaskaden, Wasserfällen und Stromschnellen geformt. Zwei Träger verunglückten tödlich. Roosevelt, mittlerweile 54 Jahre alt, wurde verletzt, litt an Malariaschüben und sollte sich von den Strapazen seines Abenteuers nie mehr ganz erholen. Seine Fotografen nahm der passionierte Jäger mit. Und veröffentlichte die Erlebnisse unter dem Titel *Through the Brazilian Wilderness*. Die heimische Politik hatte die »Wissenschaftliche Expedition Roosevelt-Rondon« als Symbol der amerikanisch-brasilianischen Freundschaft beworben.

Außenminister Rio Branco ging nicht nur wegen seines eigenen Verhandlungsgeschicks, das auch Opportunismus geschuldet war, in die brasilianische Geschichte ein. Er erhob das Itamaraty, das Außenministerium, zur Kaderschmiede und zur Stätte einer Außenpolitik, wie sie für Brasilien bis heute typisch ist: pragmatisch, freundlich, bestimmt und selbstbewusst. Rio Branco hatte das Kunststück zuwege gebracht, selbst den brasilianischen Expansionismus, die Gier nach Land, als Politik des Friedens zu verkaufen. Mit *Paz e Concórdia*, *Friede und Eintracht* war ein riesiges Ölgemälde betitelt, das die Besucher in der Eingangshalle des ehemaligen Palastes in Rio de Janeiro empfing.

Stadtleben um 1900:
Cafés, Autos und Flugpioniere

700.000 Menschen lebten damals in Rio de Janeiro, mehr als ein Drittel von ihnen waren Migranten. Kulturell war die Hauptstadt ein Spiegelbild neuer Moden und Erfindungen. Während der Krieg von Canudos tobte, wurde im fernen Rio der erste Kinematograph der Brüder Lumière vorgeführt, nur wenige Monate nach der revolutionären Erfindung in Paris. Im selben Jahr öffnete die Academia Brasileira de Letras ihre Pforten. Die brasilianische Akademie für Literatur war ein erlauchter Zirkel von 40 schreibenden Männern, von Monarchisten und Republikanern. Rios Oberschicht trotzte in dicken Stoffen aus England der Hitze der Stadt, flanierte auf dem neuen Boulevard der Avenida Central (heute Rio Branco) und fuhr mit den elektrischen Straßenbahnen. Bald bahnten sich auch die ersten Automobile ihren Weg durch das dichte Gewühl der Pferdewagen und Passanten.

Alberto Santos Dumont war der erste, der ein solches besaß. Der Sohn eines Eisenbahningenieurs hatte in seiner Jugend begeistert Jules Verne gelesen. 1891 reiste er nach Frankreich, besuchte die Peugeot-Werke und erwarb das neueste Motormodell. Schon ein Jahr später kreuzte er mit seinem Automobil durch São Paulo. Derjenige, von dem viele meinen, er hätte das erste Flugzeug der Welt gebaut, besaß zumindest das erste Auto Südamerikas. In Frankreich studierte er dann Maschinenbau und Chemie und erregte dort 1901 noch mehr Aufsehen. Er umkreiste in einem selbstgebastelten Luftschiff den Eifelturm. Daraufhin benannte Louis Cartier seine erste Herrenarmbanduhr nach dem brasilianischen Pionier. Die Erfindung hatte Santos Dumont angeregt, weil es zu gefährlich war, zu fliegen und gleichzeitig auf einer Taschenuhr nach der Zeit zu sehen.

Ein paar Jahre später bejubelten Presse und Publikum den Jungfernflug des jungen Brasilianers mit *Le canard*, der Ente. Nun war er weltberühmt geworden. Für Brasilien, das stets darunter litt, ein Botokuden-Land zu sein, war die Leistung Dumonts symbolisch ein wahrer Höhenflug. Das tropische Land war nun schneller als Europa, sogar – und das war wohl der größte Triumph – schneller als die USA. Freilich waren es die Gebrüder Wright, die Ende 1903 mit ihren Flugzeugen in den USA experimentierten, doch sie hielten ihre Erfolge zunächst geheim, gerade vor den Franzosen, den großen Konkurrenten. Ein Jahrzehnt lang konnte sich Santos Dumont im Ruhm sonnen, der erste Flugzeugpionier gewesen zu sein.

In Ohio verkaufte die Columbus Motor Vehicle Company ein Modell unter dem Namen *Santos Dumont Touring Car.* Der Traum vom Fliegen, von der Überwindung solcher Distanzen, wie sie Brasilien bietet, wurde später sogar in den Stadtplan von Brasília eingeschrieben. Ihr Grundriss ist ein Flugzeug.

Kaffeepflanzer, Bankiers und Händler importierten rasch die neuesten Wunderwerke der Technik. Allerdings fehlte ein brauchbares Straßennetz. Der Kauf von Autos brachte heute unvorstellbare Probleme mit sich. Diejenigen, die ihre Wägen unter großem Presseecho in den Häfen in Empfang nahmen, wussten nicht, wie man sie in Gang brachte. So in Porto Alegre. Einem Autobesitzer wurde ein italienischer Arbeiter mit besonderen Kenntnissen in Maschinentechnik anempfohlen. Er saß allerdings im Gefängnis und durfte nicht einmal für den großen Moment der Wagenvorführung entlassen werden. Man hob das Auto schließlich auf einen Pferdewagen und zog es dorthin, damit Marini Constanti die richtigen Anweisungen geben konnte.

Auch Benzin war anfangs noch sehr rar. Es musste, in Kannen verpackt, in Apotheken erworben werden. Nichtsdestotrotz zeigten die Kautschuk-Paradiese Belém und Manaus dem Süden, dass sie bald die ersten Autorennen austragen konnten, zwar mit Höchstgeschwindigkeiten von 30km pro Stunde, aber mit ausgezeichneten Gummireifen. Um 1910 war Brasilien der wichtigste Markt für Henry Fords Modell T in Lateinamerika. Die erste Ausgabe der Zeitschrift *Auto-Sport* war binnen kurzem ausverkauft. Der Reifenhersteller Goodyear installierte bald seine erste Fabrik, und der elegante Automobil-Club von Rio de Janeiro öffnete seine Pforten. Bei dieser Liebe zum PKW verwundert es nicht, dass mit Walter Salles ein Brasilianer das amerikanische Kultbuch der Sixties, Jack Kerouacs *On the road* für Hollywood 2012 verfilmte.

Rio de Janeiro hatte 1905 bereits zwölf Autos. Der Glanz der Hauptstadt im Fin de Siècle beruhte auf der geschickten Politik des Bundespräsidenten Campos Salles. Dank großzügiger Kredite des Hauses Rothschild konsolidierte er die Bundesfinanzen. Auch Rios Bürgermeister Francisco Pereira Passos erhob seine Stadt zum Experimentierfeld des Fortschritts und veränderte damit ihr Gesicht radikal. Selbst einen Hügel der Stadt ließ er abtragen. Statt die barocken Häuser im Zentrum zu sanieren, ließ er sie schleifen. Herabgekommen, hatten sie der afro-brasilianischen Bevölkerung als Wohnstätten gedient. Dort waren Karneval und Samba beheimatet. Die armen Bewohner Rios wurden delogiert und siedelten sich an den Hängen der zahlreichen Granitfelsen *(morros)* an, den Favelas. Der Name stammt von Morro da Favela, einem mit der Favela-Pflanze bewachsenen Hügel, auf dem sich am Ende des 19. Jahrhunderts im Sertão einige Veteranen des Krieges von Canudos angesiedelt hatten. Andere

Delogierte der Hauptstadt Rio zogen in die Nordzone der Stadt, die *zona norte*. »Die Vorstadt ist die Zuflucht der Unglücklichen«, sagt eine Romanfigur bei Lima Barreto.

Im Zentrum drängten sich neue Prachtbauten in neoklassizistischem Stil. Elegante Palais standen nun an der Avenida Atlântica, bevor sie im Bauboom der sechziger Jahre dann den Hochhäuser-Zeilen Platz machten, die heute noch die Strände von Copacabana und Ipanema säumen. Copacabana, bis dahin ein beschauliches Fischerparadies, war 1892 durch einen Tunnel mit der Stadt verbunden worden. Es sollte noch etwa dreißig Jahre dauern, bis ganztägiges Baden erlaubt und mit dem Copacabana Palace Hotel 1923 ein erstklassiges Haus zu buchen war.

Paris war das Vorbild der »Zivilisierung« Rio de Janeiros. Sie machte den Bürgermeister zum Haussmann Brasiliens. Es blieb nicht beim Bauboom. Die urbanen Modernisierer verschrieben sich auch der Volksgesundheit. Die tropische Hauptstadt ist von einem Sumpfgürtel umgeben, einer Brutstätte für Malaria, Gelbfieber und andere Epidemien. Deshalb erklärte der engagierte Schriftsteller und Reformer Olavo Bilac Bildung und Hygiene zu den zwei Hauptaufgaben moderner Politik.

Der Arzt Oswaldo Cruz, nach dem eine bis heute berühmte Forschungsstätte in Rio benannt ist, führte mit einem Dekret die verpflichtende Pockenimpfung ein. Der junge Mediziner hatte im Institut Pasteur in Paris studiert. 1907 sollte er bei der 12. Internationalen Hygienekonferenz in Berlin für den besten Beitrag mit einer Goldmedaille prämiert werden. Bei seiner Rückkehr wurde er wie ein Held empfangen. Es war ein Triumph nach der *Revolta da Vacina*. Denn drei Jahre zuvor waren die Armenviertel im Namen des Fortschritts von der Gesundheitspolizei gestürmt worden, um ohne Erklärung und Aufklärung gewaltsam zu impfen. Verängstigt, hatten die Bewohner Mobs gebildet. Ihr Zorn richtete sich auch gegen eine Politik, die sie vernachlässigt und delogiert hatte. Sieben Tage dauerte diese Revolte gegen die Impfung. Sie hinterließ Spuren der Verwüstung. Es dauerte allerdings noch ein paar Jahre, bis Rio mit Geldern der Rockefeller Foundation durch die Trockenlegung der umliegenden Sümpfe malariafrei wurde.

Rios Polizei durchstöberte auch die Parks nach homosexuellen Pärchen. Manche nützten die versteckten Räume für nächtliche Rendezvous mit ihren Verlobten aus gutem Haus, weil die Etikette es dort verbot. Im späten 19. Jahrhundert war eine homoerotische Subkultur um die Praça Tiradentes mit ihren Grünanlagen entstanden. Bald siedelten sich Theater, Varités, Cafés und Kinos dort an. Einige von ihnen waren geheime Treffpunkte der Szene. Dazu kamen Bordelle. Sie lebten auch von den vielen Immigranten, die ohne Familien in die Stadt gekommen waren. Die wohlhabenderen Prostituierten nannte man *francesas*, die aus Osteuropa eingewanderten pauschal *polacas*. Viele Mädchen waren von Menschenhändlern aus jüdischen Shtetln verschleppt worden. Durch sie kam der Begriff *polaco* für Polnisch in Verruf, weshalb man dafür nun die Bezeichnung *polonês* verwendete. Beliebte Etablissements der Mittel- und Oberschicht waren die Stadt Muenchen Bar und das Café Suíço. Sie vermittelten ein Lebensgefühl, das sich aus Dekadenz und Modernität der Welt um 1900 speiste. Den Satirejournalen bot die Stadt viel Stoff. *D. Quixote* hieß eines der berühmtesten. Seine Autoren schrieben unter Pseudonymen wie Zaratustra, Mefisto, Spleen und Chopp Hauer – eine wortspielerische Verbindung von Bierkrug (chopp=Schoppen) und dem deutschen Philosophen, der wie Nietzsche sehr beliebt war. Er, Schopenhauer und Bergson hatten intensiv darüber nachgedacht, was das Komische ausmache. Denn für die Cariocas gelte, laut *D. Quixote*: »Wir leiden das ganze Jahr, im Karneval leben wir.«[33] Und so gehörte es zur Arbeit der Karikaturisten und Satiriker zu beschreiben, warum São Paulo so langweilig sei.

Künstler und Schriftsteller begrüßten die Autos, die Kinos, die Leuchtreklamen und den Verkehrslärm als Nähe zum Puls der Zeit. In literarische Form gegossen wurde dieses Hochgefühl im *ufanismo* und fand seinen deutlichsten Ausdruck in Afonso Celsos Buch *Porque me ufano de meu país (Warum ich stolz bin auf mein Land)*. Im Jahr 1900 erschienen, sollte es ein Beitrag zum 400. Jahrestag der offiziellen Entdeckung Brasiliens sein. Inspiriert von Technik und Moderne prophezeite Celso enthusiastisch einen Nationalismus als Energiespender der Zeit:

Wir werden leben, wir werden wachsen, wir werden prosperieren. [...] Noch sind wir in der Morgendämmerung. Wir müssen den Glanz und die Wärme der Mittagsstunde erreichen. Am Ende des 19. Jahrhunderts stellten wir schon die 2. Macht der Neuen Welt dar, die 1. in Südamerika [...] Wir werden die 2. oder die 1. der Welt sein, wenn sich die Hegemonie von Europa nach Amerika verlagert, was zwangsweise der Fall sein wird.[34]

Für Celso war Brasilien überlegen, aufgrund seiner Größe, seiner Schönheit, des Reichtums der Natur, des Klimas und des Fehlens von Katastrophen. Dürren und Kriege blendete er aus, vielmehr schrieb er die klassischen Bilder von Brasilien als Naturparadies fort, so wie sie von den Entdeckern gepriesen worden waren. Lima Barreto, der seine Texte auf der Schreibmaschine tippte und Autos mochte, hatte sich über solchen Hurra-Patriotismus nicht nur in seinem Roman *Triste Fim do Policarpo Quaresma* lustig gemacht. Wenn hinter dieser Behauptung auch viel Überheblichkeit lag, so nahm Afonso Celso den Modernisten der zwanziger Jahre doch einiges vorweg. Denn er bekannte sich – nach

---

33 | Monica Pimenta Velloso, Modernidade no Rio de Janeiro (Rio de Janeiro: FGV, 1996), 206.

34 | Afonso Celso, Porque me ufano do meu país. Parte XLII. O futuro do Brasil (2000. Digitalizão de edição em papel. Laemert & C. Livreiros - Editores, 1908).

heutigen Worten – zum interethnischen Zusammenleben. Die Kolonisatoren, die Indios, die Afro-Brasilianer hätten ihre eigenen Qualitäten. Selbst jede Verbindung zwischen ihnen brächte ihre eigene Qualität hervor. Diese Überlegung der ethnischen Dreigliederung beruht auf den Ideen von Carl Philipp von Martius.

Rio de Janeiro bot lebendige Kaffeehauskultur. Um 1890 sollen es weit über 200 gewesen sein, die sich zumindest Kaffeehäuser nannten. Von den reichgetäfelten Treffpunkten mit ihren großen Spiegeln und Wiener Thonet-Stühlen ist heute nur noch die Confeitaria Colombo übrig. War die elegante Geschäftsstraße der Rua Ouvidor vor 1900 noch der Szenetreff für einen Machado de Assis, so zogen die jungen Bohemiens in die Cafés um die Avenida Central. Dort residierte Olavo Bilac und schrieb seine strengen Reime mit der Hand. Der Lehrer und Lyriker setzte dem *ufanismo* kreative Krisenstimmung entgegen. Bilac litt an der Tragik seiner Gesellschaft, an den »drei traurigen Rassen Brasiliens«. Sie flossen in sein Gedicht *Brasilianische Musik* ein, in dem er den »barbarischen« Indianertanz, den afrikanischen Gesang der Sehnsucht und das Schluchzen des portugiesischen Volksliedes besingt. Bilac litt literarisch, aber nicht an der neuen Technik. Vermutlich ist der vermeintliche Widerspruch zwischen dem elitären Dichter und seiner Technikgläubigkeit der Grund dafür, dass sein Autounfall als Gründungsmythos für das moderne Brasilien gilt. Bilac fuhr den neuen Wagen des Sklaverei-Gegners José Patrocínio gegen einen Baum. Der Legende nach soll der Afro-Brasilianer trocken bemerkt haben, dass dies nur passiert sei, weil man ihn nicht getauft habe.

Fon-Fon!, eine lautmalerische Anspielung auf die Autohupe, hieß ein beliebtes Satiremagazin der Jahrhundertwende. In den Cafés kamen Dichterlesungen in Mode. Dank der Werbeanzeigen für Automodelle und Reparaturwerkstätten, Grammophone und Schreibmaschinen konnten sie jungen Autoren gute Honorare für Romane und Essays bezahlen. Viele waren im Brotberuf Beamte oder Rechtsanwälte. Besondere Berühmtheit erlangte das Café Papagaio in der Rua Gonçalves Dias. Dort wurden die Gäste von einem dressierten Vogel dieser Spezies namens Bocage mit Schimpfwörtern empfangen, die so unflätig waren, dass er nach einiger Zeit durch einen neuen ersetzt wurde. Der Name blieb.

Brasilien hatte schon im frühen 16. Jahrhundert als Papagalli, als Papageienland, gegolten. Der Papagei wurde von den Karikaturisten zum Symbol für den verschlagenen Müßiggänger der Großstadt, den *malandro*, erhoben. 1942 sollte ihn dann Walt Disney aufgreifen und in kultivierter Form als Partner von Donald Duck im Film *Saludos Amigos* neu erfinden. Im Zeichentrickfilm *Rio* (2010) des brasilianischen Regisseurs von *Ice-Age* kam er dann als Papagei namens Blue zu neuen Ehren. Vielleicht dachte Carlos Saldanha dabei auch an Johann Baptist von Spix. Denn es war der junge bayerische Naturforscher, der erstmals die Gattung dieser seltenen blauen Spezies (Spix-Ara) beschrieben hatte.

Jogo Bonito? –
Die Anfänge des brasilianischen Fußballs

In São Paulo ist ein Platz Charles Miller gewidmet. Er schenkte Brasilien ein wichtiges Element seiner kollektiven Identität: den Fußball. Von seinem Vater, der in São Paulo arbeitete, war er zum Studium auf die britische Insel geschickt worden, hatte im St. Mary's Football Club in Southampton gespielt und zahlreiche Tore geschossen. Bei seiner Rückkehr hatte er zwei Bälle, ein Regelwerk, Fußballschuhe und ein paar Trikots im Gepäck.

Auch die Jesuiten waren Förderer des Fußballs gewesen. Im 19. Jahrhundert waren sie wieder ins Land gekommen und hatten in São Luis eine Lehranstalt gegründet. Dabei ließen sie sich von jenen europäischen Schulen inspirieren, die Fußball in ihr Programm aufgenommen hatten. Die bürgerliche Oberschicht betrieb jedoch noch das Cricket-Spiel und frönte dem Rad- und Rudersport. Nach Ablauf der Cricket-Saison organisierte Charles Miller im April 1895 das erste öffentliche Fußballmatch Brasiliens. Es spielten Briten gegen Briten: Die Angestellten der Eisenbahngesellschaft São Paulo Railway gegen die Angestellten der britischen Companhia de Gás.

Sechs Jahre später entstand die Liga Paulista de Futebol, mit schweizerischem und deutschem Know How. Auch die Namen der Clubs verrieten noch die Herkunft ihrer Gründer: Palestra Itália, Scottish Wanderers, Vasco da Gama, Fussball Mannschaft Frisch Auf. Erst als die Einwanderer sich in ihren Stadtvierteln heimisch fühlten, änderten sich auch die Namen der Clubs. Mit dem raschen Wachstum der Städte wuchs auch die Beliebtheit des Fußballs. Weil er billig war und recht einfache Regeln hatte, war er den Migranten zugänglich. Gleichzeitig gehörte er um 1900 noch zum Elitesport der weißen Oberschicht.

Oscar Cox hatte im schweizerischen Lausanne studiert. Im Juli 1902 rief er in einem Nobelviertel des südlichen Rio de Janeiro den Fluminense FC ins Leben. Den Namen borgte er sich von der Bezeichnung für die Einwohner des Staates Rio de Janeiro. Der Stadtteil Botafogo am Zuckerhut war der Sitz des besten Rudervereins der Stadt. Er beherbergt heute noch den eleganten Yacht-Club. Mit dem Emblem der Ruderer wurde dort 1904 der Botafogo Football Club gegründet. Auch der Stadtteil Flamengo unterhielt seinen eigenen Ruderverein. Dorthin zogen einige unzufriedene Spieler von Fluminense. Sie riefen den Fußballclub von Flamengo ins Leben. Flamengo gegen Fluminense *(Fla-Flu)* ist heute das klassische Derby von Rio. Selbst Vasco da Gama ging aus einem Ruderverein hervor, den portugiesische Einwanderer ins Leben gerufen hatten. Von ihrer Verbundenheit mit der alten Heimat zeugt bis heute das Kreuz vom Orden Christi auf den Trikots.

Ein Verein Rio de Janeiros konnte sich die Demokratisierung des Fußballs auf seine Fahnen schreiben, freilich zunächst aus einer Notlage heraus. Englische Führungskräfte der Textilfabrik Progresso Industrial do Brasil gründeten 1904 den Bangu Athletic Club. In diesem Industriegebiet an der Peripherie der Hauptstadt war es allerdings schwierig, Spieler aus dem britischen Milieu oder aus der Oberschicht zu finden. Der Club fragte deshalb bei Kollegen in Rio an. Diese verspürten jedoch wenig Lust, regelmäßig so weit anzureisen. Man griff also auf brasilianische Arbeiter zurück. Diese Entscheidung brachte der Firma enormen Prestigegewinn. Wenn die Mannschaft auswärts spielte, transportierte ein Auto mit Firmenwerbung das Team vor Ort. Bald war der Bangu Athletic Club bekannter als die Textilfabrik selbst. Sie hatte sich mit ihrer »Bangu-Demokratie« immerhin ein gutes soziales Image geschaffen.

Fußball wurde sozial durchlässiger, aber er wurde deshalb nicht frei von Vorurteilen. Manche Clubs von Rio de Janeiro, São Paulo und Porto Alegre bewiesen eine schockierende Hartnäckigkeit des Ausschlusses. Sie weigerten sich bis in die zwanziger Jahre, farbige Spieler aufzunehmen. Mit teuren Eintrittskarten und gut bezahlten Amateuren zeigten sie kein Interesse an einer Professionalisierung des Sports. Welchen Maskeraden sich dunkelhäutige Spieler unterziehen mussten, um in einer weißen Mannschaft einzulaufen, beweist das Beispiel von Arthur Friedenreich, dem wohl genialsten Spieler der frühen Fußballgeschichte.

Seine Großeltern waren aus Deutschland gekommen. Der Vater war in Blumenau im Bundesstaat Santa Catarina geboren, die Mutter eine afro-brasilianische Wäscherin. Arthur Friedenreich soll mehr Tore geschossen haben als Pelé, dessen tausendstes man später in Brasilien wie ein Staatsfest feierte. Friedenreich wuchs in São Paulos Stadtviertel Luz auf. Der talentierte Spieler trat dem SC Germania bei, der extra für ihn seine rassistischen Satzungen abänderte. 1914 durfte er ausnahmsweise in der Nationalmannschaft spielen, weil der Vater Deutsch-Brasilianer war. Dunkelhäutige wurden erst vier Jahre später in die Seleção aufgenommen.

In der Hauptstadt war man nicht toleranter. Dort engagierte der Club América lokale Talente. Ein solches war der Seemann Manteiga. Er wurde von der Firma eines Vereinsfunktionärs eingestellt. Als er die Umkleidekabine betrat, verließen die anderen Spieler sofort den Raum. Manteiga heißt im Portugiesischen zwar Butter. Aber er war schwarz.

Carlos Alberto, der einzige Mulatte beim Club Fluminense, weißte vor den Spielen sein Gesicht mit Reismehl. Und wenn der Schweiß feine Spuren durch die Schminke zog und die Haut durchschimmern ließ, stürmte Carlos Alberto in die Kabine und trug noch etwas Paste nach. Zum Reismehl griff der Deutsch-Brasilianer Arthur Friedenreich nicht. Aber er benützte Brillantine oder ein Netz, um seine Haare im Match streng glatt nach hinten gekämmt zu tragen. Für seine Gegner war es dennoch ein Affront, von ihm überdribbelt zu werden. Und da damals ein Foul an Dunkelhäutigen meist nicht als Regelverstoß geahndet wurde, lag es am genialen Friedenreich, besonders effizient zu dribbeln. Im Finale der südamerikanischen Meisterschaft erzielte er dann 1919 das Siegestor zum 1:0. Seinen Fußballschuh stellte ein Juwelier dann stolz in der Vitrine aus. *O glorioso pé de Friedenreich* war auf dem Podest zu lesen, auf dem man den Schuh des Torschützen im Festzug mitgeführt hatte. Und dennoch untersagte der Staatspräsident Epitácio Pessoa der Nationalelf zwei Jahre später, dunkelhäutige Spieler zu nominieren. Brasiliens Fortschritt war weiß. Im folgenden Jahr durfte Arthur Friedenreich wieder einlaufen und Brasilien gewann neuerlich die Südamerika-Meisterschaft.

Ausgerechnet in einer Zeit, in der sich der Sport rasant zu einem (fast) weltweiten Massenphänomen entwickelte, konnte Friedenreich auf internationalem Terrain nicht mehr glänzen – folglich verblasste er auch im kollektiven Fußballgedächtnis. Im Museu do Futebol von São Paulo hat Arthur Friedenreich seinen Ehrenplatz. Im Juli 2012 beging man hier feierlich den 120. Geburtstag von »Fried«, der im September 1969 verstorben war. Im November 1969 verwandelte Pelé einen Elfmeter. Es war sein tausendstes Tor.

Die Demokratisierung des Fußballs bedeutete nicht zuletzt, dass zusehends Afrobrasilianer auf den Spielfeldern akzeptiert wurden. Es bleibt die umstrittene These, dass die brasilianische Vorliebe für das Dribbling als Notreaktion gegen den Rassismus entstanden sei. Denn die geschickte Improvisation hat vielleicht zum Selbstschutz gedient. Brasilien blieb rassistisch, nicht nur gegenüber der eigenen Bevölkerung, sondern gegenüber einer neuen Einwanderungswelle, die nun ins Land strömte – aus Japan.

Ein Japaner ist wie Öl auf Wasser – er vermischt sich nicht

Japanische Tappisserien und Nippes, Holzschnitte und Teetassen hatten um 1900 in den Häuser der brasilianischen Oberschicht Einzug gehalten. Japan war in Mode gekommen, wie in Europa. 1908 unterzeichneten Brasilien und Japan einen bilateralen Vertrag über die Einwanderung tausender japanischer Billigarbeitskräfte. Ihnen brachte man weit weniger Respekt entgegen als den Artefakten ihrer Hochkultur. Und nicht zufällig war ein Jahr zuvor in den USA die Einwanderung von Japanern praktisch zum Stillstand gebracht worden.

Die politische Stimmung im Land war wieder einmal schlecht. Rui Barbosa, der liberale Intellektuelle, hatte gerade für das Präsidentenamt kandidiert. Er wollte eine neuerliche Militärdiktatur verhindern; sein Gegenkandidat war der Kriegsminister. Barbosa erhoffte sich einen Wahlgewinn, gerade auch durch den Zuspruch zahlreicher Studierender, die ihr Engagement für den Rechtsprofessor in Demonstrationen deutlich machten. Die Militärpolizei griff ein und hinterließ einige Tote. Hermes da Fonseca, der Kriegsminister, gewann eine wohl gefälschte Wahl und ließ eine Meuterei der Marine in Rio de Janeiro niederschlagen. Er führte die autoritäre Machtpolitik seiner Vorgänger fort. Ebenso die Politik, Einwanderer anzuwerben.

In Brasilien wusste man von der anti-japanischen Stimmung in den USA, vor allem in Kalifornien. Rassistische Politiker führten deshalb ins Feld, dass der asiatische Inselstaat gerade im Krieg gegen Russland seine aggressive Arroganz demonstriert habe und dass die japanische Kultur von der brasilianischen zu weit entfernt sei, um sich zu integrieren. Ein Japaner sei eben wie Öl auf Wasser, er vermische sich nicht. Trotzdem wurden die Japaner angeworben. Sie waren die neuen ausbeutbaren Billigarbeiter, nachdem sich viele Europäer aus ihrer Abhängigkeit befreit hatten, in Städte abgewandert waren oder kleine Ländereien erworben hatten. Zudem brachte der Ausbruch des Ersten Weltkriegs die Wanderungsströme aus Europa für ein paar Jahre zum Versiegen.

Die Kleinlandwirte aus Asien waren Modernisierungsverlierer. Sie hatten dort unter hoher Steuerlast und niedrigen Preisen für ihre landwirtschaftlichen

Produkte gelitten. Junge Männer waren vor dem Militärdienst geflohen. Große japanische Kolonisationsgesellschaften kauften im Amazonasstaat Pará, in São Paulo und Paraná ausgedehnte Ländereien für Baumwoll- und Kakaoplantagen. Bis 1941 wanderten nahezu 190.000 Japaner und Japanerinnen ein. Sie gründeten Pfefferminzplantagen, Gärtnereien und Fischergemeinden entlang der Küsten. Sie eröffneten Gemischtwarenläden und Reinigungsfirmen in Städten, waren als Taxifahrer oder Kellner tätig und arbeiteten sich hoch.

Heute beherbergt Brasilien die größte japanische Gemeinde außerhalb Japans, etwa 1,5 Millionen Menschen. Von ihrem Einfluss zeugen besonders das Paulistaner Stadtviertel Liberdade und der am Stadtrand gelegene Nationalpark von Itapecerica da Serra. In der ausgedehnten japanischen Gartenlandschaft steht der Kinkaku-ji do Brasil. Er ist einem bedeutenden Tempel des 14. Jahrhunderts nachempfunden und dient als malerischer Ort für ökumenische Feiern, Hochzeiten und Totengedenken. Ein Stadtplatz in Londrina wurde bewusst japanisch gestaltet, um den Beitrag der Japaner für die Entwicklung der Stadt im Westen Paranás zu würdigen. Vor ein paar Jahren fand das erste Treffen der nippo-brasilianischen Schriftsteller statt. Mit Teruko Oda und Masuda Goga wird auch die Tradition des Haiko hochgehalten. Tomie Ohtake gehört zu Brasiliens wichtigen abstrakten Künstlern.

Der ersten Jahre des Einlebens waren hart. Zahlreiche Familien wurden ohne Übersetzer auf die Kaffeeplantagen geschickt, was zu folgenreichen Missverständnissen führen konnte. Schon 1908 streikten 100 Japaner in der größten Kaffeeplantage des Staates São Paulo, der Familie des Flugpioniers Alberto Santos Dumont. Sie bot ihren 5.000 Arbeitern elende Bedingungen. Auf der Fazenda São Martinho in Paraná wurden die neuen asiatischen Arbeitskräfte nicht über die Praxis der Lohnauszahlungen informiert, die nur alle drei Monate erfolgte. Nach zwei Monaten des erfolglosen Wartens legten die 25 japanischen Familien aus Protest ihre Arbeit nieder. Als exotische Minderheit unter 500 anderen Familien aus Deutschland, Österreich und Italien, aus Spanien und China erhielten sie keinerlei Unterstützung. Solche Fazenden, von denen manche zwischen zwei und drei Millionen Kaffeebäume besaßen, waren ein Mikrokosmos der Internationalität.

Die Japaner fielen dennoch durch ihre kulturellen Praktiken besonders auf. Ein japanischer Arbeiter erinnert sich, wie sich Europäer und Brasilianer gleichermaßen irritiert über die morgendlichen Hygienerituale seiner Landsleute zeigten, die angesichts der Dürftigkeit sanitärer Anlagen wohl kaum Privatsphäre hatten. Ihre Badepraxis unter freiem Himmel dürfte schockierend gewesen sein für die anderen, die es in den Augen von Isao Sano mit Hygiene nicht so ernst nahmen:

Unser alter Brauch zählte hier nichts, denn hier musste man sich jeden Tag, um die Zähne zu putzen und das Gesicht zu waschen, über ein kleines Becken beugen, das an einem, hinter dem Acker fließenden Rinnsal aufgestellt war. Es gab weder einen Wasserhahn noch ein großes Becken oder eine Wanne. Und für seine Bedürfnisse musste sich jeder einen brauchbaren Busch finden, der nicht gerade von den frei herumlaufenden Ferkeln verschmutzt wurde. Was für ein Schweineleben.[35]

Mit ihrem Fleiß und ihren Fertigkeiten erarbeiteten sich die Japaner im Laufe der Jahre Respekt – zumindest bis zum Zweiten Weltkrieg, wo sie dann wie Staatsfeinde behandelt wurden. Die gestiegene Wertschätzung fand auch in den Volkszählungen ihren Niederschlag. Allmählich wurden sie nicht mehr als »gelbe Rasse« deklariert, sondern »aufgeweißt«.

Sicherlich waren die japanischen Gemeinschaften gerade durch ihre Andersheit zunächst isoliert. Eheschließungen mit anderen Einwanderern waren selten und deshalb medial gewürdigte Ereignisse. Die Heirat zwischen Shingo Matsuda und der Italo-Brasilianerin Magdalena Marchiari wurde in Curitiba 1919 von der lokalen Presse ausführlich besprochen. Als Sensation galt die Eheschließung von Tetsunasuke Yamamoto mit der Afro-Brasilianerin Maria da Cruz dos Santos im Jahre 1930. Die erste deutsch-japanische Hochzeit in Paraná war 1926 gefeiert worden, als Yonojo Omura seiner Braut Tereza Schuneble das Ja-Wort gab. Alle Artikel vergaßen nicht zu erwähnen, dass die Japaner zuvor zum Katholizismus übergetreten waren und katholische Vornamen wie João oder José angenommen hatten.

Eheschließungen zwischen Einwanderern unterschiedlicher Herkunft waren gerade in der Welt der Dienstboten und Arbeiter häufig. Wenn das Konzept der »Rassendemokratie« der dreißiger Jahre zwar fälschlich vorgab, dass alle Volksgruppen in Brasilien stets friedlich miteinander lebten oder gleich behandelt würden, so trugen solche Beziehungen doch stark zur Verfestigung der brasilianischen Nation bei.

---

35 | Célia Sakurai, »Imigração Japonesa para o Brasil: um exemplo de imigração tutelada (1908-1941),« in Fazer a América. A Imigração em Massa para a América Latina, ed. Boris Fausto (São Paulo: edusp, 2000), 214.

Arbeiterleben in São Paulo,
Henry Ford und der Erste Weltkrieg

Die Kaffeebarone des 19. Jahrhunderts hatten in Land, den Ausbau des Schienennetzes und des Hafens von Santos investiert. Es waren meist britische Konsortien, die Kredite bereitstellten. Um 1900 mit seinen 100.000 Einwohnen noch relativ klein, zog São Paulo immer stärker Migranten aus Europa, Asien und aus dem Landesinneren an. Binnen kurzem wichen Hunderte von Kolonialbauten neuen Arbeitervierteln, Straßenzügen, Viadukten und Industrieanlagen. São Paulo veränderte ständig sein Gesicht.

Die Telenovela *Esperança* bot 2002 ein Bild dieses *melting pots* der frühen dreißiger Jahre durch den Filter einer Liebesgeschichte zwischen Toni, einem Einwanderersohn aus Süditalien und der Jüdin Camille. Telenovelas haben auch eine Funktion der Wissensvermittlung. Um 1900 waren mehr als 90 Prozent der Lohnarbeiter Ausländer, die meisten von ihnen Italiener. Die Geschichte der Stadt ist mit dem Aufstieg von Francisco Matarazzo verbunden. 1910 galt er als reichster Lateinamerikaner, fuhr eines der ersten Autos, besaß Textilfabriken und Metallhütten, handelte mit Getreide und Schmalz und finanzierte die Lokalpolitik. Seine Unternehmen waren mit ihren Fließbändern und ihrer strengen Arbeitsteilung Musterbeispiele des Fordismus. Doch Matarazzo zahlte im Gegensatz zu Henry Ford schlechte Gehälter, weshalb der erste große Arbeiteraufstand der brasilianischen Geschichte seinen Zorn auch gegen ihn erhob.

Henry Ford galt in dieser Welt des aufstrebenden Kapitals sehr viel. Als er 1927 am Ufer des Rio Tapajós eine Landkonzession erwarb, begrüßten ihn die Matarazzos Brasiliens als Heilsbringer einer rationalen Welt. Manche Kritiker glaubten allerdings, dass der Gringo von geheimen Gold- und Diamantenvorkommen wisse. Das amazonische Fordlândia war mehr als ein Kautschukreservoir. Es war die fordistische Utopie des alkoholfreien Glücks in keimfreien Mustersiedlungen. Statt der geplanten 50.000 *seringueiros* lebten allerdings nur etwa 6.000 in einem Areal, das sich 120 km längs des Flusses dahin zog. Erfolgreich hatten die Kautschuksammler gegen Alkoholverbot und amerikanisches Essen protestiert. Die WCs, Wassertürme, Tennisplätze und Kinos waren zuerst

misstrauisch beäugt, dann aber gerne angenommen worden. Ford war missio-
narisch und wenig bereit, die Kulturen des Anderen so zu akzeptieren, wie sie
waren. Doch die Lebensbedingungen seines Fordlândia waren ungleich besser
als jene vieler Arbeiter von São Paulo. 1932 schickte das *Berliner Tageblatt* seinen
Korrespondenten Arnold Hoellriegel alias Richard Bermann über den Atlantik,
damit er über das Experiment des Autokönigs berichte. Der Journalist schrieb
beeindruckt über eines der bedeutungsvollsten Ereignisse in der so »stürmisch
bewegten Zeitgeschichte«.[36] Sechs Jahre später musste er aus Wien ins amerikanische Exil fliehen. Dass Fordlândia schließlich doch scheiterte, hat mit den
Gummibäumen zu tun, die in ungewöhnlicher Plantagenform dem Schädlings-
befall nicht trotzten.

Eine Solidarität unter den Arbeitern São Paulos gab es kaum. Sie kamen aus
unterschiedlichen Ländern und hegten Ressentiments gegen die jeweils andere
Nationalität, gerade im konfliktgeladenen Europa um 1914. Außerdem wollten
die meisten nur ein paar Jahre bleiben, um mit dem erarbeiteten Geld in Italien
oder anderswo ein Stück Land zu kaufen oder ein Haus zu bauen, eines, das
jedenfalls größer war als das der Nachbarn. Ihre Interessen waren individuell,
nicht klassensolidarisch. Sie wollten ihren Job nicht riskieren und nahmen jede
Arbeit an. Selbst ihre Kinder setzten sie ein. Kritische Journalisten des *Estado de
São Paulo* boten Momentaufnahmen des Arbeiterelends:

Gestern sahen wir 60 Kinder die Fabrik in Mooca um 7 h abends betreten. Sie verließen
sie erst um 6 h morgens. Das bedeutet, dass sie eine 11stündige Schicht durcharbei-
teten, mit einer Pause von 20 Minuten um Mitternacht. Schlimmer ist noch, dass sie
klagen, von den Vorarbeitern der Weberei geschlagen zu werden. Viele zeigten uns die
schwarzen und blauen Flecken an ihren Armen und Rücken.[37]

Kinderarbeit war gang und gäbe. Unterernährung, Typhus und Scharlach in
den Arbeiterbaracken auch, ebenso schlechtere Löhne für Frauen. Deshalb ging
der erste Streik Brasiliens im Jahr 1907 von Textilarbeiterinnen aus; 10.000 waren involviert.

Es kam der Erste Weltkrieg. Brasiliens Elite sympathisierte von Beginn an
mit Frankreich, obwohl das Land offiziell seine strikte Neutralität erklärte. Die
Textilbranche, die Schuhfabriken machten bald enormen Profit. Tonnen von
Kaffee wurden im Hafen Santos für die Armeen in Europa verschifft. 1916 beteiligten sich wieder viele Frauen an einem Generalstreik, der ein paar Viertel
der Stadt lahmlegte. Dass Arbeiterinnen von Matarazzo und Crespi gerade im

---

36 | Arnold Hoellriegel, »Das Königreich Fordlandia,« in: Berliner Tageblatt. Morgen-
Ausgabe, 17.3.1932, 1. Beiblatt.
37 | Joel Wolfe, Working Women. Working Men. São Paulo and the Rise of Brazil's In-
dustrial Working Class. 1900-1955 (Durham, London: Duke University Press, 1993), 8f.

Kriegsboom die Produktion lahmlegten, ließ ihre Bosse rasch reagieren. Sie gaben nach. 20 Prozent mehr Lohn waren erkämpft.

Zu Beginn jenes Jahres 1917 hatte ein deutsches U-Boot ein brasilianisches Frachtschiff versenkt, bis zum Oktober desselben Jahres drei weitere. Brasilien reagierte. Es erklärte als einziges Land Lateinamerikas dem Deutschen Reich den Krieg. Seinen militärischen Beitrag wollte es freilich in Grenzen halten. Eine Gruppe brasilianischer Ärzte wurde nach Frankreich entsandt, vier Zerstörer durften mit einer englischen Flotte im Südatlantik patrouillieren. Und Brasilien war beim Friedensvertrag von Versailles als Siegermacht präsent. Nur dank US-amerikanischer Unterstützung brachte es seine beiden Forderungen an Deutschland erfolgreich durch: Zum einen den Gegenwert des Kaffees, der zu Kriegsbeginn in deutschen Häfen zum Verkauf bereit gelegen war. Zum anderen die 70 deutschen Schiffe, die es 1917 in seinen Häfen beschlagnahmt hatte. Im Zweiten Weltkrieg sollte die brasilianisch-amerikanische Kriegspartnerschaft dann noch ganz andere Ausmaße annehmen. Brasilien hatte im neugegründeten Völkerbund für mehrere Jahre sogar einen Sitz im Völkerbundrat inne. Weil es den ersehnten ständigen Sitz nicht erhielt und noch dazu Deutschland der Organisation beitreten durfte, trat Brasilien gekränkt aus. Die deutsch-brasilianische Gemeinde hatte den patriotischen Kampfgeist des Krieges empfindlich zu spüren bekommen. So manche Schaufenster waren eingeschlagen, Wände beschmiert, Mitglieder beschimpft worden.

Italienische und spanische Arbeiter hatten anarchistische Ideen nach Brasilien gebracht. Angesichts der brasilianischen Siegeshaltung und angesichts eines Europas, das nun in Trümmern lag, taten sich junge Offiziere, *tenentes* genannt, zusammen. Positivistisch geschult, wollten sie sozialen Fortschritt durch Ordnung erkämpfen und riefen 1924 in São Paulo eine Revolution aus. Drei Monate lang bekämpften sich die Bewohner der Stadt, darunter selbst das Fußballgenie Arthur Friedenreich, und die Bundestruppen.

Um dem Gefängnis zu entgehen, marschierten 1.500 Revolutionäre, angeführt von Luís Carlos Prestes, zwei Jahre lang durch dreizehn Bundesstaaten und legten dabei 25.000 km zurück. Ähnlich wie Euclides da Cunhas Reise in den Sertão erlangte der Marsch der Coluna Prestes mythischen Charakter. Es waren Entdeckungsreisen durch vielfältige Räume. Die jungen Offiziere querten Paraná mit seiner roten Erde und den Zuckerplantagen, São Paulos hügelige Landschaften des Kaffees, die Sumpfgebiete von Mato Grosso, die Steppen des Cerrado. Was ihnen begegnete, war ländliches Elend und Desinteresse an einer Politik der Zentren, die nie in diese entrückten Welten vorgedrungen war. Luís Carlos Prestes floh weiter nach Argentinien, danach in die Sowjetunion. Er wollte den Marxismus an der Quelle studieren.

São Paulo gilt als kühle Stadt, als Moloch kapitalistischer Betriebsamkeit und präziser Uhren, während Rio als Ort des tropischen Phäakentums gilt. Beide Städte sind nicht unschuldig an diesem Image, sie präsentieren sich auch so. Das Spiel des gegenseitigen Abkanzelns begann schon um die Jahrhundertwende. Weil die Zeitungen und Satirejournale der Hauptstadt unermüdlich erklärten, Humor und Lebensfreude sei typisch für Rio und in São Paulo unbekannt, schlugen die Paulistaner zurück. Sie erklärten, dass Rio niemals eine gute Hauptstadt abgeben könnte. Es läge am Klima, das Fleiß und Intellektualität nicht ermögliche, an der Wirtschaft, die unordentlich sei, an der Kultur, die nur aus Samba, Karneval und Strandleben bestehe. Zusammengerechnet sei dies viel unproduktive Energie. Die Cariocas konterten, dass politische und kulturelle Avantgarde humorvoll zu sein habe. Die Humorlosigkeit der Paulistas bedeute ein Übermaß an Strenge und an Formalität. Das sei provinziell.

In der Realität galt und gilt es dies zu relativieren. Wenn in Rio frühmorgens Abertausende aus den Peripherien in das Zentrum pendeln und spätabends wieder zurück, hat das wenig mit dem Image des ewigen Strandlebens zu tun. Ebenso wenig kann man São Paulos städtischem Leben die Lebensfreude und die Festkulturen absprechen, obwohl der Karneval nicht so exzessiv und touristmustauglich gefeiert wird wie bei den Cariocas. Als São Paulos Arbeiter sich bessere Löhne, Urlaub und mehr Freizeit erkämpften, füllten sich Bars und Tanzsäle, Theater und Kinos. Und das Teatro Olimpia, das größte Kino der Stadt, zählte täglich stolze 15 bis 20.000 Besucher. In den zwanziger Jahren zeigte die Stadt dem Rest der Welt, welch kulturelles Potenzial sie hatte. Sie tat dies äußerst ironisch und spielerisch: durch die Bewegung der Kannibalen.

»Tupi or not Tupi« –
Der Modernismus der Kannibalen

Ihren ersten großen Moment hatte die Bewegung im Jahr 1922. Brasilien feierte im Rahmen der *Semana de Arte Moderna* im Stadttheater von São Paulo seine 100-jährige Unabhängigkeit von Portugal. Die gebotene Kunstausstellung schockierte so manche, weil sie erstmals eine Schau experimenteller Avantgarden à la Brasil bot. Dazu gehörten die expressionistischen Gemälde des litauischen Einwanderers Lasar Segall und der jungen Malerin Anita Malfatti. Sie hatte schon ein paar Jahre zuvor mit ihrem Bild *A mulher de cabelos verdes (Die Frau mit grünen Haaren)* und *O homem amarelo (Der Gelbe Mann)* verstört. Das Urteil der Kritiker schwankte zwischen künstlerischer Paranoia und Mystifikation. Der Maler Emiliano Di Cavalcanti gestaltete das Cover des Programms, Heitor Villa-Lobos gab neue Kompositionen zum Besten. Hierzulande ist er auch durch seine *Bachianas Brasileiras* bekannt geworden, den Versuch, barocke Rhythmen an die brasilianische Musik anzupassen. Der Bildhauer Victor Brecheret stellte Skulpturen aus, Tarsila do Amaral beeindruckte mit malerischem Reduktionismus und bunter Formensprache.

Die Kulturschaffenden aus São Paulo waren überzeugt, dass einzig sie ihren Blick auf die Zukunft richteten, während die Hauptstadt zurückblicke. Rio de Janeiro präsentierte sich in einer glanzvollen Weltausstellung mit einer Leistungsschau seiner Geschichtsmächtigkeit, die auf Traditionen beruhte. Sie zeigte ein Brasilien der unterschiedlichen Nationalitäten und indigenen Völker. Die geplante Christusstatue auf dem Corcovado wurde allerdings erst 1931 fertiggestellt. So rückwärtsgewandt, wie es die Paulistaner sahen, war die Leistungsschau von Rio nicht. Sie bot etwa einen Fuhrpark neuester Automodelle und einen Radioapparat.

Obwohl die Ausdrucksformen der Künstler aus São Paulo sich stark an europäischen Stilen, an Expressionismus, Surrealismus und Dada orientierten, wurde Europas Vorbildrolle kritisch reflektiert. Am klarsten formulierte dies Oswald de Andrade in seinem berühmten *Kannibalistischen Manifest* (1928). Darin ruft er auf, sich endlich des Eigenen zu besinnen, statt das Europäische nachzu-

ahmen. »Gegen Goethe, die Mutter der Grachen und den Hof von D. João VI«
hieß es provokant, »Tupi or not Tupi, that is the question«.

Diese Botschaft war nur zum Teil neu. Schon Euclides da Cunha und Lima
Barreto hatten diese Forderung nach Distanz von Europa erhoben. Allerdings
hatten sie ständig am Makel der historischen Verspätung Brasiliens und der
Rückständigkeit seiner Bewohner gelitten. Davon wollten sich die Modernisten
befreien. Sie nahmen das indigene und afrikanische Erbe augenzwinkernd als
vorteilhaft hin. Der »Barbar« stand der »Zivilisation« nicht mehr entgegen. Ihr
»Wilder« war allerdings nicht der Gute, der von den Aufklärern und Romanti-
kern gehuldigte, sondern der böse Indio, der Kannibale. In einer Welt der ge-
hetzten Urbanität und des materiellen Egoismus boten die Indios mit ihren
alternativen Lebenswelten, mit ihrem Gemeinschaftseigentum einen Gegen-
entwurf.

Die Modernisten arbeiteten an einem weltoffenen Brasilien, das selbstbewusst die kulturellen Leistungen seiner Vorfahren aufwertete. Dazu gehörte
der Barock. Die vernachlässigten Kunstwerke von Ouro Preto und Mariana,
die Jesuitenmission in São Miguel, waren keine ungelenken Nachahmungen
europäischer Vorbilder mehr, sondern brasilianisch, weil sie von heimischen
Architekten und Arbeitern geschaffen worden waren. Der Modernismus arbeitete sich auch begeistert an Sigmund Freud ab. Mário de Andrade zollte dem
Wiener Vater der Psychoanalyse zwar Respekt, wies ihm jedoch eine unbewusst
eurozentrische und damit koloniale Sichtweise der Welt nach.

Dass er festgefahrene Denkmuster augenzwinkernd herausforderte, macht
den brasilianischen Modernismus bis heute faszinierend. Jahrhundertelang
hielt sich in Europa, geprägt von Amerigo Vespucci und Hans Staden, die Vorstellung von Brasilien als Kannibalen-Land. Dieser Zuschreibung bedienten
sich die Modernisten: Sie seien eben Kannibalen, die sich das Beste der Anderen einverleibten und das, was sie nicht brauchen konnten, einfach ausspien.
Diese gleichsam rituale Selbstermächtigung, zu bestimmen, was man aufneh-
men wolle und was nicht, war eine klare Absage an die Nachwirkungen des
Kolonialismus. Das durch die Aneignung Gewonnene müsse stets zur Erneue-
rung beitragen, erklärte Oswald de Andrade. Nur so könne Brasilien wachsen
und an Autonomie gewinnen.

Wenn der Kannibalismus mit dem indianisch Eigenen, dem Tupi, spielt,
so sind gerade auch die afrikanischen Kulturen, wie jene der Yoruba, dafür bekannt, kulturelle Einflüsse von außen aufzunehmen und sich etwa die Gottheiten ihrer verfeindeten Kulturen anzueignen. Auch die afro-brasilianischen
Kulturen praktizierten somit »kulturellen Kannibalismus«.

Mário de Andrade war Mulatte. Doch er verglich sich gerne mit einem Tu-
pi-Indio, der das Lautenspiel beherrscht. Der Professor für Musikgeschichte
begab sich ins Hinterland und sammelte mündlich überlieferte Geschichten
und Lieder. Mit seiner symbolistischen Poesie und dem vielzitierten Text *Es gibt*

einen Tropfen Blut in jedem Gedicht (Há uma gota de sangue em cada poema, 1917) forderte er das rassistische Reinheitsdenken der Zeit heraus. Als Paulista erlebte Mário de Andrade, wie die Stadt ihr Gesicht durch die Ströme asiatischer und europäischer Einwanderer ständig veränderte. Die Einheit Brasiliens, sein Nationalcharakter, konnte für ihn nur in der Vielfalt bestehen. Mit seinen Romanen und Gedichten schrieb er auch gegen überkommene Sprachkunst an und sann darüber nach, ob die Ursprünglichkeit dem Fortschritt gewachsen sei. Sein Roman *Macunaíma, o herói sem nenhum caráter (Macunaíma, der Held ohne jeden Charakter, 1928)* gilt als eines der gewagtesten Experimente brasilianischer Literatur.

Inspiriert hatten ihn dabei die Mythensammlungen von Theodor Koch-Grünberg. Der deutsche Ethnologe hatte Legenden und Erzählungen von Indios am Orinoco und Roraima aufgezeichnet. Sie gaben nun Andrades fiktionalem Held, dem *Macunaíma*, Gestalt. Mit tiefschwarzer Hautfarbe geboren, ist er schon von klein auf böse, hinterhältig, ja fast charakterlos. Er hat auch gute Seiten, ist mutig und hat übernatürliche Kräfte, aber mächtige Feinde, die Amazonen. Weil er den Müßiggang liebt, köpft er Blattschneiderameisen, das Sinnbild übermäßigen Fleißes. Macunaímas Ausflug in die Zivilisation bleibt glücklos. Die Tiere seines Urwalds verwandeln sich in Kraftfahrzeuge. Und der schwarze Indianer Macunaíma verwandelt sich in das Sternbild des Großen Bären. So entweicht er einer Welt, die sich durch blindes Fortschrittsdenken zunehmend entmenschlicht.

Die Kritik der Modernisten richtete sich gegen die Dichtkunst der strengen Reime, wie sie Olavo Bilac verkörperte. Er war ihnen eine Versmaschine, die auf Raum und Zeit, auf Politik keine Rücksicht nehme. Wenn Bilac die portugiesische Sprache noch als »última flor do Lácio« (»letzte Blume des Lacius«) lobte und Verse schrieb, die fern der alltäglichen Sprache waren, so klang Oswald de Andrades Gedicht *Pronominais* ganz anders: »Geben Sie mir eine Zigarette / Lautet die Grammatik / Des Lehrers und des Schülers / Und des gebildeten Mulatten / Aber der gute Schwarze und der gute Weiße / In der brasilianischen Nation / Sagen jeden Tag / Lass doch, Kamerad / Mir gib eine Zigarette.«

Das Gedicht spiegelt die Umgangssprache wider, die zur akzeptierten Norm geworden ist. Denn in Portugal sagt man immer noch: Gib mir eine Zigarette (»Dê-me um cigarro«). Oswald de Andrade und viele andere Modernisten kultivierten nun bewusst die brasilianische Variante der portugiesischen Sprache. Sie verteidigten die freie Versdichtung. Sie experimentierten mit einer universellen poetischen Sprache, grenzüberschreitend, nicht eingrenzend. Sie wandten sich gegen das Erbe der literarischen Regeln, wie Portugal sie auferlegt hatte. Carlos Drummond de Andrades *Gedicht der sieben Antlitze (Poema de sete faces)* entlarvt das Überkommene solcher Reimverpflichtung elegant: »Mundo mundo vasto mundo, / se eu me chamasse Raimundo / seria uma rima, não seria uma solução« (»Welt Welt weite Welt, / und wenn ich mich Raimund nennen würde / dann wäre das ein Reim, es wäre keine Lösung«).

Die Bewegung der Anthropophagie war viel mehr als eine künstlerische Debatte. Ihr Prinzip des Kannibalismus kann heute als typisch Brasilianisch gelten: sich spielerisch und selbstbewusst anderer Einflüsse zu bedienen und sie für sich zu nutzen. Dieses Prinzip ist eminent prägend für die Innen- und Außenpolitik im 20. und 21. Jahrhundert geworden. Allerdings darf nicht vergessen werden, dass die Modernisten in Städten saßen. Die »Menschenfresser« waren aufgeklärte Bildungsbürger und von den realen Indios meist ebenso weit weg wie Europäer.

Deshalb bemerkte der nordost-brasilianische Schriftsteller José Lins do Rego, dass die Bewegung der Modernisten in seiner Region nie angelangt sei. Mário de Andrade erklärte später, dass die Anthropophagie in vielem versagt habe. Zwar habe ihr stetiges Bemühen nach ästhetischem Ausdruck und nach Aktualität geholfen, ein nationales Bewusstsein zu schaffen. Doch dies war elitär geblieben. Man sei darin gescheitert, die Gesellschaft durch Kunst gerechter zu machen. Anders dachte Carlos Drummond de Andrade. Weil er damals mit den Kommunisten sympathisierte, glaubte er an den Einfluss der kritischen Literatur auf die zu formenden Massen.

Der Modernismus wollte eine Einheit der Gegenbewegungen sein, war allerdings nie ein Mainstream. Er hatte Gegner und er hatte Konkurrenten. So schufen der Lehrer Plínio Salgado und der antisemitische Kunsthistoriker Gustavo Barroso die Bewegung der Gelb-Grünen (Nhengaçu Verde-Amarelo-Escola da Anta). Sie sollte weniger abgehoben, aber patriotischer sein. Salgado gründete 1932 die faschistische Partei der Integralisten. Sie besteht noch heute, hat aber keine politische Bedeutung mehr. Die männlichen Mitglieder der Ação Integralista Brasileira trugen khakifärbige Grünhemden, die Frauenverbände blaue Blusen. Sie übernahmen manch Inszenierung vom italienischen und deutschen Faschismus, selbst den erhobenen Arm zum Gruß. Statt »Heil« riefen sie aber »Anauê«, ein Tupi-Wort, das »Großer Bruder« heißt. Der Hybridität waren keine Grenzen gesetzt. Und ihre Anhänger, darunter viele Nachkommen von deutschen und italienischen Einwanderern, hatten wohl mit Indios wenig Kontakt. Aber ihr Tupi in der Minimalversion machte ihre Bewegung zu einer brasilianischen, selbst wenn diverse Europa-Bezüge unverkennbar waren.

Den liberalen Fortschrittsoptimismus der Andrades und den faschistischen der Integralisten lehnte der Kaffeebaron Paulo Prado ab. Als Besitzer einer Plantage in der Größe der Schweiz liebte er Rennplätze und Casinos, aber auch die Literatur. Mit seinem einflussreichen Buch *Retrato do Brasil (Ein Bildnis Brasiliens)*, 1928 erschienen, bot ein tristes Bild seines Landes und knüpfte dabei an Olavo Bilac an.

Prados Brasilien war ein trauriges Volk in einem strahlenden Land, in das sich Ströme von Gescheiterten, Kriminellen und Spekulanten begeben hätten.

Geilheit und Gier hätten sie ins Land getrieben. Die Gier nach nackten eingeborenen Frauen, die Gier nach Gold, Edelsteinen und Silber. Deshalb litt Brasilien: an der Traurigkeit der portugiesischen getauften Juden, die nicht mehr zurückkehrten und sich mit Heimweh *(saudade)* nach Europa sehnten. Es litt an der Traurigkeit der Afro-Brasilianer, die in einen fremden Kontinent verschleppt worden waren, und schließlich an der Traurigkeit der Indios, die man zu Fremden im eigenen Land gemacht habe. Wirklich intellektuelle und künstlerische Fähigkeiten habe Brasilien nicht hervorgebracht.

Kurz nachdem Paulo seine Frustration niedergeschrieben hatte, richtete Mário Peixoto seinen künstlerischen Blick auf die brüchigen Identitäten der großen Städte und bewies das Gegenteil. Manche halten sein *Límite* für den besten brasilianischen Film aller Zeiten, obwohl er jahrzehntelang vergessen war und nie kommerziellen Erfolg hatte. 1930 stellte Peixoto diesen Stummfilm fertig, der deutlich die Handschrift des deutschen Expressionismus und der sowjetischen Avantgarde trägt: drei Schiffbrüchige, zwei Frauen und ein Mann, treiben in einem Boot auf dem Meer dahin. Dem Untergang geweiht, erzählen sie sich ihre Lebensgeschichten. Olga ist aus dem Gefängnis geflohen und danach aus dem tristen Alltag als Näherin. Sie wird von der Polizei gesucht. Auch Taciana ist geflohen, aus der tristen Ehe mit einem Alkoholiker. Und Raul hat seine Frau und danach seine lepröse Geliebte verloren. Dass das vermeintliche Paradies ausweglos sein kann, macht Peixoto durch die Wahl des Drehortes deutlich. Es ist die tropische Landschaft mit ihren pittoresken Küsten bei Mangaratiba nahe Rio de Janeiro.

Für Paulo Prado war das hybride Brasilien nicht inspirierend, sondern lasterhaft und blutleer. Was Brasilien brauchte, war nicht die spielerische Offenheit der Anthropophagie, sondern Homogenität. Überzeugt davon, dass die Zukunft Brasiliens nicht schlimmer sein könne, als seine Vergangenheit, bot er im Postskript seines Werks eine radikale Lösung an. Sie lautete Krieg oder Revolution. Zwei Jahre später putschte Getúlio Vargas, um den »Neuen Menschen« in einer starken Nation zu erschaffen.

Populismus durch Gewalt: Getúlio Vargas

Im Oktober 1930 zog der Gaúcho Getúlio Vargas seine Uniform an, nahm seinen Lederhut und bestieg den Zug nach Rio de Janeiro. In der Hauptstadt angekommen, erhielt er ein Pferd und ritt mit seinen Getreuen zum Obelisken der Avenida Rio Branco. Dort wurden sie fotografiert, als hätten sie eine Schlacht geschlagen. So lautet die Legende. Eine »Revolution« war gewonnen. Die Peripherie hatte das Zentrum erreicht.

1929 traf die Weltwirtschaftskrise Brasilien hart. Es verlor die Währungsreserven. Die Exporte fielen um die Hälfte. Zwei Millionen Arbeitslose standen auf der Straße. Die »Kaffee-mit-Milch-Politik«, das Machtspiel der reichen Staaten São Paulo und Minas Gerais, die abwechselnd den Bundespräsidenten gestellt hatten, schien keine Lösungen mehr parat zu haben.

1930 wurde dieses Spiel durch Getúlio Vargas radikal unterbrochen. Er hatte ebenfalls für die Präsidentschaftswahlen kandidiert, aber seine Niederlage gegen den Paulistaner Washington Luís nicht hinnehmen wollen. Unterstützt wurde Vargas von sozialreformerischen Militärs, den *tenentes*. Sie rebellierten. Am 3. Oktober 1930 brachen in Porto Alegre und in Belo Horizonte Revolten aus. Wenig später folgte der Nordosten, danach Paraná und Santa Catarina. Die Botschaft kam jedoch klar aus dem Süden, der Heimat von Vargas, dem Hort der Positivisten: »Rio Grande steht auf, für Brasilien«. Die Revolutionen waren nicht viel mehr als lokale Scharmützel, aber sie reichten aus, um die politische Ordnung zu brechen. Washington Luís wurde abgesetzt.

Vargas stammte aus einer wohlhabenden Viehzüchterfamilie aus São Borja, einem ehemaligen jesuitischen Missionsland an der Grenze zu Paraguay und Argentinien. Er studierte ein paar Semester auf der Militärakademie in Porto Alegre, um dann ein Jurastudium abzuschließen und früh politische Karriere zu machen; kurze Zeit war er Bundesfinanzminister. Er war ein klassischer Positivist, der antrat, um Brasilien mit einer autoritären Mission zu modernisieren. Obwohl er die *bombachas* mit dem Nadelstreif vertauschte, blieb Vargas zeitlebens ein Gaúcho. Einen Caudillo der Pampas nannten ihn seine Gegner.

Vargas regierte mit einer Handvoll getreuer Vertrauter. Er misstraute Parteien und pflegte vielmehr ein hinterlistiges und opportunistisches Spiel der

Machtbalance zwischen Großgrundbesitzern, Militärs, Unternehmern und der Kirche. Einige Studienkollegen bildeten jahrelang den harten Kern der Regierungsmannschaft: Oswaldo Aranha wurde 1934 Botschafter in Washington, 1937 Außenminister und war während des Zweiten Weltkriegs Hauptarchitekt der Allianz mit den Amerikanern. Pedro Aurélio Góis Monteiro wurde Generalstabschef. Dazu kam Filinto Müller aus Mato Grosso, der die Politische Polizei von Rio de Janeiro leitete. Der *mineiro* Francisco Campos erhielt das Justizministerium. Er und Müller waren treue rechte und obendrein Hitler-freundliche Politiker.

Selbstverständlich wurde die eigene Verwandtschaft bedient. Tochter Alzira verlieh als Beraterin ihres Vaters dem Regime jugendlich emanzipatorische Elemente und schätzte die amerikanische Populärkultur. Ihr Ehemann regierte den Staat Rio de Janeiro. Dort wurde nicht zufällig das Flaggschiff der brasilianischen Industrie, das Stahlwerk von Volta Redonda, errichtet. Bevor sich Vargas außenpolitisch festlegte, sandte er seinen Sohn Lutero zum Studieren nach Berlin und den jüngsten, Getulinho, in die USA. Lutero heiratete eine Deutsche. Vargas' Ehefrau Darcy nahm die Rolle der klassischen Präsidentengattin ein. Sie hielt mit Charity Einzug in die Regenbogenpresse.

Kein Politiker sollte Brasilien im 20. Jahrhundert so sehr prägen wie Getúlio Vargas. Bis 1937 regierte er demokratisch, inszenierte dann einen Putsch, um bis 1945 als Diktator an der Macht zu bleiben. Im Oktober jenes Jahres wurde er abgesetzt und kehrte auf seine Ländereien zurück. 1950 wurde er demokratisch wiedergewählt. 1954 nahm er sich das Leben und hinterließ einen dramatischen Abschiedsbrief, der vielen Brasilianern heute noch als großes Dokument ihrer Geschichte gilt. Es ist, in Bronze eingraviert, an der Praça Floriano in Rio zu lesen.

Gleich im November 1930 schwang sich der Gaúcho zum provisorischen Präsidenten auf. Brasilien sollte eine Industrienation werden, seine Abhängigkeit vom Ausland verringern und seine Unverwechselbarkeit formen, die *brasilidade*. Der neue Staat brauchte neue Menschen, trainierte Bürger mit guter Ausbildung, Entwicklungshelfer für eine moderne Nation.

Zunächst galt es, die Wirtschaft vor dem völligen Zusammenbruch zu retten. Der Staat ließ Tonnen von Kaffeefrüchten verbrennen, damit die Preise nicht weiter fielen. Die Landwirte wurden entschuldet, die Kreditrückzahlungen an Briten und Amerikaner für einige Jahre ausgesetzt, die Importe von Maschinen eingeschränkt. Die Währung wurde reformiert, die eigene Industrie durch Kredite angekurbelt. Und es wurde verstaatlicht: die Zuckerproduktion, der Bergbau, die Banken und die Wasserwirtschaft. Die Krise war erstaunlich rasch überwunden. Der solcherart interventionistische Staat wollte seinen Elan nicht durch regionale Parlamente und mächtige Gouverneure gebremst wissen. Vargas entmachtete sie und nannte sie Interventoren, was São Paulo mit einer kurzlebigen Revolution im Jahr 1932 beantwortete. In diesem Jahr wurde das Frauenwahlrecht eingeführt.

Noch genossen viele Brasilianer den politischen Aufbruch. 1934 ließ Vargas eine Verfassung ausarbeiten, die ihn in seinem Präsidentenamt bestätigte. Sie war von der Weimarer Verfassung und der Wiener Rechtslehre um Hans Kelsen beeinflusst, legte aber auch ein neues und strenges Einwanderungsgesetz fest, zu einer Zeit, als deutsche jüdische Flüchtlinge bereits verzweifelt Visa für Brasilien beantragten. Bald formierte sich Widerstand gegen die Politik des Klientelismus. 1932 wurde die bereits erwähnte faschistische Bewegung der Grünhemden, die *Ação Integralista Brasileira*, gegründet. Sie warb mit autoritär-ständestaatlichen Konzepten und den Schlagworten »Gott, Familie und Vaterland« ebenfalls für ein neues und starkes Brasilien.

Auch die Kommunistische Partei bekam Aufwind, als Luís Carlos Prestes aus Moskau zurückkehrte und sich an die Parteispitze hievte. In Europa hatte er Olga Benario kennengelernt, eine deutsche Jüdin und Kommunistin. Mit Geldern aus Russland und Prestes' Engagement machten die Kommunisten auf Vargas Druck. Prestes regte auch ein linksliberales Parteienbündnis an, eine Nationale Befreiungsallianz gegen Imperialismus und Faschismus. Sie setzte auf Landreform, auf Grundrechte und das Ende von Rassendiskriminierung. Vargas' Antwort auf diese Forderungen war ein neues Gesetz zur Nationalen Sicherheit, dem das Parteibündnis gleich zum Opfer fiel. Es wurde aufgelöst.

Währenddessen arbeitete die Kommunistische Partei mit Hilfe der Internationale an einem Putsch. Dafür hatte sie Arthur Ewert ins Land gesandt. Er kam als Harry Berger mit einem falschen amerikanischen Pass. Im November 1935 schlugen die Kommunisten los. Sie stürmten das Dritte Infanterieregiment an der Praia Vermelha am Fuße des Zuckerhuts und taten dies derart dilettantisch, dass der Überfall als »verrückter Putschversuch« in die Geschichte einging. Dass es diese Umsturzpläne gegeben hatte, wusste Vargas längst vom Britischen Geheimdienst. Er rief den Kriegszustand aus.

Den Deutschen Arthur Ewert und seine Frau Elise hatte Vargas' Polizei im berüchtigten Gefängnis auf der Ilha Grande so sehr foltern lassen, dass sie sich nie mehr davon erholten. Die antisemitische Presse hatte Arthur fälschlich zum Juden gemacht, zum »Sohn Israels und Agenten Moskaus«. Als er 1947 freikam, war seine Identität gebrochen. Prestes war Brasilianer. Er erhielt Hausarrest, doch seine Lebensgefährtin Olga Benario wurde der Gestapo ausgeliefert, obwohl sie schwanger war. Sie starb 1942 im Konzentrationslager Berburg im Gas. Die Tochter überlebte. Olga Benarios Schicksal lieferte Stoff für Biographien, Romane und Filme. Und es gehört zu den vielen Widersprüchlichkeiten der brasilianischen Geschichte, dass Prestes, 1945 freigekommen, seinen Widersacher Vargas in der Politik unterstützte. Die Realpolitik ging über Leichen.

Für 1938 wären Neuwahlen angesetzt gewesen, doch Präsident Vargas wollte ein jähes Ende seiner Mission nicht riskieren. Diesmal erfand er eine kommunistische Verschwörung und gab ihr nicht zufällig einen jüdischen Namen: »Plan Cohen«. Das Militär erhielt den Befehl, den Kongress am 10. November 1937 auflösen. Der Neue Staat, der Estado Novo, wurde ausgerufen. Die neue Verfassung hatte schon in der Schublade des positivistischen Justizministers gelegen. Francisco Campos hielt die Demokratie für ineffizient in der Krise. Er bewunderte Hitlers Macht über die Massen und holte bei Polens autoritärer Verfassung Anregungen für Brasilien, ebenso bei anderen katholisch-autoritären Ständestaaten wie Portugal, Italien und Österreich. Nach dem Putsch wurde ein Scheinparlament gegründet und die Pressefreiheit abgeschafft, Zensur, Verfolgung und Folter politischer Gegner wurden institutionalisiert. Die Flaggen der Bundesstaaten ließ Vargas öffentlich verbrennen.

Nach außen hin gab sich Brasilien als Volksdemokratie, weil sie, unbelastet von ineffizientem Parlamentarismus, eine direkte Nähe zwischen Regierung und Volk vermittle – ein klassisches Element populistischer Regimes. Außenminister Aranha erinnerte den Regisseur Orson Welles im Jahr 1942, nachdem er monatelang in Rio gedreht hatte, in einem Brief: »You have made sincere friends in Brazil, the most democratic country in the world.«[38]

Vargas brauchte Verbündete. Die neue Verfassung bot den Industriearbeitern viel: den Acht-Stunden-Tag, einen Jahresurlaub, Krankengeld, Rente und ein Verbot der Nachtarbeit für Frauen. Der von Vargas eingeführte Mindestlohn gilt bis heute, besitzt allerdings nicht mehr dieselbe Kaufkraft. Alle diese Maßnahmen wurden nicht erkämpft, sondern von oben verordnet. Die Mitgliedschaft in einer, der Diktatur genehmen Gewerkschaft, war Pflicht. Die staatliche Propaganda schuf ein Bild von Vargas als »Vater der Armen«, das bis zum Ende des 20. Jahrhunderts in der kollektiven Erinnerung festgeschrieben war. Und sie machte den einfachen Arbeiter zum Helden, zum Soldaten im Kampf gegen die Rückständigkeit. Der *getulismo* hat Brasilien lange geprägt, mit der Demokratisierung des Landes aber seine Wirkmächtigkeit verloren, wohingegen der mit ihm vergleichbare populistische Peronismus die politische Agenda Argentiniens noch immer prägt.

Die ländliche und städtische Armut verringerten sich im *getulismo* nicht. Als der junge Autor Jorge Amado es wagte, in seinem Roman *Capitães da Areia* (*Herren des Sands*, 1937) die Armut schwarzer Jugendlicher in Bahia zu beschreiben, ließ das Regime über 800 Exemplare des Werks in Salvador öffentlich verbrennen.

Außenpolitisch war der Diktator pragmatisch. Das Dritte Reich war bis 1939 Brasiliens zweitwichtigster und geschätzter Wirtschaftspartner. Es bezog aus Brasilien Rohstoffe und lieferte Industriewaren. Die Briten waren als erste Wirt-

---

38 | In: National Archives Records Administration (NARA), College Park (USA), Office of Inter-American Affairs, RG 229, Coordination Committee for Brazil, Box 1261, Folder 2.7, Oswaldo Aranha to Orson Welles, 13.8.1942.

schaftsmacht stark verankert, die Marine galt als pro-britisch, das Außenministerium als pro-amerikanisch. Vargas wollte sich zwar alle Tore offen halten und scheute bis Ende 1940, solange er einen deutschen Sieg für möglich hielt, auch nicht vor öffentlichen Sympathiekundgebungen für die europäischen Diktaturen zurück. Ein politisches Modell war das Dritte Reich für Brasilien nicht, allein schon nicht wegen seiner neuen Kulturpolitik der »Rassendemokratie«, deren Ergebnis der Mischling sei. Für manche Historiker war sie auch die brasilianische Antwort auf den Rassismus des Dritten Reichs.

Die stärksten Sympathien für NS-Deutschland und Italien hegten Polizei und Militär. Sie waren von deutscher Technologie und Organisation fasziniert. Um totalitär zu sein, fehlten dem Land Strukturen und Kontrollmechanismen, die bis in die Bereiche privaten Lebens eindrangen. Doch das Zusammenspiel von Militär und Politischer Polizei sollte in Anbetracht des großen Staatsterritoriums doch bedrohliche Effizienz an den Tag legen. Der Estado Novo von Vargas schottete sich nicht so ab wie der Estado Novo Salazars in Portugal. Er war kulturpolitisch offener und dynamischer.

Vom italienischen Faschismus beeinflusst war die mächtige Presse- und Propagandabehörde, das Departamento de Imprensa e Propaganda (DIP). Direkt dem Präsidenten unterstellt, galt es als zweitstärkstes Machtinstrument nach der Armee. Zum einen zensierte es Kultur und Medien, zum anderen produzierte es Filme, Radiosendungen, Reiseführer und Theaterstücke. Es belieferte Zeitungen mit den Nachrichten seiner eigenen Presseagentur und bereitete Materialien für Schulen auf, damit Brasiliens Kinder ihren Landesvater früh lieben lernten. Derjenige, der für den Tod von Olga Benario verantwortlich war, ging als lächelnder Landesvater in die Schulbuchgeschichte ein.

Das Tun der Propagandabehörde fasziniert Brasilianisten bis heute. Ob sie fast allmächtig war, wie Historiker unter dem Eindruck der brasilianischen Militärdiktatur in den achtziger Jahren befanden, oder ob sie niemals flächendeckende Kontrolle ausübte – dazu tendiert die heutige Interpretation –, ist nicht leicht zu sagen, weil die Aktenbestände 1945 zum Großteil verschwanden. Das Brasilien des Getúlio Vargas war kein totalitärer Staat, doch das DIP belog, wie in Diktaturen üblich, seine Bevölkerung. Es schränkte Freiheiten massiv ein. Es trieb kritische Medien in den Ruin und verwies ausländische Berichterstatter des Landes, wenn sie die Spielregeln brachen.

Wer konnte, hörte BBC über Kurzwelle oder besorgte sich internationale Zeitungen. Jede importierte Wochenschau, jeder ausländische Kinofilm wurde geprüft, beschnitten und notfalls geschönt, bevor er die Öffentlichkeit erreichte. Viele Spielfilme kamen aus den USA, weil die brasilianische Filmproduktion technisch nicht so ausgereift und gefördert war. Ein prominentes Opfer der Zensur war Charlie Chaplins Satire *The Great Dictator* (1940). Den Zensoren machte die Schlussszene Probleme, in der Chaplin ein emotionales Plädoyer für die Demokratie hält. Sie entschieden sich für ein Vorführverbot. Kinofans in Rio Grande do Sul umgingen es, indem sie in das demokratische Uruguay reisten und dort ins Kino gingen. Ende 1941 war die Satire dann doch in Brasilien zu sehen.

In einem Land, das gerne seine Spontaneität und Fröhlichkeit inszeniert, waren Musik und Literatur, Theater und Film reglementiert, dosiert und auf Volkserziehung hin abgestimmt. Der *malandro*, der verschlagene Bohemien des Fin de Siècle hatte ausgedient. Nun hatte der Arbeiter des Fordismus, der *modern times*, Einzug gehalten. Man müsse die Arbeit besingen, ließ das DIP 1941 verlauten. Die Staatsdichter des Samba hielten sich daran. Ataulfo Alves und Wilson Batista komponierten *Die Straßenbahn von São Januário*:

Quem trabalha é que tem razão, / eu digo e não tenho medo de errar: / o Bonde de São Januário / leva mais um operário, / sou eu que vou trabalhar (Wer arbeitet, der hat Recht, / ich sage es und habe keine Angst zu irren: / die Straßenbahn von São Januário / fährt noch einen Arbeiter, / ich bin es und fahre zur Arbeit).[39]

Das Geglättete und Geschönte wurde über den Hörfunk ausgestrahlt und in der Presse veröffentlicht. Nur: Die neue Kulturpolitik reichte nicht in alle Winkel des Landes, sie blieb in ihren Inszenierungen auf die Städte beschränkt. Den Disziplinierungsmaßnahmen für den Neuen Menschen, waren sie demokratisch oder diktatorisch, stand das Beharrungsvermögen und die Bequemlichkeit (im positiven Sinne) der Zivilbevölkerung entgegen. Die Kulturpolitik der *brasilidade* hat Brasilien durch eine Reihe von Symbolen geprägt, hat das Nationsbewusstsein nachhaltig geformt, die kulturelle Vielfalt jedoch nie in eine kulturelle Einheit gezwungen.

---

39 | Zit.n. Boris Fausto, Getúlio Vargas (São Paulo: Companhia das Letras, 2006), 117.

»Wir sind kein Botokudenland« – Kultur unter Vargas

Brasilien müsse aufhören, ein Botokudenländchen zu sein, erklärte Vargas. Er holte Gustavo Capanema als Bildungsminister in seine Regierung. Der Urenkel eines Teilnehmers der österreichischen Brasilien-Expedition ließ seine Beamten die Kulturpolitik europäischer Länder und der USA studieren, um in kannibalischer Manier alles Brauchbare für Brasilien zu adaptieren. Es galt viel nachzuholen. Die Ideen des amerikanischen Philosophen John Dewey beeinflussten die Neue (Pflicht)-Schule. Gemischte Klassen, moderne Pädagogik, Dokumentarfilme und Sportunterricht prägten die *Escola Nova* allerdings nur bis zum Putsch von 1937, weil dann die katholische Kirche und die Militärs wiederum deutliche Mitsprache einfordern durften und der Sporterziehung einen militärisch-nationalen Charakter verpassten.

Capanema förderte Universitäten. Der Minister ließ 1934 die Universidade de São Paulo (USP), nach internationalen Rankings die zur Zeit beste Universität Lateinamerikas, und ein Jahr später die Bundesuniversität in Rio de Janeiro ins Leben rufen. Da es an Professoren mangelte und zur selben Zeit jüdische Universitätslehrer im Dritten Reich ihre Lehrstühle verloren oder sich nicht mehr habilitieren durften, reiste Professor Theodoro Ramos von der neugegründeten USP auch ins Dritte Reich und warb jüdische Wissenschaftler ab. Zum Beispiel den Zoologen Ernst Bresslau und den Chemiker Heinrich Rheinboldt. In Frankreich wurden junge Talente eingeladen. Der Anthropologe Claude Lévi-Strauss und der Historiker Fernand Braudel lehrten an der USP. Aus den USA kam der Soziologe Donald Pierson, der über Schwarz-Sein in Brasilien forschte. Sie alle machten die Universität von São Paulo rasch zu einem Hort des internationalen Austauschs. In diesem intellektuellen Wettstreit mit Rio versuchte der Bundesstaat São Paulo die Demütigung der niedergeschlagenen Revolution von 1932 zu kompensieren. Brasiliens Professoren nahmen nun auch an internationalen Kongressen teil, seine Filmemacher an Filmfestspielen, seine Künstler an internationalen Ausstellungen.

Populistische Politik der dreißiger Jahre ist ohne Radio nicht denkbar. Capanemas Beamten studierten die Choreographien des österreichischen Rundfunks, die deutschen Erwachsenenbildungsprogramme und die Sprachkurse der BBC. Nach Vargas' Putsch wurden die Heimkehrenden nach Feierabend allabendlich zwischen 19 und 20 Uhr mit der Nachrichtensendung *Hora do Brasil* beschallt, ob sie es wollten oder nicht. Ihre Kennmelodie waren die ersten Takte der Ouvertüre von Carlos Gomes' Oper *O Guarani*. Die Lautsprecher hatte man in Bahnhöfen, auf Laternenpfählen und auf Lichtmasten angebracht.

Das Vargas-Regime schuf eines der modernsten Denkmalschutzgesetze der Zeit. Es ließ die Jesuitenmission São Miguel in Rio Grande do Sul und die barocken Kirchen von Ouro Preto renovieren. In ihrer Nähe entstand durch Lúcio Costa mit einem Hotel ein architektonischer Kontrapart. In seiner schachtelförmigen Betonstruktur stand es den geschwungenen Barockensembles radikal entgegen. Das Orgelgebirge bei Rio de Janeiro und die Iguaçu-Wasserfälle wurden Nationalparks. Englischsprachige Reiseführer wendeten sich an zahlungskräftige Amerikaner. Und 1940 eröffneten die Pan American Airlines die Flugstrecke Rio de Janeiro-Miami, die in nur drei Tagen zu bewältigen war.

Die Baupolitik war doppelbödig. Sie gab vor, Altes zu schützen und verlangte Platz, um das Neue als glänzenden Höhepunkt einer Entwicklung zu preisen. Wie eine Schneise zieht sich die Avenida Presidente Vargas durch Stadtviertel, vier Kilometer lang und 80 Meter breit. Für sie wurden vier Kirchen, eine Marktanlage, das alte Rathaus und etwa 500 Gebäude geopfert. Umsäumt wird sie von den architektonischen Tempeln des Neuen Brasilien, für die Le Corbusiers Entwürfe und die Bauhaus-Architektur Pate standen. Der alte Vororte-Bahnhof Dom Pedro II. wich dem neuen Central do Brasil, der Endstation vieler Pendler und Armutsflüchtlinge aus dem Landesinneren. Walter Salles, über die Grenzen des Landes als Regisseur bekannt, schuf 1998 einen gleichnamigen Film. Für das Bildungsministerium, das hinter der Nationalbibliothek aus dem Boden ragt, hatte Capanema eine junge Architektengruppe um Oscar Niemeyer engagiert. Die blau-weißen Wandfliesen von Candido Portinari geben der strengen Fassade spielerische Elemente und verweisen auf das portugiesische Erbe, die Azulejos. Die Konstruktion hatte wiederum Le Corbusier beeinflusst, der mehrmals in Brasilien war, doch gab Niemeyer dem Baustoff Beton die für ihn typische Leichtigkeit. Und Roberto Burle Marx bewies sein Talent als Landschaftsarchitekt.

Mit demselben Eifer woben Wissenschaftler und Künstler an einer Geschichte des Neuen Brasilien, die mit dem Diktator ihren krönenden Abschluss finde. Sie wählten einen Kanon großer Werke der heimischen Literatur aus, erstellten eine monumentale, von der mussolinischen *Enciclopedia Italiana* inspirierte Enzyklopädie und ein brasilianisches Wörterbuch. Man wollte sich nicht mehr vom ehemaligen Mutterland die einzig gültige Rechtschreibung diktieren lassen.

Eine historische Kommission befand monatelang über die neue Hymne und über verehrungswürdige Helden. Dieser Prozess würde heute wohl als »Nation Branding« bezeichnet werden. Dem Komponisten Heitor Villa-Lobos wurde das Vasco-da-Gama-Stadion zur Verfügung gestellt, dazu ein Symphonieorchester mit tausenden von singfreudigen Soldaten. Dort probierte er tagelang fünf Hymnenvarianten aus. Lange Listen von möglichen Helden und Festtagen wurden diskutiert. Uneinigkeit herrschte in der Frage, ob man lieber die Ankunft oder die Vertreibung der Jesuiten feiern sollte. Ob man die Hymne in den Schulen täglich singen lassen solle oder nicht. Ob sie eher feierlich melodiös oder kämpferisch sein solle. Dass sie nicht übertrieben wirken dürfe, aber Enthusiasmus erwecken müsse. Dass der Text für das einfache Volk zu vereinfachen sei. Dass der Flagge weiterhin Ordnung und Fortschritt eingeschrieben sein musste, war allen klar. Es war eine Religion. Der Heldenkanon war männlich und selbst Kaiserin Leopoldine darin nicht vorgesehen. Allerdings wurde ein »Kaiserliches Museum« geplant und 1943 in Petrópolis eingeweiht.

Als Flagge, Hymne und Heldenkanon bestimmt waren, boten sich im Neuen Staat genug Gelegenheiten für ein staatlich verordnetes Wir-Gefühl. Die Feierlichkeiten zum Nationalfeiertag, dem 7. September, dauerten sieben Tage. Unter Heitor Villa Lobos' Dirigentenstab lobpreisten 30.000 Schüler und Schülerinnen im Vasco-da-Gama-Stadion unisono den Präsidenten. Sein Geburtstag gehörte seit dem 19. April 1940 ebenso zum Festtags-Kanon wie der Gründungstag des Estado Novo, der 10. November.

Die Porträts des Diktators wurden zu Tausenden verteilt, hingen in Geschäften, Hotels, in Bahnstationen und Büros. Wenn diese Inszenierung auch von europäischen Diktaturen Anleihe nahm, so zeigte sich der Südamerikaner immer in Zivil, im Nadelstreif des Technokraten, des Dr. Vargas, nie in Uniform, nie mit hartem Blick, sondern lächelnd. Ein Mona-Lisa-Lächeln nannte es Oswaldo Aranha ironisch; rätselhaft nannten es seine Gegner. Trotz mancher populistischer Elemente verblieb Vargas gerne in Distanz zur Bevölkerung. Leidenschaftliche Balkonreden wie Juan und Eva Perón im benachbarten Argentinien hielt er nicht. Er vermied das Bad in der Menge. Er war nur 1,57 m groß.

Auch für den Fußball konnte sich Vargas nicht erwärmen. Er spielte Golf und war Mitglied im elitären Jockey-Club von Gávea. Aber er ließ die Autorennstrecke von Interlagos bei São Paulo bauen und förderte den Fußball. Seit 1933 galt er als Profisport. Weniger Glück hatten die Frauen. Anfang der zwanziger Jahre war der Frauenfußball entstanden. Das Vargas-Regime gab Brasilianerinnen zwar das Wahlrecht, verbot ihnen jedoch den Massensport, weil er dem konservativeren Frauenideal des Estado Novo widersprach. Im Rahmen der *brasilidade* musste auch der Fußball unverwechselbar sein und sich seiner europäischen Wurzeln entledigen. Im Gegensatz zum europäischen Kraftfußball betreibe Brasilien, so der Soziologe Gilberto Freyre, Fußball als Kunst, als *futebol-arte*. Sie zeichne sich durch spielerische Leichtigkeit aus, durch dionysische und magische Elemente, und sei dennoch professionell. 1938 nahm auch erstmals eine geeinte und mit schwarzen Spielern besetzte Seleção Nacional bei der Fußball-Weltmeisterschaft in Frankreich teil. Lange hatte man ihnen das Spielen in den großen Vereinen verwehrt.

Capoeira, Karneval und *candomblé* – Schwarzsein im Estado Novo

Capoeira ist eine Lebensweise. Sportlich ist es ein schnelles Wechselspiel von Kampfelementen und Tanzbewegungen zweier Partner. Sie stellen ihre Körper und Blicke auf die Bewegungen ihres Gegenübers ein und stimmen sie mit dem Rhythmus der Musik ab. Arme und Beine beschreiben rasche Kreise in der Luft und schwingen stets knapp am Körper des Anderen vorbei. Man muss täuschen, darf sich aber nicht berühren. Auch der Kopf deutet fingierte Attacken an.

Aus dem Angola-Raum importiert, war die Capoeira für Sklaven ein Training für die Flucht, eine Übung zur Selbstverteidigung. Nach der Abschaffung der Sklaverei wurde sie zum ritualisierten Spiel mit choreographisch klaren Vorgaben, das Spontaneität und Improvisation verlangt. Zur musikalischen Minimalbegleitung gehören der Kalebassebogen *(berimbau)*, dessen Saite mit einem Holzstäbchen *(baqueta)* angeschlagen und mit einer Münze verkürzt wird, und eine kleine Korbrassel *(caxixi)*. Auch Doppelglocken *(agogô)*, Schrapidiophone *(reco-reco)*, Tamburine *(pandeiros)*, und große Trommeln *(atabaques)* werden eingesetzt. Um die Tanzenden formen andere Teilnehmer einen Kreis und begleiten deren Bewegungen mit Klatschen und Gesang.

Ein Zentrum der Capoeira war und ist Salvador. Man tanzt sie vor Kirchen, auf Marktplätzen, in Hinterhöfen. Mittlerweile gehört Capoeira zum Repertoire vieler Fitness-Clubs in Europa und Universitäten im deutschsprachigen Raum. Bei den brasilianischen Oberschichten hat sie allerdings bis jetzt als Sportart kaum Eingang gefunden. Es dauerte lange, bis sie ihren schlechten Ruf verlor. Noch um 1900 wurden *capoeiristas* polizeilich verfolgt, manche sogar auf eine Atlantikinsel verbannt. Sie galten als verschlagene Gauner, als *malandros*. Sie waren regelmäßig in Ausschreitungen involviert oder wurden als Schlägertrupps gegen die politische Opposition eingesetzt, gegen die man selbst deutsche und irische Söldner anheuerte. Der schweizerische Forschungsreisende Arnold Tschudi beschrieb die *capoeiristas* sogar als Mördervereine, die gerne bei Prozessionen auftauchten und die Teilnehmer mit Taschenmessern terrorisierten. Diese hätten die Stichwaffen, so hieß es, im Haar von Afro-Brasilianerinnen versteckt. Die Alte Republik ging deshalb konsequent gegen die Capoeira vor und bestrafte alle, die das Ritual auf öffentlichen Plätzen ausübten, mit Freiheitsentzug. In der Volkskultur wurden jedoch diejenigen, die sich im Widerstand Verletzungen einhandelten, in den *rodas* als Helden besungen.

Unter Getúlio Vargas änderte sich die Einstellung zum Kampfsport. Ausschlaggebend dafür war die Kunst des *mestre* Pastinha und des *mestre* Bimba. Der Tänzer aus Salvador da Bahia passte in den Zeitgeist. Er reicherte die Capoeira mit japanischen Kampfsport-Elementen an und machte sie damit noch schneller und spektakulärer. Vom Boxkampf entlehnte er die Idee, Wettkämpfe auch im Ring auszutragen. Solcherart mit klaren Regeln versehen, hielt sie als Capoeira Regional noch im selben Jahr auch in Schulen Einzug, bis zum Ende des Estado Novo. Bald galt sie als Wettkampfsport, wurde in ganz Brasilien gelehrt und zog auch weiße Jugendliche an. Der Kampfsport der Sklaven war nun salonfähig geworden. Er durfte sogar zur Formung des Neuen Menschen beitragen. Und Vargas hoffte, dass die kulturelle Toleranz seine Beliebtheit steigere. 1941 wurde die Capoeira Regional in Prospekten bereits als Nationalsport beworben. Gerade die Mitglieder der schwarzen Bürgerrechtsbewegung verteidigen deshalb die langsamere Capoeira Angola als die ursprünglichere, afrikanische Form.

Die Capoeira wurde aufgeweißt, der Karneval erhielt hingegen eine viel dunklere Note. Die Portugiesen hatten die Tradition des Karnevals nach Brasilien gebracht. Karneval gehört zur katholisch geprägten Festkultur des Mittelmeerraums. Die Komik der portugiesischen *entrudos* war noch im Brasilien des 19. Jahrhunderts roh und handfest. Man bewarf sich mit Geschossen aus gipsgefüllten Eierschalen. Man bespritzte sich mit Mehlwasser, Schlamm oder Urin, im besten Falle mit Parfüm. Politische oder familiäre Feinde waren davon ausgenommen. Die sozialen Grenzen blieben auch im Karneval aufrecht. Freie Schwarze und Sklaven durften niemals ihre Herren beschmutzen. Allerdings nutzten sie diese karnevaleske Umkehr der Gesellschaft, um sich für ein paar Tage mit Masken als Weiße zu verkleiden.

Schließlich wurde der *entrudo* verboten und durch Umzüge ersetzt, die mit geschmückten Wägen und Fantasiekostümen durch die Städte zogen. Das Spektakel wurde Großer Karneval genannt, während die Afro-Brasilianer begannen, in ihren Vierteln einen eigenen, den Kleinen Karneval, zu feiern und eigene Sambas dafür zu schreiben. Es entstanden die ersten *blocos afros*. Sie defilierten ebenfalls bald auf dem Boulevard der Avenida Central in Rio de Janeiro und in Salvador. Die afrikanischen Kulturelemente hatten auch längst den Karneval der weißen Oberschicht erfasst. Es wurde chic, sich als afrikanische Prinzen und Prinzessinnen zu verkleiden.

1929 zog schließlich in Rio de Janeiro die erste »Sambaschule« (»Escola de Samba«) in ihrer heutigen Form aus. Der Karneval hatte sich durch die afro-brasilianische Kultur verändert. Während in Europa Männer defiliert und den Ton angegeben hatten, waren es in Brasilien viele Frauen. Dazu kam der getanzte Samba, ein wichtiges afrikanisches Element.

Der Samba gehört wie die Capoeira zur afro-brasilianischen Kultur. Seine Texte beschreiben Szenen des täglichen Lebens in den Armenvierteln von Rio, São Paulo und Salvador. Dort fand er seine besondere Ausprägung. Zunächst wurde das Samba-Lied mit langsamen Rhythmen und romantischen Strophen populär, bis der Karneval den Samba aus den Armenvierteln hinaus auf die Straße brachte. Ein eigenes Samba-Genre war geschaffen. Es war stärker auf das Tänzerische und die Refrains ausgerichtet. In Lapa, einem Stadtviertel von Rio, das bis heute für sein reges Kulturleben bekannt ist, hielt der Samba durch Noel Rosa Einzug in die Bars der Mittelschicht. Er holte ihn von den *morros* hinab in die Stadt und nützte das Radio als neues Massenmedium. Angenor de Oliveira, genannt Cartola, avancierte in den 1970er Jahren zum größten *sambista* des Landes. Der ehemalige Autowäscher kam aus der Favela Morro da Mangueira, die besonders berühmt für ihre Sambaschule geworden ist. Obwohl er nur ein paar LPs herausbrachte, lieferte er zahlreiche und bis heute beliebte »Klassiker«. Die Verse »As rosas não falam / simplesmente as rosas exalam / o perfume que roubam de ti« (»Die Rosen sprechen nicht, die Rosen verströmen einfach den Duft, den sie von Dir stehlen«) sind Teil des brasilianischen Kulturguts.

Die Vargas-Ära entdeckte nun auch den Kleinen Karneval, den afro-brasilianischen, für sich und disziplinierte ihn, aber tourismustauglich. Damit erhielt er seine heutige Gestalt. Jede Sambaschule musste eine Fahnenträgerin, einen Tanzmeister und eine Gruppe von Bahianerinnen haben, die sich in ihrer typisch weißen Rüschenkleidung wie aufgezogene Püppchen um die eigene Achse drehen. Die Dauer der Darbietung wurde festgelegt, ihre Qualität nach einer Notenskala bewertet. Die Liedtexte mussten rechtzeitig den Zensoren vorgelegt werden. Sie ersetzten dann unflätige Wörter durch politisch korrekte. Die Presse- und Propagandabehörde DIP verordnete schließlich den Sambaschulen, ihre Fröhlichkeit an Themen der brasilianischen Geschichte festzumachen.

Der Bezug auf Geschichte, die Wahl eines bestimmten Mottos, besteht noch immer. So widmete die Sambaschule Imperatriz Leopoldinense im Jahr 1996 ihren Karnevalsbeitrag der Geschichte Österreichs, das in jenem Jahr sein Millennium feierte. Und das deutsche Goethe-Institut brachte die Tänzerinnen und Tänzer der Sambaschule Unidos da Tijuca dazu, im Karneval von 2013 unter dem Motto »Verzaubertes Deutschland« als germanische Götter, Schneewittchen und Aschenputtel im Sambódromo aufzutreten.

Erbaut wurde das größte Paradestadion der Welt erst 1984. Es fasst nahezu 90.000 Zuschauer. Die Idee, der Nationalkultur eine solche Bühne zu errichten, stammt vom Kulturminister des Staates Rio de Janeiro, Darcy Ribeiro. Der Anthropologe beauftragte Oscar Niemeyer mit der Gestaltung des Sambódromo. Beide waren gerade erst aus dem Exil heimgekehrt, in das die Militärs sie verbannt hatten.

Die prächtigen Darbietungen der Sambaschulen werden seit langem von einem illegalen Glücksspiel mitfinanziert, das in Brasilien zur Volkskultur gehört, dem *Jogo de Bicho*. Es war am Ende der Kaiserzeit aus einer Not heraus entstanden, um den schlecht besuchten Zoologischen Garten für Besucher attraktiv zu machen. Die junge Republik hatte dem Garten nicht die nötigen Subventionen geboten. Jede Eintrittskarte hatte ein Tiersymbol, 25 verschiedene gab es, am Nachmittag wurde dann eines gezogen. Die Gewinner erhielten einen Geldpreis. Das Spiel wurde, mit leichten Modifikationen, bald über Rio hinaus so populär, dass die junge Republik es verbot. Obwohl dieses Verbot noch heute aufrecht ist, werden die Drahtzieher nicht verfolgt. Denn die Mafia des *Jogo de Bicho* finanziert Sambaschulen, Fußball und so manchen Politiker.

Unter Vargas' Ideologie der vermeintlich harmonischen »Rassendemokratie« wurde der Kleine Karneval der Afro-Brasilianer schließlich zu einem der größten Volksfeste der Welt ausgebaut, während der Große Karneval der weißen Oberschicht in Bedeutungslosigkeit versank. Mit der Capoeira wurde auch der *candomblé* aus seinem illegalen Schattendasein befreit. *Candomblé* kommt aus der Yoruba-Kultur. Er ist eine afrobrasilianische Religion mit Zeremonien, die bis in die frühen Morgenstunden dauern und mit rhythmischen Trommelschlägen begleitet werden. Die Initiierten sind mehrheitlich Frauen. Sie beginnen in ihren weiten Röcken zu tanzen, bis sie in Trance geraten und einen Schrei ausstoßen, den *ilá*, der die Anwesenheit des persönlichen Gottes verkündet. Jeder *orixá* hat seinen Trommelschlag, seine eigenen Tanzschritte und Gesänge. Wenn Gläubige die Tabus einhalten und ihren Gott mit Speisen versorgen, erhalten sie Macht, das *axé*. *Axé* ist auch eine Anleitung zum zielgerichteten Handeln. Es soll den sozialen Aufstieg durch persönliche Beziehungen zu einflussreichen Personen ermöglichen. *Candomblé*-Gemeinden sind auch Solidaritätsgemeinschaften, zugleich sind viele Anhänger Katholiken.

Candomblé war im Sklavensystem als teuflisch verboten und deshalb heimlich praktiziert worden. Der Strafkodex von 1890 erlaubte der Polizei dezidiert, in *candomblé*-Kultzentren einzudringen und sakrale Objekte zu zerstören. Seinen Aufschwung verdankt der *candomblé* zwei jungen Wissenschaftlern. Arthur Ramos und Gilberto Freyre organisierten 1934 in Recife einen ersten Afro-Brasilianischen Kongress. Sie setzten sich mit der Auffassung durch, dass *candomblé* eine authentische afrikanische Religion und *umbanda* magisches Denken sei. Beide müsse man respektieren. Der Kongress erteilte der Vorstellung, dass es mindere Rassen gebe, eine klare Absage. Gerade Arthur Ramos bevorzugte es, von Kulturen zu sprechen und vom kulturellen Kompromiss, den Brasilien eingegangen war. Beide, Freyre und Ramos, waren von den Ideen des bayrischen Naturforschers Martius beeinflusst. Während Martius die kulturelle Bedeutung der Indios für Brasilien vor jene der afrikanischen Sklaven stellte, gab Freyre jenen den Vorzug. So auch das Regime.

Es hat *candomblé*, Capoeira und den Kleinen Karneval aufgewertet. Damit wollte es sich nach innen Beliebtheit verschaffen und der Außenwelt seinen wahren demokratischen Charakter zeigen. Der *candomblé* bot den Afro-Brasilianern deshalb keine besseren Aufstiegschancen. Die Eliten-Gesellschaft hatte sich einen Persilschein verschafft. Sie wies den dunkelhäutigen Brasilianern die Unterhaltungsbranche zu, den Fußball, die Musik und das Theater, die Clown-Rollen, die Freude des Volkes, wie man den Fußballer Garrincha später nannte, nicht das Hehre. Das blieb weiß.

1931 war die Schwarze Bewegung der Frente Negra Brasileira gegründet worden, eine politische Vereinigung, die Alltagsrassismus und Diskriminierung unermüdlich anprangerte. Gleichzeitig hasste sie die neuen weißen Einwanderer aus Europa, weil sie Arbeitsplätze wegnahmen. Und sie wetterte gegen Capoeira, *candomblé* und Samba, weil sie in ihren Augen fortschrittsfeindlich waren. Die Mitglieder der politischen Bewegung glätteten sich die Haare und eiferten der europäisch-abendländischen Kultur als einem Maßstab für Entwicklung nach. Bald erlitt die Frente Negra Brasileira das Schicksal der anderen Parteien. Sie wurde im Estado Novo verboten. Dass er so viele Elemente schwarzer Populärkultur in die Nationalkultur integrierte, war sogar für die schwarze und mestizische Unterschicht von Nachteil. Denn nun konnten sie, so Roberto Da Matta, diese Kulturformen nicht mehr für den Aufbau einer eigenen Identität benützen, die eventuell auch Widerstandspotenzial gegen die Homogenisierung gehabt hätte.

»Rassendemokratie« und Herzenskultur

Gilberto Freyre war der bedeutendste Kulturideologe des Neuen Staates. Der Spross einer wohlhabenden Familie von Zuckerbaronen aus Recife war Protestant und studierte in den USA beim Ethnologen Franz Boas. Im Alter von 33 Jahren veröffentlichte Freyre *Casa-grande & Senzala (Herrenhaus und Sklavenhütte)*. Es sollte ein Kultbuch des Regimes werden. Darin beschreibt er die gleichsam komplementäre Beziehung zwischen Herrn und Sklaven. Freyre weist gerade auf die große Bedeutung der Mulattinnen hin. Sie waren die Geliebten der Plantagenbesitzer. Für deren Sprösslinge waren sie die Ammen und Kinderfrauen, erzählten ihnen Mythen und Legenden afrikanischen Ursprungs. Sie hätten, so Freyre, den Kindern Aberglauben und Mystizismus, größere Güte und Herzlichkeit vermittelt als die Europäer.

Weil Freyre die Machtbeziehungen beschönigte, weil er mit idealistischen und sexistischen Bemerkungen nicht sparte, brachten sie ihm später herbe Kritik ein. Im Gegensatz zu Historikern der Kaiserzeit und der ersten Jahrzehnte der Republik wertete Freyre die Kolonialzeit nicht als dekadent, sondern als prägend für die brasilianische Gesellschaft, weil er das Zusammenleben von Sklaven und Herren in den Zuckerplantagen harmonisierte. Was sein Werk bis heute so bedeutend macht, ist der Respekt für afro-brasilianische Alltagskulturen. Er war der erste, der sie zum Gegenstand der soziologischen Betrachtung machte, was heute nach der postmodernen und postkolonialen Wende üblich ist. Zudem trennte er bewusst zwischen »Rasse« und Kultur. Im Gegensatz zu den Sozialdarwinisten beschrieb er Gruppen nach ihren kulturellen Unterschieden und Entwicklungen und nicht mehr nach rassistischen Kriterien.

Kolonisatoren und europäischen Einwanderer haben, so Freyre, im Laufe von Jahrhunderten durch Verbindungen mit Indios, Sklaven und freien Schwarzen ein hybrides Brasilien geformt. Er schrieb den Brasilianern deshalb ein besonderes Talent für Kulturbegegnungen zu. Aus diesen Vermischungen sei der *mestiço* entstanden, eine Einheit in der Vielfalt. Freyre blendete Vergewaltigungen, Ausbeutung und Kriege aus, sondern schuf im Gegenteil die Vorstellung einer konfliktfreien Kulturmélange. Deshalb, so folgerte er, könne Brasilien weitaus besser als der Rest Lateinamerikas und unvergleichlich besser als die USA mit ethnischen Unterschieden umgehen. Im Estado Novo wurde der Geburtstag des Diktators dann auch als »Tag der Rasse« gefeiert. Der solcherart geformte Mythos wurde erst vor ein paar Jahren entmachtet. Manche, besonders die Elite, sehen ihn noch heute als erhaltenswertes Ideal. Die Sehnsucht nach einem *branqueamento*, nach einer Gesellschaft, die durch Vermischung letztlich weißer, das heißt fortschrittlicher werde, war Teil dieser Idee. Denn Freyre gab in seinem hierarchischen Konzept den Europäern, den Portugiesen, den prägendsten Einfluss auf Brasilien.

Auf der kulturellen Ebene haben sich afrikanische, europäische und indianische Mythen, Riten und Feste freilich ohne Hierarchien vermengt. Ein solches Beispiel ist das Fest *Bumba-meu-boi* im amazonischen Parantins, das in den letzten Jahren ein touristischer Anziehungspunkt geworden ist. Es beruht auf einer Legende kolonialen Ursprungs: eine Sklavin erwartet ein Kind und sehnt sich nach Ochsenzunge, einer Delikatesse, zu deren Verzehr sie kein Recht hat. Ihr Kind werde eine Missgeburt, droht sie dem Ehemann, wenn sie ihre Essgelüste nicht stille. Darauf hin fasst Francisco allen Mut zusammen und tötet den Ochsen seines Gutsherrn. Dieser will den Mörder bestrafen und bittet einen Geistlichen, den Ochsen wiederzuerwecken. Das gelingt erst durch getaufte indianische Schamanen. Der Ochse lebt wieder, der Sklave entkommt ungestraft, die Indios danken ihren Göttern und die Prinzessin des Festzuges küsst den Schamanen. Denn der Amazonas ist indianisches Land. Das Schauspiel endet in Eintracht.

Weniger einträchtig wird das Spektakel in Parantins begangen. Jede der beiden Stadthälften richtet ihr eigenes Fest aus, in Konkurrenz zur jeweils anderen. So ist auch das eigens errichtete Stadion mit seinen 40.000 Sitzplätzen in zwei Sektoren geteilt, einen blauen und einen roten. Das Spektakel der beiden Ochsengruppen dauert drei Tage. Danach entscheiden die Preisrichter, welche Seite der Stadt die kreativste war. Und drei Tage lang spielen weder soziale noch Hautfarbenunterschiede eine Rolle. In der Realität sind sie jedoch stets präsent. Der Anthropologe Roberto Da Matta zitiert den häufig verwendeten Satz »Você sabe com quem está falando?« (»Wissen Sie, mit wem Sie sprechen?«) um zu zeigen, wie sehr selbst in Alltagskommunikation auf soziale Unterschiede angespielt wird.

Bumba-meu-boi benötigt ähnliche Sorgfalt und Kreativität wie der Karneval. Monatelang wird an allegorischen Figuren und Masken gebastelt, die vorwiegend aus dem indigenen Mythenschatz kommen. Waldwesen, Nymphen und Ameisenkrieger tanzen in der Arena. Manche speien Feuer oder fressen vermeintlich Menschen, ein Delphin verwandelt sich in einen Mann. Begleitet wird das Spektakel von Trommelschlägen afrikanischen Ursprungs. Auf einer Eisenstange baumelt schließlich der Darsteller des Ochsen und versucht, nicht herunterzufallen, während die Menge ihn hochleben lässt.

Mit Sérgio Buarque de Holandas Werk *Raízes do Brasil* (*Die Wurzeln Brasiliens*, 1936) wurde ein weiteres Schlüsselwerk geschaffen, das prägend für das Image Brasiliens im In- und Ausland war. Was die Brasilianer auszeichne, meint Buarque de Holanda, sei ihre besondere Herzenskultur. *Cordialidade*, oftmals mit dem Wort Herzlichkeit übersetzt, ist ein Relikt der kolonial geprägten, patriarchalen Gesellschaft und kennzeichnet die politischen, geschäftlichen und privaten Beziehungen gleichermaßen. Sie bedeutet Freundlichkeit, Natürlichkeit im Umgang, Gastfreundschaft und Großzügigkeit. Der *cordialidade* sind Konventionen und Rituale europäischen Zuschnitts fremd. Im Gegenteil. Man pflegt eine Kultur der Umarmung, des *abraço*, und der besonderen Höflichkeit. Den Wiener Exilanten Alfredo Gartenberg faszinierte dieses Ritual:

[I]m Hintergrund des Saals [...] begibt sich etwas Ablenkendes. Es ist der ›Abraço brasileiro‹, ein Akt von starkem, fremdartigem Reiz, den da zwei Freunde einander erteilen. [...] Mit einem lautlos entzückten Lächeln fallen beide sich in die Arme – das heißt: sie bleiben, Brust an Brust, in einer Fast-Berührung stehn. Ihre Körper sind so arrangiert, dass beide sich über die Schulter sehn und mit der rechten Hand rhythmische Schläge auf den Rücken des Freundes ausführen, während sie die linke Hand leicht um seine Hüfte ranken. Dann treten sie rasch von einander weg und sehn sich begeistert ins Gesicht.[40]

Ihm und anderen Hitlerflüchtlingen war die Herzlichkeit Balsam für die gequälte Seele. Oftmals fälschlich als Ausdruck der tropischen Harmonie interpretiert, sah Buarque de Holanda diese Charaktereigenschaften durchaus kritisch. So spricht er auch von der Herzlichkeit einer Feindschaft und von der Leichtgläubigkeit des Brasilianers. Der Autor hatte eine Zeitlang in Berlin studiert und Vorlesungen bei Friedrich Meinecke besucht, hatte Georg Simmel gelesen. Diese deutschen Lehrjahre beeinflussten seinen Versuch einer Soziologie Brasiliens. Buarque de Holanda wollte sich nicht so sehr vom Regime vereinnahmen lassen wie Gilberto Freyre. Er fürchtete auch die Präsidentschaft eines Populisten wie Vargas, weshalb er als Leser von Max Weber riet, den *coronelismo*, ein Relikt aus der Kolonialzeit, zu überwinden, wenn das Land demokratisch werden wollte. Trotzdem war für beide Denker die Kolonisierung durch Portugal wegen der Anpassungsfähigkeit der Portugiesen ein Erfolg, weil sie ethnische Vermischung in der Praxis zuließen.

Stefan Zweigs Essay *Brasilien. Ein Land der Zukunft* (1941), nur ein paar Jahre nach *Raízes do Brasil* geschrieben, spiegelt die »Rassendemokratie« und die offizielle Lesart der *cordialidade* wider. Aus geschichtswissenschaftlicher Pers-

---

40 | Alfredo Gartenberg, zit.n. Marlen Eckl. »Das Paradies ist überall verloren«. Das Brasilienbild von Flüchtlingen des Nationalsozialismus (Frankfurt a.M.: Vervuert, 2010), 295.

pektive interpretiert ist die Herzenskultur das Ergebnis zivilgesellschaftlichen Zusammenlebens in der ehemaligen Kolonie Portugals, die von iberischen Familienstrukturen und von einer Tradition ineffizienter, ungerechter Bürokratie geprägt war. Deshalb wurden Netzwerke persönlicher Beziehungen geschaffen. Sie erhoben einen Geschäftspartner bald zum *amigo* und machten den *jeito* oder *jeitinho* – die Zuwendungen aller Art, die Türen öffnen und Vorteile erhoffen lassen –, zu einem Handlungsprinzip für persönlichen Erfolg. Hierarchien bleiben deshalb trotzdem bestehen.

Alfredo Gartenbergs Landsmann Richard Katz, ebenfalls in der Habsburgermonarchie groß geworden, fand eine sehr treffende Übersetzung für den *jeito*: »Dem ›Jeito‹ am nächsten kommt die altösterreichische Wendung ›sich etwas richten‹. Es ist der Trick, der gerade noch in den Grenzen des Erlaubten liegt [...] oder knapp darüber hinausgeht.«⁴¹

Freyre und Buarque de Holanda betonen, dass die Einwanderung nach Brasilien in der langen Kolonialzeit weit stärker von einem Männerüberschuss gekennzeichnet war, durch Soldaten, Abenteurer, durch Sklaven. Die katholische Religion war toleranter, wenn es um inter-ethnische Beziehungen ging als die protestantische. Deshalb spielt Erotik auch in der brasilianischen Volkskultur eine weniger versteckte Rolle. Sie ist voll von Liedern und Geschichten, Witzen und Zoten mit erotischen Anspielungen und verführerischen Spielen. Beide Autoren beschrieben eine sexualisierte Gesellschaft, allerdings in verharmloster Form und halfen mit, das Bild Brasiliens als tropisch-erotische Welt zu formen.

Als der Faschismus sich in Europa rasant auszubreiten begann, passte Freyre seine Überlegungen zur »Rassendemokratie« den außenpolitischen Gegebenheiten an. Denn um die Mitte der dreißiger Jahre war er noch von der Anpassungsfähigkeit der deutschen Minderheit beeindruckt gewesen. Er machte dies am Gang, an der Gestik fest, die brasilianisch geworden sei. Fünf Jahre später hatte Freyre seine Meinung geändert. Nunmehr war ihm die deutsche Minderheit eine Gefahr für die Nation. Die portugiesisch geprägte Kultur sah er plötzlich durch den Nationalsozialismus massiv bedroht.

---

41 | Gartenberg, zit.n. Eckl, »Das Paradies ist überall verloren,« 308.

Brasilien – ein Neu-Deutschland der NSDAP?

Gerade Deutschland sorgte dafür, dass die ehemaligen Staatsbürger ihrer alten Heimat nicht verlustig gingen. Zeitungen, Zeitschriften und Vereine kultivierten das Deutschtum. Transatlantische Familienbeziehungen blieben bestehen. Schon die Einwanderer hatten zahlreiche Firmen gegründet. Telefunken, IG-Farben, Bayer, Faber-Castell hatten ihre Niederlassungen im Land. Die Wirtschaftsbeziehungen florierten, als die Nationalsozialisten die Macht übernahmen. Deutschland galt als solider Wirtschaftspartner und zahlte nach 1933 in ASKI-Mark (Ausländer-Konten für Inlandszahlung). Beiden Staaten mangelte es an Hartwährung. So wurden Industriegüter mit Kaffee und Baumwolle vergütet. Die Lufthansa flog zweimal pro Woche von Berlin nach Rio de Janeiro und transportierte auch Propagandamaterial. Viele Piloten und Techniker ihrer Tochterfirma Condor und Vasp waren Deutsche oder Deutschbrasilianer. Auch bei Firmen wurde es zunehmend wichtiger, NSDAP-Mitglied zu sein. Das Deutsche Auslandsinstitut und der Volksbund für das Deutschtum im Ausland sandten Lehrer, Lehrmittel und Bücher an deutsche Schulen in Brasilien. Sie vermittelten NS-Ideologie und darüber hinaus den Glauben, dass die wahre Heimat Deutschland sei.

Schon 1928 wurde die Ortsgruppe der NSDAP in Timbó im Bundesstaat Santa Catarina von der Reichsleitung in München als erste Auslandsstelle der Partei offiziell anerkannt. Ab 1931 warb sie über ihre Auslandsorganisation (AO) in Brasilien unter Deutschen Mitglieder an. Sechs Jahre später sollen es etwa 4.500 gewesen sein – bei geschätzten 75 bis 100.000 Deutsch-Brasilianern mit deutschem Pass. Mit dem Auftrag, sich nicht in die inneren Angelegenheiten des Aufnahmelandes einzumischen, agierten die Akteure der NSDAP vorsichtig. Sie trugen aber Grabenkämpfe mit denjenigen Beamten des Auswärtigen Amtes aus, die liberal und konservativ geblieben waren. Da nur deutsche Staatsbürger der Hitler-Partei beitreten durften, sagt die Mitgliederzahl wenig über die Akzeptanz der Ideologie des Dritten Reiches im deutschen Auswanderermilieu aus.

Dem Dritten Reich ging es nicht nur um die Anwerbung von Auslandsdeutschen, sondern auch um die Übernahme von Siedlungsland, das vor 1933 von

Gesellschaften der Weimarer Republik erworben worden war. Denn hier ließen sich nach nationalsozialistischer Logik am besten Mustersiedlungen arischen Gedankenguts verwirklichen. In den ehemals deutschen Kolonien Südbrasiliens, in Harmonia, Neu-Berlin und Neu-Bremen wurden *Hitlerjunge Quex* und andere Filme der Ufa gezeigt. Die deutschnationale Autorin Maria Kahle reiste des Öfteren durch das Land und bejubelte die Heimattreue ihrer Landsleute in ihrem Reisebericht *Deutsche Heimat in Brasilien*, die selbst in den Tropen den Reden von Joseph Goebbels lauschten.

Deutsche Turn- und Gesangsvereine, die Germania, die Bismarckrunde, die Wartburgjugend, hissten Hakenkreuzflaggen und übten sich in NS-Choreographie. Selbst der österreichische Verein *Donau* in São Paulo tat es ihnen gleich, obwohl die NSDAP in Österreich 1933 verboten worden war. Der österreichische Konsul hatte in Wien angefragt, ob er die Flagge auf Vereinsgrund hissen dürfe, wenn man mit den deutschen Vereinen gemeinsame Sportveranstaltungen austrage. Es wurde ihm erlaubt. Anfang der dreißiger Jahre war in Brasilien mit der Deutsch-Österreichischen Vereinigung auch eine austro-faschistische Version der NSDAP entstanden, mit etwa hundert Mitgliedern. Obgleich numerisch klein, provozierten beide Bewegungen in ihrem jeweiligen Umfeld Konflikte. Sie spalteten Vereine und forderten jene heraus, die demokratisch blieben und jüdisch waren.

Die brasilianischen Behörden ließen ihre Minderheiten zunächst gewähren. Die USA beobachteten diese Entwicklung hingegen mit Sorge. Sie sprachen von einer faschistischen Gefahr, als Brasilien 1937 zur Diktatur überging. Dazu kam der Erfolg der Integralisten, die es auf 200.000 Mitglieder gebracht hatten. Sie waren eine Massenpartei geworden, eine Konkurrenz für Getúlio Vargas. Im Dezember ließ er deshalb per Dekret alle politischen Bewegungen und Parteien im Land verbieten. Es gab nicht einmal eine Einheitspartei, sondern nur beratende Gremien. Das Verbot traf auch die Auslandsorganisation der NSDAP und die faschistischen Integralisten. In der Forschung hieß es lange, sie seien ein verlängerter Arm der NSDAP gewesen und sogar von ihr finanziell unterstützt worden. Dies ist mittlerweile widerlegt. Die lokale Zusammenarbeit zwischen der Auslandsorganisation der NSDAP und ein paar Integralisten war kurzlebig und nicht von Dritten Reich geplant gewesen. Die deutsche Botschaft zeigte sich enttäuscht von Plínio Salgado, dem Führer der Integralisten, weil er sich dem Parteiverbot der Vargas-Regierung sofort gebeugt habe. Das sei unmännlich gewesen.

Zudem waren die mitgliederstarken Integralisten eine Konkurrenz für die NSDAP auf brasilianischem Boden. Und sie waren es für Vargas, den taktischen Spieler, für die Streitkräfte und die Marine. Darüber hinaus wollte Vargas die USA nicht provozieren. Er signalisierte, dass er eine Ausbreitung des deutschen Faschismus nicht zulassen würde. Er gefährde seine Politik des starken Staats mit seiner unverwechselbaren Kultur, der *brasilidade*. 1937 unternahm die

Militärpolizei im Bundesstaat Rio Grande do Sul erste Hausdurchsuchungen in deutsch-brasilianischen Wohnungen. Für die erbeuteten Dokumente und Symbole des Dritten Reichs wurde ein *Museu do Nazismo* eingerichtet; Ernst Dorsch, einen Agenten der NSDAP, arretierte man. Noch sah die brasilianische Regierung dem Treiben der Nationalsozialisten auf ihrem Territorium zu, die nach dem Anschluß Österreichs an das Dritte Reich auch tatsächlich versuchten, Siedlungsland, das mit österreichischem Geld erworben worden war, zu annektieren: Dreizehnlinden (Treze Tílias) in Santa Catarina, eine Kolonie von 800 Tiroler und Vorarlberger Landwirten, deren Landparzellen noch nicht in Privatbesitz übergegangen waren. Es kam allerdings nicht mehr dazu.

Noch gaben die Integralisten nicht auf. Es verbitterte sie, dass sie gut genug gewesen waren, um die linksliberale Parteienallianz zu beseitigen, jetzt aber so radikal entmachtet würden. Im März und im Mai 1938 inszenierten ein paar Mitglieder dilettantische Putschversuche in Rio de Janeiro. Man verbreitete das Gerücht, das Dritte Reich wäre daran beteiligt gewesen. Nur mühsam konnte der deutsche Botschafter Karl Ritter die Meldungen entkräften. Die Bewegung der Integralisten war nun zerschlagen, und Plínio Salgado floh ins portugiesische Exil.

Nach dem Überfall Hitlers auf Polen entschlossen sich ein paar deutsch-brasilianische Familien, ihre Söhne in die alte Heimat zu schicken, damit sie für Volk und Vaterland kämpften. Ein paar Jahre später, Brasilien hatte die Beziehungen zu Deutschland abgebrochen, schifften sich auch deutsche Diplomatenfamilien nach Europa ein. Unter ihnen war der Landesgruppenführer der NSDAP, Hans Henning von Cossel, mit seiner Familie. Sie wählten das portugiesische Linienschiff Serpa Pinto, das zwischen Rio de Janeiro und Lissabon verkehrte. In diesem Wartesaal der Verfolgten nahm das Schiff auf seiner Rückfahrt jüdische Flüchtlinge an Bord, die zwar rettende Visa und Affidavits erhalten hatten, doch um ihr Leben bangten. Der U-Bootkrieg hatte begonnen.

Exil in den Tropen –
Hitlerflüchtlinge in Brasilien

1934 gab sich Brasilien strenge Einwanderungsgesetze. Viele Migranten aus dem Europa der Nachkriegszeit waren »Zylinderhutkolonisten« gewesen, Beamte, Industriearbeiter, Offiziere, ohne landwirtschaftliche Erfahrung und für Kaffeeplantagen ungeeignet. 1934 reiste Theodoro Ramos von der Universidade de São Paulo nach Deutschland, um talentierte Wissenschaftler billig abzuwerben. Gleichzeitig wollte man die Antisemiten im eigenen Land beruhigen und schuf rassistische Gesetze. Dass zwischen 1933 und 1942 trotzdem etwa 16.000 bis 19.000 deutschsprachige Flüchtlinge nach Brasilien gelangten, hat mit einer Mischung aus humanitärem Engagement und Bestechung zu tun. Viele verdankten Aristides de Sousa Mendes ihr Leben, einem portugiesischen Konsul, der in Marseille gegen den dezidierten Willen seines Staates Hunderten von Flüchtlingen die lebensrettenden Visen ausstellte. Sousa Mendes verlor deshalb sogar seine Position und wurde erst posthum rehabilitiert. Auch der Vatikan intervenierte beim Vargas-Regime und bat, 3.000 »nicht-arische Katholiken« aufzunehmen. Letztlich wurden 956 Visa vergeben.

Die Europäer zog es vorwiegend in Städte, nach Rio de Janeiro, São Paulo, Porto Alegre. Das Regime lud manche Hitlerflüchtlinge ein, in seiner Kulturzeitschrift *Cultura Política* zu schreiben. Es gab sich tolerant und zeigte, dass es die aus Europa vertriebenen Besten errettete und mühelos in die Nation eingliederte. Gerade die Exilanten in Vargas' Diensten verband der Versuch in ihren Berufen weiterzuarbeiten. Manche zahlten dafür den Preis, sich wohl oder übel dem System zu beugen, das die Verwendung ihrer Muttersprache ab 1942 verbot. Wer sich mit Vargas einigermaßen arrangieren konnte, hatte hingegen Chancen auf einen Aufstieg. So der Österreicher Paul Frischauer. Er schrieb eine überaus geschönte Biographie von Vargas und stellte ihn als panamerikanischen Kämpfer gegen den europäischen Faschismus dar. Der deutsche Theatermacher Wolfgang Hofmann-Harnisch ging für das Regime auf Reisen und veröffentlichte *Brasilien. Bildnis eines tropischen Großreichs*; das Buch konnte noch in Deutschland erscheinen. Frank Arnau, in der Schweiz geboren, erhielt den begehrten Journalistenausweis, weil er mit Reise- und Steuerfreiheit verknüpft war. Arnau schrieb Kriminalromane, die in deutscher Übersetzung unter *Heißes Pflaster Rio* später auch in der BRD gelesen wurden. Ein paar Schüler des prominenten Wiener Juristen Hans Kelsen erkämpften sogar ein eigenes Komitee, indem sie auf dem Opferstatus Österreichs pochten. Obwohl politische Parteien verboten waren, machte das Regime eine einzige Ausnahme. Es ließ die Gründung eines *Komitees zum Schutz österreichischer Interessen in Brasilien* zu. Erst als die deutsche Sprache nach dem Krieg wieder erlaubt war, konnten die Schriftsteller ihre Flucht- und Brasilienerfahrungen endlich publizieren. Der Prager Richard Katz brachte mehrere kritische Brasilienbücher heraus. Er hatte bald verstanden, dass das Paradies überall verloren ist. Wie Stefan Zweig gehörte Katz zu den wenigen, die materiell privilegiert waren. Er bekam von seinem Schweizer Verleger Tantiemen überwiesen. Über das Sprachverbot äußerte er sich bitter, weil Deutsch nicht nur die Sprache Hitlers, sondern auch die Sprache Goethes, Gottfried Kellers und Rainer Maria Rilkes sei. Exilanten hatten vergeblich im Außenministerium interveniert, damit es sie als Flüchtlinge vom Sprachverbot ausnehme. Doch dort fürchtete man, dass sich NS-Spione als Opfer des Nazi-Regimes ausgeben könnten.

Martha Brill verfasste mit *Schmelztiegel* eine verschlüsselte Autobiographie über ihr Leben in São Paulo. Der Bankier Hugo Simon nannte seinen autobiographischen Entwicklungsroman *Seidenraupen* und schrieb darin den Mythos vom irdischen Garten Eden fort. Hans Günter Flieg, von der Ästhetik des Bauhauses beeinflusst, hielt das boomende São Paulo auf Fotos fest. Die Buchhandlung der Münchnerin Susanne Bach war ein wichtiger Treffpunkt in Rio de Janeiro.

Einige Flüchtlinge gingen ins innere Exil. Andere machten politisch spannende Wandlungen durch, viele Jüngere beachtliche Karrieren. So Hans Stern aus Essen. 1945 gründete er ein kleines Edelsteingeschäft in Rio de Janeiro. Heute sind die Boutiquen unter dem Label H. Stern weltweit bekannt. Oder Paul Singer, der als Achtjähriger aus Wien floh und heute noch als Staatssekretär für solidarische Ökonomie in Brasília arbeitet. Er entwickelte ein politisches Konzept, das bedürfnisorientiert, sozial und umweltverträglich ist. Der Chemiker Otto Maria Karpfen, ebenfalls Wiener, war ein eifriger Theoretiker des austro-faschistischen Ständestaates gewesen. Dann wechselte er Namen und Gesinnung. Otto Maria Carpeaux wurde ein bedeutender Literaturhistoriker, Publizist und mutiger Kritiker der brasilianischen Militärdiktatur.

Der Diplomat Leopold von Andrian hingegen blieb selbst im Exil unerschütterlich habsburgtreu. Es hatte aus politischen Gründen fliehen müssen und, weil er als Enkel des Komponisten Giacomo Meyerbeer unter die Nürnberger Rassengesetze gefallen war. Die Tagebücher des damals Siebzigjährigen sind minutiöse Protokolle seelischer Leiden, ohne Reflexion über das Regime. Anders bei Ernst Feder. Der Berliner Journalist und Schachpartner von Stefan Zweig hielt auch im Exil am Ritual des Tagebuchschreibens fest. Seine Texte, von der Historikerin Marlen Eckl minutiös ausgewertet, sind wertvolle Zeitdokumente und geben Beispiele für interkulturelles Verstehen und Missverstehen. Stefan Zweig ist bis heute Brasiliens berühmtester Flüchtling. Sein Werk *Brasil. País do futuro* (*Brasilien. Ein Land der Zukunft*, 1941) muss immer wieder für Reden und Vorworte herhalten. Vermutlich haben wenige den Essay gelesen, der sich um kulturhistorische Qualität bemüht. Er bietet einen Einblick in Zeitstimmungen, enthält aber auch ein paar problematische Aussagen. Sie sorgten in Brasilien für Diskussionen, gerade weil Zweig so bekannt und vom Regime mit besonderer Aufmerksamkeit bedacht worden war. Kritische Brasilianer sahen das Buch als Auftragswerk der Propagandabehörde. Der Österreicher bekam zwar kein Geld für seinen literarischen Dienst an Brasilien. Das DIP bezahlte ihm, seiner Frau Lotte und dem Übersetzer jedoch die Reisen ins Landesinnere. Zweig hätte angesichts der Zensur zweifellos Probleme mit einer kritischen Darstellung des Landes gehabt. Doch einige Aussagen sind schwer zu überlesen, selbst wenn man das »Land der Zukunft« als halbe Utopie für ein besseres Europa verstehen kann.

Dass Zweig die »Rassendemokratie« pries, ist verständlich. Sie war die permanent zur Schau gestellte Ideologie des Regimes. Zu den diffusen Stellen gehören die Behauptungen, dass Brasilien Krieg »soviel wie gar nicht« kenne und die Sklaven »verhältnismäßig humaner« behandelt habe.[42] Damit übernimmt Zweig die Vorstellungen vieler Reiseberichte des 19. Jahrhunderts. Die Charakterisierung des Brasilianers als stillen Menschen, träumerisch gesinnt und sentimental ist vermutlich kein Hinweis auf die geringen literarischen Spielräume unter der Diktatur. Es ist eine ehrlich gemeinte Hommage an ein Land, das er schätzte, weil es ihm Aufnahme gewährte, das er aber in Anbetracht der acht Monate, die er dort verbrachte, wenig kannte.

Für viele Brasilianer gehört Zweig noch heute zu den großen Autoren Europas. Seine Bücher sind präsent. Und mit seinem Essay hatte er zu einer Zeit, als die Lateinamerikanistik an Universitäten noch nicht verankert war, eine Interpretation Brasiliens geboten, die gerade in den USA auf großes Interesse stieß. Zweigs tragischer Selbstmord am 22. Februar 1942 erschütterte nicht nur Brasilien. Schon 1940 hatte er in Briefen aus England seine Depressionen, sein Alter, seine Heimatlosigkeit beklagt. Trotzdem stieß sein Freitod in Exilantenkreisen auf Unverständnis, gerade bei jenen, die Kinder zu versorgen hatten und materiell schlecht gestellt waren. Stefan Zweigs Refugium in Petrópolis wurde kürzlich von brasilianischen Mäzenen gekauft und 2012 unter Federführung des bedeutenden Journalisten Alberto Dines als *Casa Stefan Zweig*, als Dokumentations- und Forschungszentrum für das deutschsprachige Exil eingeweiht.

---

42 | Stefan Zweig, Brasilien. Ein Land der Zukunft (Frankfurt a.M.: Suhrkamp, 1984), 17f.

Wer jüdischer oder politischer Flüchtling war und wer Nationalsozialist, war den Behörden nicht immer klar. Selbst die aus den USA gesandten ersten FBI-Agenten vermochten dies kaum zu unterscheiden; sie waren jung und schlecht ausgebildet. In einer Stadt konnte man sich aus dem Weg gehen, auf einem Dorf wie Rolândia hingegen nicht.

Die nach dem Bremer Wahrzeichen benannte Kolonie Rolândia in Paraná bot ab 1933 prominenten deutschen Emigranten eine neue Heimat: dem ehemaligen Vizepräsidenten und Justizminister der Weimarer Republik Erich Koch-Weser, dem Politiker Johannes Becher mit seiner Familie, den Zentrumspolitikern Friedrich-Wilhelm Lübke und Johannes Schauff. Mit zunehmender Verfolgung durch den Terrorapparat des NS-Regimes kamen auch jüdische Hitlerflüchtlinge hinzu. Alle lernten sie, Zuckerrohr, Sojabohnen, Luzerne und Rizinus zu pflanzen. Den Anbau von Pfefferminze schauten sie den benachbarten Japanern ab. Viele kultivierten die Helden ihrer deutschsprachigen Sozialisation, Schiller, Goethe und Heine.

Anders als manche Medien es darstellten, war Rolândia keine deutschsprachige Enklave. Als neue Eisenbahnstation einer wichtigen Verkehrsverbindung bekam es rasch internationale Prägung. Was die Hitlerflüchtlinge unterschiedlicher Konfessionen und Weltanschauungen schließlich verband, war ihr Widerstand gegen die Politik der lokalen NSDAP-Leitung in Curitiba. Denn sie imaginierte Rolândia als künftige arische Siedlung. Der liberale Koloniegründer Oswald Nixdorf war dem politischen Druck aus Deutschland gewichen. Denn die Siedlungsgesellschaft, die Rolândia gegründet hatte, wurde gleichgeschaltet. Nixdorf trat der Partei bei und ließ die Hakenkreuzflagge hissen. Der Siedler Erich Becker, so wurde berichtet, habe dann vor ihr ausgespuckt und »armes verlogenes Deutschland« geflucht, als er daran vorüberging. Konsequenzen hatte dies für die jüdische Bevölkerung zum Glück keine. Psychisch extrem belastend war es allemal. 1938 wurde NSDAP im Land verboten, 1942 folgte die Enteignung deutschen Besitzes. Denn am 22. August 1942 trat Brasilien in den Zweiten Weltkrieg ein.

Donald Duck trifft Zê Carioca –
Brasilien im Zweiten Weltkrieg

Nach dem Einmarsch der Hitler-Truppen in Polen hatten die Außenminister des amerikanischen Kontinents Sicherheitszonen im Atlantik festgelegt. Alle 21 Staaten blieben zunächst neutral. Als der Krieg im Frühjahr 1940 Westeuropa erfasst hatte, dachten sich amerikanische Militärs und Politiker Schreckensszenarien aus. Die USA wollten nicht Gefahr laufen, wie andere Staaten überrannt zu werden. Die Bedrohung wurde ernst genommen, gerade auch von Präsident Franklin D. Roosevelt, denn Hitler-Deutschland erprobte ständige neue Techniken der Kriegführung. Deshalb, so dachten amerikanische Militärs, würden deutsche Flieger bald vom nordafrikanischen Dakar aus nach Natal in Nordostbrasilien übersetzen können. Die Strecke ist nur 2.700 km lang. Der Weg in die Karibik und damit in die USA wäre dann nicht mehr weit. Deshalb musste Lateinamerika in die Verteidigungszone einbezogen werden, wenn sie auch vielmehr virtuell als real war. Die Atlantik- und Pazifikküsten Lateinamerikas waren großteils ungeschützt. Zur Bedrohung von außen kam für die USA auch jene von innen, durch faschistoide Diktaturen, wie Brasilien sie hatte, und durch Angehörige der Achsenmächte, die dort lebten.

Die USA sahen zudem ihre Märkte im Süden in Gefahr. Denn ebenso groß wie die Angst vor deutscher Aggression war jene vor einem riesigen deutschen Wirtschaftsraum, der den Amerikanern Konkurrenz machen würde. Im Juni 1940, nach dem deutschen Einmarsch in Paris, begannen die USA auch Großbritannien mit Waffen zu beliefern und Japan mit einem Handelsembargo zu belegen, dessen Auswirkungen ein wichtiges Motiv für den japanischen Überfall auf Pearl Harbor waren. Schon im Sommer 1940 einigten sich die USA und Lateinamerika in Havanna darauf, europäische Besitzungen zu beschlagnahmen. Präsident Franklin D. Roosevelt beauftragte den Ölmilliardär Nelson Rockefeller mit der Gründung einer Behörde, die prägend für die panamerikanischen Beziehungen sein sollte: mit dem Office of Inter-American Affairs.

Das Büro hatte im Vergleich zu anderen Kriegsorganisationen wenig Mitarbeiter. Seine Stärken und seine Schwächen lagen in der Vernetzung. Es arbeitete mit Hollywood, den großen Radiosendern NBC und CBS zusammen. Es kooperierte mit Vereinen und Universitäten, kriegswirtschaftlichen Behörden und mit Geheimdiensten. Letzteren war es auch ein Konkurrent. Zu keiner Zeit waren die Wirtschaftsbeziehungen zwischen den USA und Lateinamerika so dicht wie während des Zweiten Weltkriegs. Das barg eine Menge Konfliktpotenzial. Rockefellers Behörde recherchierte Kapital, Firmen und Immobilien der Achsenmächte in Lateinamerika und erstellte schwarze Listen; später wurde eine eigene Behörde dafür geschaffen. Die USA übten Druck auf die Regierungen im Süden aus, damit sie Besitzungen der Achsenmächte liquidierten und verstaatlichten. Solcherart geschaffene Vakui erhöhten die eigenen Marktchancen. Da der Krieg in Europa tobte, hatten die Ausfuhren der USA dorthin massiv gelitten. Lateinamerika bot nun Ersatz dafür.

In Brasilien wurden die italienische Fluglinie Lati und die Tochterfirmen der Lufthansa, die Condor, Varig und Vasp verstaatlicht. Dies war schwierig, weil die deutschen Piloten und Techniker nicht so rasch ersetzt werden konnten. Auch hier sprangen die Amerikaner mit Ausbildungsprogrammen und Kapital ein. Rockefellers Standard-Oil-Company stoppte aus politischen Gründen wohl oder übel die günstigen Kerosinlieferungen. Die Treibstoffengpässe brachten die beiden Fluggesellschaften Lufthansa und Lati ins Schleudern. Sie wurden von der brasilianischen Regierung erworben. Von den Einbußen der Lufthansa profitierte Panamerican Airlines. Sie bauten im Laufe des Krieges ihr Streckennetz über Lateinamerika beträchtlich aus. Ähnlich ging es der Firma Bayer mit ihrem Produkt Aspirin. Es wurde durch das amerikanische Melhoral mit enormem Werbeaufwand verdrängt.

Vor ein paar Jahren drehte der brasilianische Regisseur Marcelo Gomes mit *Cinema, Aspirinas e Urubus (Kino, Aspirin und Geier, 2005)* ein subtiles Road-Movie, das im Zweiten Weltkrieg im Nordosten spielt. Der Protagonist Johann war aus dem nationalsozialistischen Deutschland geflohen, weil er nicht Soldat werden wollte, und verdingt sich im trockenen Nordosten als Verkäufer von Aspirin. Mit seinem Pick-up und seinem Filmprojektor taucht er an den entlegensten Orten auf, um die Wunderdroge mit Werbefilmen anzupreisen. Dort, wohin noch nie ein Film oder ein Projektor gekommen war. Dennoch holt ihn der Weltkrieg ein. Brasilien erklärt Deutschland den Krieg, Johann beginnt sich zu verstecken und verdingt sich schließlich als Kautschukzapfer. Die Amerikaner übernahmen diese Praxis, mit transportablen Projektoren für Produkte zu werben, von den Deutschen.

Nelson Rockefeller war es gelungen, die steuerliche Absetzbarkeit von Werbung bei Firmen durchzusetzen, die nach Lateinamerika exportierten. Die neuen Werbeetats und die Zwangsverstaatlichungen deutscher und italienischer Firmen machten sich rasch bemerkbar. Wo man als Leuchtreklame, in Zeitungen, vor Hörspielen und auf Plakatwänden für Bayer, Siemens und IG-Farben geworben hatte, waren es nun Wilson-Kühlschränke, Lux-Seifen und das Logo von Esso.

Lateinamerika war nicht nur Absatzmarkt. Es musste als williger Partner für Rohstoffexporte gewonnen werden. Gerade Brasilien barg unschätzbare Ressourcen und war darüber hinaus geopolitisch von großer Bedeutung. Die USA boten deshalb Waffen und Kredite, um den größten Staat ins alliierte Lager zu ziehen. Bis Anfang 1941 lavierte Getúlio Vargas geschickt zwischen ihnen und dem Deutschen Reich, um ihre Angebote an Technologie und Waffen zu erhöhen. Wenn zwar einige Vargas-Politiker und Militärs deutschfreundlich oder faschistisch waren, so vermied es der Diktator doch, die USA zu provozieren.

Brasilien erhielt Kredite im Wert von 100 Millionen Dollar für militärische Aufrüstung, für die Gewinnung von Kautschuk und anderen kriegswichtigen Rohstoffen. Das waren Mica, Eisenerz, Rohdiamanten, Wolfram, tropische Hölzer, Genuss- und Nahrungsmittel. Gegen Kriegsende musste es sogar Zucker und Treibstoff rationieren, weil alles Brauchbare in den Export ging. Außenminister Aranha erklärte lakonisch, dass er härter für die Amerikaner arbeite als für sein eigenes Land. Für Prospektion, Ausbildung und den Ausbau der Industriekapazitäten wurden Techniker und Maschinen in den Süden gesandt. Mitte 1943 arbeiteten bereits 10.000 US-Bürger allein in den Großräumen von Rio de Janeiro und São Paulo für ihre Regierung.

Um die Arbeiter in den malariaverseuchten Gebieten zu schützen, versuchten Ingenieure, Sümpfe trockenzulegen. Vertreter amerikanischer Pharmafirmen verteilten Atebrine-Tabletten und sprühten gegen Kriegsende das neue, aber hochgiftige Insektizid DDT großflächig über Arbeits- und Wohngebiete. Es sollte besonders den amazonischen Kautschuksammlern helfen. Denn Henry Fords tropisches Experiment Fordlândia wurde wiederbelebt, als die asiatischen Kautschukreservoirs in die Hände der Japaner gefallen waren. 50.000 Arbeiter sollten aus den Trockengebieten des Nordostens angeworben und zu *seringueiros* transformiert werden, durch Comic-Bücher, die ihnen materielle Sicherheit versprachen. Etwa 13.000 kamen. Plakate über die Kautschukfront, mit Parolen wie »Wir radieren sie mit Kautschuk aus«, sollten Brasiliens Engagement im Krieg unter Beweis stellen.

Die beiden bedeutendsten Symbole dieser Kriegsallianz waren die Vale do Rio Doce, bis heute Brasiliens Minen-Flaggschiff, und das Stahlwerk Volta Redonda, das größte in Lateinamerika. Die vormals britische Vale war von den Brasilianern erworben und im Zweiten Weltkrieg mit günstigen US-Krediten ausgebaut worden. Dem stetigen Druck der Amerikaner, die Mehrheitsbeteiligung an der Vale zu erhalten, hielten die Brasilianer jahrzehntelang stand. Erst 1997 wurden die Minen teilprivatisiert, nach Meinung vieler Kritiker nahezu verschenkt. Volta Redonda sollte ursprünglich mit Hilfe deutscher Technologie errichtet werden. Der Ausbruch des Krieges verhinderte das Geschäft mit Krupp. Es ging an die Amerikaner. 1946 fertiggestellt, galt und gilt Volta Redonda dank nationalistischer Propaganda als Symbol des Vargas-Regimes. Welche Rolle die USA als Financiers spielten, wurde geschickt heruntergespielt. Selbst die brasilianischen Sicherheitsträume wurden dank der Amerikaner wahr. Die Entwicklungspolitik des Vargas-Regimes dachte auch an den »Marsch nach Westen«. Sie wollte die Kapazitäten des Amazonasraums für Siedler nützen. Walt Disneys Dokumentarfilm *The Amazon Awakens* (1944) imaginiert ihn als schlafendes Dornröschen, das nur vom Prinzen USA wachgeküsst werden muss. Disneys Animationskunst zeichnet schnell und plastisch eine Landkarte mit arterienhaften Flüssen. In Windeseile bauen sich ultramoderne Gebäude und gigantische Staukraftwerke auf. Dass die Bewohner des Amazonas dieselbe Moderne wünschten, davon ging man aus.

Auch zur Sicherung der 7.360 km langen Atlantikküste trugen die Amerikaner bei. Sie errichteten militärische Stützpunkte, lieferten Flugzeuge, boten Kurse in Meteorologie und Logistik an. Die Brasilianer erlaubten dem FBI, nach Spionen zu suchen und gewährten den militärischen Geheimdiensten, die Küstenregionen zu fotografieren, den Amazonasraum zu überfliegen und zu kartographieren. Wenn in Brasilien immer wieder die Vorstellung zirkuliert, die Amerikaner hätten es auf den Amazonasraum abgesehen, dann wird vergessen, welches Wissen die USA im Krieg erwerben konnten.

Elf Militärbasen wurden errichtet, um der amerikanischen Luftwaffe als Stützpunkte auf ihrem Weg nach Nordafrika und Süditalien zu dienen. Noch 1940 hatten die USA befürchtet, die deutsche Luftwaffe würde nach Brasilien übersetzen. Nun waren es die Amerikaner, die die neuen Basen für die Atlantiküberquerung nutzten. Die Präsenz der Soldaten, die weit mehr verdienten als die lokale Bevölkerung, ließ die Preise steigen und das Rotlichtmilieu boomen. Geringe interkulturelle Kompetenzen der Stationierten und ihre Gleichgültigkeit gegenüber der anderen Kultur schürten anti-amerikanische Gefühle.

Amerikanische Konsuln klagten in ihren Berichten von Alkoholexzessen ihrer Landsleute und über zertrümmerte Möbel in Hotelzimmern. Sie berichteten von amerikanischen Ingenieuren, die Restaurants in kurzen Hosen betraten und die noch heute gültige Etikette eleganter Geschäftskleidung über Bord warfen. Der brasilianische Spielfilm *For All – O trampolim da Vitória* (*For All – Das Trampolin des Sieges*, 1997) ist eine romantische Komödie über die amerikanische Präsenz in Natal. Sie beeinflusste und veränderte durch Liebesbeziehungen, Elektrogeräte und Eismaschinen so manch brasilianisches Familienleben. Nach Recife, wo 20.000 amerikanische Marinesoldaten stationiert waren, ließen viele der Offiziere ihre Familien nachkommen. Das selbstbewusste Auftreten der Amerikanerinnen, die ihre Einkäufe unbegleitet machten und allein ins Kino oder in ein Kaffeehaus gingen, wirkte sich, so die politische Exilantin Hilde Wiedemann, auch auf Emanzipationsinteressen brasilianischer Mittelschichtenfrauen aus.

Im Januar 1942 hatten bis auf Chile und Argentinien alle Staaten Lateinamerikas die Beziehungen zu den Achsenmächten abgebrochen. Das machte
die USA nicht beliebter. Seit 1900 waren die Ressentiments gegen die Macht im
Norden gestiegen, wegen ihrer aggressiven Politik der militärischen Interventionen und Geschäftspraktiken. Brasilien war eine Ausnahme. Die USA waren
sich der negativen Bilder und Meinungen bewusst, die viele Lateinamerikaner
von ihr hatten. Um ihr Image zu verbessern, um den Bewohnern im Süden zu
erklären, warum materielle Kriegsopfer gebracht und warum auf Hochdruck
Waren für den Krieg produziert werden mussten, setzten sie eine ideologische
Propagandaschlacht in Gang. Zwar vermieden die Beamten des State Department das Wort Propaganda, weil man sich von Hitler-Deutschland distanzieren
und redliche Information statt manipulative Verführung bieten wollte. Die Fülle
an Plakaten, Radiosendungen, Filmen, Liedern, Hochglanzmagazinen, die auf
dem ideologischen Schlachtfeld der Demokratie gegen den Totalitarismus zum
Einsatz kam, war dennoch enorm.

In ihrer Geburtsstunde hatte die Rockefeller-Behörde einen großen Fehler
gemacht, weil sie massenhaft spanischsprachiges Propagandamaterial nach
Brasilien gesandt hatte. Die Reaktion kam sofort. Man wisse ja, hieß es dort,
dass die Amerikaner ungebildete Yankees seien. Deshalb wurde das Office of
Inter-American Affairs rasch dem State Department unterstellt. Gemäß der
Kriegsallianz sollte auch der Austausch von Kunst und Kultur partnerschaft-
lich sein. Er bot den Lateinamerikanern theoretisch dieselben Chancen, wohl
wissend, dass die USA mit Hollywood, ihren Medienkonzernen und der Werbe-
industrie weitaus im Vorteil waren. Zudem zirkulierten unterschiedliche Vorstellungen von Kultur. Während Intellektuelle im Dienste des State Department
viel eher auf qualitätsvolle Ausstellungen und Konzerte, auf sozialkritische Filme Wert legten, waren die Angestellten der Rockefeller-Behörde oftmals ehemalige Firmenmanager. Sie sahen Lateinamerika vor allem als Markt, Filme
und Radioprogramme primär als Waren. Deshalb setzten sie auf Blockbuster
und Unterhaltung. Ob Authentizität gewährleistet wurde, war zweitrangig. Nur
verletzend durften die Bilder aus Hollywood nicht mehr sein. Die *bandidos* und
Gigolos der zwanziger Jahre wurden durch einen kubanischen Zensor, den man
extra dafür angestellt hatte, aus den Drehbüchern verbannt.

Am besten wird dieser Konflikt durch die Arbeit der zwei bedeutendsten Kulturbotschafter verdeutlicht, die nach Brasilien reisten: Orson Welles und Walt
Disney. Welles kam Anfang Februar 1942 nach Rio de Janeiro. Noch hatte er
vage Vorstellungen vom Land. Er wollte den Karneval filmen und die Geschichte von vier armen Fischern erzählen, die zweitausend Kilometer auf einem Floß
zurückgelegt hatten, um dem Diktator Vargas von ihren elenden Lebensbedingungen zu berichten. Rasch arbeitete sich Welles in die Geschichte des Landes
ein. Er verstand, dass der Samba aus den Favelas kam. Damit entfernte er sich
immer weiter von den Vorgaben seiner amerikanischen Auftraggeber, der Film-

gesellschaft RKO. Zudem überzog er das Budget und schickte sich an, den vom Regime vernachlässigten Brasilianern eine aktive Stimme zu verleihen, sie als Schauspieler einzubeziehen. Das brachte ihn nicht nur mit Hollywood in Konflikt, sondern auch mit der brasilianischen Regierung. Sie wollte harmlose Fröhlichkeit auf Zelluloid gebannt haben und Fortschrittlichkeit. Diese war »weiß«. Welles Film *It's all true* blieb ein tonloser Torso. Er wurde von Biographen lange als Fehlkalkulation gewertet, bis amerikanische Filmhistoriker ihn als außergewöhnlichen und subtilen Zugang auf andere Kulturen wiederentdeckten.

Walt Disney lieferte 1942 hingegen das Produkt, das man von ihm erwartete, die Versinnbildlichung der panamerikanischen Freundschaft als leichte Kost. Die Mischung aus Dokumentar- und Zeichentrickfilm *Saludos Amigos* bietet im vierten Kapitel ein wahres Aquarell Brasiliens für amerikanische Touristen. Darin reist Donald Duck aus Hollywood nach Rio und trifft den Papagei José Carioca. Dieser überschüttet den berühmten Gast aus den USA mit brasilianischer Herzlichkeit und nimmt ihn an der Hand, um Donald in die Kultur von Rio einzuführen. Donald spaziert die Copacabana entlang, kostet den Zuckerrohrschnaps, den Cachaça, der seinen Atem feurig werden lässt und Josés Zigarre zum Glimmen bringt. Betrunken vermag er seinen Entengang den geschmeidigen Hüftbewegungen der Samba-Tänzerinnen anzupassen, während die Lichter der Casinos im nächtlichen Rio blinken. Der im Disney-Film verwendete Samba von Ary Barroso, *O Brasil brasileiro,* erstürmte bald die US-Charts.

Candido Portinari, Erico Veríssimo und Carmen Miranda waren Brasiliens bekannteste Botschafter für den Norden. Der Maler und Muralist Portinari gestaltete eine Wandfläche in der Kongreßbibliothek von Washington mit einer künstlerischen Interpretation der Entdeckung der Neuen Welt. Die Bildhauerin Maria Martins, die Frau des damaligen brasilianischen Botschafters in Washington, reüssierte im New Yorker Museum of Modern Art (MOMA); es kaufte Werke an. Erico Veríssimo, ein junger Autor und Verleger aus Rio Grande do Sul, schrieb mit *Gato Preto em Campo de Neve (Schwarze Katze auf einem Schneefeld, 1941)* ein wohlwollend kritisches Porträt des Nordens. Die erste Auflage war binnen kurzem verkauft. Für ihn war der Aufenthalt in den USA prägend.

Carmen Miranda hingegen verdankte ihren Ruhm dem amerikanischen Publikum. Ihr Outfit, ihre Rollen sind ein Beispiel dafür, dass das Bild der erotischen und dümmlichen Latina noch immer zählte. Die Auftritte der *Brazilian Bombshell* bedienten alle Klischees: lateinamerikanischer Akzent, die Unfähigkeit korrekt zu sprechen, die Unbändigkeit des Paradieses, das kratzende Raubtier. Als Lady mit dem Tutti-Frutti-Hat wurde sie bekannt, als Ikone der Erotik mit einem Obstkorb auf dem Kopf und unzähligen Perlenketten behangen. Damit beeinflusste sie sogar den Karneval von Rio. Manche Filmwissenschaftlerinnen meinten sogar, dass Miranda das Klischee der exotischen Latina angesichts dieser Fülle von Bananen und Erdbeeren sogar ironisch und augenzwinkernd in Frage stellte. Ob das Durchschnittspublikum Klischees brechen wollte und diese Lesart verstand, ist fraglich. Miranda musste sich gerade auch in Brasilien für ihren Kulturexport in den Norden rechtfertigen. »Disseram que voltei americanizada« (»Sie sagten, dass ich amerikanisiert zurückgekehrt sei«), sang sie nach einem Heimaturlaub. Carmen Miranda galt durch ihre Rollen und Lieder wie *Tico Tico* und *South American Way* vielen Brasilianern jahrzehntelang als erfolgreicher Kulturexport nach Hollywood.

Panamerikanische Freundschaft durch Film und Musik darzustellen war einfacher als einer Bevölkerung, die vom Kriegsgeschehen nicht direkt betroffen war, die Brutalität totalitärer Mächte zu veranschaulichen. Die amerikanischen Behörden suchten ein signifikantes Symbol und fanden es in Lidice. Das tschechoslowakische Dorf wurde im Juni 1942 von deutschen Truppen überfallen und ausradiert. Die Ermordung der Bewohner war einer von mehreren Vergeltungsakten nach dem tödlichen Attentat auf Reinhard Heydrich gewesen, den Chef des Reichssicherheitshauptamtes. Die Rockefeller-Behörde ließ den Dokumentarfilm *We Refuse to Die* drehen und Stellwände mit eindringlichen Zeichnungen anfertigen. Sie prangten in Vitrinen in ganz Lateinamerika. Mehrere Dörfer benannten sich in Lidice um, aus Solidarität mit den tschechischen Zivilisten.

Das Ausmaß des amerikanischen Kulturexportes überstieg selbst die Toleranzschwelle des brasilianischen Außenministers. Oswaldo Aranha klagte ironisch: »Mais uma missão de boa vontade e declaramos guerra aos USA« (»Noch eine Mission des Guten Willens, und Brasilien erklärt den USA den Krieg.«)[43] Auch so manche amerikanische Beamte wussten, dass man sich die Freundschaft des Südens vielmehr erkaufen wollte, als sie durch Dialoge zu erlernen.

Die panamerikanische Allianz im Zweiten Weltkrieg schuf Arbeitsplätze. Sie ermöglichte Künstlern und Intellektuellen Reise- und Lehrerfahrungen in den USA. Sie verschleierte jedoch Machtbeziehungen und diktatorische Regime. Viele Chancen waren von den USA vertan worden. In aktionistischer Hast wurden gute Ideen lanciert, ohne Verbesserungsvorschläge und Kompetenzen der Lateinamerikaner zu beachten. Der Kampf gegen totalitäre Staaten wurde auch gemeinsam mit Diktatoren geführt, wie in Brasilien. Für die USA war Lateinamerika ein großes Testareal der Kulturpolitik gewesen. Man konnte Strategien in einem Feld erproben, das nicht ins Kriegsgeschehen involviert war. Sie wurden im Kalten Krieg dann vom State Department, der CIA und anderen Institutionen weitergeführt. Nachhaltig war diese Allianz keineswegs. Denn in der Hysterie des Kalten Krieges gerieten dann auch Persönlichkeiten wie Érico Veríssimo ins Visier der Geheimdienste, die zuvor als Vorzeige-Latinos in die USA geholt worden waren.

---

43 | Oswaldo Aranha, zit.n. Frank McCann. The Brazilian-American Alliance 1937-1945 (Princeton, NJ: Princeton University Press, 1973), 247.

Die brasilianische Propaganda der Diktatur schlachtete die Waffenbrüderschaft unermüdlich aus. Gemeinsam mit den USA war man nun eine große Demokratie des Westens, stark genug, um die totalitären Mächte in die Knie zu zwingen. Brasilien gab unumwunden zu, welche ökonomischen Vorteile es durch die USA genoss. Doch war es überzeugt davon, kulturell überlegen zu sein. Denn mit seiner »Rassendemokratie«, seinem friedfertigen Modell des Zusammenlebens meinte Brasilien weitaus fortschrittlicher zu sein als die USA, die in ihrem Süden noch immer die Apartheid hatten.

Feindpolitik –
die Internierung von Deutschen und Japanern

Tomé-Açú war ein hübsch angelegter, sauberer kleiner Ort auf völlig ebenem Gelände, mit einem großen quadratischen Platz als Zentrum, an dessen Seiten einige wenige hölzerne Bungalows der ehemaligen höheren Angestellten der Kolonie standen. Jetzt wohnten dort der Lagerkommandant, der brasilianische Arzt und einige höherrangige japanische Familien.[44]

Liest man diese Zeilen des deutschen Limnologen Harald Sioli, der 1942 in brasilianische Kriegsgefangenschaft geriet, so vermitteln sie ein nahezu idyllisches Bild. Sie lassen nicht erahnen, dass Tomé-Açú Brasiliens größtes Internierungslager im Zweiten Weltkrieg war, noch dazu am Amazonas. Die Rekonstruktion dieses dunklen Kapitels brasilianischer Geschichte ist mühsam, denn viele Akten wurden vernichtet, viele Spuren sind verwischt. Warum sperrte Brasilien Deutsche, Japaner und Italiener ein?

Bereits unmittelbar nach dem Angriff der Japaner auf Pearl Harbor im Dezember 1941 wurden auch die Nikkei, die in Brasilien geborenen Japaner, von den heimischen Behörden überwacht. Im rassistischen Klima der dreißiger Jahre waren sie nie durch Nationalismus aufgefallen, hatten stets ihr Brasilianertum unter Beweis gestellt. Ihre Autoritäten hatten davon abgeraten, es so manchen Deutschen gleichzutun, die ihre Liebe zur alten Heimat durch politische Äußerungen oder NS-Symbolismus zur Schau stellten. Die japanische Gemeinde von Curitiba hatte sogar ein Album mit Fotos von Mischehen gestaltet, um der Öffentlichkeit ihre Anpassungsbereitschaft zu zeigen. Trotzdem ließ die Presse nach Pearl Harbor sofort Gerüchte zirkulieren, dass die Japaner Vaterlandsverräter seien und dass japanische Fischer, die mit ihren Booten die brasilianischen Küsten entlangfuhren, in Wahrheit schlecht getarnte Agenten des japanischen Kaisers, des Tenno, wären.

---

44 | Harald Sioli, Gelebtes, geliebtes Amazonien, hg. von Gerd Kohlhepp (München: Verlag Dr. Friedrich Pfeil 2007), 121.

Seit Februar 1942 waren 21 brasilianische Schiffe von deutschen U-Booten versenkt worden, davon fünf am 17. August. Sie hatten zahlreiche Frauen und Kinder an Bord. Zuvor waren deutsche und japanische Geschäfte durch Mobs zerstört, waren wütende Demonstrationen abgehalten worden. Nun war die Empörung der Zivilgesellschaft über die U-Boot-Attacken der auslösende Faktor für die brasilianische Kriegserklärung an das Dritte Reich und Italien am 22. August. Nicht an Japan. Zwar hatte man mit der asiatischen Macht die Beziehungen abgebrochen, die offizielle Kriegserklärung sollte aber erst am 6. Juni 1945 erfolgen.

Tausende Angehörige der Achsenmächte, die in Küstennähe lebten, wurden ins Landesinnere umgesiedelt. Dadurch wurden Existenzen zerstört und Familien auseinandergerissen. Privatvermögen wurde beschlagnahmt; Reisen waren nur mit speziellen Passierscheinen gestattet. »Besonders Gedrucktes wurde restlos konfisziert, ebenso Radios, Schallplatten, Photoapparate etc. [,] und vieles verschwand in den Händen der Polizisten, die alles als Kriegsbeute bezeichneten«, erinnerte sich Herbert Isnenghi.[45] Selbst Nähmaschinen wurden unter dem Vorwand des Kriegszustandes eingezogen. Viele Achsenangehörige waren Opfer von Denunzianten und inkompetenter Polizei. So musste ein Deutscher mühsam den Vorwurf entkräften, er horte NS-Propagandamaterial, weil er einen *Kochkunst-Führer* besaß.

Es waren die USA, die ihrem Partner Brasilien die Internierung von Japanern nahegelegt hatten. Sie kamen der Vargas-Regierung gerade recht, denn Feindbilder stärken bekanntlich die nationale Einheit. Allerdings ging sie weit weniger rigoros vor als im Norden, wo Präsident Franklin D. Roosevelt selbst jene deportieren ließ, die lediglich japanische Ur-Urgroßeltern aufzuweisen hatten. Sie kamen in kalifornische Lager. In Brasilien waren es meist Fischergemeinden der Küstenregionen, Personen, die für offizielle Organisationen ihres Heimatlandes arbeiteten oder Opfer von Denunzianten waren.

Landgüter wurden für Besatzungsmitglieder beschlagnahmter Schiffe in Lager verwandelt. Politisch Verdächtige saßen jahrelang in Präfekturen, Polizeistationen und Gefängnissen ein. Priscilla Ferreira Perazzo rekonstruierte 31 solcher »campos de concentração«, wie sie in Brasilien noch immer genannt werden. Genaue Gefangenenzahlen gibt es nicht, ebenso wenig genaue Berichte über Folter und Mord. Im Gefängnis auf der Ilha Grande nahe Rio saß Curt Meyer-Clason in Haft, nachdem er unter Folter seine Spionagetätigkeit für das Deutsche Reich gestanden hatte. Im Lager habe sein Interesse für brasilianische Literatur begonnen, erklärte der Übersetzer und Autor später. Bis heute gilt er als einer der bedeutendsten Literaturvermittler zwischen Lateinamerika und dem deutschsprachigen Raum.

---

45 | Brief von Herbert Isnenghi an Ursula Prutsch, São Paulo, Juni 1992.

Die meisten Lager befanden sich in Südbrasilien. 300 deutsche Besatzungsmitglieder des Dampfers Windhuk lebten auf Fazenden im Paraíba-Tal von São Paulo, die zu Lagern umfunktioniert worden waren. Im Juli 1939 war die Windhuk aus dem Hafen von Hamburg ausgelaufen und gerade in Kapstadt vor Anker gelegen, als der Krieg ausbrach. Die Mannschaft wollte nach Deutschland zurück, konnte aber nur noch Häfen neutraler Staaten anlaufen. 1939 ankerte sie im Hafen von Santos. Drei Jahre lang lebten die Matrosen von deutscher Finanzhilfe, bis sie Anfang 1942 interniert und als Landarbeiter eingesetzt wurden. Die Bedingungen seien gut gewesen, erinnerten sich Zeitzeugen, lasse man die permanente Bewachung außer Acht. Eine Revolte sei mit härteren Arbeitsvorgaben bestraft worden. Fluchtversuche habe man hingegen mit Psychoterror in Einzelzellen sanktioniert. Theoretisch waren Alkohol und Besuche verboten. Doch bald waren die jungen Lagerinsassen zur Attraktion für die Lokalbevölkerung geworden. An den Sonntagen kamen Brasilianer vorbei, um Fußball zu spielen. Und mit Brasilianerinnen wurden einige Ehen geschlossen. Ein paar Häftlinge hatten ein Orchester gegründet, das bald in der nahegelegenen Stadt auftrat.

Nahezu alle Lager wurden von Inspektoren des Internationalen Roten Kreuzes besichtigt, das von Tomé-Açú allerdings nicht. Es war eine ehemalige japanische Kakaoplantage mit 300.000 Setzlingen, die sich nicht entwickelt hatten. Die Idee, das Landgut zum Lager umzufunktionieren, hatte mit der Errichtung amerikanischer Landebahnen in der Region zu tun. Damit waren die Achsenangehörigen zum Sicherheitsrisiko geworden. Die 480 japanischen und 32 deutschen Familien lernten in Tomé-Açú, miteinander zu leben und sich mit den Behörden zu arrangieren. Gemäß der Genfer Völkerrechtskonvention gab es elektrisches Licht und eine Schule, selbst ein Fußball- und ein Volleyball-Feld. Allerdings waren die Lagerbewohner der Willkür ihrer Bewacher ausgeliefert. Und diese steckten sich die Gelder für die Verpflegung der Internierten mitunter in die eigenen Taschen.

»Wir bekamen in Tomé-Açú keine Verpflegung geliefert, wir mussten dafür arbeiten und erhielten als Lohn 6 Milreis (= 1-1,20 Reichsmark) pro Arbeitstag, sonn- und feiertags aber nichts. Von dem Geld sollten wir für unser Essen selbst sorgen«, notierte Harald Sioli in seinem Tagebuch.[46] Schließlich schien man die Internierten vergessen zu haben. Die Malaria grassierte. Sie begannen zu hungern. Sioli setzte einen Beschwerdebrief auf, nachdem die Kolonie von der deutschen Kapitulation erfahren hatte. Es war illegal, Kurzwellenradio zu hören, aber lebensrettend. Im September 1945 wurde schließlich das Lager geräumt.

Brasilien war das einzige Land Lateinamerikas, das sich aktiv im Zweiten Weltkrieg engagierte. In seinem Expeditionskorps, das 25.000 Soldaten zähl-

---

46 | Sioli, Gelebtes, geliebtes Amazonien, 122.

te und 1944 an der Seite einer amerikanischen Einheit in Italien zum Einsatz kam, waren auch Kämpfer japanischer und deutscher Herkunft. Einige wurden dekoriert, einige ließen ihr Leben. An die 466 gefallenen Brasilianer erinnert heute noch ein Kriegerdenkmal von Oscar Niemeyer. Es steht in Rios Stadtteil Flamengo am Strand.

Die aggressive anti-japanische Politik der Kriegsjahre hatte zur Gründung einer Geheimorganisation geführt, der Shindo Renmei. Im August 1945 trat sie an die Öffentlichkeit und forderte die Wiedererrichtung eigener Schulen und kultureller Zentren. Die erlittenen Demütigungen machte sie glauben, Japan hätte den Krieg gewonnen und das Gegenteil sei brasilianische Feindpropaganda. Das führte so weit, dass besonders radikale Mitglieder darangingen, einige Nikkei zu ermorden oder deren Häuser zu verwüsten, weil sie versucht hatten, das Geschichtsbild der Sekte zu korrigieren. Shindo Renmei wurde allmählich durch neu eingewanderte Japaner eines Besseren belehrt und versank in der Bedeutungslosigkeit.

Das Selbstbewusstsein der deutschen Minderheit hatte ebenso gelitten. Ihre Güter erhielten sie allmählich rückerstattet. Es brauchte Jahre, bis die ersten deutschen Schulen wieder öffneten. Der Zweite Weltkrieg ist für beide Gemeinschaften kein beliebtes Thema. Immer noch hält sich das Gerücht, Abertausende von Nationalsozialisten seien nach dem Krieg nach Lateinamerika geflohen. Der argentinische Präsident Juan Perón leistete aktive Fluchthilfe, weil er deutsche Piloten und Flugzeugingenieure engagieren wollte und zudem ideologische Sympathien für die Achsenmächte gehegt hatte. Der Vatikan und das Rote Kreuz halfen bei der Flucht über die sogenannte Rattenlinie durch Südtirol. Die Nachkriegsjustiz der Bundesrepublik Deutschland unterschied in ihrer Rechtsprechung zwischen Tätern der NS-Führungsriege und ihren Gehilfen. Ihre Mühlen mahlten, so Daniel Stahl, im Klima mühsamer Entnazifizierungen und des Beharrungsvermögens vieler Beamten sehr langsam. Dazu kam die mangelnde Kooperation mit der französischen Interpol, die noch unter dem Geist von Vichy agierte. Trotz unermüdlicher Recherchen von Simon Wiesenthal wurden nur sechs hochrangige Kriegsverbrecher aus Lateinamerika ausgeliefert.

Brasilien, der solide Kriegspartner der USA, hielt sich an die Vereinbarungen der Konferenz von Chapultepec, wonach Kriegsverbrechern die Flucht nach Lateinamerika unmöglich gemacht werden sollte. Es galt, ein »Viertes Reich« zu verhindern, gerade in Argentinien. Deshalb fragte Brasilien auch offiziell in den USA an, ob es Fachkräfte aus Deutschland anwerben dürfe und legte eine Namensliste vor, die überprüft wurde. Trotzdem kamen Franz Stangl und Gustav Wagner, die ehemaligen Kommandanten der Vernichtungslager Sobibór und Treblinka, auf Umwegen nach Brasilien, auch Herbert Cukurs, Mitglied eines lettischen Vernichtungskommandos. Stangl wurde ausgeliefert, Wagner nahm sich das Leben, Cukurs wurde von Agenten des Mossad in Uruguay ermordet.

Die brasilianischen Behörden engagierten sich bei der Suche nach dem KZ-Arzt von Auschwitz, Josef Mengele, wenn es in Kreisen der Exekutive auch manch Sympathie für den Kriegsverbrecher gegeben hat. Mengele war von Argentinien nach Paraguay geflohen, als internationale Fahnder Adolf Eichmann aufgespürt hatten. Vom paraguayischen Diktator Alfredo Stroessner lange gedeckt und mit der Staatsbürgerschaft bedacht, floh Josef Mengele weiter nach Brasilien, als Paraguay ins Visier der Aufdecker rückte. Dort verstarb der Kriegsverbrecher 1979 bei einem Badeunfall nahe Santos. Die kleine Gemeinschaft von Hitler-Nostalgikern in São Paulo hatte dicht gehalten. Die Gerüchteküche beruhigte sich allerdings noch lange nicht. Gelegentlich tauchen Meldungen auf, wonach Mengele im südbrasilianischen Dorf Cândido Godói Experimente an Menschen durchgeführt haben soll. Der amerikanische Spielfilm *The Boys from Brazil* (1978) fiktionalisierte die Spekulationen um den Wiederaufbau eines NS-Reiches in Südamerika und endete in einem blutigen Duell zwischen dem Massenmörder und seinem jüdischen Verfolger.

Annäherungen zwischen den Japanern und Deutschen gibt es mittlerweile, wenn auch wohl vereinzelt. Der deutsche Club von Londrina in Paraná rühmt sich, 30 Nationalitäten in seinen Reihen zu bergen. Die japanische gehört nun auch dazu.

Das Erbe des Krieges –
die Amerikanisierung Brasiliens?

Im Krieg war ein bezeichnetes Sprichwort geprägt worden: »Die Regierung bringt das Land jeden Tag um einen Schritt zurück; doch in der Nacht, wenn die Regierung schläft, schiebt sich das Land wieder zwei Stufen nach vor.«[47] Allmählich hatte die Geduld der Zivilbevölkerung für die Kriegsopfer ihrer Regierung nachgelassen. Es fehlte an Metall, Zucker und Erdöl. Findige Forscher waren darangegangen, Treibstoff aus Holz zu produzieren, das *gasogênio*. Bereits im Zweiten Weltkrieg experimentierte Brasilien erfolgreich mit alternativen Treibstoffen, nicht erst in der Militärdiktatur ab den 1960er Jahren. Allerdings zerstörten die hässlichen Gasbehälter jede schicke Karosserie. Wie plumpe Regentonnen waren sie auf die Dächer der Wägen gespannt.

Trotz geschönter Medien hatte man die Politik in Verdacht, dass sie die Erlöse aus den Exporten in die USA in die eigene Tasche steckte. Der Bruder des Präsidenten, Benjamin Vargas, hatte altes Kriegsgerät aus den USA nach Argentinien weiterverscherbelt. Viele Studierende der großen Universitäten, politisch meist linksgerichtet, warfen der Vargas-Regierung vor, mit den »Imperialisten« gemeinsame Sache gemacht zu haben. Andere wiederum waren pro-amerikanisch. Sie beklagten die Verlogenheit der Diktatur, die sich als Demokratie tarnte. Angekündigte Wahlen waren verzögert worden, selbst der Außenminister Oswaldo Aranha war 1944 zurückgetreten. Vergeblich mahnte die Opposition mehr Sozial- und Bildungspolitik ein. Zur Kritik gehörte auch das Los der 13.000 Kautschukzapfer am Amazonas, die man ihres Schicksals überließ. Manche erfuhren sogar erst 1946 vom Kriegsende. Einige warten bis heute auf ihre Renten.

Die Propagandabehörde DIP wurde mit Kriegsende geschlossen. Parteien waren wieder erlaubt. Die kritische Presse nutzte ihre wiedergewonnenen Spielräume und attackierte die Politik des Regimes. Als Benjamin Vargas zum

---

47 | Hernane Tavares de Sá, The Brazilians. People of Tomorrow (New York: Day, 1947) 199.

Polizeichef von Rio de Janeiro ernannt wurde, reichte es der Opposition. Im Oktober 1945 wurde Getúlio Vargas vom Militär gestürzt. Er kehrte nach São Borja auf seine Güter zurück. Sein Freund Gaspar Dutra, ein strammer Anti-Kommunist, wurde Präsident.

Vargas hatte vermeintlich alles getan, um Brasilien im Krieg ein Nationsgefühl zu geben und eine Nationalkultur zu schaffen. Selbst die Sammelaktionen von Alteisen, die Verdunkelungsübungen in São Paulo, Rio und Salvador waren ein propagandistischer Dienst an der Einheit. Nicht einmal das nächtliche Rauchen von Zigaretten auf der Straße sei erlaubt gewesen, erinnern sich noch manche Brasilianer. Identitätsstiftend sollten sogar die obligatorischen Kriegsmenüs gewesen sein, die in Gaststätten angeboten wurden: das Arme-Leute-Essen der *feijoada*, schwarze Bohnen und weißer Reis, ein kulinarisches Symbol der »Rassendemokratie«. Gleichzeitig hatte sich das Establishment bedient, hatte private Interessen vor nationale gestellt. Der Geist der alten Eliten wurde vom Neuen Menschen nicht abgelöst. Er prägt Brasilien bis heute.

Die Freundschaft zwischen den USA und Brasilien kühlte nach dem Zweiten Weltkrieg merklich ab. Die Amerikaner steckten viel Geld und Engagement in den Marshallplan. Gleichwohl blieb Brasilien ein wichtiger Partner in der Region. Der Rio-Vertrag von 1947 legte Sicherheitskonzepte in der Region fest, während die Beziehungen zur Sowjetunion wieder einmal abgebrochen wurden. Viele Bande mit den USA blieben bestehen. Amerikanische Universitäten richteten die ersten Lateinamerika-Lehrstühle ein. Die UNESCO sandte Anthropologen nach Brasilien, damit sie die Lebensbedingungen der Afro-Brasilianer erforschten und mit Wissenschaftlern vor Ort wie Roger Bastide zusammenarbeiten. Nach der Erfahrung des Holocausts glaubten sie zunächst, in der brasilianischen »Rassendemokratie« ein brauchbares Gegenkonzept zu finden. Feldforschungen entlarvten diese als Mythos, was den Soziologen Florestan Fernandes zur prägnanten Aussage bewog, dass Brasilien mit dem Vorurteil lebe, keine Vorurteile zu haben. Doch in der Politik und im Selbstverständnis vieler Brasilianer lebte dieser Mythos weiter.

Amerikanische Unternehmen florierten. Ihnen waren im Zweiten Weltkrieg, im Rahmen der Politik der Guten Nachbarschaft, viele Möglichkeiten eingeräumt worden, um den brasilianischen Markt zu sondieren. Nach 1945 gründete Nelson Rockefeller zwei Unternehmensberatungen, die landwirtschaftliche Betriebe mit hybridem Saatgut und Maschinen belieferten und den Bau von Supermärkten bewarben. Der erste öffnete 1952 in Rio seine Pforten. Heute gehören riesige Shopping Center zum brasilianischen Stadtbild. Sie bieten Konsumieren in Sicherheit und klimatisierten Räumen, die nun privatisiert statt öffentlich sind. Die Stadtzentren sind für Brasilianer der Mittel- und Oberschicht dafür oft unbekannt und an Wochenenden menschenleer. Den städtischen Theatern, den staatlichen Museen fehlen besonders die jungen Besucher, weshalb Projekte nun den öffentlichen Raum wiederbeleben wollen.

Das US-Unternehmen Henry Kaiser baute Autos, Catapillar lieferte Baumaschinen. Während des Kriegs hatte der Soziologe Josué de Castro auf die Mangelernährung vieler Brasilianer hingewiesen. Sie resultiere nicht aus einem Mangel an Essbarem, sondern sei das Resultat schlechter Ernährung. Amerikanische Pharmafirmen brachten nun auch Vitamin-Produkte auf den Markt.

Nelson Rockefeller, der Spross einer Familie von Kunstmäzenen, vermittelte nach dem Krieg reichen Brasilianern Kunstwerke meist französischer Provenienz. Als Mitglied des Aufsichtsrats des New Yorker MOMA reiste er regelmäßig als Kunstvermittler in den Süden. Der Medienmogul Assis Chataubriand, Besitzer des ersten TV-Senders, gliederte sie in sein neues Museum in São Paulo, das Museu de Arte de São Paulo (MASP) ein. Francisco Matarazzo Sobrinho, Spross einer schwerreichen Unternehmerfamilie italienischer Herkunft, errichtete sein Museu de Arte Moderna de São Paulo (MAM). 1951 fand dort die erste Biennale mit einer Präsentation konkreter Kunst statt. Prämiert wurden die Arbeiten des Schweizer Künstlers Max Bill, der wiederum die heimische konstruktivistische Szene, etwa der Maler Antônio Bandeira und Geraldo de Barros, prägte.

In Rio de Janeiro hatte ebenfalls ein Museu de Arte Moderna unter Niomar Moniz Sodré seine Pforten geöffnet. Auch hier hatte Nelson Rockefeller zehn Gemälde gestiftet. Ein paar Jahre später übersiedelte das Museum in das charakteristische Gebäude im Stadtteil Glória. Brasilianische Künstler rezipierten auch Jackson Pollock und Alexander Calder, doch es ging ihnen nach dem Krieg um Internationalität, Moderne und bewusste Distanz vom Paternalismus der Diktatur. Deshalb zeigten sich auch Kritiker und Publikum bei einer Werkschau brasilianischer Künstler in München irritiert. Die 1959 gebrachte Ausstellung bot Werke von Alfredo Volpi, Ivan Serpa, Lygia Clark und Franz Weissmann. Statt der erwarteten naiven Buntheit des Exotischen sahen die Besucher nonfigurative, geometrische Kunst. Bis heute haben Kunst und Literatur das Problem, in Europa zu wenig rezipiert zu werden, wenn sie für das Durchschnittspublikum nicht die Exotik-Quote erfüllen.

Manche Politiker und Bürger meinten nach dem Krieg, Brasilien habe sich an die Amerikaner verkauft. Sie schufen Gegen-Kulturen. So auch in Rio Grande do Sul. Dort besann man sich der eigenen Wurzeln in der Überzeugung, der amerikanische Einfluss verdränge die eigene Kultur. Selbst Studenten deutscher oder italienischer Herkunft gründeten nun Gaúcho-Festivals, veranstalteten Rodeos und sangen bei üppigen Churrascos Lieder über Indiovergangenheit und den Bürgerkrieg der Farroupilha. Eine brasilianische Wirtschaftsdelegation reiste Anfang der fünfziger Jahre in die BRD. Man wollte ein Gegengewicht zur Macht amerikanischer Unternehmen schaffen und alte Wirtschaftsbeziehungen aktivieren. Bald errichtete Volkswagen ein Werk in São Paulo und schuf mit dem VW-Käfer, »Fusca« genannt, ein beliebtes Statussymbol.

1950 war Getúlio Vargas wiedergewählt worden. Das Gedächtnis der Durchschnittsbevölkerung war gering. Vargas setzte seine Politik der Nationalisierung fort. Er rief die Nationale Entwicklungsbank ins Leben, heute die wichtigste Kreditgeberin für Unternehmen im Land. Und er gründete die Petrobras. Wiederum stützte er seine Macht auf Eliten und Industriearbeiter, während er die ländliche Armut verdrängte. Die Inflation blieb hoch und die Lebensmittelpreise stiegen. Familien im stets vernachlässigten Nordosten mussten, wenn sie in Städten lebten, 70 Prozent ihres Einkommens für Nahrungsmittel ausgeben. Als auch die Arbeiter in Rio streikten, war das Image des »Vaters der Armen« angekratzt. Vargas enttäuschte zudem seinen Kriegsbruder USA mit hohen Kaffeepreisen und der Weigerung, ihn im Koreakrieg zu unterstützen.

Schließlich wurde ein Attentat auf den Vargas-Kritiker Carlos Lacerda verübt. Der Journalist überlebte, doch ein Major der Luftwaffe wurde dabei getötet. Bald entdeckte man, dass der persönliche Sicherheitschef des Präsidenten es ausgeführt hatte. Das Attentat war eine große Gelegenheit für die Opposition. Als Vargas die Nachricht erreichte, dass die Militärs ihn wieder einmal absetzen wollten, kam er ihnen zuvor. Noch im Pyjama nahm sich am Morgen des 24. August 1954 das Leben. Er hinterließ einen Abschiedsbrief, der an Pathos schwer zu überbieten ist. Darin macht sich Vargas zum Märtyrer. Er habe alles versucht, um eine Regierung der sozialen Freiheit einzurichten. Er habe sein Leben gegeben; nun gebe er seinen Tod. Nichts bleibe. Feierlich mache er seinen ersten Schritt auf dem Weg zur Ewigkeit und verlasse das Leben, um in die Geschichte einzugehen.

Das spektakuläre Ende des Mannes, der Brasiliens Geschichte bis heute prägt, regte Filmemacher und Schriftsteller an. Der prominenteste Roman stammt von Rubem Fonseca. Mit *Agosto* (*August*, 1990) bietet er ein spannendes Kammerstück über Komplott und Verrat, Korruption und Machtkämpfe, die ebenso charakteristisch für die fünfziger Jahre sind wie der kulturelle Aufbruch. Der Privatsender Rede Globo machte aus dem Roman 1993 eine Fernsehserie.

The Girl from Ipanema
und die Aufbruchstimmung der fünfziger Jahre

Im Café Villariño sollen, so sagt die Legende, Vinícius de Moraes und Tom Jobim den Bossa Nova aus der Taufe gehoben haben, die Fusion von Samba und Jazz. Die neue Gattung entstand also in Rio de Janeiros Zona Sul, wurde von jungen Musikern der Mittelschicht gespielt und von einem ebensolchen Publikum rezipiert. Bald hielt der Bossa Nova (der Neue Weg) Einzug in die Bars und Cafés der schicken Strandviertel. João Gilberto aus Bahia, der dafür bekannt wurde, Töne auf der Gitarre eher schüchtern zu zupfen, landete mit *Desafinado* einen Hit. Eingängige, fast puristische Melodien wurden mit einfachen Texten vermengt.

Der Lyriker Augusto de Campos schrieb: »Es ist wie die einfache Form zu reden, wie in Bereichen des täglichen Lebens in der Stadt, und die Strophen sind voll von Humor, Ironie, Witz, Einfühlsamkeit, Freude, Boshaftigkeit, und gelegentlich auch Traurigkeit.«[48] Vermittelt durch Charlie Byrd wurde schließlich der Saxophonist Stan Getz mit den neuen Klängen vertraut. Er spielte mit den jungen Interpreten des Bossa Nova einige Lieder ein und machte sie einem amerikanischen Publikum bekannt. Erst die von Stan Getz gestaltete und Astrud Gilberto gesungene Version von *The Girl from Ipanema (A garota de Ipanema)* brachte den Bossa Nova auf die US-Charts und am 21. November 1962 in die Carnegie Hall. Miles Davis, Dizzy Gillespie, Gerry Mulligan saßen im Publikum.

Amerikanische Touristen genossen in Rio de Janeiro die sanfte Gefälligkeit der neuen Klänge vor der weitläufigen Kulisse der städtischen Strände. Fernab von ihnen lassen die Autoren João Guimarães Rosa und Clarice Lispector ihre Protagonisten leben. In seinem großen Roman *Grande sertão: veredas (Grande sertão*, 1956) macht Guimarães Rosa den Sertão zu einer Metapher für ganz Brasilien und dehnt diese gleich auf die Welt aus: »Der Sertão ist so groß wie die Welt«. Das aride Hinterland des Nordostens verliert den regionalistischen Anspruch und wird international gedacht, um in den Kanon der Weltliteratur

---

48 | Augusto de Campos, zit.n. Sadlier, Brazil Imagined, 206.

einzugehen. Das ist dem Autor gelungen, denn Guimarães Rosa gilt als wahrer Sprachkünstler, er ist allerdings schwer übersetzbar. Clarice Lispector hingegen verortet ihre introspektiven Texte hauptsächlich in urbanen Welten. Anspielungsreich werden die Wahrnehmungen der äußeren Welt aus der Person des Ich-Erzählers gestaltet, in vieldeutiger Weise.

Der Dramatiker Nelson Rodrigues ist aus der vielschichtigen Literaturszene der fünfziger Jahre nicht wegzudenken. Seine Stücke fanden Anerkennung, weil sie gegen die hochgestochene Künstlichkeit des heimischen Theaters der vierziger Jahre standen. Sie führten dem Publikum erstmals eine lebendige Sprache auf der Bühne in formaler Vielschichtigkeit vor. Mit dem avantgardistischen Drama *Vestido de noiva* (*Das Verlobungskleid*, 1943) war er berühmt geworden, da die Handlung drei Realitätsebenen präsentiert. Einige seiner Werke sind sozialkritisch; als Klassiker wurde er erst spät geehrt, weil sich Rodrigues selbst als reaktionär bezeichnete. Als die linken Studierenden der 1960er Jahre gegen die Diktatur auf die Straße gingen und die Stimme des Volkes für sich in Anspruch nahmen, kommentierte Rodrigues ironisch, dass dies doch die Kinder der Bourgeoisie seien. Kürzlich verglich die Präsidentin Dilma Rousseff die Eurokrise mit der Komplexität einer Rodrigues-Figur.

In São Paulo entstand mit der Poesia Concreta eine experimentelle und avantgardistische Bewegung, die sich international vernetzte. Mit Max Bill als erstem Rektor wurde die Hochschule für Gestaltung in Ulm zu einem Zentrum des Konstruktivismus. Eugen Gomringer, der »Vater der Konkreten Poesie« in Deutschland, war damals Bills Sekretär. Gomringer begreift Gedichte als Spielanleitungen und Gebrauchsgegenstände, nennt sie Konstellationen. Rasch verstand er sich mit den Gebrüdern Haroldo und Augusto de Campos und Décio Pignatari, die in São Paulo eine brasilianische Form der konkreten Poesie entwickelt hatten. Durch ihr spielerisches Experimentieren mit internationalen Einflüssen baut sie auf der modernistischen Bewegung der 1920er Jahre auf und distanziert sich von der introspektiven Lyrik der Kriegsjahre. Poesie ist für sie nicht ein Ausdruck der menschlichen Psyche, sondern ein technischer Gegenstand. Gomringer betont, dass das konkrete Gedicht eine eigene Realität habe, das nicht über etwas anderes spreche. Es verabschiede sich vom Vers, sei ein ästhetisches, malerisches Spiel von Zeichen, über eine Buchseite verstreut. Die Freundschaft zwischen Eugen Gomringer und den Campos-Brüdern blieb bis zu deren Tod bestehen.

1950 führte Brasilien als erstes Land Lateinamerikas das Fernsehen ein. Weltweit war es das sechste. Im selben Jahr, am Namenstag des Stadtpatrons São Sebastião, wurde das Maracanã-Stadion eingeweiht. Drei Jahre lang hatte man am größten Stadion Lateinamerikas gebaut. Es fasste über 200.000 Personen. 1950 war Weltmeisterschaft. Obwohl alles nach einem Weltmeistertitel für Brasilien aussah, verlief die Entscheidungsrunde äußerst unglücklich. Die »größte Tragödie der jüngsten brasilianischen Geschichte« fand gleich drei

Schuldige. Es waren dunkelhäutige Spieler, die ihr Leben lang dafür geächtet wurden, dass Uruguay den Sieg davongetragen hatte, mit einem Ergebnis von 1:2 gegen Brasilien. Das fußballerische Versagen brannte sich als eine der großen Erzählungen vom tragischen Scheitern des brasilianischen Volkes ins Gedächtnis ein, das von Weltmacht träumte, von »Ordnung und Fortschritt«, aber immer wieder an der eigenen Unzulänglichkeit scheiterte.

Acht Jahre später brillierte Brasilien mit Mané Garrincha, der das Rebellische verkörperte, die Hoffnung. Sein tänzerisches Spiel der Leichtigkeit brachte ihm den Beinamen *Alegria do povo*, Freude des Volkes, ein. Nelson Rodrigues erinnert sich an ein Spiel von Botafogo gegen Fluminense. Wenn Garrincha »den Ball nahm und seinen Tanz aufführte, dann lachte die Menge, sie lachte einfach; sie lachte aufrichtig und mit einer Glückseligkeit sondergleichen«, schrieb der Dramatiker und Publizist.[49]

Garrinchas linkes Bein war nach außen gekrümmt, das rechte nach innen. Mit seiner außergewöhnlichen Antrittsschnelligkeit verkörperte er Lust am Spiel, am Tanz mit dem Ball. Er war ein Poet des Fußballs, nicht des Intellekts. Bei Spielerbesprechungen soll er Donald-Duck-Hefte gelesen haben. Das Genie endete in Alkoholismus und Armut. Und der Poet Carlos Drummond de Andrade schrieb: »Das Schlimmste ist, daß die Traurigkeit zurückkommt, und wir haben keinen anderen Garrincha zur Verfügung. Man braucht einen neuen, der unseren Traum ernährt.«[50] Neben Garrincha gab es allerdings auch Pelé, den nie der Volkszorn traf. Der mit einer weißen Brasilianerin verheiratete Star galt als angepasster Schwarzer.

Nach dem Krieg gründeten engagierte Filmemacher die Vera Cruz Filmgesellschaft, um sich vom oberflächlichen Mainstream-Kino aus Hollywood zu distanzieren. Die Filme sollten brasilianisch und universell sein, aber mit Beschönigungen, wie sie das Vargas-Regime verordnete, aufhören. Weil das Publikum die amerikanischen Westernhelden Buffalo Bill und Roy Rogers besser kannte als seine eigenen, produzierte Vera Cruz eine Art von Brasilien-Western. *O Cangaceiro* (1953) ist ein solcher Streifen über die Banditen des armen Nordostens, der wie bei Guimarães Rosa und sogar Euclides da Cunha eine Metapher für ganz Brasilien ist. Sein Protagonist wird im Film erstmals von einem *mulato* gespielt. Mit *Sinhá Moça* (1953) wagte sich die Gesellschaft an die Neuerung heran; sie stellte die Sklaverei erstmals kritisch dar. Der Film spielt auf einer Plantage zur Zeit der Abolition. Sinhá Moça ist die Tochter eines Plantagenbesitzers, die nach Emanzipation strebt. Im Gegensatz zum kitschigen Südstaatendrama

---

49 | Nelson Rodrigues, O berro impresso das manchetes (Rio de Janeiro: Agir, 2007), 411f.

50 | Carlos Drummond de Andrade, As melhores frases do Futebol (Rio de Janeiro: Garamond Ltda, 2003), 49. Siehe auch Klaus Zeyringer, Fußball – Eine Kulturgeschichte (Frankfurt a.M.: S. Fischer, 2014).

Vom Winde verweht bietet der brasilianische Streifen ein komplexes Bild des Systems der Sklaverei.

Beeinflusst vom italienischen Neorealismus begannen ein paar Filmemacher in den Favelas zu arbeiten. Dem Kinopublikum einer weltoffenen Mittel- und Oberschicht sollte nun die Seite des Januskopfes vorgespiegelt werden, die sie gerne ausblendeten. Der Regisseur Nelson Pereira dos Santos bot ein ungeschminktes Bild von Rios *Zona Norte* (1957), den rasch wachsenden prekären Vierteln. Mordende Jugendbanden, die Schattenseiten urbaner Realitäten, konnten nach Jahren der Zensur unter Getúlio Vargas fiktional verarbeitet werden. Schon 1954 hatte Pereira dos Santos im Film *Rio 40 graus (Rio, 40 Grad)* ein Porträt von schwarzen Jugendlichen gezeichnet, die an den Stränden der Stadt Erdnüsse verkauften. Damit setzte das Neue Kino, das Cinema Novo, den Musicals à la Hollywood, den *chanchadas*, ein sozialkritisches Genre entgegen.

Auch der französische Regisseur Marcel Camus entdeckte die Favelas. Er verfilmte mit *Orfeu Negro* (1959) ein Bühnenstück von Vinícius de Moraes, in dem Momente fröhlicher Armut durch Gewalt und Eifersucht im brutal Dramatischen enden. Denn Eurídice, die schöne Mulattin, wird von Gangmitgliedern ermordet. Die Filmmusik hatten der Gitarrist Luis Bonfá und Antônio Carlos Jobim komponiert, die Stars des Bossa Nova. Er wurde zum musikalischen Sinnbild für das Neue, die Aufbruchsstimmung. Es gab Bossa Nova Mädchen, Bossa Nova Autos und einen Nossa Nova Präsidenten, Juscelino Kubitschek.

Brasília – der »verchromte Urwald«
und der Tropicalismo der Sixties

Brasília war Juscelino Kubitscheks größtes Symbol. Der Nachkomme einer tschechischen Familie mit Roma-Wurzeln galt als großer Förderer der brasilianischen Moderne. »Wachstum mit Verschuldung« lautete sein Motto. Kubitschek ließ das Straßennetz ausbauen, Dörfer elektrifizieren, Energie fördern, die Autobahn von Rio de Janeiro nach São Paulo bauen. Diese Via Dutra wurde bald für spektakuläre Unfälle und zähen Verkehr bekannt, weil sich entlang ihrer Trasse eine Reihe großer Unternehmen ansiedelte. Mit Großprojekten wollte Kubitschek der ländlichen Armut den Kampf ansagen. Nur: Der Gewinner war wiederum die Region von São Paulo, nicht der arme Nordosten. Und das neue Straßennetz beschleunigte die Abwanderung aus den ohnehin bevölkerungsarmen Gebieten in die Städte.

Der Name Brasília stammte von José Bonifácio de Andrada e Silva. Dass die Hauptstadt im Zentrum des Landes liegen solle, war 1891 in der Verfassung verankert worden. Mit der Planung wurden die beiden Stararchitekten des Neuen Brasilien beauftragt: Lúcio Costa und Oscar Niemeyer. Sie entwarfen auf dem Reißbrett eine Stadt, mit den Konturen eines Flugzeugs. In drei Jahren mit Billigbeton von 30.000 Arbeitern errichtet, beeindruckt Brasília als Gesamtkonzept, wenn die Fassaden auch hier und dort schon bröckeln. *Der verchromte Urwald* nannte Frank Arnau eine Reportage, obwohl Brasília auf einer savannenartigen Hochebene liegt.

Eingeweiht wurde es am 21. April 1960, fast am Gedenktag der Ankunft Pedro Álvares Cabrals im Jahr 1500. Im Zentrum der Anlage erstreckt sich der Platz der drei Gewalten mit den beiden Halbschalen des Senats und des Repräsentantenhauses, mit dem Obersten Bundesgerichtshof und der Präsidentenresidenz, dem Palácio da Alvorada. Mit ihren parabelförmigen Kolonnaden geben die Gebäude Niemeyers unverkennbaren Stil der geschwungenen Leichtigkeit wieder. Auf der Hauptachse liegen die Kathedrale und das iglu-förmige Kunstmuseum. Dass diese Gestalt für das Hängen von Bildern nicht ideal ist, störte die Planer wenig. Streng aneinander geschachtelt reihen sich die Ministerien auf. Die Stadt ist in unterschiedliche Segmente geteilt: das Diplomatenviertel, das Regierungsviertel, das Hotelviertel, das Wohnviertel. Costa und Niemeyer ging es mehr um Ästhetik und Originalität als um Praktikables. Auto-Mobilität, so dachte man, würde die Verbindungen schaffen. Seit 1987 ist Brasília, die utopische Stadt am Schnittpunkt von Moderne und Wildnis, auch UNESCO-Weltkulturerbe. Es brauchte lange, um der Hauptstadt Leben einzuhauchen. Bis vor kurzem blieben viele Beamte Pendler und arbeiteten dort lediglich von Dienstag bis Donnerstag. Mittlerweile hat Brasília durch seine Universitäten und seine Kulturszene ein dynamisches Eigenleben entwickelt.

Dass die Arbeiterfamilien Brasílias sich ihren Wohnraum nicht würden leisten können, hatten die idealistischen Planer nicht erahnt. Denn gerade der bekennende Kommunist Niemeyer wollte in seiner Stadt der Zukunft soziale Segregationen aufheben. Die für 2-3.000 Einwohner konzipierten Wohnblöcke, die *superquadras,* hatten je nach Einkommen größere und kleinere Wohneinheiten vorgesehen. Jeder Block bot Kinos, Geschäfte, Parks und Kindergärten. Als die Wohnungen 1965 am freien Markt angeboten wurden, waren die Preise für das Dienstleistungspersonal, für die kleinen Beamten viel zu hoch. Sie zogen in eigene Trabantenstädte und die Bestverdienenden an die Ufer des künstlich angelegten Paranoá-Sees. Und Niemeyer ging ins Exil nach Paris, später nach Algiers, denn 1964 hatten die Militärs geputscht.

Die Großprojekte von Juscelino Kubitschek florierten nicht ohne Korruption. Sein Nachfolger Jânio Quadros trat als Saubermann an, machte sich jedoch bald unbeliebt, weil er Löhne einfror, diplomatische Beziehungen zur Sowjetunion aufnahm und schließlich Ché Guevara den höchsten Orden des Landes verlieh. Mit der Pop-Kultur der Sixties hatte er seine Probleme. Noch als Präfekt von São Paulo hatte der seltsame Politiker Rock 'n' Roll untersagen lassen. Dann versuchte er es mit einem Bikini-Verbot. Ein Komplott mit der These, er hätte einen Staatsstreich geplant, bewog ihn am 25. August 1961 zum Rücktritt.

Laut Verfassung sollte der Vizepräsident die Macht übernehmen. An diesem Tag war João Goulart, ein linkspopulistischer Politiker, allerdings in China. Um seine Präsidentschaft zu verhindern, drohten die Militärs, sein Flugzeug abzuschießen. Leonel Brizola, Goularts Schwager und Gouverneur von Rio Grande do Sul, startete die sogenannte Campanha da Legalidade. Mit Hilfe des Radios, seiner Überredungskunst und interner Differenzen im Militär setzte Brizola schließlich doch die Beibehaltung der Demokratie durch. Dieses Engagement sollte die Aura des Gaúchos als Verteidiger demokratischer Spielregeln prägen. Am 7. September 1961 übernahm João (»Jango«) Goulart das Präsidentenamt. Er kam aus dem Vargas-Clan, war in São Borja geboren und lehrte mit seiner populistischen Rhetorik den konservativen Wirtschaftskreisen bald das Fürchten. Er erhöhte die Löhne von Fabrikarbeitern und schickte sich an, den Sertão durch eigene Strategien für den Nordosten endlich in die Nation zu holen. Dies waren staatliche Bewässerungsprojekte, Besiedlung und die Nutzung der Küstenstreifen für den Zuckerrohranbau.

Die Strategien waren von der sozialistischen Organisation CEPAL, die ihren Sitz in Chile hat, beeinflusst. Dagegen entwickelten die USA alternative Konzepte, aus Angst, die ländliche Bevölkerung könnte marxistischen Ideen zugänglich werden. Präsident John F. Kennedy ließ im Rahmen seines anti-kommunistischen Programms »Allianz für den Fortschritt« mehr Gelder nach Brasilien überweisen als an andere Staaten Lateinamerikas.

Hübsche Siedlungen sollten nun entstehen, aus Reihen von Einfamilienhäusern und kleinen Gärten dazwischen. Vila Kennedy heißt deshalb eine Siedlung im Norden Rios, im Stadtteil Bangu. Den kleinen Hauptplatz ziert noch immer eine Replik der Freiheitsstatue von New York. Das Geld reichte offiziell noch für ein paar andere Mustersiedlungen. Der Großteil verschwand in den Taschen korrupter Politiker. Kennedys anti-kommunistische Entwicklungshilfe schlug auch in anderen Staaten Lateinamerikas fehl. Auch Präsident Goularts Pläne waren nicht nachhaltig. Riesige Brachflächen wollte er sinnvoller nutzen, Steuersünder bestrafen und die Bildung fördern. Es blieben ihm jedoch nur wenige Jahre.

Die Regierung von Jango Goulart steht auch für einen gesellschaftlichen Aufbruch, für die kulturelle Revolution der Sixties, die Brasilien zunächst genauso erfasste wie andere westliche Staaten. Sie prägten Glauber Rochas filmische Mahnmale, die mit dem ästhetischen Holzhammer auf die Wunden verwiesen, die der Kapitalismus der »Dritten Welt« geschlagen hatte. Und sie prägten den postmodernen Tropicalismo, der an die Kannibalen-Bewegung der zwanziger Jahre anknüpfte und sie globalisierte.

Glauber Rocha war Brasiliens bedeutendster Akteur des Cinema Novo. Vom italienischen Neorealismus und vom Marxismus beeinflusst, breitet er den Sertão mit seinen sonnenversengten Steppen, seiner Kargheit vor dem städtischen Kinopublikum aus. Er ästhetisierte den Hunger, die ungerechten Besitzverhältnisse, den Klassenkampf – durch Brechtsche Verfremdung und durch Elemente des katholischen Volkstheaters. Den künstlerischen Durchbruch verdankte Glauber Rocha allerdings der französischen Filmzeitschrift *Cahiers du Cinema*. In Cannes und in Locarno wurde er geehrt und gerade auch in den USA von jenen geschätzt, die sich dem Mainstream-Kino von Hollywood verweigerten. Für Martin Scorsese waren Rochas Helden die wohltuende brasilianische Antwort auf den Western eines John Wayne und die starre anti-kommunistische Gerechtigkeit.

Typisch für die sechziger Jahre wurden die *cangaceiros*, die Banditen des Sertão, zu Robin Hoods hochstilisiert. Sie durften stehlen, denn sie taten es für einen guten Zweck. Denn korrumpiert hatte sie das Elend. Rocha ließ Antônio Conselheiro aus Canudos auferstehen und Lampião, einen Banditen, der plündernd durch den Nordosten gezogen war, um dann 1938 mit seiner Geliebten

Maria Bonita getötet zu werden. Es ist typisch für Rocha, dass in *O Dragão da Maldade contra o Santo Guerreiro* (*Der Drache der Schlechtigkeit gegen den Heiligen Krieger*, 1969) der Außenseiter die Rolle des Heiligen Georg einnimmt, denn der Pfarrer des Dorfes ist feig und von der Macht des lokalen Oligarchen erdrückt. Auch Rochas Bildsprache war verstörend, sein Umgang mit der eigenen Geschichte erhellend. *Terra in Transe* (*Land in Pein*, 1967) beginnt nicht zufällig am Strand von Bahia im Jahr 1500, wo Pedro Álvares Cabral mit den Indios eine Messe feiert. Allerdings flicht Rocha afrikanische *candomblé*-Klänge in das Geschehen ein. *Terra en Transe* ist ein imaginärer Staat namens El Dorado. Regiert wird er von einem populistischen Gouverneur, der einem rechten Putsch weicht, ohne gekämpft zu haben. Es ist eine Anspielung auf den Präsidenten Goulart. Indem er den kolonialen Gründungsakt mit dem Neo-Kolonialismus und mit der politischen Gewalt des 20. Jahrhundert verbindet, verarbeitete der Regisseur den Putsch von 1964, der Goulart entmachtete. Rocha wollte Brasilien ent-cabralisieren. Und er habe dabei Bertolt Brecht afrikanisiert, meinte der Filmhistoriker Robert Stam recht tropicalistisch. Denn der deutsche Dramatiker übte damals einen enormen Einfluss auf brasilianische Künstler aus.

Was Rochas Filme heute schwer vermittelbar macht, ist der Hang zum Plakativen, frei von Ironie. Im Gegensatz zur Tropicália. Sie ist viel ironischer, spielerischer. Caetano Veloso, der Sänger und studierte Philosoph aus Bahia, seine Schwester Maria Bethânia, Gal Costa und Gilberto Gil waren die neuen Stars der Szene. Sie setzten dem sanften Rock von Roberto Carlos einen neuen Sound entgegen. Roberto Carlos, der Julio Iglesias Brasiliens, war der veritable Star der neuen Rock-Szene, auch Jovem Guarda (Junge Garde) genannt. Der Name stammt von der ersten Musikshow, die 1965 im Fernsehen ausgestrahlt wurde. Die enge Verbindung von TV und Musik brachte der Jovem Guarda und der Tropicália rasch kommerziellen Erfolg. 120 Millionen LPs verkaufte Roberto Carlos im Laufe seiner Karriere. Seine von den Beatles und Elvis Presley beeinflussten Lieder waren in den Sechzigern gerade wegen ihrer politischen Harmlosigkeit und ihrer eingängigen Lyrik in Spanien und Portugal, damals Diktaturen, besonders beliebt.

Die Musik der Tropicália hatte andere Ansprüche. Caetano Veloso war von Glauber Rochas neuer und provokanter Geschichtserzählung fasziniert. Die neuen Wilden probierten Soundtechniken aus und verurteilten sexuelle Scheinmoral. Sie gaben der *Música Popular Brasileira* (MPB) ein besonderes Gepräge, indem sie Bossa-Nova-Klänge mit der Musik von Bob Dylan, Bob Marley, Jimmy Hendrix, den Beatles, später Michael Jackson verbanden. Ihnen ging es um kulturelle Offenheit. Deshalb waren sie auch nicht anti-amerikanisch, was ihnen gerade aus den Reihen der marxistisch geprägten Studierenden der Universität von São Paulo Kritik einbrachte. Gleichzeitig kritisierten sie den blinden Glauben an einen historischen Fortschritt. Der Künstler Hélio Oiticica verpasste dieser musikalischen Hybridität einen exportfähigen Namen: Tropicalismo.

Der Afro-Brasilianer Gilberto Gil bewies mit seinem Song *Von Bob Dylan zu Bob Marley: Samba-Provokation*, wie jüdisch-amerikanische (Dylan), afro-amerikanische (Jackson) und jamaikanische (Marley) Elemente zusammenpassen. Gilberto Gil ist auch ein großer Barde des »schwarzen Atlantiks«, der engen Verbindung zwischen Afrika und Brasilien. Er arbeitet mit schwarzen Musikern aus Bahia zusammen und ist Mitglied eines *candomblé*-Hauses. Vor zehn Jahren erlebte der Tropicalismo eine Renaissance. Gilberto Gil wurde 2003 zum Kulturminister im Kabinett von Präsident Lula da Silva ernannt. Veloso erhielt zur selben Zeit in den USA Grammies für sein Lebenswerk.

Mit dem Begriff des Tropicalismo konnte sich Veloso nicht anfreunden, weil er ihn zu sehr an Gilberto Freyres Konzept des Luso-Tropicalismo erinnerte. Freyre war nach dem Zweiten Weltkrieg als Kulturbotschafter zwischen Brasilien und Portugal hin und hergereist und hatte den Luso-Tropicalismo als geglückte Verbindung zwischen Europa und den Tropen propagiert. Die Portugiesen hätten, so Freyre, durch den Transfer europäischer Kulturen nach Afrika, Asien und Brasilien große zivilisatorische Arbeit geleistet. Dem portugiesischen Diktator António Oliveira Salazar waren solche Argumente im Zeitalter der Dekolonisierung willkommen. Wegen seiner Nähe zu ihm wurde Freyre in der Heimat dafür heftig kritisiert. Caetano Veloso nannte seine Version der Kulturrevolution deshalb lieber Tropicália.

Sie knüpfte bewusst an die brasilianische Moderne der zwanziger Jahre an. Statt Dadaismus und Surrealismus waren es jetzt Konzeptkunst und Installationen. Ähnlich wie seine Vorgänger nahm Tropicalismo/Tropicália Zuschreibungen von außen aufs Korn: Palmen, Karneval, Bananen und Carmen Miranda. Das alles in der Ästhetik des Flower-Power und der psychedelischen Farbspiralen, bunt und fließend. Neben Rochas »Ästhetik des Hungers« setzt er bewusst auf eine »Ästhetik der Fehler«. Er wollte und will um jeden Preis politisch unkorrekt sein. Die Formen sind allerdings andere.

Die Tropicália spielt gerne verkehrte Welt, um ein Bewusstsein für Rassismus und Ungleichheit zu schaffen. Ein deutliches Beispiel dafür ist eine Show von Chico Buarque und Gilberto Gil im letzten Jahr der Diktatur. Sie spielten auf eine brasilianische Fernsehserie an, in der ein Afro-Brasilianer von einem weißen Schauspieler mit schwarz geschminktem Gesicht dargestellt wurde. Diese Praxis war in den amerikanischen Minstrel-Shows des 19. Jahrhunderts geübt worden. Auf Volksbühnen waren weiße Schauspieler mit schwarz geschminkten Gesichtern aufgetreten. Zum Gaudium des Publikums stellten sie Schwarze als unfähige Tölpel dar, die zumindest singen und Banjo spielen konnten. Die beliebteste Figur dieser Shows hieß Jim Crow. Unter diesem Namen wurden all die rassistischen Gesetze zusammengefasst, die der amerikanische Süden hundert Jahre lang (von 1865 bis 1965) praktizierte. Die gebildete afro-brasilianische Gemeinschaft kannte diese Geschichte und den Symbolismus. Gilberto Gil und Chico Buarque drehten die Minstrel-Show um. Gil hatte sein dunkles

Gesicht weiß geschminkt und Buarque sein hellhäutiges schwarz. Beide sangen sie gegen den Alltagsrassismus an.

Der Tropicalismo rieb den Pop mit dem Elitären, das Brasilianische mit dem Internationalen, und alles in kannibalisch globaler Dimension. Glauber Rocha und die Tropicália griffen beide die traditionelle Linke an, die das ländlich Folkloristische feierte und sich der Elektrogitarre verweigerte. Und beide schockierten und verunsicherten die konservative Rechte. Dem Mainstream der Mittel- und Oberschicht warfen die jungen Wilden vor, oberflächlich zu sein, weil er seine Weltsicht aus dem Fernseher bezog, in Form eines Konsums à la USA. Was die Tropicália so bedeutend macht, ist ihre spielerische Offenheit, ihre bissige Satire und ihre Philanthropie in einer Gesellschaft der Doppelmoral. Dabei verharmloste sie nicht. Brasilien habe die charmanteste Protestmusik der Welt geschaffen, sagte Caetano Veloso einmal. Diese hatte sie nun im Exil zu schreiben, denn die Militärs setzten der neuen Offenheit bald ein radikales Ende.

Die Diktatoren

Am 1. April 1964 durchbrach ein Militärputsch jäh die Aufbruchsstimmung, die Freude an der künstlerischen Provokation. Jango Goulart ergab sich widerstandslos und floh nach Uruguay. Seine Landreform, seine sozialistische Rhetorik hatte die konservative Mittel- und Oberschicht verunsichert. Sie sah ihre Steuergelder im kinderreichen, »faulen« Nordosten verschwinden. Der Vorwurf, der Präsident sei zu marxistisch, war bald erhoben, auch vom konservativen Flügel der katholischen Kirche. Es war kein Zufall, dass der Privatsender Rede Globo, heute der viertgrößte der Welt, unter Roberto Marinho 1964 einen lukrativen Vertrag mit dem amerikanischen Medienkonzern Time-Life schloss – wenn auch diese Verbindung auch nur ein paar Jahre halten sollte. Rede Globo und sein Konkurrent, der Medienmogul Assis Chateaubriand jubelten, dass nun endlich Männer im Format eines De Gaulle regierten. Obwohl sich der journalistische Wendehals Assis Chateaubriand bald von den neuen Machthabern distanzierte, verbreiteten seine Zeitungen die Lüge vom Putsch als neuer »demokratischer Revolution«.

Ein paar Tage vor dem Putsch hatte US-Präsident Lyndon B. Johnson per Telefon seinen Sicherheitsberatern aufgetragen, alles zu tun um Goulart zu stürzen. Er wolle kein zweites China und selbstverständlich auch kein zweites Kuba. Am 27. März waren Waffenlieferungen geplant. Sie sollten von nicht gekennzeichneten amerikanischen U-Booten nach Süden transportiert und nachts an einem einsamen Flecken der südbrasilianischen Küste den Militärs übergeben werden. Klassische CIA-Strategien wurden in die Wege geleitet: die Organisation »pro-demokratischer« Demonstrationen, die Bestechung von Kongressabgeordneten, die gegen Goulart stimmen sollten. Man war sich sicher, dass der Putsch blutig sein würde. Am 31. März wurde in den USA eine Flotte von Kriegsschiffen und Flugzeugträgern bereitgestellt, die nur noch auf ihren Einsatz wartete. Am 1. April setzte sie sich in Bewegung. Doch dann kam die Meldung aus dem Süden. Die Machtübernahme sei reibungslos verlaufen und Goulart auf dem Weg ins Exil.

Die »demokratische Revolution« löste eine Welle von Verhaftungen aus und wusste den provokanten Tropicalismo zu disziplinieren. Caetano Veloso und

Gilberto Gil wechselten rasch von den heimischen Charts auf die Schwarzen Listen. Nach kurzer Gefangenschaft, Entlassung und Hausarrest flohen sie 1969 nach Großbritannien. Sie blieben nicht die einzigen. Wie rigoros verfuhr die Diktatur mit ihren Gegnern und Kritikern? War Brasilien eine »milde Diktatur«, wie die *Folha de São Paulo* am 17. Februar 2009 in einem viel kritisierten Leitartikel behauptete?

Die Militärs regierten durch Machtrotation und Institutionelle Akte. Das Parlament wurde geschlossen und nur für Scheinwahlen wiedergeöffnet. Indirekte Wahlen waren erlaubt, wenn auch manipuliert. Die Politiker wurden nach Gutdünken bestellt und abgesetzt. Während sich das Establishment in der Regierungspartei ARENA konzentrierte, wurde der geduldeten Opposition im Movimento Democrático Brasileiro (MDB) die Illusion der Mitbestimmung gegeben. Drohte einem bevorzugten Kandidaten die Niederlage, wurden rasch die Spielregeln verändert.

Solche Machtmechanismen, die Gegner schwächten und Verunsicherung zum Prinzip erhoben, die willkürlich Phasen der Härte und der Entspannung schufen, sind für viele Diktaturen charakteristisch. Die brasilianische Militärdiktatur setzte nie auf eine markante Führungspersönlichkeit. Im Gegenteil: In den 21 Jahren ihrer Herrschaft, von 1964 bis 1985, regierten fünf hochrangige Generäle, die sich innerhalb ihres Kreises wählten und nach dem Altersprinzip ablösten. Für ein vom Personalismus, vom Glauben an charismatische Männer, geprägtes Land war dies zweifellos ungewöhnlich. Planungsminister Roberto Campos sprach ironisch vom vielleicht restriktivsten Verfahren der Welt, noch exklusiver als das Kardinalskollegium in Rom.

Unter dem Primat von Sicherheit bauten die Militärs die Polizei- und Verwaltungsapparate aus, die unter Vargas geschaffen worden waren. Ihre Sozialisation hatten die Generäle in der *tenente*-Bewegung der zwanziger Jahre erfahren. »1930 verhielten wir uns zurückhaltend«, erklärte Juarez Távora, »indem wir nicht die direkte Kontrolle der Regierung übernahmen. Wir planten, Zivilisten an die Regierung zu bringen und sie zu beeinflussen. Es war eine Illusion«.[51] Einige kamen aus der Eliteschmiede der Escola Superior de Guerra, einer Gründung des frühen Kalten Kriegs. Doch das Außenministerium, das Itamaraty, die Finanz- und Wirtschaftsplanung wurden aus Imagegründen von zivilen Politikern gelenkt.

Zunächst verringerten die neuen Machthaber durch Ausgabenkürzungen und Steuererhöhungen das Haushaltsdefizit, ließen die Preise für Energie und Lebensmittel stützen und die geringen Mindestlöhne anheben, um das Leben mit der Inflation zu erleichtern. Dass die brasilianische Wirtschaft zwischen

---

51 | Juarez Távora, zit. n. Jens Hentschke, Estado Novo. Genesis und Konsolidierung der brasilianischen Diktatur von 1937 (Saarbrücken: Verlag für Entwicklungspolitik, 1996), 584f.

1968 und 1973 auf ein spektakuläres Wachstum von 9 bis 14 Prozent, das *milagre brasileiro*, bauen konnte, verfestigte die Akzeptanz der neuen Machthaber bei Mittel- und Oberschicht.

Günstige amerikanische Kredite ließen die Fortschrittsträume zur Realität werden: eine Freihandelszone im amazonischen Manaus, den Staudamm Itaipú im Süden, die spektakuläre Brücke von Rio de Janeiro nach Niterói, quer über die Bucht von Guanabara, die Raketenbasis Alcântara in Maranhão, von der noch heute Raketen auf präzise Umlaufbahnen gebracht werden. Nur die Transamazônica, 5.000 geplante Straßenkilometer, wurde nie fertiggestellt und stellenweise immer wieder vom Regenwald eingenommen. Die Arbeiten an der Trasse, die von Baggern geschaffenen Schneisen zogen Migranten an, illegale Goldsucher, Rinderzüchter und Landlose, die dem gerade gerodeten Wald Landstücke zur Subsistenz abrangen. Sie verdrängten wiederum die halbnomadischen Kautschuksammler. Diese setzten sich mit gemeinschaftlichen Landbesetzungen zur Wehr. Einer ihrer Wortführer, Chico Mendes, sollte dann 1988 ermordet werden. Eine Million Familien wollte man im Amazonasraum ansiedeln. Getúlio Vargas' Plan vom Marsch nach Westen, Walt Disneys Visualisierung eines unerschöpflichen Amazonas-Reservoirs sollte endlich verwirklicht werden. Das Projekt hieß Polamazônia. Die Meinung der betroffenen Indio-Stämme spielte keine Rolle, ebenso wenig der Protest derjenigen, die den neuen Staudämmen weichen mussten.

Die amerikanischen Zinsen waren niedrig. Die Flugzeug- und Autoindustrien florierten. Agrobusiness und Baugeschäft boomten. Brasilien stellte seine ersten Computer her, und die Bank Bradesco stellte 1970 ihren ersten Geldautomaten auf, nur ein paar Jahre nach der Erfindung in der Schweiz. Orangen und Soja waren die neuen Cash Crops. Hochhäuser schossen aus dem Boden. Der U-Bahnbau in São Paulo und Rio de Janeiro zerstörte historische Bauten, und der nationale Wohnungsfonds ein paar Favelas. Waren sie doch der sichtbarste Beweis dafür, dass Brasilien noch weit entfernt von Ordnung und Fortschritt war. Die Umsiedlungsaktionen waren spärlich, weil sich die Favelas zu rasch ausbreiteten und sich ihre Bewohner der Entwurzelung entzogen. Sie wollten ihr historisch gewachsenes Gemeinschaftsleben nicht für seelenlose Schachteln aus Billigbeton aufgeben.

Die Diktatoren gaben sich demokratisch und hatten international nichts zu verlieren. Sie brachen erwartungsgemäß die Beziehungen zum Kuba Fidel Castros ab. 1971 schmeichelte Präsident Richard Nixon dem Land mit den Worten: »Wir wissen, wenn es Brasilien schafft, so schafft er der Rest des Kontinents.«[52] Vor ein paar Jahren wurden in den USA Dokumente freigegeben, die beweisen, dass der Diktator Emílio Médici und Richard Nixon zu jener Zeit über ge-

---

52 | Richard Nixon, zit. n. Walther L. Bernecker, Horst Pietschmann und Rüdiger Zoller, Eine kleine Geschichte Brasiliens (Frankfurt a.M.: Suhrkamp, 2000), 290.

meinsame Interventionen in Chile und Kuba diskutierten, damit weitere Allendes und Castros vermieden würden. Brasilien genoss in der Tat außerordentliches Wohlwollen, allein schon weil Nelson Rockefeller als ehemaliger Coordinator of Inter-American Affairs das brasilianische Parkett gut kannte. Sein Freund Henry Kissinger, Nixons Sicherheitsberater, liebte den brasilianischen Fußball, weil er subtil und fintenreich sei.

Auch die Wirtschaftsbeziehungen mit Kissingers ehemaliger Heimat, der Bundesrepublik Deutschland, florierten, trotz zahlreicher Menschenrechtsverbrechen. Erst 2011 wurde wieder ein solches Handelsvolumen erreicht wie in den Siebzigern. Die Republik Österreich unterzeichnete mit Brasilien ein bis heute gültiges Doppelbesteuerungsabkommen. Es war gerade in den letzten Jahren für die deutliche Steigerung der Wirtschaftsbeziehungen zwischen beiden Ländern verantwortlich. Argentinien, Brasiliens Konkurrenzmacht in Lateinamerika, hatte mit Nuklearenergie experimentiert. Die Militärs richteten deshalb ihre Bitte um moderne Technologie an die befreundeten USA und erhielten eine Absage. Nun wandten sie sich an die BRD. Beide Staaten unterzeichneten 1975 ein Abkommen über die friedliche Nutzung von Atomenergie. Vom Traum atomarer Waffen hatte man sich aus finanziellen Gründen verabschiedet. Deutsche Firmen bauten an den drei Reaktoren in Angra dos Reis bis vor kurzem mit. Weitere sind geplant. Die Verfassung von 1988 (Kapitel 2, Art. 21, Punkt XXIII) erlaubt nur die friedliche Nutzung von Kernenergie.

Als Jimmy Carter kurz darauf an die Macht kam, kühlten die Beziehungen zu den USA deutlicher ab. Denn er kritisierte wie kein anderer US-Präsident die lateinamerikanischen Menschenrechtsverbrechen. Dies hatte auch ein Verbot von Waffenlieferungen in diese Staaten zur Folge. Das selbstbewusste Brasilien reagierte sofort. Es kündigte kurzerhand die alten Militärverträge mit den USA. Ein zentralamerikanisches Land hätte sich solche Gesten nicht geleistet.

Die Carters erwiesen sich überdies als Präsidentenpaar mit Zivilcourage. Rosalynn Carter brach 1977 das Besuchsprotokoll und traf sich privat mit Oppositionellen der Diktatur. Fernando Henrique Cardoso wurde im Weißen Haus empfangen, nachdem Jimmy Carter die CIA angewiesen hatte, den Namen des brasilianischen Soziologen von ihrer Liste kommunistischer Verdächtiger zu streichen – eine seltene Geste.

Die Diktatoren bauten auf andere Partner. Sie stärkten nicht nur die Beziehungen zu manch europäischem Industriestaat, sondern auch jene zu den lateinamerikanischen Nachbarn, zu afrikanischen Staaten und zum Nahen Osten. Dazu gehörten brasilianische Flugzeug- und Panzerlieferungen für den lybisch-ägyptischen Grenzkrieg und 1980 für den Golfkrieg zwischen Irak und Iran.

Die Regierung Carter hatte genug zu kritisieren. Denn die Machthaber regierten mit einer Politik der Angst. Gleich nach dem Putsch vom April 1964 waren 7.000 Menschen verhaftet worden. 10.000 Beamte, darunter 122 Offiziere, 29 Gewerkschafter und sieben Gouverneure wurden aus dem Staatsdienst entlassen, obwohl der Widerstand gering gewesen war. 41 Politiker, unter ihnen die ehemaligen Präsidenten Quadros, Kubitschek und Goulart, wurden ihrer politischen Rechte beraubt. 10-15.000 Brasilianer flohen ins Exil, zunächst ins benachbarte Uruguay, nach Argentinien oder nach Chile. Als sich auch dort Militärdiktaturen etablierten, war Europa die nächste Fluchtstation.

Die exemplarische Gewalt verunsicherte zutiefst. Zunächst hofften kritische Bürger noch, die neue Führung weg zu demonstrieren. Glauber Rocha drehte für *O Dragão da Maldade* im Sertão und ließ einen Lastwagen mit Soldaten ins Bild rollen. Seinen Film konnte er noch fertigstellen. Danach wurde er verboten, und Rocha verließ das Land. Der Terror war auf einzelne Personen und Gruppen gerichtet, nicht auf die gesamte Zivilbevölkerung. Doch als der Widerstand nicht aufhörte, wurde denunziert, gefoltert und verschleppt.

Als im September 1969 zwei Guerillas, die Ação Libertadora Nacional und das Movimento Revolucionário 8 de Outubro (benannt nach dem Todestag von Ché Guevara), den amerikanischen Botschafter Charles Burke Elbrick entführten und damit politische Gefangene freipressten, schlug das System zurück. Es verschärfte die Zensur und beschäftigte eine Zeitlang paramilitärische Todesschwadrone. Sie führten illegal Hinrichtungen durch. Denn offiziell gab es die Todesstrafe nicht. Zu den Ermordeten zählte der Stadtguerillero Carlos Marighella und der jüdische Journalist Vladimir Herzog, dessen Tod den zivilen Protest in besonderem Maße schürte. Das Tiradentes-Gefängnis in São Paulo und die unter Getúlio Vargas geschaffenen Quartiere der Politischen Polizei (DOPS) galten als berüchtigte Folterzentren. Nun waren weiße Brasilianer aus der Mittel- und Oberschicht Opfer von Polizeigewalt.

Immer wieder wird die Frage gestellt, warum der Diktatur in Brasilien im Gegensatz zu Chile und Argentinien mit ihren 20-30.000 Toten und »Verschwundenen« vergleichsweise wenige Menschen, »nur« etwa 800, zum Opfer fielen. Manche begründen diese Zahl fälschlich mit einer gewissen tropischen Lässigkeit, die Ordnung vorgab, um diese in der Praxis durch Gleichgültigkeit oder menschliche Wärme wieder zu relativieren. Die Gründe sind andere und vielfältige: Militärs hatten das Land in seiner Geschichte immer wieder regiert, waren als Ordnungsmacht selbst in Zeiten fragiler Demokratie aufgetreten. Gering war auch die Einbindung der Zivilbevölkerung in die Politik, angesichts der hohen Zahl von Analphabeten. Der Putsch war unblutig verlaufen. Und in den ersten Jahren ihrer Herrschaft spielte den Militärs das Wirtschaftswunder in die Hände. Sie förderten Fußball, Fernsehen und wurden von Massenmedien wie Rede Globo unterstützt.

Die brasilianische Zivilgesellschaft war nicht so polarisiert wie in Argentinien. Dort war das Land durch die manipulative Politik von Juan und Eva Perón in Anhänger und Gegner des Peronismus zerrissen, was bürgerkriegsähnliche Stimmungen förderte. In Chile litt Salvador Allende, dessen linksliberale Parteienkoalition 1970 die Wahlen gewonnen hatte, unter einer starken und von den USA unterstützten Opposition. Trotzdem musste sich Pinochet durch massive Gewalt legitimieren. In Brasilien war dies nicht der Fall.

Dazu kam die Schwäche der Guerilla. In den großen Städten, nicht am Land verankert, setzte sie sich aus Aktivisten der weißen Mittel- und Oberschicht zusammen. Eine Ausnahme bildeten die maoistischen Kämpfer am Fluss von Araguaia. Selbst im Grenzgebiet der Staaten Pará, Goiás und Maranhão wollten die Idealisten im Jahr 1966 die Revolution vorantreiben. Bald wurden sie von den Militärs gejagt. Von den hundert Kämpfern verschwanden gut sechzig. Ähnlich wie Ché Guevara in Bolivien konnte die Bewegung wenige Bauern für ihre Ziele gewinnen. Die städtischen Guerilleros, darunter viele Studenten und junge, kritische Militärs, vermochten sich angesichts der Größe Brasiliens überregional nicht zu vernetzen. Außerdem vertraten sie unterschiedliche Ideologien.

Während die Generation von 1968 sozialrevolutionäre, kommunistische Ziele verfolgte, kämpfte die nachfolgende für einen demokratischen Staat. Besonders aktiv war die Guerilla zwischen 1968 und 1970. Ihre Gewalt richtete sich vielmehr gegen Sachgüter als gegen Menschen. Ihre Attacken galten den Großkapitalisten, die mit den Militärs paktierten. In jenen Jahren überfiel sie 200 Banken, legte Bomben und entführte Menschen, wobei zehn Personen ihr Leben verloren. Zwei waren bundesdeutsche Bürger. Mit der Entführung des Schweizer Botschafters Giovanni Bucher presste die Guerilla 70 Gefangene. Schon 1973 galt sie als entmachtet. Die zurzeit wohl berühmteste ehemalige Guerillera ist Brasiliens Präsidentin Dilma Rousseff.

Die Erdölkrise von 1973 beendete das Wirtschaftswunder jäh. Durch das Programm Pró-álcool wurde Biosprit produziert. Der staatliche Ölkonzern Petrobras garantierte die billige Abnahme des subventionierten Treibstoffs, wovon die Zuckerbarone profitierten. Bald wurde der erste alkoholbetriebene Wagen gebaut. Der Glanz des Wirtschaftswunders hatte aus der engen Verbindung zwischen dem Staat als Hauptauftraggeber, Unternehmer und Investor in Projekte bestanden, die oftmals überdimensioniert waren. Die Zuwendungen an staatsabhängige Unternehmen waren wiederum nur durch Auslandsanleihen finanzierbar, die zu höherer Verschuldung führten. Die Militärs wollten die soziale Ungleichheit verringern, indem sie neue Ressourcen erschlossen, nicht indem sie Einkommen umverteilten. Das funktionierte nicht; die Ungleichheit nahm zu.

Angesichts der Krise, der schwachen Guerilla und des internationalen Protests gegen die Menschenrechtsverletzungen setzte der Diktator Ernesto Geisel auf eine Politik der langsamen Öffnung. 1979 wurde ein folgenreiches Amnestiegesetz geschaffen, das bis heute gültig ist. Es nimmt alle militärischen Verbrechen, jene der Streitkräfte und der Guerilla seit 1961 (der Campanha da Legalidade) von der Strafverfolgung aus. Die politische Öffnung nutzten große, aber marginalisierte Bevölkerungsgruppen wie Frauen und Afro-Brasilianer für ihre Forderungen nach Mitbestimmung und sozialer Gerechtigkeit. Die privilegierten Arbeiter der Metall- und Autobranche streikten, unterstützt von einer sozialreformerischen Kirche und den Landarbeitern. Schließlich schwoll das Unbehagen zu einer breiten Kultur des Widerstands an.

Die Finanzpolitik der Regierung von Ronald Reagan in den achtziger Jahren ließ die Zinsen für Anleihen massiv steigen. Zuerst brach die mexikanische Währung ein. Auch Brasilien wurde von diesem »Tequila-Effekt« erfasst. Die Militärs mussten sich unter den Schutzschirm des Internationalen Währungsfonds begeben. Sie hatten sich mit ihrem protektionistischen, auf Krediten basierenden System verkalkuliert. Während die Löhne sanken, das Arbeitslosengeld gestrichen wurde und die Inflation stieg, bediente sich der Staat bei den Depots der Rentenfonds. Währenddessen transferierten viele Eliten ihre Gelder auf ausländische Konten. Der Traum von Sicherheit durch Fortschritt war materiell und psychisch nicht tragbar. Die Regierungsjahre der Militärs waren gezählt.

Fußball, TV und Telenovela:
Kultur in der Diktatur

Diktaturen benützen den Fußball, weil er ein Wir-Gefühl erzeugt und als Kulturform gilt, in der Widerstand schwer darstellbar ist. Das frühzeitige Ausscheiden bei der Weltmeisterschaft 1966 in England schlug schwer auf das nationale Gemüt – vor allem jener, die unter der Diktatur besonders litten. Selbstmorde, Nervenzusammenbrüche, Fahnen auf Halbmast, Trauerflors an Türen waren die stärksten Ausdrucksformen des Leidens an der Nation.

Die Antwort darauf war Offensivfußball und seine mediale Aufbereitung. 1970 wurde rechtzeitig zur Weltmeisterschaft in Mexiko das Farbfernsehen eingeführt. Fast 40 Prozent der brasilianischen Haushalte hatten TV-Geräte. Als Brasilien sich den Titel holte, wurde die Mannschaft in Brasília empfangen. General Médici köpfte kameragerecht einen Ball und machte die Hymne der Seleção zur Regierungshymne. Und Pelé warb damit, dass niemand mehr Brasilien aufhalten könne. Nun musste der Fußballstar auch keine Steuern mehr bezahlen. Zudem wurde das Dekret aus der Vargas-Zeit aufgehoben, das Frauen das Fußballspielen verbot.

1972 wurde Pelé von einem Journalisten in Uruguay über die Politik in seinem Land befragt. Es gebe keine Diktatur, antwortete er. Brasilien sei ein liberales Land mit einem freien Volk, dessen Politiker wüssten, was für das Volk das Beste sei. Drei Jahre später fragte Henry Kissinger informell beim brasilianischen Außenminister an, weil Cosmos New York den Fußballstar engagieren wollte. Pelé hatte schon einmal abgelehnt gehabt, aus finanziellen Gründen und aus Angst vor Kritik an seinem sportlichen Vaterlandsverrat. Nun entschied er sich anders und spielte zwei Jahre lang in den USA. Dort angekommen erklärte er selbstbewusst: »Der Fußball hat die Vereinigten Staaten erreicht.«[53]

Im Juni 2013 äußerte sich Pelé während des Confederation Cups heftig zu den unerwartet zahlreichen Protesten gegen Korruption und das schlechte Schul- und Gesundheitswesen. Er forderte, lieber die Seleção zu unterstützen.

---

53 | Pelé, zit. n. Matias Spektor, Kissinger e o Brasil (Rio de Janeiro: Zahar, 2009), 108.

Die Gegenreaktionen kamen rasch. Ein kritischer Kommentar über Pelé, den der ehemalige Profispieler Romário vor vielen Jahren geäußert hatte, wurde nun wieder zitiert:»Pelé, calado, é um poeta« (»Pelé ist, wenn er schweigt, ein Dichter«).

Die Nation der erzwungenen Windstille verharrte allabendlich vor den Bildschirmen. Sie sendeten täglich Telenovelas, stundenlang. Die Serien boten Unterhaltung, Weltflucht und ein wenig Sozialkritik, gerade so viel, wie für die Vorspiegelung von Offenheit nötig war. Für eine Nation vieler Analphabeten war das Fernsehen ideal. Nun übersprang Brasilien die Entwicklungsstufe der nationsweiten Schriftkundigkeit via TV und vermochte seine Botschaften trotzdem anzubringen. In Geschichten von Liebe, Verrat und Leidenschaft verpackt, konnten verantwortungsbewusste Mutterschaft und Verhütungsmethoden auch ungebildeten Brasilianerinnen vermittelt werden. Dieses Modell, Aufklärung und Erziehung mit Soap Opera zu verbinden, hatte der Mexikaner Miguel Sabido entwickelt. Es wurde in vielen Staaten der Welt, darunter in Indien und Brasilien übernommen. In einem Land mit einem katastrophalen Bildungssystem, mit Büchern, die für viele Brasilianer bis heute unerschwinglich sind, wo man am Land Hunderte von Kilometern fahren muss, um eine Buchhandlung zu finden, wurde das Fernsehen zum Leitmedium: für Unterhaltung, politische Botschaft und Volkserziehung. Es verdränge alles, sogar die Realität, sagte der Schriftsteller Ignácio de Loyola Brandão in einem Interview.

Telenovelas gab es schon in den Fünfzigern. Sie setzten die Hörspieltradition fort. Doch erst die Zusammenarbeit des Privatsenders Rede Globo mit dem amerikanischen Time-Life-Konzern bot eine technische Präzision und Qualität, die sich mit den USA und Europa messen konnte. Dazu gehörten aufwändige Außenaufnahmen und experimentelle Kameraeinstellungen. Wenn die Militärs in ihrem Nationalismus auch bald den amerikanischen Einfluss zurückdrängten, so legte die Hilfe aus dem Norden den Grundstein für den Aufstieg von Rede Globo zum internationalen Medienkonzern.

Heute entstehen 80 Prozent der Produktionen von Rede Globo im eigenen Haus. Die Zuschauerquote beträgt zwischen 60 und 90 Prozent. Die brasilianischen TV-Geschichten haben Millionen von Anhängern in Argentinien und Paraguay, Mexiko und Chile, in Ost- und Südosteuropa. 1999 entschloss sich Rede Globo ins Kinogeschäft einzusteigen. Nun bewirbt es seine eigenen Produktionen so erfolgreich, dass sie fast 90 Prozent des Gesamtpublikums erreichen. Independent-Filme haben es in Brasilien schwer.

1969 wurde Brasilien durch Satelliten an internationale Fernsehsysteme angeschlossen. In den Siebzigern bot Rede Globo bereits drei bis vier Telenovelas täglich, von nachmittags bis abends. Alle Altersschichten sollten angesprochen werden. In den Achtzigern hatte Brasilien bereits 106 private und zwölf staatliche Fernsehsender. Die Vergabe von Lizenzen besiegelte manch politische Freundschaft.

Das Fernsehen der Diktatur produzierte von Beginn an seine Serien nach einem klaren Erfolgsschema: einfache Geschichten, die zur Identifikation einladen, eine dem Alltag angepasste Sprache, ein einfacher Handlungsbogen, politisch Unverfängliches, ein Happy End. Jedes Drehbuch, jede gefilmte Folge lief über die Zensoren-Tische, bevor sie dem Publikum gezeigt wurde. Auch Theaterautoren wurden engagiert, denn die steigende Inflation verteuerte die Theaterkarten und machte viele Schauspieler arbeitslos. Für ein Favela-Publikum sind weder Theater noch Kino leistbar. Zudem kamen und kommen die im Kino gezeigten Filme meist aus den USA oder Europa. Es ist viel billiger, sie mit Untertiteln zu versehen, als sie zu synchronisieren. Wer nicht oder schlecht lesen kann, ist mit Untertiteln überfordert.

Die Faszination für Telenovelas ist bis heute ungebrochen. Im Zeitalter des Internet bestimmt das Publikum mit. Nur etwa 15 Episoden werden konzipiert, dann wird befragt: in Blogs, per Telefon und auf der Straße. Ob der Bösewicht sterben und das Finale gut enden soll, welche Figur verschwindet und welche bleibt. Und schließlich, wann das Publikumsinteresse zu verlöschen beginnt.

Die Novelas bedienen sich Formen des Romans, der Hörspiele, des Kinos, aber auch der *Literatura de Cordel* des Nordostens. Von der iberischen Halbinsel kommend, ist sie narrative Dichtung in gebundener Sprache, die sich meist eines Strophentypus aus sechs paargereimten Versen bedient. Die Themen sind äußerst vielfältig: Sie erzählen von mittelalterlichen Prinzessinnen und Drachen, nationalen oder internationalen Ereignissen, sie verteidigen öffentliche Projekte und reimen über Phänomene der Alltagskultur wie das Handy.

Beto Rockfeller (1968/69) hieß die erste erfolgreiche Seifenoper der Diktatur. Im Gegensatz zum Namensgeber Nelson Rockefeller, dem man das »e« nahm, war Beto eine Art Antiheld in einer Welt, die nach Liebe, Sozialprestige, Reichtum und Macht strebt. Rockfeller ist charmant, aber widersprüchlich und charakterlos. Beto, der einfache Schuhverkäufer, spielt Millionär und benutzt die Gefühle der Menschen für sein Ziel. Er verfügt über gute und schlechte Eigenschaften, wie Mário de Andrades Figur des Macunaíma, des Helden ohne jeden Charakter.

Telenovelas sind ein Spiegelbild der Gesellschaft. Sie verarbeiten Korruptionsskandale, Rassismus, Hitzeperioden und politische Ereignisse. Heute sind es oft die Schurken, die siegen. Der Demokratisierungsprozess, der kritischere Umgang mit der eigenen Geschichte spiegelt sich auch in den Themen wider. In *Esperança*, einer Novela über São Paulo als Melting Pot, werden ethnische Konflikte und Faschismus im weißen Einwanderermilieu angedeutet. 2011/12 wurde mit *Amor e revolução* erstmals eine Telenovela ausgestrahlt, die zur Zeit der Militärdiktatur spielt. Ihr Drehbuchautor, Tiago Santiago, stützte sich dabei auch auf eine Reihe von Zeugenaussagen. Und mit der teuren Produktion *Caminho das Índias* (*Weg der Indias*, 2009) produzierte Rede Globo eine moderne

Liebesgeschichte im indischen Rajasthan. Es ist Brasiliens globalisierte Antwort auf Bollywood.

Angesichts der Macht des Heimkinos förderten die Militärs die Produktion von Kinostreifen durch die staatliche Firma Embrafilme. Mit der Verfilmung der Erotikkomödie *Dona Flor e Seus Dois Maridos* (*Dona Flor und ihre zwei Ehemänner*, 1976) von Jorge Amado, die er zehn Jahre zuvor geschrieben hatte, erzielte man den größten Erfolg der damaligen Filmgeschichte. Zwölf Millionen Brasilianer sahen den Streifen, der mit Sexualität nicht spart, wenn er die emanzipatorischen Abenteuer einer Frau erzählt, nachdem ihr untreuer Ehemann bei einem Karnevalsumzug tot zusammengebrochen war. Diese Offenheit wäre in manch anderer, rechter Diktatur nicht möglich gewesen. Brasiliens Staatsreligion war der säkulare Positivismus, die Doktrin von Ordnung und Fortschritt. Und diese hatte eine anti-klerikale Tradition. Einer ihrer Diktatoren, der deutschstämmige Ernesto Geisel, war Lutheraner.

Angesichts der politischen Zensur verwundern Freizügigkeiten etwa bei *Aleluia Gretchen* (1978), einem Film von Silvio Back über die NSDAP in Südbrasilien. An den über tropisches Land laufenden nackten Hitlerjugendlichen, an ihrer Freikörperkultur stieß sich kein Zensor. Denn Brasilien konnte guten Gewissens zeigen, im Zweiten Weltkrieg auf der richtigen Seite gestanden zu haben. Solange Kulturprodukte nicht Gefahr liefen, kommunistisch und subversiv zu sein, war man großzügiger. Und selbst hier kam es auf den Kontext an. Jorge Amado war ein bekennender Kommunist und nach dem Zweiten Weltkrieg ein paar Jahre im Exil gewesen. Doch ein Roman wie *Dona Flor* war politisch unverdächtig.

Die Literaten versuchten trotz Zensur mit der Diktatur fertig zu werden. Ignácio Loyola Brandão bietet mit *Zero (Null)* von 1974 eine Sammlung von fragmentarischen Stories, die in einem mythischen Land namens América Latinda spielen. Das Buch wurde sogleich verboten, heimlich gelesen und erst 1985 veröffentlicht. Der Roman *Quarup* (1967) von Antônio Callado erzählt von einer bunt gemischten Expeditionsgruppe, die auf der Suche nach dem geographischen Zentrum Brasiliens eine Reise in das Amazonasgebiet, konkret in die Region der Xingu-Indianer, unternimmt. Als die Gruppe ihr Ziel erreicht, stellt sich heraus, dass niemand daran gedacht hat, die brasilianische Flagge – das Zentralsymbol der nationalen Identität – mitzubringen. Eine der Hauptfiguren kommt schließlich auf die Idee, anstelle der Flagge ein rosa geblümtes Frauenkleid zu hissen, ein sentimentales Erinnerungsstück an eine Geliebte, die ihn für einen Indigenen verlassen hatte. In der Zeit der Militärdiktatur war eine solche ironische Kritik an einem Nationalsymbol ein deutliches Zeichen von Widerstand.

Widerständig symbolreich agierten auch die kritischen Journalisten. Immer wenn die Zensoren einen Artikel der Tageszeitung *O Estado de São Paulo* verboten, druckten ihre Autoren Verse des großen portugiesischen Dichters des

16. Jahrhunderts, Luís Vaz de Camões, ab, zwischen 1973 und 1975 etwa 650 Mal. Statt Camões standen in manch anderen Zeitungen auch Kochrezepte. Die Legende sagt, dass Zutaten und Anweisungen so angeordnet waren, dass die Gerichte nur misslingen konnten.

Widerstand, Black Power und ein anderes Brasilien im Exil

Während die Diktatur auf eine Kultur setzte, die den Stolz auf das Vaterland pries, entwickelten Caetano Veloso und Gilberto Gil im Londoner Exil ihre Tropicália weiter. Chico Buarque, Sohn des Historikers Sérgio Buarque de Holanda, komponierte zwei Jahre lang im italienischen Exil. Mit seinem Lied *A Banda* 1966 berühmt geworden, wird Chico Buarque bis heute als Meister der doppeldeutigen Liedtexte angesehen. Sie verunsicherten die Zensoren. So bei *Apesar de você*, das man als *Trotz Ihnen* übersetzen und als Anspielung auf die Diktatoren verstehen kann: »Apesar de você / amanhã há de ser / outro dia« (»Trotz Ihnen / muß es Morgen / einen anderen Tag geben«).

Chico Buarques Ruhm stieg mit den Verboten seiner Lieder und dem Exil. Die Songs der Langspielplatte *Meus Caros Amigos* entwickelten sich zu Klassikern des Protestsongs. Da war es nur konsequent für ihn, in den späten Achtzigern dann einen Wahlsong für Luiz Inácio Lula da Silvas Präsidentschaftskandidatur zu komponieren.

Vor dem Hintergrund der 68er Bewegung und des gestiegenen Interesses für die sogenannte Dritte Welt rückten lateinamerikanische Autoren plötzlich in den Blickpunkt einer europäischen Leserschaft. *Hundert Jahre Einsamkeit* des Kolumbianers Gabriel García Márquez hatte den Boom eingeleitet, von dem auch Jorge Amado profitierte.

1971 flüchtete der Theaterpädagoge Augusto Boal nach Verhaftung und Folter ins französische Exil, wo er das Erste Internationale Theater der Unterdrückten gründete. In São Paulo hatte er eine neue Form des Volkstheaters geschaffen, eine Möglichkeit für gesellschaftlich Benachteiligte, ihre Ausgrenzung zu artikulieren und sie in Form des Theaters der Öffentlichkeit mitzuteilen. Dann löste Boal die klassische Rollenverteilung zwischen Schauspieler und Publikum auf, indem er die Zuschauer zu aktiven Akteuren erhob und ihnen dieselbe Bühne bot. Sein Theater wurde bald auf die Straße, in die U-Bahnen verlegt. In Europa nützte Boal auch die Kunst der Pantomime als Ausdrucksform für das erzwungene Schweigen in der Diktatur. Elemente seines Konzeptes werden bis heute gerne in Konfliktlösungsseminaren und interkulturellen Kursen eingesetzt. Der Regisseur lebte wie andere brasilianische Dissidenten eine Zeitlang in Deutschland. Besonders der lutherische Theologe und Pastor Heinz F. Dressel half ab 1972, als er das Ökumenische Studienwerk in Bochum leitete, vielen brasilianischen Flüchtlingen.

Boals aktionistisches Kunstverständnis ist mit jenem von Glauber Rocha vergleichbar. Es sah Kultur als Anleitung zum Handeln und lehrte Kritikfähigkeit, wobei er sich gerade an ärmere Schichten wendete. In Recife war ein prägendes Movimento de Cultura Popular entstanden. Dort erprobte Paulo Freire, der bedeutendste Pädagoge Brasiliens, seine Alphabetisierungsprojekte. Sie wurden besonders in Entwicklungsländern aufgenommen. Der radikale Aufklärer floh ebenfalls ins Exil. In den USA bot man ihm eine Professur in Harvard an. Seine Werke über Freiheit und die Pädagogie der Unterdrückten wurden in viele Sprachen übersetzt.

Der Soziologe Fernando Henrique Cardoso bezeichnete das Exil als inspirierende Zeit. Zunächst ging er nach in Chile. Gemeinsam mit Enzo Faletto schrieb er eine Bibel der Dependenztheorie. Auf Deutsch ist sie unter dem Titel *Abhängigkeit und Entwicklung in Lateinamerika* erschienen. Darin suchen die beiden Autoren die Gründe für die Entwicklungsdefizite der sogenannten Dritten Welt in einem eng verwobenen globalen Wirtschaftssystem. Zwar machen sie die Industriestaaten für neokoloniale Ausbeutung der Peripherien hauptverantwortlich, geben aber den heimischen Eliten eine Mitschulde, weil sie sich bereichern und ihre Gewinne nicht in der Heimat versteuern. Nach Lehr- und Forschungsjahren in Princeton und Nanterre gründete Cardoso einen bedeutenden Think Tank in São Paulo.

Gerade Paris prägte die brasilianische Frauenbewegung. Ihr ging es um weibliche Selbstbestimmung und um das Ziel, nach der Rückkehr gegen patriarchale Strukturen in der Heimat anzukämpfen. Dort wurde in den Siebzigern ein erster Frauenkongress abgehalten. Beeinflusst vom europäischen und amerikanischen Feminismus einer Betty Friedan forderten die Frauen rechtliche Gleichstellung mit Männern und berufliche Selbstverwirklichung. Sie prangerten Gewalt gegen Frauen und Sexismus an. Beides war in Brasilien in den sechziger und siebziger Jahren eine häufige Praxis. Brasilianerinnen brauchten noch immer eine Genehmigung ihrer Ehemänner, wenn sie reisen wollten, und eine schriftliche Erlaubnis, wenn sie im eigenen Namen ein Bankkonto eröffneten. Eine halbe Million Frauen, viele von ihnen halbe Kinder, lebten als Prostituierte, um ihre Familien zu ernähren. Die Frauenbewegung verlangte zudem das Recht auf Schwangerschaftsabbruch. Dieser ist übrigens bis heute in Brasilien illegal, außer das Leben der Mutter ist in Gefahr, der Fötus das Resultat einer Vergewaltigung oder nicht lebensfähig.

Notrufstellen (SOS-Mulher) und Hilfszentren wurden nach dem Motto »Wer liebt, der tötet nicht« eingerichtet. Während die Forderungen nach Gleichstellung meist von akademisch gebildeten Frauen kamen, entstanden in ärmeren Stadtvierteln Zentren, die für Kindergärten und bessere sanitäre Bedingungen kämpften. Aktivistinnen boten Fortbildungskurse an und richteten Apotheken ein, weil Arzneimittel für viele Brasilianer unerschwinglich sind. 1983 entstand schließlich das Frauen-Netzwerk *Rede Mulher*. Es warb mit Theaterstücken und Radiosendungen für eine engagiertere Sozialpolitik.

Von der Industrialisierungspolitik der Diktatur hatte auch die afro-brasilianische Bevölkerung profitiert. In diesem Kontext entwickelte sich die schwarze Bürgerrechtsbewegung. Allerdings war sie nie so militant wie jene in den USA, weil sie sich zunächst nicht als Partei formieren und marxistische und islamistische Ideen verbreiten konnte, wie sie Malcolm X und die Black Panthers in den USA vertraten. So blieben Kunst und Kultur die offiziell erlaubten Ausdrucksformen schwarzer Selbstermächtigung. Afro-Look, Afro-Reggae, *candomblé* wurden zelebriert, Zumbi und Palmares besungen. Der *quilombo* wurde zum Symbol des Kampfes der Bevölkerung für Unabhängigkeit und wirtschaftliche Gleichberechtigung erhoben.

In Salvador da Bahia zog die Karnevalsgruppe Ilê Aiyê aus, spielte Samba-Reggae und provozierte mit Rastalocken. Der bekannteste *bloco afro* wurde allerdings Olodum, benannt nach dem obersten Schöpfergott der Yoruba-Religion. Seine mehrstündige Sonntags-Probe in den Straßen Salvadors geriet zum stärksten Symbol afro-brasilianischer und pan-afrikanischer Identität, überwacht von gewaltbereiten Polizisten. Hier wurde Nelson Mandelas Freiheit gefordert und Südafrikas gedacht. Weil die Probe Kultstatus erhielt, wiesen die Stadtväter Olodum einen Innenhof als Übungsterritorium und den Dienstag als Probetag zu. Die Perkussionsformation verstand es wie keine andere, sich durch kluges Management zu vermarkten. Mittlerweile gehört ein Konzert von Olodum zum Pflichtprogramm des Bahia-Tourismus. Es ist ein veritables Kulturunternehmen und einer der wichtigsten Arbeitgeber im Pelourinho-Viertel geworden.

Olodum und andere *blocos afros* kämpften darum, das afro-brasilianische Erbe in die nationalen Erzählungen aufzunehmen. Im Gegensatz zur Black-Panther-Bewegung arbeitet Olodum nach dem Prinzip der Anthropophagie, des Kannibalismus. Es lädt bewusst auch weiße Musiker wie Paul Simon ein. Durch Olodum wurde der 20. November, der Todestag von Zumbi, zum Nationalen Tag des schwarzen Bewusstseins erhoben, weil er für die Freiheit der *quilombolas* gekämpft hatte. Mittlerweile feiern ihn viele Gemeinden. Denn der 13. Mai, der offizielle Jahrestag der Abolition, beendete zwar die Sklaverei offiziell, aber nicht die Diskriminierung und den Rassismus. 1996 wurde Zumbi tatsächlich ins Heldenbuch der Nation aufgenommen.

Die schwarzen Karnevalsgruppen re-afrikanisierten den Karneval von Bahia. Die Beliebtheit der *axé-music* machte das in den Siebzigern herabgekommene Salvador wieder attraktiv. Während die Militärs die politischen und ökonomischen Beziehungen zu Südafrika und Angola stärkten, taten die schwarzen Künstler dies mit kulturellem Austausch. Gerade Salvador empfand sich als wichtiger Teil der schwarzen Diaspora. Nun rückten der »Schwarze Atlantik« und die Gemeinsamkeiten zwischen Afrika und Brasilien in das Bewusstsein, während (Nato-)Europa seinen Blick auf den Nordatlantik fixierte. Alle diese kulturellen Manifestationen des Politischen in Salvador da Bahia waren maßgeblich für die aktuelle Diskussion über Rassismus in Brasilien. Das internationale Jazz Festival von Montreux in der Schweiz gab den afro-brasilianischen Musikformen eine bedeutende übernationale Bühne. Es bewarb sie als exotisch, sensibel und genuin.

Salvador da Bahia beherbergt auch die älteste Interessensgemeinschaft von Homosexuellen, Lesben und Transvestiten. Sie war lange Zielscheibe des homophoben Terrors, gerade während der Militärdiktatur. Dennoch wurden Drag Queens wie Rogéria und die transsexuelle Roberta Close berühmt. In den Neunzigern erklärte der Anthropologe Luiz Mott, ein bekennender Homosexueller, dass Zumbi von Palmares vielleicht gay gewesen sein mag. Im Jahr 2012 legalisierte der Bundesstaat Bahia die Ehe zwischen gleichgeschlechtlichen Partnern.

Die Musikszene der Siebziger brachte auch Tim Maia hervor, einen der erfolgreichsten brasilianischen Musiker des 20. Jahrhunderts. Er ließ Soul und Funk in die brasilianische Pop-Musik einfließen. Maia hatte portugiesische und italienische, afrikanische und indigene Vorfahren, entschied sich aber, schwarz zu sein und sich in der Bürgerrechtsbewegung von Rio zu engagieren. Er beeinflusste Jorge Ben, den Samba-Rocker, der sein berühmtes Album *África-Brasil* nannte. Gilberto Gil hatte inzwischen in London mit Jamaikanern gespielt. Als er zurückkehrte, bereicherte er die Szene mit panafrikanischen Elementen. Ende der siebziger Jahre, während der politischen Öffnung, gründeten Afro-Brasilianer schließlich eine überregionale Bewegung gegen Diskriminierung, das Movimento Negro Unificado.

Übergänge –
beharrende Clans und mutige Bürger

1968 marschierten 100.000 Menschen in Rio de Janeiro gegen die Diktatur. In São Paulo prügelten sich Studierende der linksliberalen Universidade de São Paulo mit Studenten der rechten Mackenzie Universität. In Dom Hélder Câmara, dem Bischof von Recife und Olinda, erhielt der kirchliche Widerstand ein prominentes Gesicht. In den dreißiger Jahren war er ein Anhänger der faschistischen Integralisten gewesen. Nun war er ein vehementer Kritiker des Staatsterrors. Im Prinzenparkstadion von Paris prangerte er 1970 vor 10.000 Menschen die Folterpraxis seiner Heimat an. Und nahm dafür jahrelange Auftrittsverbote im heimischen Radio und Fernsehen in Kauf. Der Franziskaner Leonardo Boff predigte ein sozial engagiertes Christentum, das Armut und Unterdrückung nicht als gottgegeben hinnahm. 1971 gab ein peruanischer Geistlicher dem christlichen Engagement für die Armen dann den Namen »Theologie der Befreiung«. Paulo Freire, Augusto Boal und viele andere kehrten allmählich aus dem Exil zurück und beschleunigten mit ihren theoretischen und praktischen Erfahrungen den Demokratisierungsprozess.

Über 80.000 kirchliche Basisgemeinden waren in den siebziger Jahren entstanden. Daraus ging in Südbrasilien die Bewegung der Landlosen, das Movimento dos Trabalhadores Rurais Sem Terra (MST) hervor, das bald in allen Bundesstaaten vertreten war und seither ein steter Mahner für Agrarreform und gegen Agrarlobbyismus ist. Gemeinsam mit der Landpastoral der katholischen Kirche sollte es später den alternativen Nobelpreis erhalten. Nun streikten auch 300.000 Landarbeiter im Nordosten des Landes für höhere Löhne. Wegen des kalten Bohnen-Gerichts, das sie als Proviant auf die Felder mitnehmen, werden sie *bóias-frias* genannt. Die Idee, in Messen afrikanische Elemente einzubauen, sogenannte Missas dos Quilombos, zu veranstalten, wurde bald vom Vatikan unterbunden. Papst Johannes Paul II. attackierte die Befreiungstheologie, weil sie ihm zu links war, und schwächte sie zusehends.

Die selbstbewussten Industriearbeiter nutzten die Öffnung des Regimes für immer heftigere Streiks. Brasilien gehört zu den größten Automobilherstellern der Welt. Einer ihrer Gewerkschafter, Luiz Inácio Lula da Silva, brachte durch mutige Proteste in der Region um die Metropole São Paulo (ABC genannt) seine Karriere in Gang. Er nahm für sein Engagement auch Gefängnis in Kauf. Die Streikkultur schwoll schließlich zu einer mächtigen Gewerkschaftsbewegung an. Lula war Mitgründer der Arbeiterpartei PT (Partido dos Trabalhadores). Sie war in ihren Anfängen viel mehr eine Basisgruppe sozialistischer Intellektueller als eine von Fabrikarbeitern und Landlosen getragene Bewegung. Lula, der armen Verhältnissen entstammt, der in Santos Erdnüsse verkauft und lediglich ein paar Jahre Grundschule absolviert hatte, sollte für sein politisches Engagement den Bruno-Kreisky-Menschenrechtspreis (benannt nach einem österreichischen sozialdemokratischen Bundeskanzler) verliehen bekommen. Später erzählt der geborene Pernambucaner und Metallfacharbeiter, dass er sich deshalb so engagiert habe, weil seine erste Frau und sein erstgeborener Sohn bei der Geburt verstorben seien. Die Familie konnte sich keine professionelle medizinische Hilfe leisten.

Selbst der Paulistaner Fußballclub Corinthians warb für freie Wahlen, indem er *Democracia Corinthiana* und »Dia 15 Vote« (»Wählt am 15.«) auf die Spielertrikots drucken ließ. Denn am 15. November 1981 durften erstmals wieder die Gouverneure der Bundesstaaten, die Abgeordneten und Stadträte direkt gewählt werden. Zwei Jahre später mahnten Hunderttausende in Protestmärschen die Direktwahl des Präsidenten ein: »Diretas já!«. Dennoch wurde der erste zivile Kandidat, jener der Opposition, indirekt gewählt. Tancredo Neves war ein Mann des Kompromisses. Er hatte unter Getúlio Vargas gedient und im Rahmen der Campanha da Legalidade im Jahr 1961 eine wichtige Vermittlerrolle gespielt. Der 75-jährige starb allerdings noch vor seiner Machtübernahme, sodass der unbeliebte Vizepräsident José Sarney, für viele ein Opportunist, zum Präsidentenamt aufstieg. Von den Militärs hatte er eine Fernsehlizenz erhalten. Er nützte sie, um den wichtigsten Sender seines Bundesstaates Maranhão aufzubauen und damit die Hausmacht seiner einflussreichen Familie zu stärken. Sarney, der noch immer Senator ist, erbte ein verschuldetes Land. Allerdings war der Multimillionär weit weg von dieser Realität. Erstaunlicherweise wird er in Europa oft als unparteiischer Intellektueller gesehen.

São Paulo, der größte industrielle Ballungsraum Lateinamerikas, hatte mittlerweile fast 20 Millionen Einwohner. Zu rasch war die Stadt gewachsen. Die schlechte Luft, das tägliche Verkehrschaos, die wachsenden Favelas, der Rio Tietê, der sich als Kloake durch die Stadt schiebt und immer wieder über die Ufer tritt, machten São Paulo zum stadtplanerischen Problemfall. Von der Wirtschaftspolitik seit Kubitschek hatte gerade São Paulo profitiert. Die Zahl der Industriearbeiter war ständig gestiegen. Doch die Schuldenkrise hatte São Paulo und andere Großstädte zu unsicheren Terrains gemacht. Zu Anfang der neunziger Jahre standen bereits viele hübsche Villen in São Paulo, Rio, selbst in Porto Alegre leer, weil ihre Bewohner es vorzogen, in überwachte Apartmenthäuser *(condomínios fechados)* zu ziehen: Der Portier lässt nur jene hinein, die den Namen eines Bewohners kennen; bestätigt dieser den Besuch, öffnen sich die Pforten. Abgeschottete und von privaten Sicherheitsdiensten bewachte Luxusviertel mit eigenen Schulen und Kindergärten, Kinos und Sportstätten gehören mittlerweile zu jeder größeren Stadt.

Sarney förderte die Tele-Demokratie. Sein Kommunikationsminister vergab mehr als 5.000 Lizenzen für den Betrieb von Radio- und Fernsehsendern: meist für Politiker, Familienangehörige von Politikern oder ihre Freunde. Großgrundbesitzer konnten ihre Macht nun auch über Medien demonstrieren. Die Sender leben von Werbung und der Wiederausstrahlungen von Programmen. Sarney versuchte eine Währungsreform. Sie missglückte. Dennoch saß der Hobbyschriftsteller seine Amtszeit aus.

Die Militärs waren 1964 die Macht gekommen, ohne einen Schuss abfeuern zu müssen. Der Übergang zur Demokratie erfolgte fließend und nahezu zäsurlos. Politiker des alten Establishments blieben im Amt. Die lange Praxis der Zensur hatte bewirkt, dass sich viele Medien, viele Menschen weiter selbst zensierten. Während die Politik und das Militär Verschweigen und Verharmlosen vorzogen, legte die Erzdiözese von São Paulo 1985 unter dem Titel *Brasil: nunca mais (Brasilien: nie mehr wieder)* eine erste und umfangreiche Bilanz von 15 Jahren Terror vor. Die Sammlung von Dokumenten gilt bis heute als das bedeutendste Referenzwerk für die Verbrechen der Diktatur.

Das Militär büßte an politischer Macht ein. Der Prozess, die Streitkräfte zu demokratisieren, ist dennoch ein langwieriger. Die Militärpolizei gilt noch immer als besonders gewaltbereite und schlecht entlohnte Ordnungsmacht. Um Soldaten zu beschäftigen, wurden viele in den Amazonasraum beordert, dem ehemals bevorzugten Experimentierfeld der Diktatoren. Dort waren sie für Entwicklung und Sicherheit am Amazonas, am Rio Solimões und den Landesgrenzen zuständig. Das heißt, sie sorgten für eine sichtbare Präsenz der zentralistischen Regierung in einem Raum, den sie durch ausländische Firmen und Mächte bedroht glaubten. Für die Errichtung großer Indio-Reservate hatten sie kein Verständnis, gerade wenn es sich um erzreiche Gebiete wie das der Yanomami handelte, ein von Gold- und Diamantensuchern gerade entdeckter Raum. Deshalb kam die neue Verfassung gerade noch rechtzeitig, um viele bedrohte indigene Räume unter bundesstaatlichen Schutz zu stellen.

Ihre Ausarbeitung war zweifellos der Höhepunkt der Regierung von José Sarney. 1988 in Kraft getreten, ist sie mit 315 Artikeln ein idealistischer Meilenstein auf dem Weg zu einer sozial gerechten Gesellschaft. Selbst die Höchstzinssätze für Kredite wurden darin festgelegt. Die Verfassung beschneidet die Macht der Regierung zugunsten von Parlament und Justiz. Sie legte die Amtszeit des Präsidenten zunächst auf fünf Jahre ohne Wiederwahl fest (heute sind es vier Jahre und eine Wiederwahl). Nach Jahrzehnten des Zentralismus stärkt die Verfassung die alte bundesstaatliche Struktur. Das bedeutet allerdings, dass die Bundesregierung hohe Transferleistungen an die Staaten und Gemeinden zahlen muss. Ein eigenes Ministerium für Öffentlichkeit und eine Volksanwaltschaft wurden geschaffen.

Das Pantanal in Mato Grosso und der Amazonasraum wurden zum nationalen Naturerbe erklärt. Erstmals wurden die indigenen Völker als Bundesbürger wahrgenommen, ihre Rechte in die Verfassung eingeschrieben. Dies bedeutete einen Bruch mit der jahrhundertelang geübten Vorstellung, Indios müssten assimiliert werden, um in einer modernen Gesellschaft zu bestehen. Die 400.000 Indios machen zwar nur 0,2 Prozent der brasilianischen Bevölkerung aus. Beeindruckend ist jedoch die kulturelle und sprachliche Vielfalt. 220 amtlich verzeichnete Gemeinschaften sind es, die 180 verschiedene Sprachen sprechen. Keine ist hegemonial. Auch die alten *quilombos*, die afro-brasilianischen Widerstandsdörfer, werden verfassungsrechtlich geschützt. Rassismus wird erstmals als ein Delikt definiert, das nicht mehr verjähren oder durch eine Kautionszahlung abgegolten werden kann.

Der Armut entfliehen: Politikversprechen, Bürgersolidarität, Evangelikale

Die Verfassung ist vorbildlich. Doch der *coronelismo* lebte munter weiter. Dies sollte sogleich Fernando Collor de Mello unrühmlich unter Beweis stellen, der erste demokratisch gewählte Präsident seit 1961. Der Mann aus Alagoas repräsentierte einen neuen Politikertyp: jung und provokant, neoliberal und fernsehtauglich. Collors Slogan »modern« meinte in der Praxis die schamlose Nutzung eigener Medien für das eigene Image. Seine Familie besaß den größten Fernsehsender im kleinen und armen Bundesstaat im Nordosten Brasiliens. Collor zog gegen Intellektuelle und die »Maharadschas« ins Feld, die privilegierten Spitzenbeamten, die für politische Dienste etwa üppige Gehälter und Pensionen erhielten und nach 25 Arbeitsjahren in Rente gingen. Und das in einem ohnehin personalreichen Verwaltungsapparat. Am politischen System veränderte er nichts.

Angesichts der Inflation und seines geringen Verständnisses für kritische Kultur zerstörte Collor mit einem Dekret die nationale Filmförderung. Sie hat sich lange Zeit davon nicht erholt. Heute besitzen 80 Prozent der Städte kein Kino mehr. Der Bildungs- und Wissenschaftsbetrieb litt unter den Kürzungen. Das größte politische Vergehen Collors war es, dass er kurzfristig private Spar- und Bankguthaben im Wert von mehr als 700 Euro einfrieren ließ und damit große Teile des Mittelstandes in beträchtliche finanzielle Schwierigkeiten brachte. Die Krise ließ viele Rentner noch einmal ins Berufsleben zurückkehren.

1992 richtete Rio de Janeiro die internationale Umweltkonferenz aus. Sie brachte nicht den Imagegewinn, den sich der unbeliebte Präsident erwartete. Sein neues Umweltsekretariat mit José Lutzenberger an der Spitze setzte sich nicht gegen die mächtige Agrarlobby durch. Dennoch entstanden in der Folge regionale Pilotstudien, die nachhaltiges Wirtschaften erprobten, gerade im Amazonasraum. Gefördert von ausländischen Geldgebern wie der Bundesrepublik Deutschland bauten sie auf dem Wissen und den Wünschen der lokalen Bevölkerung auf. Dazu gehören die Territorien, in denen traditionelle Kautschukzapfer ökologisch nachhaltig produzieren können (die Reservas Extrativistas).

Außenpolitisch, gegenüber dem Internationalen Währungsfonds, galt Brasilien als Problemfall. Manchen Südbrasilianern war der Präsident aus Alagoas ohnehin ein Dorn im Auge. Das betonte etwa Irton Marx, der den Glauben an Brasiliens Zukunft verloren hatte. Was ihn störte war, dass im brasilianischen Kongress die armen »unproduktiven« Staaten des Nordens und Nordostens überrepräsentiert sind. Deshalb rief der Deutschbrasilianer aus Santa Cruz do Sul eine República do Pampa Gaúcho aus. Sie sollte lediglich aus den drei südlichen Bundesstaaten bestehen. Selbst eine eigene Flagge entwarf der radikale Außenseiter, der nur von wenigen ernst genommen wurde.

Während der Separatist wenig erfolgreich für seine Utopie warb, erprobte Porto Alegre, die Hauptstadt von Rio Grande do Sul, ein basisdemokratisches Modell, das weltweit Aufsehen erregte. Seit 1989 können Bürgerinnen und Bürger über die Verwendung eines Teils des städtischen Gemeindebudgets aktiv mitbestimmen. Regiert wurde Porto Alegre bis 2004 von der Linkspartei PT. Das mit dem Partizipativen Budget geweckte Engagement der Stadtbevölkerung bewirkte, dass nun mehr Steuergeld in die einkommensschwachen Vierteln floss als zuvor. Nach der Abwahl der PT profitierten wieder die wohlhabenderen Stadtbezirke stärker vom öffentlichen Geld.

Porto Alegre zog als dreimaliger Austragungsort des Weltsozialforums die Aufmerksamkeit jener auf sich, die für Nachhaltigkeit und ein menschenwürdiges Leben kämpfen. Die hier entwickelte Lokalpolitik ist zudem ein Beispiel dafür, dass nach Jahren der Militärdiktatur viele Bürger Mitsprache einfordern, weil sie den Staat als Gemeinwesen sehen. Dass die Demokratie in Brasilien endlich Fuß zu fassen begann, sollte auch Präsident Collor, der wortgewandte Populist, schmerzlich erleben. Denn er verstrickte sich derart im Netz von Privat- und Schmiergeld-Affären, dass es selbst den skandalgewohnten Brasilianern reichte. Tausende riefen ihn zum Rücktritt auf. Der Kongress reagierte und enthob ihn seines Amtes. Der integre Vizepräsident Itamar Franco führte Collors Amtsperiode zu Ende.

Wie Porto Alegre wollte Curitiba mit neuen Straßenbahnen, Mülltrennung und Fußgängerzonen städteplanerisch innovativ sein. 1996 erhielt die Hauptstadt Paranás für ihre Bemühungen das Prädikat »innovativste Stadt der Welt«. Allein diese Beispiele zeigen, dass Brasiliens Vielschichtigkeit mit Etikettierungen nicht beizukommen ist. Gerade »Entwicklungsland« trifft diese Realitäten nicht. Während Collors Zuckerstaat Alagoas noch immer von alten, autoritär agierenden, Clanstrukturen geprägt ist, die vom hochsubventionierten Zuckerrohranbau profitieren, sind die südlichen Bundesstaaten mit ihrem recht hohen Einkommen, ihrer Sozialpolitik, ihrem Lebensstil mit einem westlichen Industriestaat vergleichbar. Brasilien wurde deshalb auch als *Belíndia*, als Mischung von Belgien und Indien, bezeichnet. Doch unterschiedliche Lebenswelten lassen sich nicht nur durch eine Nord-Süd-Polarisierung erklären.

Die Verantwortungslosigkeit der Politik und der Einfluss reicher Clans schufen ein Vakuum, das nicht nur von demokratischen und innovativen Bürgern genutzt wird, sondern auch von neuen Kirchen mit neuen Heilsversprechen. Vom geringen sozialen Engagement der vatikantreuen Amtskirche profitierten evangelikale Kirchen. Ihnen kam es zudem entgegen, dass die Befreiungstheologie zwar aufgeklärte, linksliberale Bildungsbürger ansprach, für die große Mehrheit der Bevölkerung hingegen zu intellektuell war.

Die ersten Missionare der Pfingstkirchen kamen zu Beginn des 20. Jahrhunderts nach Brasilien. In den sechziger Jahren vermochten sie sich im Hinterland mit seiner Mischung aus katholischer, indigener und afrikanischer Mystik zu verankern. Die protestantischen Kirchen waren schließlich gerade in jenen Regionen erfolgreich, die von der Industrialisierung erfasst und verändert wurden. Sie sprachen die Modernisierungsverlierer an, Entwurzelte, die in Städte zogen und nach neuen Gemeinschaften suchten. Als der weltweit bekannte Fernsehprediger Billy Graham 1974 auch nach Brasilien kam, konnte er das Maracanã-Stadion füllen.

Die neoliberale und der sozialen Erosion förderliche Politik der neunziger Jahre erhöhte ebenfalls die Mitgliederzahlen und förderte vielmehr individuelle statt kollektive Erlösungsmodelle. Die Pfingstkirchen lassen glauben, dass Gott nicht nur Wege aus Krankheit und Armut, sondern auch Wege zum Reichtum zeigen würde. Den Armen wird das irdische Leben nicht als steiniger Weg der Prüfung vorgezeichnet, für dessen Bewältigung dann das paradiesische Jenseits belohne.

Deshalb bietet die Neo-Pfingstkirche der Igreja Universal do Reino de Deus (Universalkirche des Reiches Gottes) ihren »Klienten«, nicht Gläubigen, auch Beratung in finanziellen Dingen an. Und sie bedient sich geschickt der neuen Medien für Bibellehre und Gottesdienste. Edir Macedo, der Bischof der Igreja Universal do Reino de Deus, regiert mit Rede Record ein religiöses Medienimperium mit mehr als 40 Radiosendern und 20 TV-Kanälen. In eigenen TV-Sendern brausen Kirchenmitglieder auf Honda-Motorrädern durch das Bild und geben zu verstehen, dass Glaube und Wohlstand kein Widerspruch, sondern gottgewollt seien. 2003 waren 16 Abgeordnete im Kongress Mitglieder seiner Kirche, die Gott als »Vater des Lichts« nennt, der magische Kräfte hat und sie gegen den Teufel einsetzt. Diese Symbolik fasziniert gerade afro-brasilianische Gläubige. Das zeigt, wie kulturell anpassungsfähig diese Pfingstkirche ist. Obgleich aus den USA kommend, agiert sie in Brasilien weniger rationalistisch, um erfolgreich zu sein. Auch bei den Mittelschichten fügt sie sich in eine lange Tradition des Synkretismus ein, der durchaus offen für Elemente des Umbanda gewesen war.

Steigende Mitgliederzahlen haben auch die Kirche Deus é Amor (Gott ist Liebe) und Brasil para Cristo (Brasilien für Christus) zu verzeichnen. Während manche Kirchen mit (Liebes-)Glück und Prosperität im Diesseits winken, setzen andere auf Abstinenz und harte Arbeit. Während die einen von Engagement in der Politik abraten, weil sie korrupt sei, empfehlen dies die anderen. Die afro-brasilianischen Politikerinnen Benedita da Silva und Marina Silva sind bekennende Evangelikale. Das landesweite Kino-Sterben nützten die protestantischen Kirchen und gestalteten prächtige Art-Deco-Säle zu sakralen Räumen um. So auch in Cinelândia, dem ehemaligen Theater- und Vergnügungsviertel von Rio de Janeiro.

Gegen diese Umdeutung von Religion zu einem großen und lukrativen Geschäft wettern die traditionellen Kirchen. Dass mit Jorge Mario Bergoglio ein Lateinamerikaner Papst geworden ist, der zwar konservativ ist, aber christlich-soziale Tugenden lebt, hat sicher nicht nur mit den vielen Katholiken in Lateinamerika zu tun, sondern auch mit dem rapiden Katholikenschwund in Brasilien. Gerade Rio ist ein Mekka der neuen Religionsgemeinschaften. Messen im Freien, in Parks, am Strand von Flamengo werden wie Pop-Konzerte inszeniert. Nur noch knappe 60 Prozent der Bevölkerung Rio de Janeiros bekennen sich im größten katholischen Land der Welt zum Katholizismus. Im Laufe von dreißig Jahren stieg der Anteil der Pfingstkirchen in Brasilien von 6 auf 22 Prozent.

Von Rennfahrern, einer Währungsreform und einer Simpsons-Folge

Das Jahr 1994 schien auch kein gutes zu werden. Am 1. Mai verlor Ayrton Senna die Kontrolle über seinen Williams-Renault. Der beste Formel-1-Pilot der Welt verunglückte im Rennen von Imola tödlich. In all den Jahren der Krisen und der Korruption hatte der dreimalige Weltmeister, wie einst Santos Dumont, den Glauben an eine Pole-Position Brasiliens in der Ersten Welt hochgehalten. Nelson Piquet und Emerson Fittibaldi hatten Brasilien viele Rennsiege und einige Weltmeistertitel eingebracht. Doch Sennas Waghalsigkeit stand scheinbar im Widerspruch zum bedächtigen und bescheidenen Auftreten bei Interviews. Zum Heldenstatus gehörte der medienträchtige Konflikt mit Alain Prost, dem einstigen Freund und baldigen Gegner.

Nach Generationen betagter Generäle und wendiger Populisten repräsentierte Senna einen neuen, attraktiven Männertypus, ohne traditionelle Wertmuster in Frage zu stellen. Dass er seine religiöse Überzeugung offen aussprach und seine Siege auch auf göttlichen Einfluss zurückführte, brachte ihm im gläubigen Brasilien große Sympathien ein. Ebenso seine vielen karitativen Taten für Kinder aus den Unterschichten. Sennas tödlicher Unfall, übrigens der letzte in der Formel 1, ist vermutlich weniger auf menschliches Versagen als auf einen technischen Fehler zurückzuführen. Senna wurde 33 Jahre alt. Heute fährt sein Sohn Rennen. Brasilien hatte seine Moderne an Senna zelebriert. Sein Tod löste Reaktionen aus, die dem Fußball-WM-Drama von 1950 ähnelten: kollektive Trauer, eingebunden in die große Erzählung vom Land ohne Eigenschaften, vom traurigen Volk, das wieder einmal am Erbe der Rückständigkeit scheitere. Als in São Paulo sein Sarg in die Erde versenkt wurde, stand der Verkehr in Rio de Janeiro eine Minute lang still. Selbst die Gondeln auf dem Zuckerhut hielt man an.

Doch schon zwei Monate später wurde die Erzählung des Scheiterns von der anderen großen Erzählung überlagert, der ufanistischen, dem Stolz auf das Vaterland. Brasilien hatte zum vierten Mal den Fußball-WM-Titel geholt. Und der Export brasilianischer Fußballer nach Europa stieg in den Neunzigern.

Dennoch zählte die erfolgreiche Währungsreform mehr als der WM-Titel. Fernando Henrique Cardoso wurde als Finanzminister ins Kabinett von Itamar Franco geholt. Er führte eine neue Währungseinheit ein, den Real. Und beließ ihn für zwei Monate als Parallelwährung zum alten, unstabilen Cruzado. Das hatte auch psychologische Gründe. Denn das tägliche Leben mit einer ständigen Geldentwertung hatte Preissteigerungen mittlerweile zu einer Art Selbstläufer werden lassen. Innerhalb eines Jahres sollte die Inflation von 50 Prozent auf 19 Prozent sinken, drei Jahre später auf EU-Niveau. Seit Juli 1994 als alleinige Währung in Gebrauch, ist der Real flexibel an den Dollar gebunden. Er bedeutet »königlich« und »tatsächlich« zugleich. Als tendenziell überbewertete Währung sorgte sie bald für verbilligte Importe, deren Vorteile allerdings durch teure Exporte abgeschwächt wurden. Wenn nun auch Restaurantpreise stiegen, Friseure und Inlandsflüge teurer wurden, fanden japanische und deutsche Autos, meist in Raten abbezahlt, gute Absätze. Die Mittelschicht konsumierte wieder, Europaflüge wurden leistbar. Brasilianische Wissenschaftler waren häufiger Gäste bei Tagungen.

In Cardosos Amtszeit trat auch das regionale Wirtschaftsbündnis Mercosul/ Mercosur in Kraft, abgeschlossen zwischen Argentinien, Paraguay und Uruguay. Es war das wirtschaftspolitisch deutlichste Zeichen für das Interesse Brasiliens an seinen Nachbarn und für den Versuch, die Rivalität mit Argentinien in eine solide Partnerschaft zu verwandeln, selbst wenn die handelspolitischen Hürden und wechselnden Zollregelungen immer wieder Probleme schaffen. Seit 2012 ist auch Venezuela Vollmitglied des Mercosur.

Als Sohn einer einflussreichen Familie von Militärs und Politikern galt Cardoso als Präsidentschaftskandidat der politischen Mitte. Der Real war das Symbol seiner Politik, weshalb er im Wahlkampf den beliebten Gewerkschafter Lula da Silva besiegte. Dessen Arbeiterpartei PT hatte die neue Währung schlicht als zynisches Wahlmanöver gebrandmarkt. Lula sollte den Traum, Präsident zu werden, erst im vierten Anlauf schaffen.

Obwohl er mit seinem Buch *Abhängigkeit und Entwicklung in Lateinamerika* eine Bibel der Dependenztheorie geschaffen hatte, schlug Cardoso einen Wirtschaftskurs ein, den viele als neoliberal bezeichnen. Denn er ließ unrentable, aber auch florierende Staatsbetriebe (teil-)privatisieren. Dazu zählten die Telefongesellschaft und das Minenunternehmen Companhia Vale do Rio Doce, das alte Flaggschiff der Vargas-Zeit. Auch das Erdöl- und Gasmonopol wurde gelockert. Cardoso privatisierte einen Teil der Petrobras. Sie ging an die Börse. Mit den Privatisierungen wollte der Präsident die hohen Auslandsschulden reduzieren. Jedoch stiegen sie, und dazu kamen die Auswirkungen der Asienkrise. Seine Sozial- und Bildungsprogramme blieben noch kosmetischer Natur. Computer flächendeckend an Schulen einzuführen war billiger, als den Lehrerberuf durch gute Ausbildung und adäquate Bezahlung endlich aufzuwerten.

Die angekündigte Reform des komplizierten Steuersystems war keineswegs umfassend. Cardoso bezeichnete Brasilien zu Recht viel mehr als ungerechtes denn als unterentwickeltes Land. Als Soziologe, der bei Florestan Fernandes studiert hatte, wusste er genau, wie sehr sozialer Aufstieg und Hautfarbe miteinander verknüpft sind. Deshalb rief er erstmals eine Arbeitsgruppe für die Förderung von Afro-Brasilianern ins Leben und stellte Quotenregelungen in Aussicht. Den Fußballkönig Pelé machte er zum Sportminister. Außerdem tat Cardoso mehr für die Aufarbeitung der Militärdiktatur als seine Vorgänger. Erstmals wurden Entschädigungen für die Familien von mehr als 350 Todesopfern gezahlt. Offiziell vermisste Personen wurden für tot erklärt. Doch die Amnestie für Menschenrechtsverbrecher ließ auch der ehemalige politische Flüchtling nicht aufheben. Cardoso unterzeichnete sogar ein Gesetz, das die ewige Geheimhaltung belastender Dokumente vorsah.

Im April 1996 ermordete die Militärpolizei 19 Landlose im Amazonasstaat Pará. Die Aufregung war so groß, dass die Regierung, wollte sie sich international nicht blamieren, reagieren musste. Seit 1960 war Regenwald in der Größe Frankreichs verschwunden. Doch der lange Arm des Staates reichte nicht ins Macht-Dickicht von Großgrundbesitz und Lokalpolitik. Die nach Norden ausgesandten Inspektoren waren mit der Weite der Wälder und der Tiefe des Korruptionssumpfs überfordert. 1998 gelang es immerhin, fünf zusammenhängende *Terras Indígenas* mit einer Gesamtoberfläche von über 106.000 km² im Oberen Rio Negro zu legalisieren. Cardoso ließ Regierungsland parzellieren und an zweieinhalb tausend landlose Familien verteilen. Doch das war ein Tropfen auf den heißen Stein. An eine Agrarreform und an Förderung von Kleinbauern wagte sich der Präsident nicht. Als die Nachricht von der Zerstörung des letzten Araukarien-Waldes der Atlantikküste nach Brasília drang, ließ Cardoso die kümmerlichen Reste der *mata atlântica* gleichberechtigt zum Amazonas unter Schutz stellen. Das Holz der Brasilkiefer war dem Möbelholzexport zum Opfer gefallen; Aufforstungsprojekte benötigen viel Zeit und Geduld.

Angetrieben vom finanzpolitischen Erfolg brachte Cardoso im Kongress eine Verfassungsänderung und damit seine Wiederwahl durch. Hier agierte er als klassisches Mitglied des politischen Establishments. Er erkaufte sich den Zuspruch der Abgeordneten und wusste mit seiner Privatisierungspolitik gute Freunde zu bedenken. Postenschacher und *jeitinho*, die Tradition, mit kleinen Geschenken Widersacher zu beruhigen, blühten weiterhin. Parteigänger wurden mit politischen Ämtern versorgt, egal, ob sie diese dann ausfüllten oder nicht, oder ob sie überhaupt auf ihrem Arbeitsplatz erschienen. *Fantasmas* nennen die Brasilianer solche Scheinexistenzen. Ebenso gängig war die Praxis, die eigene Partei gegen Bezahlung zu wechseln. Bei etwa 20 registrierten Parteien waren die Möglichkeiten dafür reichlich vorhanden. Der Gipfel der Politiker-Freiheiten war ihre nahezu unbegrenzte Immunität.

Gelegentlich wurden Opfer gebracht, um die Illusion eines funktionierenden Rechtsstaats zu erhalten. Denn als der Finanzminister Rubens Ricupero im Radio von *Rede Globo* im Glauben, nicht mehr auf Sendung zu sein, ausplauderte, er würde durchaus Inflationszahlen manipulieren, wenn es der Wiederwahl des Präsidenten diene, musste er zurücktreten.

Für das Jahr 2000 waren große Feiern geplant. Sieben Jahre lang hatte eine Planungskommission gearbeitet, um 500 Jahre Brasilien zu gedenken. Einige Historiker forderten nun die klassische Art der Geschichtserzählung heraus, indem sie bewusst auf die »Völker ohne (europäische) Geschichte« hinwiesen. Das offizielle Brasilien bediente sich noch immer des Mythos der »Rassendemokratie«. Deshalb setzten sich Vertreter von 189 Stämmen Anfang April in Bewegung, um am 22. April Porto Seguro zu erreichen. Dort wollten sie »anderer« 500 Jahre gedenken, durch eine Konferenz, auf der die Demarkation des indigenen Landes neu verhandelt werden sollte. Die Polizei schritt ein, zerstörte ein Denkmal der Indigenen und hinterließ ein paar Verletzte in einer Demonstration, die friedlich gewesen war.

Cardoso hielt am Leitmotiv der künftigen Großmacht Brasilien fest. Man spiele nicht in derselben Liga wie Mexiko, Argentinien oder Chile, sondern richte den Blick vielmehr auf Indien, China und Russland. Das gewonnene Selbstbewusstsein reichte nicht aus, um großmütig über eine Folge von Matt Groennings Erfolgsserie *The Simpsons* hinwegzusehen, die in Simpsons-Manier eine Menge von Brasilien-Klischees durch den Kakao zog, die aber auch – und das wollte man im offiziellen Brasilien nicht sehen – an Selbstkritik nicht sparte. Lisa Simpson hatte einem Jungen aus der Favela Geld geschickt. Ronaldo bedankte sich mit einem Video und zeigte, dass er Sambaschuhe gekauft und dass sein Waisenhaus eine Tür erhalten hatte – now the monkeys cannot bite me. Die Simpsons fliegen nach Rio und Bart lernt Spanisch für Dummies, bis ihm Marge erklärt, dass das nicht die richtige Sprache sei. Homer lässt sich ausrauben und entführen, während sich Marge und Lisa vom karnevalesken Treiben des Samba-Rhythmus mitreißen lassen. Obwohl es der kleine Sambatänzer Ronaldo ist, der Homer Simson errettet, weil er das Lösegeld aufbringt, war Präsident Cardoso gekränkt.

Denn die Simpsons zeigen Rio als exotisches Potpourri von Carmen Miranda, Copacabana, Karneval, Banditen und Affen. Obwohl sie dümmliche US-Touristen abgeben, bewies der diplomatische Protest des Präsidenten in Washington gegen die Episode *Blame it on Lisa*, dass dem hart erworbenen Selbstbewusstsein noch immer der Minderwertigkeitskomplex anhaftete, ein Botokuden-Land zu sein. Dass Rio de Janeiro über das größte städtische Waldgebiet in Lateinamerika verfügt, tut hier nichts zur Sache, denn Cardoso sah sein Land zur Bananenrepublik degradiert, was einen führenden Dependenztheoretiker wie ihn besonders provozierte.

Favela-Welten

POESIE, MEINE KLEINE, erleuchte die Wahrheiten der Menschen und den Klang meiner Worte. Denn ich will es wagen, selbst wenn Kugeln die Laute durchdringen. Allein das Wort, das über sich hinausweist, spricht, handelt und geschieht. Hier taumelt es, von Kugeln getroffen. Gesprochen von zahnlosen Mündern im Treiben der Gassen, in den Entscheidungen über Leben und Tod. Der Sand bewegt sich am Grund der Meere. Wenn die Sonne fehlt, verdunkeln sich selbst die Wälder. Flüssiges Erdbeereis verklebt die Hände. Das Wort entspringt dem Gedanken, löst sich von den Lippen, wird in den Ohren lebendig, und manchmal kann sich diese Magie des Klanges gar nicht entfalten, weil sie hinuntergeschluckt wird. Im Magen massakriert von Reis und schwarzen Bohnen, wird es ausgeschieden statt ausgesprochen. Fehlt das Wort. Spricht die Kugel.[54]

Falha a fala, fala a bala.

Harte Realität im poetischen Kleid ist Paulo Lins' Roman *Cidade de Deus* (*Stadt Gottes,* 1997). Der Autor beweist, was viele in der weißen Elite nicht glauben wollten. Man kann schwarz sein und aus der Favela kommen, hat dennoch eine Stimme und kann international erfolgreiche Romane schreiben.

Rassismus ist nicht nur in der Ober- und Mittelschicht verankert. Rassismus existiert auch in den Favelas, den prekären Stadtvierteln, in denen nicht nur dunkelhäutige Brasilianer leben, sondern auch weiße und indigene. In denen sich Migranten aus dem Nordosten mit Landflüchtigen aus anderen Teilen Brasiliens begegnen. Paulo Lins lässt seinen Roman in einer solchen Favela spielen. *Cidade de Deus* ist eine Welt der Jugendbanden und Kuriere, die mit Waffen, Kokain und Marihuana handeln. Wo selbst die Jüngsten lernen, kaltblütig und lustvoll zu töten.

Ursprünglich sollte der studierte Soziologe für ein Forschungsprojekt über Gewalt in den Armenvierteln arbeiten. Eine Anthropologin hatte ihn damit beauftragt. Lins machte Hunderte von Interviews, wusste die Realitäten aber nicht in ein wissenschaftliches Format zu bringen. Schließlich erkannte der Litera-

---

54 | Paulo Lins, Die Stadt Gottes. City of God (München: Blumenbar, 2004) 21.

turwissenschaftler Roberto Schwarz das literarische Potenzial des Berichts und riet, einen Roman daraus zu machen. Damit war der Grundstein für Lins' internationalen Durchbruch gelegt. Sein Roman wurde 2003 von Fernando Meirelles und Katia Lund verfilmt und für einen Oscar nominiert. Und das globale Interesse daran bewog die heimische Politik sich endlich der Favelas anzunehmen.

Nun war auch ein eigenes literarisches Genre entstanden. Patrícia Melo forschte in den prekären Stadtvierteln und schrieb mit *Inferno* (2000) einen packenden Roman. Der afro-amerikanische Regisseur Spike Lee drehte in Rios Favela Santa Marta mit Michael Jackson und Olodum ein Musikvideo für den Song *They don't care about us.* Jackson trug das T-Shirt von Olodum mit den klassischen Farben grün, rot, gelb, weiß und schwarz, die Symbole für Natur, die Farbe des Blutes der Black Power, das Gold Afrikas, den Weltfrieden und die Hautfarbe der Afro-Brasilianer. Es sind auch die Farben pan-afrikanischer Identität. Abgesehen von *Cidade de Deus* war es der Streifen *Tropa de Elite* (2007), der das europäische Kinopublikum durch die Gewalt einer faschistoid auftretenden Polizei schockierte. In Berlin mit dem Silbernen Bären ausgezeichnet, malt der Film ein desolates Bild einer Welt, in der nur die Macht des Stärkeren zählt. In der die Polizei mordet, ohne dafür rechtlich belangt zu werden.

Zweifellos sind Favelas Horte der Parallelwirtschaft, der Tauschgeschäfte, des Drogen- und Waffenhandels. Der Drogenkrieg hatte in der Militärdiktatur begonnen, als in Rio Gefängnisinsassen zwei Gangs gründeten, das Comando Vermelho (das Rote Kommando) und das Terceiro Comando (das Dritte Kommando). Im Gefängnis Cândido Mendes auf der Ilha Grande aktivierten die politischen Gefangenen mit ihren Botschaften von Frieden, Gerechtigkeit und Freiheit auch andere Internierte. Daraus entstand das Rote Kommando. Es eroberte zunächst das Gefängnissystem der Stadt, danach stückweise Territorium außerhalb der Mauern, als die Amnestieregelungen wirksam wurden. Das Terceiro Comando entstand im dritten Pavillon des Gefängnistrakts von Cândido Mendes. Sein Motto lautete »Leben und leben lassen«. Bald teilten sich beide Gruppen die Unterschichtenviertel auf. Heute reichen ihre Netzwerke bis weit ins Hinterland hinein. Dies gilt auch für die Mega-City São Paulo. Einflussreiche Häftlinge dirigieren ihre Gangs von den Gefängnissen aus. Drogenkriminalität gehört zur Realität vieler städtischer Randgebiete. Der tiefere Grund für die Eskalation der Gewalt sind die Schuldenkrise der achtziger Jahre, gesunkene Reallöhne und der Boom des internationalen Drogenhandels.

Viele junge Bewohner ziehen es vor zu dealen, weil sie weit mehr verdienen als in Hotels oder Restaurants, gerade in Rio de Janeiros Südzone, der *zona sul,* wo elegante Viertel und Favelas einander gegenüber liegen. Manche Armensiedlungen bestehen aus Holzhütten mit Wellblechdach. Diejenigen der Südzone haben meist mehrgeschossige Beton- und Ziegelbauten. Einige schaffen den Aufstieg zu normalen Stadtvierteln. Sie bekommen asphaltierte Straßen, und diese erhalten Namen. Briefkästen zieren die Häuser, Banken eröffnen Filialen und die Post wird nicht nur an einer zentralen Stelle deponiert. Ihre Bewohner zahlen dann Grundsteuern und zapfen den Strom nicht mehr illegal ab. Ein solches kommunales Urbanisierungsprogramm, das Stadtviertel entwickelte statt ihre Bewohner umzusiedeln, wurde von der Architektin und ehemaligen Exilantin Lu Petersen ins Leben gerufen. Es heißt Programa Favela-Bairro. Aufgrund seines Erfolges wurde es in anderen Großstädten nachgeahmt.

Selbst in jenen Favelas, die von der Drogenmafia regiert werden, versuchen die Gangs die Gewalt nicht eskalieren zu lassen, damit die Polizei wenig Grund hat einzuschreiten und ihre Geschäfte zu stören. Die Drogenbosse zahlen oft für Wasser und Strom, sogar für Kindergärten. Die Bewohner müssen dafür Waffen oder Drogen verstecken. Das macht sie wiederum zu Tätern für die Polizei. Diese ist oftmals ohnehin in die Geschäfte involviert. Denn die Gehälter der Polizeiapparate sind schlecht, ihre Waffen nicht besser als jene der Mafia. Deshalb sind sie käuflich. Ein Drogenboss soll sogar geklagt haben, dass er die Hälfte seiner Einnahmen in die Bestechung der Polizei investiere

Ohne die Gewalt und die Drogen leugnen zu wollen: Diese Sichtweise gibt nur eine von mehreren Favela-Welten wieder, weshalb sich manche Bewohner von Cidade de Deus vom Roman und vom Film distanzierten. Sie sehen ihre Würde in Zweifel gezogen. Sie wollen keinen Spiegel vorgehalten bekommen, der ihnen das Gefühl gibt, in einer Art Vorhölle zu leben. Denn die Texte und (europäischen) Reportagen sparen meist aus, dass es die Kellner und Rezeptionistinnen, die Reinigungskräfte und die Taxifahrer sind, die in Copacabana, Ipanema, dem Zentrum arbeiten, aber in den Favelas wohnen. Dass sie sich morgens ab sechs Uhr in Bussen durch den Verkehr quälen und abends gegen acht Uhr wieder dorthin zurückkehren. Die Metro erreicht die Vorstädte nicht und ist obendrein zu teuer. Favelas sind nicht einfach Slums, voll von arbeitsscheuen Arbeitslosen, sondern vor allem Wohnorte eines großen Teils der Dienstleistungsgesellschaft, die sich mit ihrem Mindestlohn die Mieten der regulären Stadtviertel nicht leisten kann.

Ein junger holländischer Dokumentarfilmer erzählte, dass er nach Rio de Janeiro reiste, um für das Fernsehen eine Favela-Reportage zu drehen. Er hatte den Auftrag, gerade die negativen Seiten des Lebens auszuloten, weil sich das besser verkaufe. Viele Favelados begannen ihre Kommentare mit den dramatischen Aspekten ihres Daseins, bis sich ihre Mienen erhellten und sie über Gemeinschaftsgefühl und nachbarlichen Zusammenhalt erzählten.

Eine Vielzahl von Projekten, die aus den Favelas kommen oder von außen, wollen den harten Realitäten auch ein Bild von kultureller Kreativität und von Aufstiegschancen entgegensetzen, und seien sie auch noch so gering. Zur Kreativität gehört die Musik. Ihre Vielfalt lässt sich unter dem Begriff Hip-Hop zusammenfassen, ein Genre, das MC, Rap, Break Dance (die *bboys*), Graffiti und lebensweltliches Favela-Wissen zusammenfügt. Ein wichtiges Element des

Hip-Hop ist es, schwarzes Selbstbewusstsein zu fördern. Es entsteht aus dem Wissen um die Herkunft und die Bedeutung des Eigenen für die Nationalkultur. Prägend für die Szene sind Aktivisten, die zum Teil studiert haben, aber alle aus Favelas kommen: die DJs Marlboro, Mano Brown, Ferréz, José Junior und MV Bill, der gemeinsam mit dem Anthropologen Luiz Eduardo Soares und dem Musikproduzenten Celso Athayde 2005 im Roman *Cabeça de Porco (Schweine-kopf)* gegen die Lüge der »Rassendemokratie« anschrieb.

Manche Afro-Brasilianer kritisieren, dass Hip-Hop ein Import aus den USA sei. Diese Kritik an der Amerikanisierung gab es auch in den Siebzigern. Dem hält die Hip-Hop-Expertin Heloísa Buarque de Hollanda entgegen, dass Hip-Hop übernational ist und eben vor Ort brasilianisiert wurde. MV Bill verwies in einem Interview auf die brasilianische Eigenschaft der kannibalischen Einver-leibung. Das gelte auch für den Hip-Hop. Er nehme Elemente aus den USA auf und mache etwas Eigenes und Unverwechselbares daraus.

Ein gutes Beispiel dafür ist der Rap (rhythm and poetry). Er zelebriert das Wort. Der aus Jamaica kommende und in den Ghettos von New York entwi-ckelte Rap wird in Brasilien mit *pagode*, Samba, *frevo*, *maracatu*, *axé* und Bossa Nova vermengt, in äußerst hybrider Form. Mittlerweile gibt es eigene Musikfir-men und Modemarken wie Irmandade, die aus den Favelas kommen, Film- und Tanzstudios für junge Favelados. Für viele Musiker der Szene muss der Rap politisch und sozialkritisch sein. So heißt es in *Schweinekopf*:

Merkwürdigerweise ist die neuerliche positive Wertschätzung des Wortes nicht die einzige Parallele zwischen den Interventionen der Rapper und jenen der evangelikalen Kirchen, und gewiss ist sie keineswegs bedeutungslos. Bill war es auch, der meine Auf-merksamkeit auf die Ähnlichkeit lenkte: ›Ich fühle mich wie ein Pastor mit der Bibel in der Hand. Ich ging auf die Bühne wie jemand, der auf die Kanzel steigt, um zu predigen. Ich hatte das Gefühl, eine Mission zu erfüllen. Ich hab es immer noch.‹[55]

Im Jahr 2000 wurde die Organisation Viva Favela ins Leben gerufen, die auf-klärt, den Bewohnern Stimmen gibt und Foren für kulturelle und politische Re-flexion bietet. MV Bill und Nega Gizza sind Aktivisten von CUFA (Central Única das Favelas), einem Verband von über 300 Armensiedlungen in Rio. Nega Gizza hat als erste Frau bei Radio FM eine politische Talk Show. Sie ist auch eine von vielen Frauen in der Hip-Hop-Szene. Tati Quebra-Barraco hingegen ist die erste Frau, die im männlich dominierten *funkeiro*-Milieu Karriere machte. Die dreifa-che Mutter und Hausfrau schockiert auf der Bühne mit provokanten sexuellen Anspielungen, fordert Gleichberechtigung und prangert Vorurteile an. Neben Rio hat auch Belo Horizonte in Minas Gerais eine große Funk-Anhängerschaft.

---

55 | MV Bill zit. n. Celso Athayde, MV Bill e Luiz Eduardo Soares, Cabeça de Porco (Schweinekopf) (Rio de Janeiro: Objetiva, 2005), 84. Übersetzung von Friedrich Frosch.

Alle diese Initiativen, Homepages und Blogs vermitteln, dass Favelas Geschichten und Gedächtnisse haben, die wert sind aufgezeichnet zu werden. Die Welten sind durchlässiger geworden. Seit ein paar Jahren gibt es auch in Brasilien Favela-Tourismus, einen abenteuerlichen Grenzgang zwischen pittoresk fröhlicher Armut, aggressivem Gang-Machismus und zivilgesellschaftlicher Solidarität. Zumindest wird den Siedlungen ein wenig das Bild der unbegehbaren Unterwelt genommen. Und die Reisenden suchen Kontrast-Erfahrung, Authentisches, Aufregendes, ohne behelligt zu werden. Die Reaktionen der Favelados sind unterschiedlich. Den einen ist es wohl egal, andere fühlen sich als Objekte der Neugierde unwohl, eine dritte Gruppe wiederum findet das Interesse wohltuend. Seit ein paar Jahren erleben die Viertel sogar einen Zuzug aus Europa, aus den sozial prekären Zonen, selbst der EU.

Vermutlich wohnen wenige gerne in ihren Favelas. Denn sie erleben als Transmigranten in die Welt der Wohlhabenheit oftmals täglich, wie andere wohnen. Für die Bundesregierung und die Stadtverwaltungen sind die Favelas Schandflecke auf dem Mantel der aufstrebenden Großmacht. Ihre Befriedung ist Teil eines Gesamtkonzeptes, das Rio modernisieren will, gerade vor der Fußball-WM von 2014. Dazu gehört die Sanierung der Bucht von Guanabara, einer Kloake; dazu zählen Forschungsparks und der Ausbau des Hafens. Das ist ein Großprojekt von Eike Batista, einem deutsch-brasilianischen Großunternehmer.

Im barocken Salvador kämpfen Favela-Gemeinschaften seit Jahren gegen ihre Räumung, weil sie zwar unter der Armutsgrenze leben, doch gratis eine solch prächtige Aussicht auf Bucht und Hafen genießen, die sich teuer an Touristen verkaufen lässt. Auch der Wohnungsmarkt in Rio, der cidade maravilhosa, verteuert sich angesichts der bevorstehenden Sportereignisse. Hunderttausend Bewohner sollen umgesiedelt werden und erhalten Räumungsklagen. Ein Fünftel der Bevölkerung Rios lebt in den über 500 Favelas der Stadt. Viel Geld wird nun in ihre »Befriedung« gesteckt. Weil die Politik der Abschreckung, der Gewalt durch Gegengewalt wenig brachte, sind neue Modelle gefragt. Anthropologen, Soziologen und Sozialarbeiter beobachten und begleiten das Zusammenleben zwischen den Bewohnern und der neuen Befriedungspolizei, der Unidade de Policía Pacificadora. Weil sie bürgernah sein soll, werden mehr Polizistinnen eingesetzt, gerade auch solche, die aus Favelas kommen.

Ob solche Strategien nachhaltig sind, wird sich erst weisen. 19 Favelas in Rio gelten erst als befriedet. Einige Beobachter behaupten, dass sich Gang- und Drogenaktivitäten einfach in andere Stadtteile verschieben. Die armen Stadtviertel spiegeln die politischen Versäumnisse von Jahrhunderten wider und können nur durch Jobs, Lohnerhöhungen und Bildungschancen reduziert werden. Die Regierung von Luiz Inácio Lula da Silva hat dafür mehr getan, als alle anderen Regierungen vor ihm.

Aufbrüche – Lula und Dilma

Kurz nach seinem Amtsantritt betrat Luiz Inácio Lula da Silva mit seinem Kabinett eine Favela. Für einige Minister war es ein Schock. Sie waren dort noch nie gewesen. Und kein Präsident vor Lula erahnte, dass 50 Reais mehr Familienbudget im Monat ausreichend sein würden, um eine Familie aus der bitteren Armut zu befreien. Bis zum Ende seiner zweiten Amtsperiode hatte Lula 40 Millionen Brasilianer aus der Armutsfalle geholt und zwölf Millionen neue Arbeitsplätze geschaffen. Er schied als beliebtester Präsident in der Geschichte Brasiliens aus dem Amt.

Lula war Mitgründer der Arbeiterpartei (PT) und seit 1975 führender Gewerkschafter in der Metallarbeiterbranche gewesen. Der Dramatiker Augusto Boal, Sérgio Buarque de Holanda und der Befreiungstheologe Leonardo Boff hatten seinen Wahlkampf unterstützt. Und mit der bekennenden Evangelikalen Benedita da Silva kam erstmals eine schwarze Gouverneurin an die Macht. Sie regierte, aus der Favela-Armut von Rio aufgestiegen, den Bundesstaat Rio de Janeiro.

Die ambitionierte Rolle, die Brasilien geopolitisch nun seit einigen Jahren spielt, wäre nicht ohne soziale Marktwirtschaft, ohne umfassende Reformen möglich gewesen. Der charismatische Lula weitete die Sozialtransfers seines Vorgängers zu einem wohlfahrtskapitalistischen Programm aus. Allein durch das Familienstipendium *Bolsa família* erhielten 40 Millionen Menschen bescheidene monatliche Geldbeträge, zwischen umgerechnet 15 und 100 Euro. Die Sozialhilfe richtet sich nach der Anzahl der Kinder, wird aber nur ausbezahlt, wenn diese in die Schule geschickt und geimpft werden. Gerade die *nordestinos* sind die neuen Kunden multinationaler Konzerne, die mit Mini-Pampers-Packungen (für Familienbesuche) und Waschmittelpäckchen mit Lavendelduft zu ein paar Centavos die kleinen Freuden neuen Konsumierens nachholen. Viele informelle Beschäftigungsformen wurden legalisiert, der Mindestlohn auf etwa 200 Euro pro Monat erhöht.

Die Regierung Lula zeigte ihre globalen Ambitionen bald im mexikanischen Cancún. Es sollte ein historischer Moment werden. Bei der World Trade Conference im Jahr 2003 torpedierten die brasilianischen Vertreter einen zwischen den USA und der EU ausgehandelten Kompromissvorschlag für Agrarsubventionen. Die Brasilianer verlangten ihre Abschaffung. Darüber hinaus gelang es ihnen, ein Bündnis jener Staaten zu schmieden, die zwar mehr als die Hälfte der Weltbevölkerung ausmachen, aber gegenüber den alten Industriestaaten unterrepräsentiert sind. Das Scheitern der Verhandlungen führte zur dauerhaften Etablierung der G 20 der Schwellenländer.

Brasilien ist in der Lebensmittelproduktion weltweit führend. Lula förderte zur geringen Freude vieler PT-Parteigänger auch das Big Business. Die Dichte großer und mittelständischer Unternehmen ist hoch, ebenso der Grad ihrer Professionalisierung. Um private Unternehmen stärker in politische Prozesse einzubinden, gründete die Lula-Regierung bereits 2003 in neo-korporativer Manier den Rat für wirtschaftliche und soziale Entwicklung. Mit dem Flugzeugbauer Embraer, mit Vale und Petrobras, dem Bauunternehmen Odebrecht, Itaú Unibanco und Bradesco, dem Buskarossenbauer Marcopolo, dem Automobilzulieferer Sabó bietet Brasilien starke und börsenfähige Unternehmen. Viele von ihnen erhalten Unterstützung durch die bundesstaatliche Entwicklungsbank BNDES, deren Kreditvolumen weit höher ist als jenes der Weltbank. 2008, in der Krise, wurde es noch aufgestockt. Durch diese Förderung machte der brasilianische Kapitalismus einen tiefgreifenden Strukturwandel durch. Brasiliens Finanzsystem ist stark reguliert, die Bankenaufsicht streng, sein Außenhandelssystem flexibel. So verließ es sich nicht nur auf die USA, sondern auch auf die Märkte Südamerikas, Asiens und der Europäischen Union. Die durch Sozialmaßnahmen und billige Warenkredite gestiegene Kaufkraft erhob den Binnenmarkt mit seinen 192 Millionen Menschen zum Zugpferd der Ökonomie. All das machte Brasilien in der Finanzkrise von 2008 wenig verwundbar und verhalf ihm zu hymnischen Leitartikelwürdigungen.

Den OECD-Ländern ist Brasilien in Hinblick auf sein Pro-Kopf-Einkommen, öffentliche Ausgaben, Steuerniveau und seine aktive Zivilgesellschaft näher als Indien und China, die zudem beide über Atomwaffen verfügen. Gerade mit China, seit 2009 Brasiliens wichtigster Außenhandelspartner, florieren die Geschäfte. In der Volksrepublik baut Brasilien Flugzeuge, Kühlsysteme und Motoren für Ethnanol. Dorthin liefert es Soja und Eisenerz. In Brasilien selbst verlangen immer mehr mittelständische Unternehmen Quotenregelungen gegen die Flut chinesischer Elektronik und Textilien. Sie kritisieren Preisdumping und den Import chinesischer Führungskräfte.

Für die Dynamik der boomenden »Schwellenländer« China, Indien, Russland und Brasilien erfand ein Investmentbanker von Goldman Sachs die Bezeichnung BRIC. Schon Alt-Präsident Cardoso wollte sich mit diesen Staaten messen. Bald kam auch Südafrika hinzu. Obwohl die fünf BRICS-Staaten gerade kulturell und gesellschaftspolitisch mehr trennt als vereint, nützten sie sofort das New Yorker Etikett für ihre Zwecke. Sie treffen sich seit 2009 regelmäßig für ein klares Ziel: das mittlerweile ungerechtfertigte Übergewicht der Industriestaaten in internationalen Bündnissen zu reduzieren. Seit 2013 leitet mit Roberto Azevêdo auch ein Brasilianer die mächtige Welthandelsorganisation. Brasiliens Selbstbewusstsein stieg rasch. Nachdem die USA nach den Terroranschlägen vom 11. September 2001 strenge Sicherheitskontrollen bei der Einreise eingeführt hatten, tat es ihnen Brasilien, darob verärgert, drei Jahre später gleich. Es führte Fingerprints für einreisende US-Bürger (nicht für EU-Bürger) ein und behält diese Maßnahme trotz heftiger Proteste aus Washington bei. Dies ist ein weiteres Beispiel für machtpolitisches Selbstbewusstsein und das Ziel auf einen prominenten Platz im globalen Machtgefüge. Seit Jahren strebt Brasilien einen permanenten Sitz im UN-Sicherheitsrat an. Die USA unterstützten das bislang nicht, obwohl ihnen Brasilien als verlässlicher Partner auf dem amerikanischen Doppelkontinent gilt. In Haiti ist es seit 2004 für UNO-Truppen verantwortlich und leistete nach dem Erdbeben vor drei Jahren Soforthilfe. Den polarisierenden Venezolaner Hugo Chávez verstand es elegant in die Schranken zu weisen. Doch außerhalb dieser Einflusssphären sahen die USA Brasilien nicht gerne. Es störte, dass die Regierung Lula ein Vertrauens-Abkommen mit der Türkei und dem Iran zur Lösung des Konflikts um die iranische Urananreicherung unterzeichnete, weil sie für Integration statt Isolation plädierte.

Die geschickte Außenpolitik ist Werk des hochprofessionalisierten Außenministeriums Itamaraty und des Außenministers Celso Amorim. Sie wurde von politischen Analysten im In- und Ausland auch kritisch gesehen. Sie gaben zu bedenken, dass Brasilien in Zukunft nicht mehr zugleich in der OECD, in der neuen G 20 und im BRICS, dass es nicht zugleich Anwalt des globalen Südens und Sprecher Südamerikas in der Union Südamerikanischer Staaten sein könne, ohne in Widersprüche zu geraten. Das Agieren in unterschiedlichen Bündnissystemen spiegelt auch die Karriere des Präsidenten wider. Aufgrund seiner Unterschichten- und Gewerkschafter-Herkunft vertrat er noch immer ein Bild Brasiliens als peripheres Land im Weltsystem, gedachte gleichzeitig aber im globalen Konzert der Weltmächte mitzuspielen. Seine Nachfolgerin Dilma Rousseff kann das nicht mehr und ist sich dessen auch bewusst.

In der Tat verschaffte sich Brasilien mit solchem Aktivismus nicht nur Freunde. Seine Agrar-Konzerne haben in Paraguay zahlreichen Kleinbauern ihren Besitz abgezwungen, der, zusammengelegt riesige Flächen für Sojabohnen und Zuckerrohranbau bietet. Wenn die USA gerne als imperiale Macht wahrgenommen wurden, so kann man Brasiliens Agrarpolitik in Paraguay durchaus als solche bezeichnen. Sie ist gepaart mit Geringschätzung und Rassismus dem Mercosur-Partnerland gegenüber, dessen Bevölkerung zu 60 Prozent indianisch ist. Auch in Uruguay sind 50 Prozent der Fleischbetriebe und 40 Prozent der Reisproduktion in brasilianischer Hand. Der Gasstreit mit dem Nachbarn Bolivien wurde beigelegt, weil Brasilien bereit war, mehr für die Energieexporte des armen Nachbarn zu zahlen. Mit dieser »Diplomatie der Groß-

zügigkeit« wollte Lula da Silva auch Vorwürfen entgegenwirken, Brasilien sei chauvinistisch und Gott ein Brasilianer. Letzteres ist in Brasilien ein geflügeltes Wort.
Dieser Vorwurf wird gelegentlich von Mitgliedsstaaten der Union Südamerikanischer Staaten (Unasur) erhoben. 2009 ins Leben gerufen, bietet sie eine wichtige Bühne für brasilianische Interessen in der Region und ist zudem eine Antwort auf die Außenpolitik der beiden Präsidenten Bush und ihrer Vision einer gesamtamerikanischen Freihandelszone. Ihr Scheitern hat vor allem Hugo Chávez bewirkt. Brasilien gab nun auch die Inselposition auf, die Eduardo Prado über hundert Jahre zuvor in seinem Buch *A ilusão americana* herausgestellt hatte. Die Gründung der Unasur zielt auf die Schwächung der US-dominierten Organization of American States (OAS) ab, obwohl sich mit der Wahl von Barack Obama zum Präsidenten die Beziehungen etwas entspannten. Die Union Südamerikanischer Staaten, vom Konzept der EU inspiriert, will mehr sein als das Wirtschaftsbündnis Mercosul/Mercosur. So diente sie 2011 als gewichtige Konsensstimme bei der Verurteilung des Militärputsches in Honduras und band die miteinander verfeindeten Staaten Venezuela und Kolumbien in den regionalen Verteidigungsrat für Sicherheitsfragen ein.
Angesichts der steigenden Präsenz ausländischer Unternehmen, NGOs und Missionen im Amazonasraum sah Brasilien immer wieder seine Souveränität bedroht, vor allem durch die Amerikaner. Viele vergessen dabei, welche Möglichkeiten ihnen Brasilien im Zweiten Weltkrieg tatsächlich eingeräumt hatte. Der Politiker Cristovam Buarque hielt im Jahr 2000 an einer US-amerikanischen Universität eine, auch in Brasilien vielbeachtete, Rede, weil er zur Frage der Internationalisierung des Amazonas erklärte, dass der brasilianische Amazonasraum nationales Territorium sei. Wollte man ihn für internationale Konzerne und andere Staaten als globalen Nutzungsraum freigeben, dann müsste man dies auch mit allen Erdölvorkommen dieser Welt tun und mit allen großen Museen, wie dem Louvre.
Globales Machtbedürfnis manifestiert sich auch in Sicherheitsträumen. Schon 2008 wurde das Rüstungsbudget für die folgenden vier Jahre von 1,5 auf 2,5 Prozent des Bruttoinlandsprodukts erhöht, wurde die Militärpräsenz im Amazonasraum verstärkt. Lulas konservativer Vizepräsident José Alencar, ein aus Armut aufgestiegener Multimillionär, sprach sich öffentlich für die nukleare Aufrüstung aus, weil sie Respekt verschaffe. Ein militärisches Techniktransfergeschäft mit Frankreich erfüllte den Militärs den Wunsch nach atombetriebenen U-Booten. Brasilien will nun selbst solche bauen. Einen Reaktor dafür hat es schon entwickelt. 1994 hatte es zwar einen Atomwaffensperrvertrag für Lateinamerika ratifiziert. Weil es der Internationalen Atomenergiebehörde die Besichtigung der Uran-Anreicherungsanlage in Resende verweigert, entstanden Gerüchte, dass es sich in Zukunft doch an Kernwaffen heranwagen könnte,

obwohl die Verfassung die Nutzung von Atomenergie für militärische Zwecke verbietet.

Dass Brasilien atombetriebene U-Boote will, hat mit den riesigen unterirdischen Erdölfunden vor seinen Küsten zu tun. Zudem haben die USA seit einiger Zeit ihre vierte Flotte reaktiviert, die regelmäßig im Südatlantik patrouilliert. Langfristig denkt Brasilien, so Sascha Albrecht, auch an ein machtpolitisches Gegengewicht zur Nato, wobei das Prinzip der Nicht-Intervention wohl nicht aufgegeben wird. Das Bedürfnis nach Weltmacht führt mitunter zu absurden Bedrohungsphantasien. Die politisch rechte Zeitschrift *Veja* reagierte im April 2011 auf den Amoklauf eines Schülers in Rio de Janeiro mit einer anti-islamistischen Verschwörungstheorie, die sogar die Christusstatue auf dem Corcovado als mögliches Ziel imaginierte.

Die Regierung von Lula da Silva war keineswegs frei von Skandalen. Dazu gehörte die Praxis der Regierung, bei Gesetzesvorhaben monatliche Bestechungsgelder an Abgeordnete zu zahlen. Trotzdem war es hart, Lulas Erbe anzutreten. Zunächst sah es nicht so aus, als würde Dilma Rousseff die Präsidentschaftswahlen vom November 2010 gewinnen. Die ehemalige Umweltministerin Marina Silva hatte im ersten Wahlgang über 19 Prozent der Stimmen erreicht und bewiesen, dass die Sensibilität für Umweltschutz gestiegen ist. Dilma, die Tochter eines Bulgaren und einer Brasilianerin, war in den Siebzigern Mitglied einer Guerilla gewesen und deshalb in zweijähriger Gefängnishaft auch gefoltert worden. Sie machte sich als Energieministerin und Kabinettchefin Lulas einen Namen und führt seinen Kurs von Wachstum, Umverteilung und ambitionierter Außenpolitik fort. Ihr Regierungsstil ist kühler und technokratischer. Und sie distanziert sich deutlicher von Regimes mit massiven Menschenrechtsverletzungen wie dem Iran.

Mächtige Interessensverbände und das System, mit Koalitionen zu arbeiten – Dilma Rousseff regiert mit neun von 19 im Kongress vertretenen Parteien – machen es der Präsidentin nicht leicht. Erste Schocktherapien im Kampf gegen die Korruption waren bereits heilsam. Die Präsidentin entledigte sich rasch mehrerer Minister, die Steuern hinterzogen. Sie will auch im Interesse internationaler Investitionen zeigen, dass sich Rechtsstaatlichkeit gegenüber Klientelismus durchsetzt.

Das Ende der »Rassendemokratie«, Aufarbeitungen

Die Regierungen Lula und Dilma investierten mehr Geld in die Gründung von Schulen und Universitäten als ihre Vorgänger. Das Argument des Ex-Fußballprofis und Abgeordneten Romário, dass so viele Schulen geschlossen und die Gelder in den Ausbau von Stadien für die Fußball-WM von 2014 gesteckt würden, ist dahingehend zu relativieren, dass das brasilianische Bildungssystem an der schlechten Ausstattung der Schulen, der ungenügenden Ausbildung der Lehrer und an ihrer Unterbezahlung krankt. Denn gerade weil Brasiliens Bevölkerung stark wächst und fachliche Ausbildung für ein Wirtschaftswachstum vonnöten ist, wurden bis 2009 13 neue Universitäten gegründet. 2010 öffnete die erste lateinamerikanische Bundesuniversität ihre Pforten. Sie setzt gezielt auf Studierende aus südamerikanischen Ländern. Die Gestaltung des Campus war eines der letzten Projekte von Oscar Niemeyer.

2003 schuf die Regierung Lula mit der Faculdade Zumbi dos Palmares in São Paulo eine universitäre Kaderschmiede für junge Afro-Brasilianer und kündigte Quoten für afro-brasilianische Studierende an. Sie signalisierte damit, dass der Mythos der »Rassendemokratie« durchbrochen werden müsse, unter deren Schutzschirm die Universitäten siebzig Jahre lang nahezu weiß geblieben waren. Das liegt daran, dass gerade die staatlichen Universitäten den besten Ruf haben, was man für die öffentlichen Schulen hingegen nicht sagen kann. Das Studium an öffentlichen Universitäten ist kostenlos. Doch um die schwere Aufnahmeprüfung *(vestibular)* zu bestehen, bereiten sich die Abiturienten ein Jahr lang durch Vorbereitungskurse *(cursinhos)* vor, oft mit Hilfe von Privatlehrern. Davor sind sie meist auf die teuren Privatschulen gegangen. Dunkelhäutige und ärmere Brasilianer haben schlechtere Aufstiegschancen. Das System ist paradox, weil die wohlhabenden Schichten vom öffentlichen Universitätssystem profitieren.

Die Quotenpläne der Regierung Lula führten zu heftigen Debatten, auch mit amerikanischen Anthropologen. Einige kommentierten die Quoten entsetzt als neue Form von Apartheid in einem Staat, der nie eine offizielle Rassentrennung gehabt hatte. Während die USA sie 1965 endlich überwunden hatten, wollten nun brasilianische Kommissionen darüber befinden, wer schwarz genug sei um aufgenommen zu werden, und das bei einer so diffusen Farbenlinie wie in Brasilien. Wo es Kategorien wie tiefbraun, zimtbraun, schokobraun, weizenbraun, sonnenverbrannt, fastweiss, schmutzigweiss usw. gibt. Zweifellos wurden unglückliche Entscheidungen getroffen. Zeitungen berichteten von einem eineiigen Zwillingspaar, das quotenbedingt auseinandergerissen wurde: Während der eine seinen Studienplatz erhielt, weil er dunkel genug war, wies die Studienkommission den anderen ab, weil er ihnen nicht dunkel genug erschien. 2010 wurde nach hitzigen Debatten endlich ein Gesetz verabschiedet, das Quotenregelungen an Universitäten empfiehlt. Mehr als 50 Universitäten praktizieren sie. Manche überlassen die Hautfarbenbestimmung Kommissionen, andere der Selbsteinschätzung der Kandidaten.

Mittlerweile werden die Quoten nicht nur an den Universitäten praktiziert, sondern auch bei den Aufnahmeprüfungen in den Diplomatischen Dienst, dessen weiße Absolventen die »Rassendemokratie« auf dem Diplomatenparkett lange als brasilianische Qualität gepriesen hatten. Seit 2003 muss afro-brasilianische Kultur und Geschichte verbindlich an Schulen gelehrt werden. Die Politik, selbst die Welt der Intellektuellen, ist noch immer dominant weiß. Die afrobrasilianischen Fußballstars Garrincha und Pelé, die Musiker Seu Jorge und Gilberto Gil, der große schwarze Schauspieler Grande Otelo, sie alle arbeite(te)n in ihren klassischen Metiers, dem Sport und der Unterhaltung. Der Fußballstar Ronaldo definiert sich als weiß, es ist das Zeichen seines Aufstieges. Dennoch wurde seine Mutter schon vom Portier an den Dienstboteneingang verwiesen, als sie das Nobelquartier ihres Sohns in Rio betreten wollte. Karrieren im Staatsdienst und in der Politik, wie jene von Joaquim Barbosa, dem hochgeschätzten Präsidenten des Obersten Gerichtshofs, sind Ausnahmen. Immerhin sind deutlich mehr Afro-Brasilianer als Unternehmer in die Mittelschicht aufgestiegen.

Die große Mehrheit der Bevölkerung hält ihr Land mittlerweile für rassistisch. Je dunkler, desto hässlicher, heißt noch immer die Devise. Frauen geben viel Geld für das Glätten der Haare aus. Karnevalsköniginnen in Rio sind meist heller als ihre mittanzenden Gefährtinnen. Er könne einer von uns sein, kommentierte Lula erfreut, als Barack Obama in den USA den Präsidentschaftswahlkampf gewann. Doch in Brasilien ist eine solche Wahlentscheidung noch immer schwer vorstellbar.

Trotz allem hat ein Umdenken eingesetzt. Xuxa, die blonde und blauäugige TV-Moderatorin der achtziger und neunziger Jahre wird als Ikone zunehmend hinterfragt. Maria da Graça Meneghel hatte es mit ihrer Xuxa-Show auf die Forbes-Liste der bestbezahlten Fernsehentertainer und damit auch in eine Simpsons-Folge geschafft, weil sie den Traum von Hellhäutigkeit, Erotik und Mütterlichkeit zu verbinden verstand.

Dass Lula den schwarzen Musiker Gilberto Gil zum Kulturminister machte, war ebenso ein deutliches Signal für einen Kurswechsel. Was für ihn Kultur sei, erklärte Gil in seiner Antrittsrede. Den Begriff Folklore lehnte er ab. Kultur versteht er vielmehr als »Symbolfabrik eines Volkes. Kultur als Zusammenspiel der Zeichen jeder Gemeinschaft und der gesamten Nation. Kultur als Sinnstiftung unserer Handlungen, als Summe unserer Gesten, als Ausdrucksform unseres Tuns«.[56] Deshalb müsse der Staat, so folgert Gil, die Bedingungen für die geistige und materielle Produktion kultureller Güter schaffen. Er dürfe sich nicht aus diesen Bereichen zurückziehen. Mit diesen Forderungen griff Gil auf die Vorstellungen der frühen sechziger Jahre zurück, wie sie Paulo Freire, Augusto Boal und andere vertraten: Kultur soll der sozialen Integration dienen.

Wenn Gil zwar nach einigen Jahren als Minister zurücktrat, weil er sich viel mehr als Musiker sah, so hat er in der staatlichen Kulturförderung neue Maßstäbe gesetzt. Zwar hatten nach Fernando Collor de Melos Kahlschlag in der Filmindustrie Unternehmen Steuervergünstigungen erhalten, wenn sie Kultur förderten. Das machte die Kunst jedoch vom guten Willen der Sponsoren abhängig, die wiederum gerne bekannte Namen und politisch gut Vernetzte bevorzugten. Gilberto Gil stützte deshalb durch die gerechtere Vergabe bundesstaatlicher Mittel auch die Independent-Produktionen und Kulturinitiativen in Favelas.

Abgesehen vom Bund und den Staatsregierungen sind die halbstaatliche Petrobras und die Banco do Brasil seit Jahren wichtige Sponsoren von Kunst und Kultur, nicht nur der repräsentablen Hochkultur. Einige private Unternehmen haben sich mittlerweile darin einen internationalen Ruf erworben. Bei Itaú Unibanco ist es Familiensache. Sie gehört der Diplomatendynastie Moreira Salles. Walter Salles ist als Filmemacher über die Grenzen des Landes hinaus für seine Filme *Central do Brasil, Die Reise des jungen Che* und *On the Road* bekannt. Sein Bruder João Moreira Salles hat sich als Dokumentarfilmer einen Namen gemacht. Die exquisite Kunstsammlung der Familie, ihr Foto- und Musikarchiv, ist eingefleischten Rio-Touristen bekannt. Ebenso fördert das Unternehmen die Avantgarde digitaler Kunst.

Gilberto Gils Kulturpolitik der Demokratisierung favorisierte audiovisuelle Lehrmittel im Unterricht. Dass die Qualität des Schulsystems dringend angehoben werden muss, dass der Zugang zu Universitäten allen Schichten möglich sein soll, weiß der Bahianer nur allzu gut. Viele Lehrbücher werden nun auch in e-book-Form erstellt, damit sich gerade jene Brasilianer, die von Quotenregelungen profitieren, die überaus teuren Bücher für das Medizin- und Jurastudium leisten können. Brasilien hatte früh in die Entwicklung des Internets investiert. Ebenso wurden die Stipendienprogramme für die USA und Europa ausgeweitet. Das dort erworbene Wissen, gerade der Transfer von Technologie, soll dann

---

56 | Antrittsrede von Gilberto Gil, in: Folha online - Brasil, 02/01/2003.

in der Heimat fruchtbar gemacht werden. Die Bildungsoffensive treibt auch interessante Blüten. Ein Gefängnisdirektor ließ kürzlich aufhorchen, als er erklärte, die Insassen könnten ihre Haftzeit verkürzen, wenn sie zwölf Literaturklassiker im Jahr lesen – einen pro Monat.

Der Absatz von Fachbüchern und Belletristik stieg in den letzten Jahren kontinuierlich. Dennoch verkauft ein Jungautor trotz der hohen Einwohnerzahl von bald 200 Millionen Menschen kaum 3.000 Stück, selbst wenn sein Werk in einem renommierten Verlag erscheint. Anders verhält es sich bei Paulo Coelho, Brasiliens international bekanntestem Autor. Die Bücher des ehemaligen Songautors von Rockmusik verkauften sich in 160 Ländern, in 30 Sprachen übersetzt, bereits mehr als 100 Millionen Mal. Von einer Pilgerreise nach Santiago de Compostela mystisch beeinflusst zurückgekehrt, webt der Schriftsteller esoterische Gedanken, spirituelle Botschaften und Lebensweisheiten in inter-kulturell verstehbare Geschichten. Da er sich einer einfachen Standardsprache bedient, sind seine Texte auch leicht zu übersetzen. Aufgrund des ökonomischen Erfolges ist Paulo Coelho von der Brasilianischen Akademie für Literatur nach einigen Debatten schließlich in ihren illustren Kreis der Unsterblichen aufgenommen worden.

Zu den Aufarbeitungen des letzten Jahrzehnts gehört auch der Umgang mit der Militärdiktatur und ihrem Erbe. Angehörige der vermissten Araguaia-Rebellen wandten sich vor ein paar Jahren an den Interamerikanischen Gerichtshof für Menschenrechte. Er entschied, dass das Amnestiegesetz von 1979 nicht mit der Menschenrechtskonvention vereinbar sei und forderte die juristische Aufarbeitung der tödlichen Jagd auf die Guerilleros. 2011 wurde endlich eine nationale Wahrheitskommission eingesetzt, um die Verletzungen der Menschenrechte durch die staatlichen Autoritäten zwischen 1946 und 1988 aufzuarbeiten. Das Ungewöhnliche dabei ist, dass nicht nur die Zeit der Militärdiktatur für die Kommission maßgeblich ist, sondern nahezu der gesamte Zeitraum des Kalten Krieges. Sie rollt nun auch bekannte Fälle wieder auf. Dazu gehört die Korrektur der Sterbeurkunde des jüdischen Journalisten Vladimir Herzog. Sie hatte fälschlich auf Selbstmord gelautet. Mit der Telenovela *Amor e Revolução* drangen lange verdrängte Welten nun in Wohnzimmer ein. Dass Dilma die ewige Geheimhaltung belastender Dokumente aufhob, ist ein wichtiges Symbol im Demokratisierungsprozess.

Indio-Welten und die Ressource Natur

Ökologische Nachhaltigkeit war bislang weder eine Stärke der brasilianischen Regierung noch der Zivilgesellschaft. Juscelino Kubitscheks Fortschrittsdenken, der während der Bauarbeiten für die Straße von Belém nach Brasília ausrief, dass man diesen Urwald plattmachen werde, hat noch heute seine Adepten. Die Umweltministerin Marina Silva, eine aus tiefer amazonischer Armut aufgestiegene Umweltaktivistin, warf 2008 deshalb das Handtuch. Immerhin war es ihr gelungen, das Tempo von Abholzungen zu reduzieren und ein paar illegale Unternehmen aufzulösen. Für Millionen Brasilianer ist der Amazonasraum ein weit entferntes unermessliches Reservoir, groß genug, um einen Teil durch Reservate zu schützen und den anderen auszubeuten. 2012 wurde ein neues Waldschutzgesetz verabschiedet. Bislang mussten 80 Prozent der Naturschutzzonen im Amazonasgebiet erhalten bleiben. Jetzt sind es nur noch 50 Prozent. Diese Entscheidung ist nicht einfach als Sieg der Agrarlobby zu werten. Denn auch Kleinbauern hielten sich nicht an das Gesetz. Sie leben am Existenzminimum, weshalb es für sie unmöglich ist, nahezu ihren gesamten Besitz unbebaut zu lassen. Parallel dazu sollen die indigenen Schutzzonen ausgedehnt werden. Auch die Ausweitung des Zuckerrohranbaus ist in Amazonien seit ein paar Jahren verboten. Ebenso die wirtschaftliche Nutzung von illegal gerodeten Flächen. Die Kontrolle der Umweltbehörden hat sich verbessert, doch die Umweltsünder finden stets neue Methoden, um die Richtlinien zu unterlaufen. So roden Großgrundbesitzer eben kleinere Flächen, damit sie die Auswertungsgrenzen der Satellitenbilder nicht überschreiten.

Seit 2009 ziehen sich die Debatten um den Staudamm Belo Monte im Bundesstaat Pará am Rio Xingu hin. Die massiven globalen Proteste, unterstützt von Erwin Kräutler, dem Bischof der Diözese, konnten den Bau zwar verzögern. Obwohl die Auswirkungen auf Umwelt und Bevölkerung dramatisch sein werden, wird das Kraftwerk in Betrieb gehen. Das Wachstum, der Konsumboom verlangen große Mengen an Energie, die von Photovoltaik nur lokal begrenzt geliefert werden kann. Da der Energieverlust beim Transport des Stroms aus Kraftwerken enorm ist, haben sich wiederum Gegen-Bewegungen gebildet. Sie bieten alternative energiepolitische Modelle an.

Der Agrarverband der Soja-, Zuckerrohr- und Getreidebauern, die Viehzüchter und die Agrochemie haben im Bundeskongress starke Lobbyisten. Gegen ihre Pläne, für Umweltverstöße vor 2008 nicht mehr haftbar gemacht zu
werden, hatte Präsidentin Dilma Rousseff erfolgreich ein Teil-Veto eingelegt,
ebenso gegen die geplante Nutzung von Land an Flussläufen, Seeufern und
flussnahen Hängen. Regelungen zur verpflichtenden Wiederaufforstung werden diskutiert. Offiziell will die Regierung auch die Neosklaverei eindämmen.
Diejenigen, die ihre Arbeiter ausbeuten und durch Schlägerbanden diszipline-
ren, sollen bestraft und öffentlich gebrandmarkt werden. An der Kontrolle dieser Bestimmungen mangelt es jedoch.

Der mythenbeladene Amazonas steht paradigmatisch für Naturräume und
deshalb unter internationaler Beobachtung, gerade der NGO's. Geschickte
Unternehmen wie Marriott nützen Nachhaltigkeit als Verkaufsstrategie. Es gibt
auch andere Naturräume enormer Ausdehnung. Zum Beispiel die Feuchtsa-
vanne des Cerrado mit ihren ehemals zwei Millionen km² Ausdehnung. Sie
schrumpft stetig, weil sich Soja, mittlerweile gentechnisch verändert, so gut verkauft. Große Sojaunternehmen besitzen mehrere hunderttausend Hektar und
erschließen ständig neue, auf Kosten von Kleinbauern und -pächtern. Wie jede
Monokultur fördert auch Soja die Auslaugung und Chemikalienbelastung der
Böden. Im Cerrado führt der Anbau der Futterpflanze zu solchen Bodenerosio-
nen, dass sich die Bundesregierung wohl dringend Alternativen und Rettungs-
strategien für die landschaftlich reizvollen Räume überlegen muss. Mittlerweile
wird Soja aus Mato Grosso nicht mehr quer über Land, sondern zuerst nach
Norden zum Wassersystem des Amazonas gebracht, auf dessen Seitenarmen
mittels Barkassen transportiert, um dann verschifft zu werden. Die Schiffe pas-
sen dank Satellitensteuerung ihren Tiefgang den Wasserständen an.

Die Umweltfolgen der profitablen Ethanol-Produktion, der größten weltweit,
werden mittlerweile dramatischer bewertet als jene für fossile Brennstoffe. Dort
wo die Anbauflächen vergrößert werden, verteuern sich die Grundnahrungs-
mittel. Landkonflikte zählen zu den großen ungelösten Problemen des Landes.
Gerade die Landlosenbewegung MST, die Lula da Silvas politischen Aufstieg
entscheidend mitgetragen hat, zeigt sich von der Agrarpolitik enttäuscht. Ge-
waltsame Auseinandersetzungen wegen ungeklärter Landrechte sind im östli-
chen und südlichen Amazonasgebiet Realität. Dort prallen spekulative Rinder-
zucht, Holzschlägerei und Überlebensökonomie von Kleinbauern aufeinander.

Dilma Rousseff ist sich der Ambivalenz von Naturschutz und ambitionierter
Fortschrittspolitik bewusst, nur agiert sie als urbane Technokratin, die mit dem
neuen Wachstumsprogramm der Regierung, PAC genannt, auf Großprojekte
setzt, auf Fernstraßen, Telekommunikation und Staudämme. Die Ressource
Wasser wird nicht nur am Staudamm Belo Monte verhandelt, sondern auch im
traditionellen Krisengebiet Brasiliens, dem Nordosten. Allein im Bundesstaat
Ceará haben rund drei Millionen Menschen keinen Zugang zu behandeltem

Trinkwasser. Viele Wasserreserven des Nordostens liegen zudem auf Privatgrund. Der Bau von Zisternen (aus traditionellen Materialien oder Plastik) und die Ableitung des Flusses São Francisco werden deshalb heftig diskutiert. Mit seinen über 2.800 Kilometern Länge ist der São Francisco einer der längsten Flüsse Südamerikas. In der *Literatura de Cordel*, der Volksliteratur, wird er auch liebevoll *velho chico (Alter Franz)* genannt. Mit großem technischem Aufwand wird nun ein Teil des Flusswassers über Kanäle in die nördlich gelegenen Bundesstaaten abgeleitet. Solche Pläne hatte es schon in der Kolonialzeit gegeben.

Gerade an den Großprojekten reiben sich unterschiedliche Lebenskonzepte, wobei wohl die meisten an Ordnung und Fortschritt interessiert sind, wenn man dies als »gutes Leben« verstehen will. Nur die Wege dorthin werden unterschiedlich definiert. Um Einkommen umverteilen zu können, für den Aufstieg von Millionen von Brasilianern aus der Armut sind viele solcher Großprojekte auch wichtig. Nur werden kleinbäuerliche Landwirtschaft, jahrhundertelang erprobte Systeme von Wassergewinnung und -speicherung und kollektive Organisationsstrukturen oftmals als rückschrittlich abgetan.

Dass die Umweltschäden sich stetig vermehren, liegt auch an einem fehlenden ökologischen Bewusstsein, das sich durch alle Schichten zieht. Während Armenviertel keine geregelte Müllabfuhr haben und mangelndes Umweltbewusstsein auch eine Folge fehlender Bildung ist, sitzt in vielen Eliten der alte Kolonialgeist von der unbegrenzten Verfügbarkeit von Ressourcen fest. Denn sie bestimmten den Status. Dazu gehört der Umgang mit Nahrungsmitteln. Die Praxis, dreimal so viel Essen auf den Tisch zu stellen wie nötig, ist nur eine Ausdrucksform dieser Verschwendung.

Westliche Vorstellungen von Klima und Umwelt und jene der Indios sind nicht deckungsgleich. Deshalb bemühen sich Anthropologen, Vertreter der brasilianischen Regierung und indigene Völker um eine Kommunikation, die auf gegenseitiges Verstehen und auf Handlungsperspektiven baut. Sie beruht, so Georg Grünberg, auf einem Konsens, auf der Anerkennung des gemeinsamen Weltlebens.

Hierbei gilt es Mythen und falsche Bilder von Indios zu überwinden. So üben manch brasilianische Anthropologen Kritik an Wissenschaftlern, die von der Vorstellung ausgehen, Indios seien »Naturvölker«, deren Kulturen sich nicht verändern würden. Die Überzeugung, man könne von Indios lernen, weil in ihnen die Natur gut erkennbar sei; die Vorstellung, dass sie sogar übernatürliche Fähigkeiten und Wahrnehmungsmöglichkeiten besäßen, ist in der westlichen Moderne weit verbreitet. Dabei wird nicht bedacht, dass indigene Völker schon in vorkolonialer Zeit durch Tauschbeziehungen mit anderen Indio-Völkern ihre Kulturen veränderten. Allerdings schließt der Begriff »Gesellschaft« im Leben der indigenen Stämme die gesamte Natur mit ein. Sie ist nicht passiv und messbar, neutral und stumm, sondern beseelt und aktiv. Somit können Menschen und Fische miteinander kommunizieren.

Zu den in Europa verbreiteten Mythen gehört auch jener von den unent-deckten Stämmen. Diese gibt es spätestens seit der Erfindung von Satelliten und Google-Earth nicht mehr. Wohl leben einige wenige Gemeinschaften im Grenzgebiet zu Bolivien und Peru »unberührt« von nicht-indigenen Völkern, aber auch deshalb, weil Anthropologen sie nicht durch Krankheitskeime gefähr-den und mit einer völlig anderen Kultur radikal konfrontieren wollen. Bei vie-len Amazonas-Völkern stößt die Logik von »Entwicklung durch Wachstum« auf Unverständnis. Sie schließt jedoch die Eingliederung nicht-indigener Objekte deshalb nicht aus. Die Kayapós verwendeten schon in den neunziger Jahren Video-Kameras, um ihre mündlich überlieferten Geschichten aufzuzeichnen und zu archivieren. Der brasilianische Staat agiert in der Eingliederung seiner indigenen Bevölkerung zentralistisch. Abgesehen von ihrer Vater- und Mutter-sprache lernen indigene Völker Portugiesisch und verhandeln ihre Interessen auch meist in der Amtssprache.

Etwa 60 Prozent der Indios leben im Amazonasraum, die anderen 40 Pro-zent über das Bundesgebiet verstreut, auch in Städten. Selbst im Amazonasge-biet lebt nur ein Teil in den demarkierten Ländern, den *terras indígenas*. Indio-Politik ist eine Minderheiten-Politik. Keine Gemeinschaft hat mehr als 40.000 Mitglieder. Dass nun diverse indigene Gemeinschaften Aufstiegsmöglichkeiten und Zugang zu höherer Bildung einfordern, dass sie ebenso Technologien der westlichen Moderne wünschen, mag irritierend sein. Westliche Vorstellungen vom indigenen Naturzustand werden oft bewusst oder unbewusst von Utopien genährt, von Sehnsüchten nach der verlorenen Ursprünglichkeit. Wenn der Weg »zurück zur Natur« schon durch Kapitalismus und Gier verbaut sei, so wolle man sich die letzten Inseln des Paradieses, dort wo materielle Bescheiden-heit und Glück deckungsgleich seien, wenigstens erhalten.

Viele Indigene Brasiliens sind dank moderner Medien national miteinander vernetzt und suchen in immer stärkerem Maße internationale Bündnisse oder ökonomische Kooperationen. So beliefern die Kayapós die britische Kosmetik-kette BodyShop mit pflanzlichen Essenzen. Indios bedienen sich des Internets, um ihre Geschichten zu erzählen und Partner im Kampf gegen die Einengung und Verletzung ihrer Lebensräume zu gewinnen.

Noch in den achtziger Jahren meinten viele Technokraten, dass die indige-ne Bevölkerung bald ausgelöscht sein würde. Sie hielten es für eine logische Konsequenz des Fortschritts, übersahen dabei jedoch das physische und kultu-relle Beharrungsvermögen der Gemeinden. Im Gegenteil. Neue Verkehrswege hatten ihre Mobilität erhöht und ihre Kulturen beeinflusst. In Rio Grande do Sul gibt es seit einigen Jahren Verlage, die Guarani-Texte abdrucken. Auch die bundesstaatliche Indio-Behörde FUNAI wurde von dieser Dynamik erfasst und verunsichert. Mittlerweile sind dort viele Indios in leitenden Positionen. In die-sem Spannungsfeld zwischen altem Assistenzialismus und indigener Selbst-bestimmung muss auch die FUNAI ihre Politik neu bestimmen.

Ausblicke

Als sich die Finanzkrise in Europa deutlich bemerkbar machte, riefen konservative Medien in Brasilien das »Ende des politischen Europa« aus. Nach dem Jubel über den rasanten Aufstieg Brasiliens zur sechstgrößten Volkswirtschaft der Welt, vielleicht bald zur vierten, mehren sich in Europa nun die Stimmen der Pessimisten, die meinen, Brasilien werde überschätzt.

Es ist verständlich und sinnvoll, die Euphorie über das brasilianische Wunder auf ein vernünftiges Maß zurückzunehmen. Das Wirtschaftswachstum stagnierte in den letzten beiden Jahren. Die Inflation und dadurch die Verschuldung brasilianischer Haushalte, die auf viel Pump konsumieren, steigen dagegen kontinuierlich. Das Großstadtleben ist noch teurer geworden, was die Favelas wachsen lässt. Infrastrukturen und Transportrouten sind veraltet, während die Zahl der Autos schnell zunahm und in Ballungsräumen zu täglichen Staus führt. Korruption und Klientelismus liegen über dem EU-Standard. Noch immer verlassen Brasilianer das Land, um anderswo eine besser bezahlte Arbeit zu finden. Konflikte und Widerständigkeit werden in einigen Regionen immer noch durch tödliche Gewalt gelöst. Wachstum und Fortschritt haben negative Auswirkungen auf Umwelt und Natur. Doch kann man von einem Land in der Größe Europas, das noch vor zwanzig Jahren als Paria galt, nicht die Problembereinigung innerhalb von zehn Jahren erwarten.

Man könnte sich auch folgendes vergegenwärtigen: Dass aus einem lange undemokratischen, immer wieder von Militärs regierten, Staat im Laufe von dreißig Jahren eine Demokratie geworden ist, die einer ehemaligen marxistischen Guerillera und geschiedenen Frau das Amt der Präsidentschaft ermöglicht. Dass in Zeiten, wo in Europa neoliberale Strukturen soziale Marktwirtschaften herausfordern, Brasilien auf soziale Marktwirtschaft und strenge Bankenaufsicht setzt. Dass ein Staat, dem 1992 kaum jemand Großmachtpotenzial zutraute, die seit 2008 andauernde Finanzkrise fast unbeschadet übersteht, weniger durch eine rigide Sparpolitik als durch höhere Investitionen. Dass die sozialen und ökonomischen Unterschiede weit größer waren als in den florierenden Industriestaaten EU-Europas, und es auch noch immer sind, soll nicht geleugnet werden. Doch Brasilien hätte auch den Weg Argentiniens gehen können, mit Pseudo-Demokratie und Populismus.

Man könnte auch schreiben, dass alle an einer staatlichen Universität in Brasilien angestellten Dozenten und Professoren einmal im Jahr eine Forschungsreise nach Europa finanziert erhalten, ohne institutionelle Bittgänge. Dass Brasilien zahlreiche Wissenschaftler aus den krisengeschüttelten Staaten Portugal und Spanien aufnimmt. Dass es ein Gläubigerland der USA geworden ist. Dass es seit 2008 mit Finanzspritzen dem ehemaligen Mutterland Portugal unter die Arme greift, wohl weil es dies durch Rimessen und Rohstoffe schon jahrhundertelang getan hat. Dass gegenwärtig Demokratie und Meinungsfreiheit weit mehr respektiert werden als im EU-Land Ungarn, in der Türkei oder in der Großmacht Russland, deren Gesellschaft sich bedrohlich destabilisiert. Dass mehrere Millionen Brasilianer und Brasilianerinnen durch ihre europäischen Großeltern oder Eltern auch EU-Bürger sind und die Möglichkeiten des Studiums, der Weiterbildung und des kulturellen Austausches in immer stärkerem Maße wahrnehmen werden. Dass in Zeiten, wo der deutschsprachige Sachbuchmarkt Umsatzeinbrüche erleidet, der brasilianische im Steigen ist, allein schon durch die Senkung der Preise und durch die Zunahme der Leserschaft. Was die Durchschnittsbrasilianer lesen, ist damit noch nicht gesagt. Doch die Flucht nach vorn hat sich bislang gelohnt.

Brasilien ist noch immer ein ungerechtes Land. Ein Entwicklungsland ist es nur im Sinne seines selbstdefinierten Fortschritts. Brasilien arbeitet daran, soziale Unterschiede zu verringern, während sie in den Staaten, die gerne die Maßstäbe für diese Entwicklung definieren, jährlich größer werden. Seine Gesellschaft ist komplexer, informierter, sozial aktiver und internationaler geworden. Auch diesen Gründen weitete sich die Erhöhung der Fahrkartenpreise in der Stadt São Paulo im Juni 2013 zu einer landesweiten und vielschichtigen Protestbewegung aus. Sie nahm die Korruption der FIFA und die Anbiederung an sie zum Anlass für eine umfassende Kritik an der politischen Korruption im Land, an der Verwendung von Geldern für Stadien, während die Qualität öffentlicher Bildungsinstitutionen und Krankenhäuser zu wünschen übrig lässt. Da die in *condomínios* abgeschottete Oberschicht ihre eigenen Privatschulen und Privatkliniken unterhält, sind es gerade die Mittelschichten und die aus der Armut Aufgestiegenen, die auf das öffentliche System angewiesen sind. Zudem stärkte die staatliche Familienbeihilfe der letzten zehn Jahre das Selbstbewusstsein in der Zivilgesellschaft. Sie kennt ihre Rechte besser und fordert sie vehementer ein. Das wiederum verunsichert die konservativeren Eliten, deren Sprachrohr die Zeitschrift *Veja* und der mächtige Konzern *Rede Globo* sind.

Die Protestbewegung reflektiert die Angst der neuen Konsumenten, nach Jahren des hohen Wirtschaftswachstums wieder zurückzufallen in den Status eines »Botokudenlandes«. Dank neuer Kommunikationsplattformen wie Facebook, Twitter und Blogs breitete sich der Protest rasch aus. Dieser Aktionismus bedient sich auch nicht mehr der klassischen Machtstrukturen von Parteien. Zwar ist elektronisches Wählen in Brasilien zum Standard geworden, doch den klientelistisch geprägten Parteien mangelt es an überzeugenden Programmen und vertrauenswürdigen Politikern. Deshalb hat die Regierung von Dilma Rousseff im Lichte der Demonstrationen die Gefängnisstrafe für korrupte Praktiken erhöhen lassen.

Ärmere Brasilianer protestierten nicht nur gegen korrupten Lobbyismus im Rahmen der WM-Vorbereitungen, sondern auch wegen der teuren Eintrittskarten für das Endspiel des Confederation Coups. Waren die sozialen Grenzen im Maracanã-Stadion bei der Weltmeisterschaft von 1950 ein paar Stunden lang verwischt, so wurde das Stadion neuerdings privatisiert. Die Eintrittspreise sind gestiegen und die billigen Stehplätze gibt es nicht mehr, weil die FIFA sie verboten hat.

Man kann die Demonstrationen auch in diesem Sinne begreifen, dass die Welt endlich aufhören möge, Brasilien nur mit Zuckerhut, Copacabana und Fußball zu assoziieren. Diesen Bildern gilt es eine Vielfalt anderer Bilder hinzuzufügen. Fußball gehört zu Brasilien, doch er wurde in der Geschichte des Landes auch mehrfach als Surrogat für fehlende politische Freiheit und fehlende Sozialpolitik missbraucht, besonders während der Militärdiktatur, die jetzt gerade systematisch aufgearbeitet wird. Die Proteste zeigen, dass die Demokratie zu demokratisieren ist.

In Brasilien ist die spielerische, aber umso schärfere Kritik der Modernistas und der Tropicália aus der künstlerischen Sphäre in die politische Praxis gedrungen, hoffentlich nachhaltig. Die Modernisten der zwanziger Jahre trieb der transnationale Anspruch an und die Sehnsucht, gehört zu werden. Dies ist den Brasilianern gelungen. Sie sind international nicht mehr zu überhören, weder ökonomisch und politisch, noch kulturell.

Karten und Abbildungen

Für die ikonographische Recherche danken die Autoren Joice Santos (*Revista de História da Biblioteca Nacional*, Rio de Janeiro). Die Landkarte hat Kilian Wilde gestaltet (wilde-grafik.com). Alle Abbildungen mit freundlicher Genehmigung der AutorInnen (Roberto Deman, Rafa Ferretti, Márcio Lana-Lopes, André Mellagi, Ursula Prutsch, Enrique Rodrigues-Moura und Joice Santos) und folgender Institutionen: der Biblioteca da Ajuda (Lissabon), des Museo Nacional del Prado (Madrid), des Acervo da Fundação Biblioteca Nacional (Rio de Janeiro), des Centro de Pesquisa e Documentação de História Contemporânea do Brasil (CPDOC) der Fundação Getúlio Vargas (Rio de Janeiro), der National Archives Records Administration (College Park, MD) und der Library of Congress (Washington D.C.). Unser besonderer Dank gilt Nortrud und Eugen Gomringer. Die vollständigen Quellenangaben befinden sich im Karten- und Abbildungsverzeichnis.

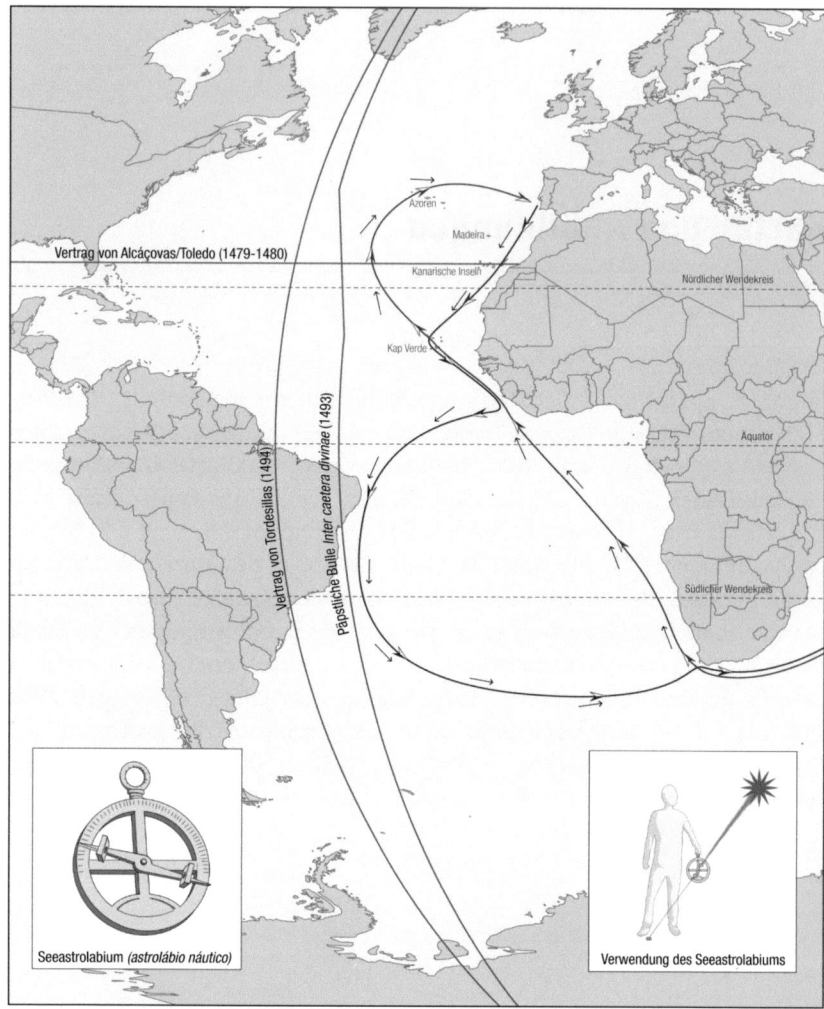

Karte 1: Atlantische Segelrouten nach Indien

Mitte des 16. Jahrhunderts navigierten die portugiesischen Seefahrer auf ihrer Rückreise von der afrikanischen Goldküste nach Portugal erstmals nach der sogenannten *volta da Guiné*, indem sie die Azoren umfuhren. Diese Schleife war nach Seemeilen länger, aber dank der günstigen Winde zeitlich um vieles kürzer. Zudem entwickelten die Portugiesen das Seeastrolabium *(astrolábio náutico)*, das auf dem klassischen oder planisphärischen Astrolabium beruhte. Es ermöglichte die recht exakte Positionsbestimmung in der südlichen Hemisphäre. Die Route von Portugal nach Indien wiederum wurde durch die *volta do Brasil* erleichtert.

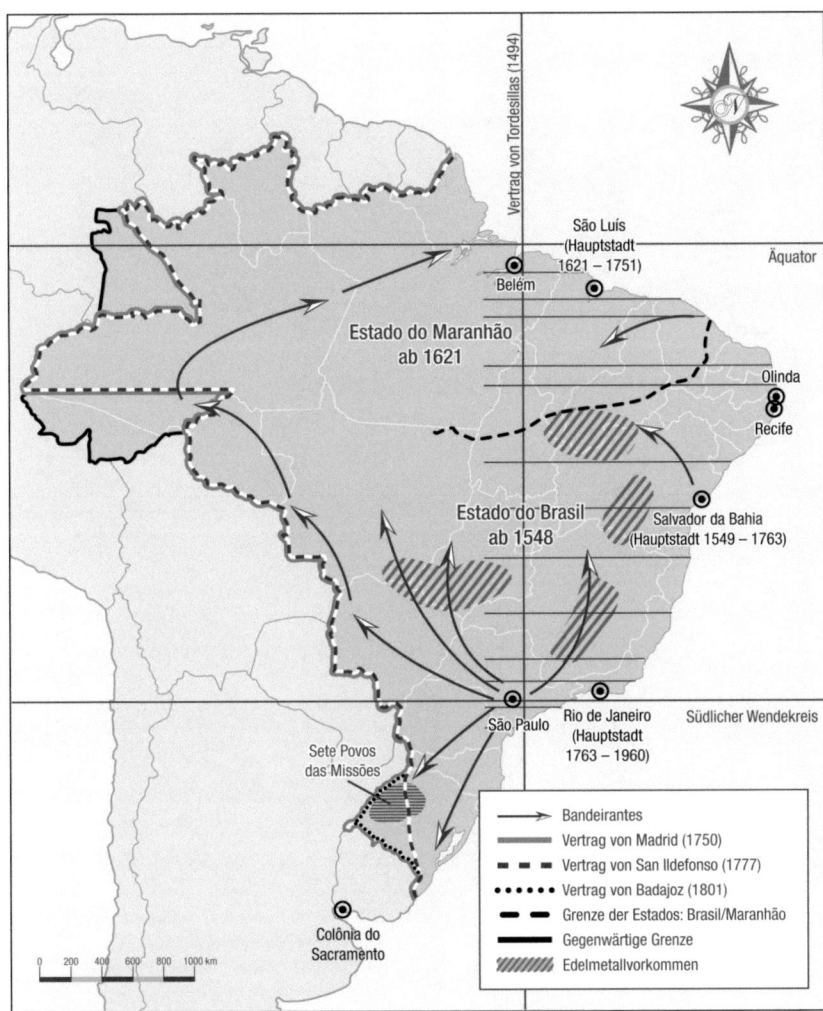

Karte 2: Besiedlung und Grenzen des kolonialen Brasiliens

Auf der Suche nach Edelmetallen und indigenen Sklaven überquerten die brasilianischen *bandeirantes* die Linie von Tordesillas. In der Zeit der Personalunion mit Spanien (1580-1640) war diese Trennlinie de facto wirkungslos, weil die Sklavenjäger spanisches Territorium betreten konnten. Im Vertrag von Madrid (1750) teilten sich Spanien und Portugal schließlich die südamerikanischen Gebiete nach dem Prinzip des *uti possidetis* (»wie ihr besitzt, so sollt ihr besitzen«) auf. Die sieben Jesuitenmissionen (Sete Povos das Missões) und die portugiesische Colônia do Sacramento, Buenos Aires gegenüber gegründet, waren ständige Streitpunkte zwischen Lissabon und Madrid.

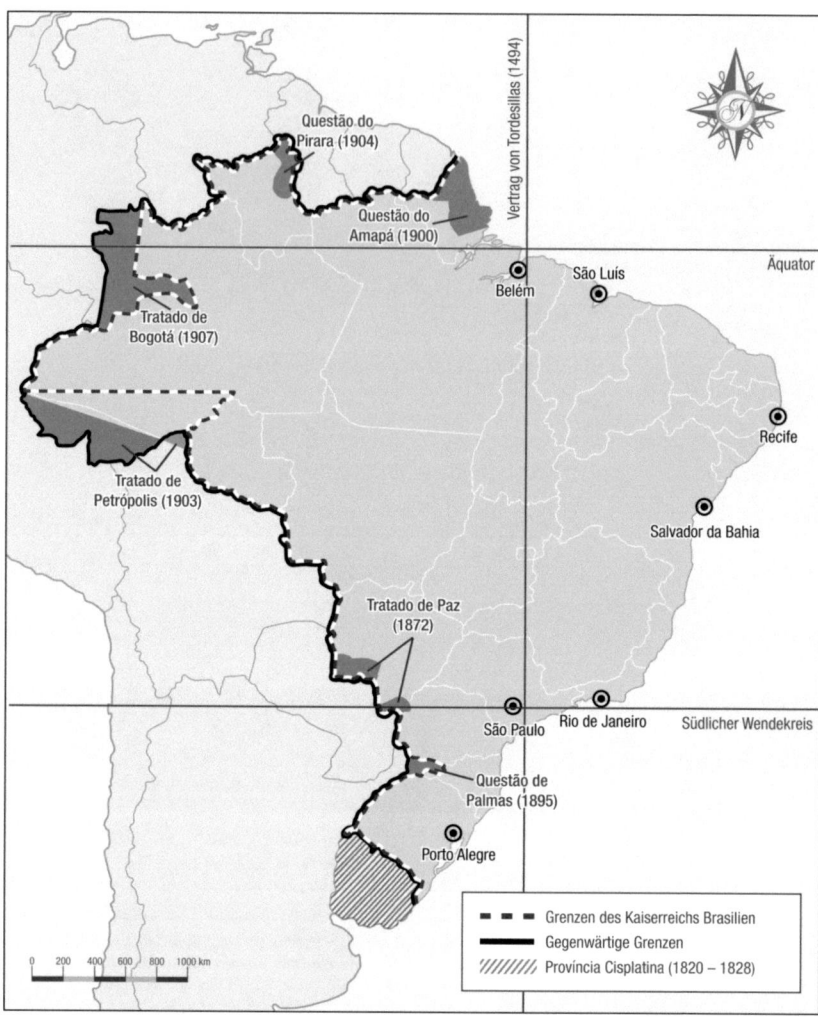

Karte 3: Gebietserweiterungen in der Zeit des Kaiserreichs und der Republik Brasiliens

Die geographische Einheit des Landes wurde im Kaiserreich nicht nur aufrechterhalten, sondern sogar ausgeweitet. Zwischen 1820 und 1828 gehörte ihm das
heutige Uruguay als Província Cisplatina. Nach dem Tripel-Allianz-Krieg gegen
Paraguay (1864-1870) erhielt es Land (im Tratado de Paz) zugesprochen. Die Republik Brasilien erhandelte sich 1895 die ehemals argentinische Region Palmas,
danach die von Frankreich beanspruchte Region Amapá; von Bolivien erwarb
es im Vertrag von Petrópolis Acre; Kolumbien trat ihm einen Landstrich (im
Vertrag von Bogotá) ab; von den Briten erhielt es ein Gebiet (Roraima) am Fluss
Pirara.

Karte 4: Großregionen und Bundesländer Brasiliens

Brasilien ist in 26 Bundesstaaten und einen Bundesdistrikt unterteilt. Die gesamte Fläche beträgt 8.515.767,049 km². Die Bevölkerungszahl des fünftgrößten Landes der Welt liegt bei über 192 Millionen Einwohner, die Bevölkerungsdichte dagegen nur bei ca. 22,4 Einwohner pro km² (in Deutschland bei etwa 225; in Österreich etwa 101). Die Wirtschaftskraft des Bundesstaates São Paulo macht allein circa 34% des gesamten Bruttoinlandsproduktes aus; es übersteigt derzeit sogar jenes von Argentinien.

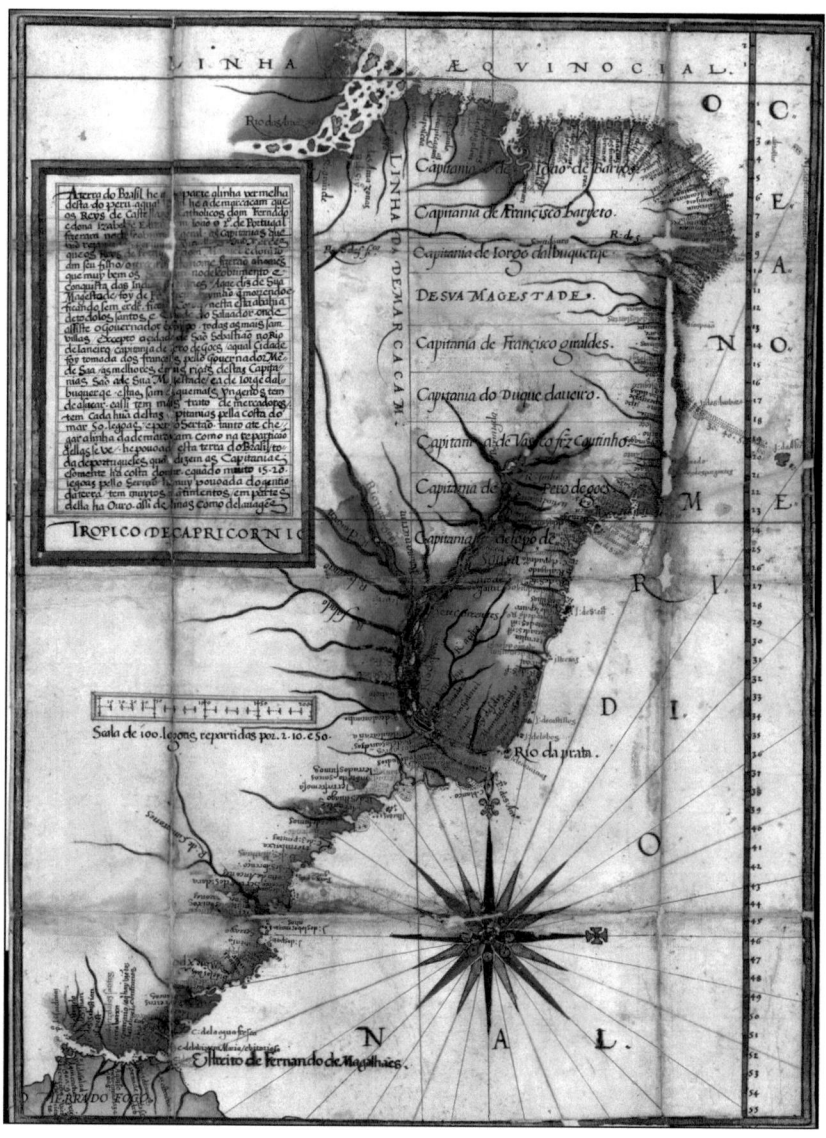

Abb. 1: Luís Teixeira (zugeschrieben): Karte von Brasilien, ca. 1574-1582.

Brasilien wurde nach einem System von 15 erblichen Kapitanien (»capitanias«) kolonisiert. Sie wurden an 12 Lehensherren vergeben und waren bis 1759 die ersten Verwaltungsinstanzen Brasiliens. Salvador da Bahia de Todos os Santos war Brasiliens erste Hauptstadt und damit der Verwaltungssitz für alle Kapitanien.

Abb. 2: Juan Bautista Maíno: Die Wiedereroberung von Bahia. *Madrid, 1634-35.*

Vom Jesuiten Padre Vieira ist ein bedeutender Bericht über den holländischen Angriff auf Salvador da Bahia im Jahre 1624 erhalten. Die Hauptstadt wurde 1625 von einer spanisch-portugiesischen Flotte aus 52 Schiffen und 12.000 Soldaten befreit, denn Brasilien war im Spanisch-Niederländischen Krieg Teil der internationalen Politik geworden. Juan Bautista Maíno hielt den Sieg über die Holländer in einem Ölgemälde fest. Es preist den spanischen (und damals auch portugiesischen) König, Philipp IV., der im Bildhintergrund die Häresie, den Zorn und den Krieg mit Füßen tritt, während der Maler im Vordergrund auch die zivilen Opfer der Schlacht verewigt. Das Bild *Die Wiedereroberung von Bahia* zählt zu einer Reihe von Gemälden, die gemeinsam im Salón de Reinos des Buen-Retiro-Palasts in Madrid ausgestellt waren. Zu ihnen gehört auch *Die Übergabe von Breda* (1634-1635) von Velázquez. Ziel des Bild-Ensembles war es, die Triumphe der spanischen Monarchie darzustellen und die spanische Linie der Habsburger-Dynastie als Retter des Christentums zu glorifizieren. Eine wichtige Quelle des Bildes von Maíno war das Theaterstück *El Brasil restituido* (1625) von Lope de Vega: Der siegreiche Admiral D. Fadrique de Toledo fragt sich in einer Zwiesprache mit dem Bildnis des Königs, ob er – wie es dem Großmut eines katholischen Königs geziemt – Milde mit den Besiegten walten lassen soll oder nicht. Im Jahr 1641 entsendet die Stadt Salvador da Bahia Antônio Vieira mit einer Delegation nach Lissabon, um nach der Portugiesischen Restauration im Dezember 1640 dem neuen portugiesischen König, Dom João IV, Treue zu geloben.

Abb. 3: Karte von São Salvador, um 1624. In zahlreichen niederländischen Stichen und Texten wird die Eroberung von Salvador da Bahia gerühmt.

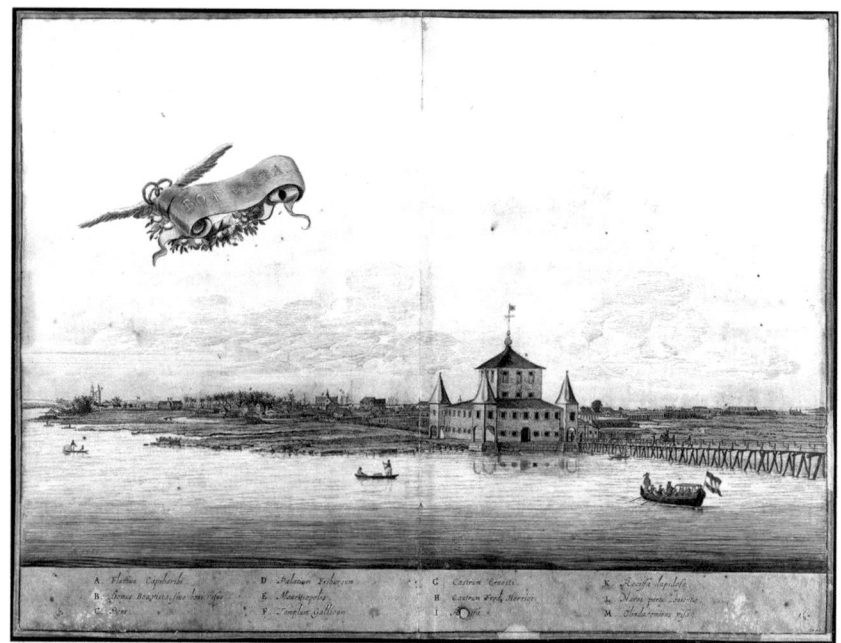

Abb. 4: Palast Boa Vista, 1647. Den Palast ließ Graf Johann Moritz von Nassau-Siegen in Mauritsstad (Pernambuco) errichten.

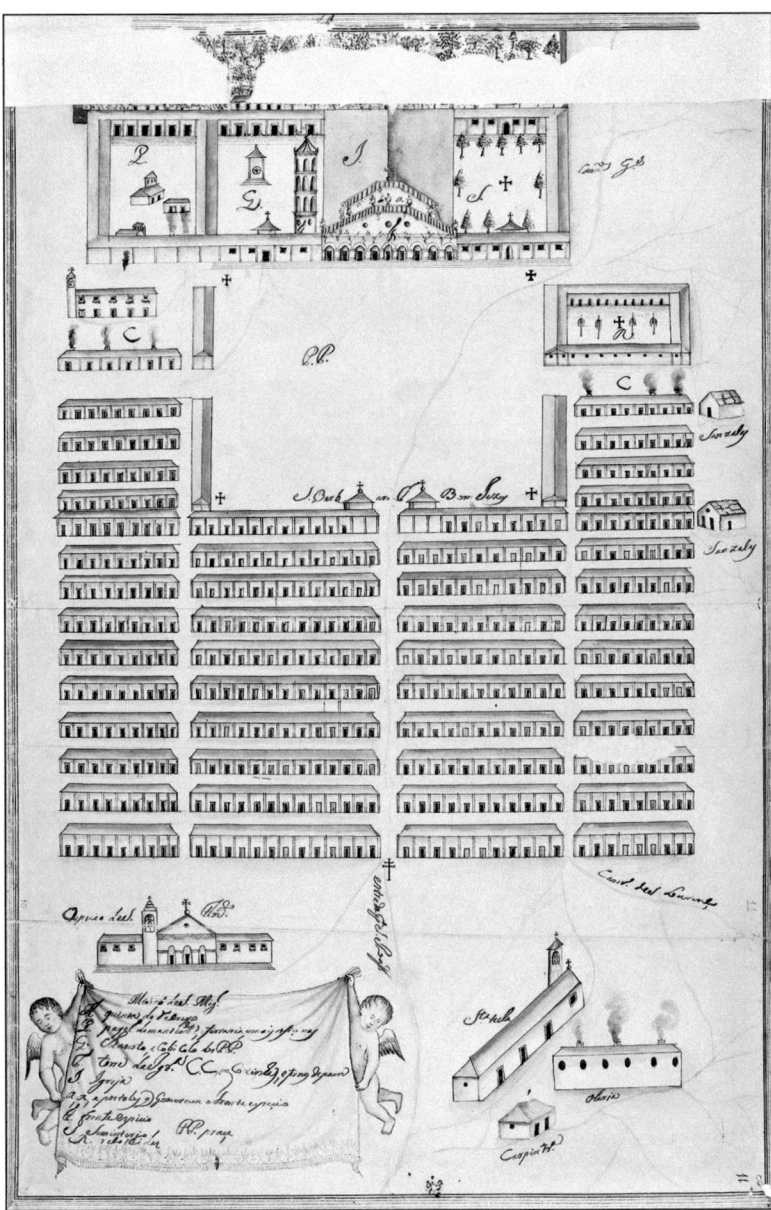

Abb. 5: Grundriss der Jesuitenreduktion von S. Miguel, 1775.

Die Jesuitenreduktionen waren Anlass für zahlreiche diplomatische Konflikte zwischen Spanien und Portugal. Aus dem spanischen Kolonialreich wurden sie 1767 endgültig vertrieben, aus dem portugiesischen sogar 1757.

Abb. 6: Carlos Julião: Das Waschen von Kies durch Sklaven, um 1770.

Der Goldrausch in Minas Gerais löste eine große Migrationswelle aus. Der Preis für Sklaven in der Region stieg so stark an, dass die Zuckerplantagenbesitzer von Bahia den König erfolglos baten, den Abbau von Edelmetallen zu verbieten, um den ökonomischen Wert der Landwirtschaft zu erhalten.

Abb. 7: Carlos Julião: Abbau von Diamanten, um 1770.

Das Gold Brasiliens ermöglichte es dem König Dom João V., die monumentale Schloss- und Klosteranlage von Mafra 50 km nördlich von Lissabon zu errichten. Der Legende nach pflegte er zu sagen: »Meu avô deveu, meu pai temeu; eu não devo nem temo« (frei übersetzt: »Mein Großvater hatte Schulden, mein Vater hatte Angst und ich habe weder Schulden noch Angst«).

Abb. 8: Laurent Deroy nach einer Zeichnung von Johann Moritz Rugendas: »Négres a fond de Calle«. Paris, 1835.

Abb. 9: Thomas Ender: »Spix und Martius auf der Fregatte Austria«, 1817.

Nach der Vermählung 1817 des portugiesischen Thronerben Dom Pedro mit Maria Leopoldine, der Tochter von Kaiser Franz I., wurden mit der österreichisch-bayerischen Brasilienexpedition viele Naturforscher nach Brasilien entsandt.

Abb. 10: Euclides da Cunha, um 1900.

Der Schriftsteller Euclides da Cunha begleitete die Militärexpeditionen gegen das Dorf Canudos und schrieb später das Buch *Os Sertões (Krieg im Sertão)*, in dem er die gewaltsamen Methoden der Republik anklagte.

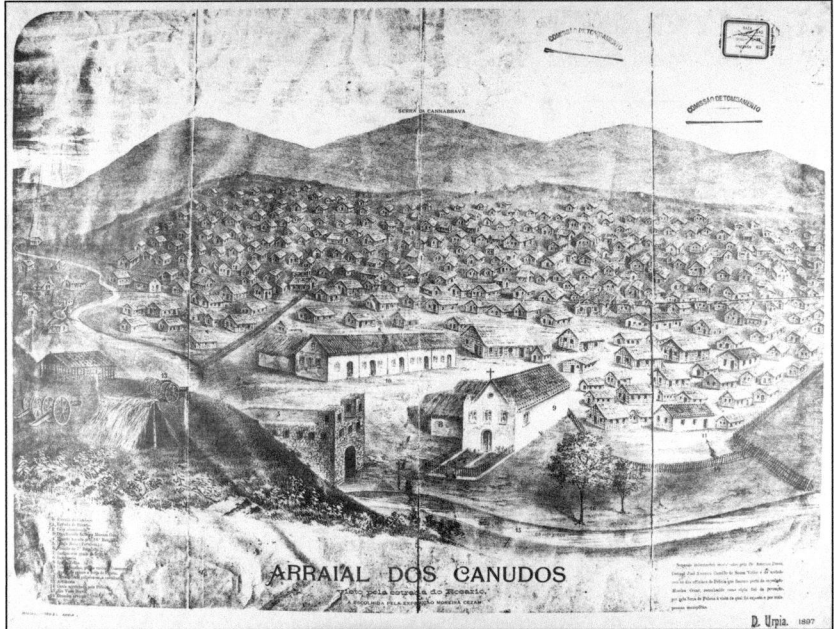

Abb. 11: Das Dorf Canudos, 1897.

Im Zeichen von Ordnung und Fortschritt kämpfte das Militär der jungen Republik Brasilien entschlossen und mit Krupp-Kanonen gegen einen leidenschaftlichen, schlecht bewaffneten Widerstand im Nordosten Brasiliens.

Abb. 12: Ruinen einer jesuitischen Kirche. Insel Marajó, Pará, 2005.

Mitte des 17. Jahrhunderts leistete der Jesuit Padre Vieira fast zehn Jahre lang Missionsarbeit in Maranhão. Die Kolonisten verbannten ihn wegen seiner entschlossenen Verteidigung der indigenen Bevölkerung 1661 schließlich nach Lissabon.

Abb. 13: Blick auf Ouro Preto, ehemals Vila Rica. Ouro Preto, 2012.

Auf der linken Seite stehen im Hintergrund das Museu da Inconfidência (1944 eröffnet) und die ehemalige Casa da Câmara e Cadeia (Rathaus und Gefängnis, um 1780 erbaut), rechts die barocke Kirche Nossa Senhora do Carmo (1766-1772), an deren Ausschmückung Aleijadinho (Antônio Francisco Lisboa) beteiligt war.

Abb. 14: Positivistischer Tempel, Fassade. Porto Alegre, 2007.

Abb. 15: Positivistischer Tempel, Freitreppe. Porto Alegre, 2007.

An der Hauptfassade prangt der positivistische Leitsatz: »O Amor por Princípio, e a Ordem por Base, o Progresso por Fim« (»Die Liebe als Prinzip, und die Ordnung als Basis, der Fortschritt als Ziel«). Die Maxime »Ordem e Progresso« (»Ordnung und Fortschritt«) ist am rechten Türsturz zu lesen.

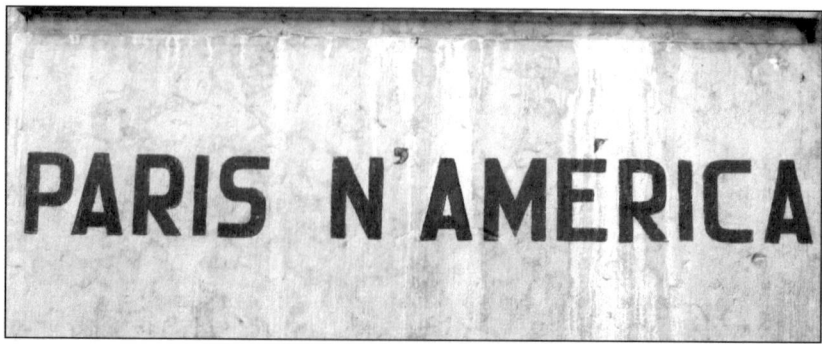

Abb. 16: Das Kaufhaus Paris N'América, Detail der Fassade. Belém do Pará, 2007.

Abb. 17: Das Kaufhaus Paris N'América, Innenansicht. Belém do Pará, 2007.

Der Kautschukboom machte den Ausfuhrhafen des Pflanzensafts, Belém do Pará, reich. Weil die Reise von Belém nach Rio de Janeiro länger dauerte als jene nach Europa, und weil die Kautschukbarone europäische Luxusgüter erwarben, wurde Belém das »Paris in Amerika« genannt. Das gleichnamige Kaufhaus wurde 1870 gegründet. Heute ist es ein heruntergekommenes Stoffgeschäft.

Abb. 18: Ankunft Nelson Rockefellers in Rio de Janeiro. Rio de
Janeiro, um 1940.

Abb. 19: Die Präsidenten Franklin D. Roosevelt
und Getúlio Vargas. Natal, 1943.

Abb. 20: As Amé-
ricas unidas para
a vitória e o pro-
gresso (»Die Ver-
einigten Amerikas
für den Sieg und
den Fortschritt«),
um 1940.

Das Office of Inter-American Affairs unter Nelson A. Rockefeller prägte die inter-
amerikanischen Beziehungen im Zweiten Weltkrieg entscheidend. Es verband
politische mit ökonomischen und kulturellen Strategien und ließ eine Fülle von
Filmen und Wochenschauen, Radiosendungen, Broschüren und Plakaten über
den alliierten Kriegserfolg gegen die Achsenmächte produzieren. 25.000 brasilianische Soldaten kamen als Teil einer US-amerikanischen Einheit 1944 und 1945 in
Italien zum Einsatz. Das Foto vom Treffen zwischen dem brasilianischen Diktator
Getúlio Dornelles Vargas und dem US-amerikanischen Präsidenten Franklin D.
Roosevelt 1943 in Natal symbolisiert die Kriegsbrüderschaft der beiden Staaten.

Abb. 21: Innenansicht des Doms. Brasília, 2009.

Abb. 22: Nationalkongress Brasiliens. Brasília, 2009.

Zwei bedeutende Gebäude von Oscar Niemeyer für die Stadt Brasília: die Kathedrale und der Nationalkongress (beide von 1960) mit Senat (links) und Abgeordnetenhaus (rechts).

Abb. 23: Opfergabe am Iemanjá-Fest. Guarujá, São Paulo, 2013.

Die Candomblé-Göttin Iemanjá repräsentiert das Wasser des Meeres. Jedes Jahr am 2. Februar versammeln sich die Gläubigen an den Stränden Brasiliens, um ihre Opfergaben darzubringen.

Abb. 24: Olubajé-Fest. São Paulo, 2013.

Am Olubajé-Fest zu Ehren des afrikanischen Gottes Obaluaiyê betet man für ein langes Leben und Gesundheit. Er gilt als König und Herr der Erde.

Abb. 25: Samba tanzende Frau. Florianópolis, Santa Catarina, 2011.

Ursprünglich aus Rio de Janeiro stammend, ist der Samba heute in vielen Regionen Brasiliens fester Bestandteil der Alltagskultur.

Abb. 26: Samba-Session (»Roda de Samba«). Rio de Janeiro, Bar Bip-Bip, 2012.

In Copacabana findet man immer noch volkstümliche Lokale (»botecos«), wo sich die Gäste aller Altersklassen zu Samba-Sessions zusammenfinden.

Abb. 27: Roberto Menescal bei einem Interview. Copacabana, Rio de Janeiro, 2012.

Roberto Menescal ist einer der Mitbegründer des Bossa Nova, welcher einer urbanen Legende zufolge nach in der Wohnung der Sängerin Nara Leão seinen Anfang nahm.

Die allgemein verbreitete Wertschätzung und aktive Pflege der vielfältigen brasilianischen Populärkultur trägt zur individuellen, regionalen und nationalen Identitätsbildung bei.

Abb. 28: Museu de Arte de São Paulo, MASP. São Paulo, 2013.

Abb. 29: Décio Pignatari, Eugen Gomringer, Augusto de Campos. Genf, 2002.

Die wirtschaftliche Macht São Paulos wird im Laufe des 20. Jahrhunderts auch im kulturellen Bereich sichtbar: Semana de Arte Moderna (1922), Universität São Paulo (1934) und das Museu de Arte de São Paulo (1947). In diesem Museum befindet sich die größte und umfangreichste Sammlung europäischer Kunst in Lateinamerika. Das von der Architektin Lina Bo Bardi entworfene und 1968 eröffnete Museum ist eines der wichtigsten architektonischen Beispiele der Moderne in Brasilien. In den 50er Jahren entsteht die avantgardistische Bewegung Konkrete Poesie (»poesia concreta«). Die internationale Verbindung zwischen den brasilianischen Dichtern und Eugen Gomringer wurde bisher von den jeweiligen Nationalliteraturen kaum beachtet.

Abb. 30: Le Monde diploma-tique, *Januar 2001.*

Anlässlich des Weltsozialfo-rums konstatiert der Chef-redakteur Ignacio Ramonet: »Le nouveau siècle com-mence à Porto Alegre« (»Das neue Jahrhundert beginnt in Porto Alegre«).

Abb. 31: Der ehemalige Präsident Lula beim zweiten nationalen Blogger-Treffen. Brasília, 2011.

Die Arbeiterpartei (»Partido dos Trabalhadores«) regiert die Stadt Porto Alegre 16 Jahren lang (1989-2005) und wirkt an drei Weltsozialforen (2001, 2002 und 2003) mit, um sozial gerechte Alternativen zur neoliberalen Wirtschaftspolitik des Internationalen Währungsfonds zu erarbeiten. Lula besucht das Blogger-Treffen, um den Pluralismus und die weitere Ausdifferenzierung der Medien-landschaft in Brasilien zu unterstützen.

Abb. 32: Demonstration in Porto Alegre. 24. Juni 2013.

Mehr als 20.000 Personen demonstrieren friedlich auf der Avenida Borges de Medeiros.

Abb. 33: Widerstand auf der Avenida Borges de Medeiros.

Die Polizei versperrt sowohl den Zugang zum Regierungspalast als auch zur »esquina democrática«.

Abb. 34: Tränen auf der Straße Duque de Caxias.

Die Gewaltanwendung gegen die DemonstrantInnen bewegt auch einzelne Polizisten.

Der massive Einsatz polizeilicher Gewalt angesichts der Demonstrationen im Juni 2013 gegen die Fahrpreiserhöhung erinnert an die Methoden der Militärdiktatur. Als Reaktion darauf werden die Protestmärsche allgemein unterstützt und die Forderungen auf weitere Bereiche ausgeweitet: Bildung, Gesundheit, Korruption etc.

Karten- und Abbildungsverzeichnis

Karten 1 bis 4: Die Gestaltung der Karten wurde von Enrique Rodrigues-Moura konzipiert und von Kilian Wilde (wilde-grafik.com) graphisch realisiert.

Abb. 1: Luís Teixeira (zugeschrieben): »Mapa do Brasil, abrangendo toda a costa, desde o delta do Amazonas ao Estreito de Magalhães« (Zeichnung, 470x650 mm). In: Luís Teixeira (zugeschrieben). *Roteiro de todos os sinais, conhecimentos, fundos, baixos, alturas e derrotas que há na costa do Brasil desde o cabo de Santo Agostinho até ao estreito de Fernão de Magalhães*, ca. 1574-1582. Lisboa, Biblioteca da Ajuda.

Abb. 2: Juan Bautista Maíno: *Recuperación de Bahía de Todos los Santos* (Ölgemälde, 309x381 cm, Katalognummer P00885, 1634-35). © Madrid, Museo Nacional del Prado.

Abb. 3: *Mapa de São Salvador* (Amsterdam, o. A., um 1624). Acervo da Fundação Biblioteca Nacional – Brasil.

Abb. 4: Franz Post: »Boa Vista« (Stich). In: Kaspar Van Baerle. *Rerum per Octennium in Brasilia...* Amstelodami (Amsterdam): Ex. Typographico Ioannis Blaev, 1647. Acervo da Fundação Biblioteca Nacional – Brasil.

Abb. 5: »Planta manuscrita da Missão de S. Miguel« (Zeichnung, o. A.). In: *Cartas topograficas do Continente do Sul e parte Meridional da America Portugueza: com as batalhas que o Illmo. e Exmo. Conde de Bobadella ganhou aos indios das missoens do Paraguay* (1775). Acervo da Fundação Biblioteca Nacional – Brasil.

Abb. 6: Carlos Julião [Carlo Juliani]: »Serro Frio: trabalho de lavagem do cascalho, feito por escravos« (Zeichnung). In: Carlos Julião. *Noticia summaria do gentilismo da Asia: com dez riscos illuminados* (um 1770). Acervo da Fundação Biblioteca Nacional – Brasil.

Abb. 7: Carlos Julião [Carlo Juliani]: »Extração de diamante« (Zeichnung). In: Carlos Julião: *Noticia summaria do gentilismo da Asia: com dez riscos illuminados* (um 1770). Acervo da Fundação Biblioteca Nacional – Brasil.

Abb. 8: Laurent Deroy nach einen Zeichnung von Johann Moritz Rugendas: »Négres a fond de Calle« (Stich). In: Johann Moritz Rugendas: *Voyage pittoresque dans le Brésil*. Paris: Institute de France, 1835. Acervo da Fundação Biblioteca Nacional – Brasil.

Abb. 9: Thomas Ender: *Aspecto tirado a bordo da fragata Áustria em sua viagem para o Rio de Janeiro em 9 de abril de 1817 vendo-se entre outros passageiros, Spix e Martius* (Stich, Einzelblatt, 1817). Acervo da Fundação Biblioteca Nacional – Brasil.

Abb. 10: *Euclides da Cunha* (Analogfotografie, o. A. und o. J.). Acervo da Fundação Biblioteca Nacional – Brasil.

Abb. 11: *Arraial dos Canudos visto pela estrada do Rosário. A escolhida pela expedição Moreira Cezar.* (Stich, Einzelblatt, o. A., 1897). Acervo da Fundação Biblioteca Nacional – Brasil.

Abb. 12: André Mellagi: *Ruínas da Igreja jesuíta da praia de Joanes, Ilha de Marajó* (Analogfotografie). Ilha de Marajó, 2005.

Abb. 13: Joice Santos: *Vista de Ouro Preto* (Digitalfotografie). Ouro Preto, 2012.

Abb. 14: Enrique Rodrigues-Moura: *Templo Positivista de Porto Alegre, fachada* (Digitalfotografie). Porto Alegre, 2007.

Abb. 15: Enrique Rodrigues-Moura: *Templo Positivista de Porto Alegre, escadaria (detalhe)* (Digitalfotografie). Porto Alegre, 2007.

Abb. 16: Enrique Rodrigues-Moura: *Loja Paris N'América, detalhe exterior* (Digitalfotografie). Belém do Pará, 2007.

Abb. 17: Enrique Rodrigues-Moura: *Loja Paris N'América, interior* (Digitalfotografie). Belém do Pará, 2007.

Abb. 18: *Nelson Rockefeller chegando ao Rio Janeiro* (Analogfotografie, o. A., um 1940). Rio de Janeiro. Centro de Pesquisa e Documentação de História Contemporânea do Brasil (CPDOC), Fundação Getúlio Vargas.

Abb. 19: *Os Presidentes Franklin D. Roosevelt e Getúlio Vargas* (Analogfotografie). Natal, 1943. In: *Brazil and the USA. What do we have in common?* Washington: Brazilian Embassy, 1997. Centro de Pesquisa e Documentação de História Contemporânea do Brasil (CPDOC), Fundação Getúlio Vargas.

Abb. 20: *As Américas unidas para a vitória e o progresso* (Werbungsplakat für das OIAA, o. A., um 1940). National Archives Records Administration, Library of Congress, Washington (public domain), RG 229, Coordination Committee for Brazil, Box 1303, Folder 05.6 (Publicity).

Abb. 21: Ursula Prutsch: *Catedral Metropolitana de Nossa Senhora Aparecida* (Digitalfotografie). Brasília, 2009.

Abb. 22: Ursula Prutsch: *Congresso Nacional do Brasil* (Digitalfotografie). Brasília, 2009.

Abb. 23: André Mellagi: *Oferenda na festa de Iemanjá* (Digitalfotografie). São Paulo, praia da Enseada no Guarujá, 2013.

Abb. 24: André Mellagi: *Festa de Olubajé* (Digitalfotografie). São Paulo, terreiro Ilê Afro-brasileiro Odé Lorecy Asé Ketu, 2013.

Abb. 25: Rafa Ferretti: *Mulher sambando* (Digitalfotografie). Ensaio da Escola de Samba Unidos da Lagoa da Conceição, Florianópolis, 2011.

Abb. 26: Márcio Lana-Lopes: *Roda de Samba* (Digitalfotografie). Rio de Janeiro, Bar Bip-Bip, 2012.

Abb. 27: Rafa Ferretti: *Roberto Menescal dando entrevista em Copacabana* (Digitalfotografie). Rio de Janeiro, 2012.

Abb. 28: Roberto Deman: *Museu de Arte de São Paulo Assis Chateaubriand, MASP* (Digitalfotografie). São Paulo, 2013.

Abb. 29: *Décio Pignatari, Eugen Gomringer, Augusto de Campos* (Analogfotografie, o. A.). Genf, 2002.

Abb. 30: Titelseite des *Le Monde diplomatique* (Gescanntes Bild). Paris, Januar 2001.

Abb. 31: *Ex-Presidente Lula no II Encontro Nacional de Blogueiros Progressistas* (Digitalfotografie, o. A.). Brasília, 2011.

Abb. 32: Rafa Ferretti: *Manifestação em Porto Alegre: ocupando a Borges de Medeiros* (Digitalfotografie). Porto Alegre, 24. Juni 2013.

Abb. 33: Rafa Ferretti: *Manifestação em Porto Alegre: resistindo na Borges de Medeiros* (Digitalfotografie). Porto Alegre, 24. Juni 2013.

Abb. 34: Rafa Ferretti: *Manifestação em Porto Alegre: lágrima na Duque de Caxias* (Digitalfotografie). Porto Alegre, 24. Juni 2013.

Ausgewählte Literatur

Albrecht, Sascha. »Seemacht Brasilien? Maritime Ambitionen einer aufstrebenden Macht im Südatlantik.« SWP Studie. Berlin: September 2011.

Alves, Vágner Camilo. *Da Itália à Coréia. Decisões sobre ir ou não à guerra.* Belo
Horizonte, Rio de Janeiro: Editora UFMG, IUPERJ, 2007.

Ávila, Affoso. *O lúdico e as projeções do mundo barroco.* 2 Bde. São Paulo: Perspectiva, ³1994.

Bellos, Alex. *Futebol. Fußball. Die brasilianische Kunst des Lebens.* Berlin: Edition
Tiamat, 2004.

Bernecker, Walther L., Horst Pietschmann, Rüdiger Zoller. *Eine kleine Geschichte
Brasiliens.* Frankfurt a.M.: Suhrkamp, 2000.

Berthels, D.E., B.N. Komissarov, T.I. Lysenko. *Materialien der Brasilien-Expedition 1821-1829 des Akademiemitgliedes Georg Heinrich Freiherr von Langsdorff
(Grigorij Ivanovic Langsdorff).* Berlin: Verlag Dietrich Reimber, 1979.

Birle, Peter, Sérgio Costa and Horst Nitschack (Ed.). *Brazil and the Americas. Convergences and Perspectives.* Frankfurt a.M.: Iberoamericana, Vervuert, 2008.

Boeckh, Andreas. »Politik und Reform(un)fähigkeit in Brasilien.« In *Brasilien.
Entwicklungsland oder tropische Großmacht des 21. Jahrhunderts?*, hg. von Gerd
Kohlhepp, 81-103. Tübingen: Attempto Verlag, 2003.

Boxer, Charles R. *The golden age of Brazil – 1695/1750. Growing pains of a colonial
society.* Berkeley: University of California Press, ²1964.

Boxer, Charles. *The Portuguese Seaborne Empire 1415-1825.* Londres: Hutchinson,
1969.

Buarque de Hollanda, Heloisa. »A short Sketch on some Signs of Transforma-
tion in Brazilian Urban Imaginary.« In *Brazil and the Americas. Convergences
and Perspectives*, ed. by Peter Birle, Sérgio Costa and Horst Nitschack, 171-183.
Frankfurt a.M.: Iberoamericana, Vervuert, 2008.

Burgess, Stanley M. and Eduard M. van der Maas. *The New International Dic-
tionary of Pentecostal and Charismatic Movements.* Grand Rapids: Zondervan
2002.

Burke, Peter. *Eleganz und Haltung. Die Vielfalt der Kulturgeschichte.* Berlin. Verlag
Klaus Wagenbach, 1997.

Burns, E. Bradford. *A History of Brazil.* New York: Columbia University Press, 1993.

Busch, Alexander. *Wirtschaftsmacht Brasilien.* München: Hanser Verlag, 2011.

Candido, Antonio. *Formação da literatura brasileira: momentos decisivos (1750-1836).* 2 Vols. São Paulo: Martins Editores, [8]1997.

Cardim, Pedro y Palos, Joan-Lluís (Eds.). *El mundo de los virreyes en las monarquías de España y Portugal.* Madrid: Iberoamericana, Vervuert, 2012.

Cardoso, Fernando Henrique. »Brasilien: Land der Zukunft.« In *Brasilien: Land der Zukunft?*, hg. von Rafael Sevilla und Darcy Ribeiro, 15-26. Bad Honnef: Horlemann, 1995.

Correia Campos, Márcio und Christopher F. Laferl, »Kaffeehausliteratur in Rio de Janeiro.« In *Literarische Kaffeehäuser. Kaffeehausliteraten*, hg. von Michael Rössner, 489-509. Wien, Köln, Weimar: Böhlau Verlag, 1999.

Costa, Sérgio, Gerd Kohlhepp, Horst Nitschak und Hartmut Sangmeister (Hg.). *Brasilien heute.* Frankfurt a.M., Vervuert, 2010.

Couto, Jorge. *A construção do Brasil. Ameríndios, portugueses e africanos, do início do povoamento a finais de Quinhentos.* Lisboa: Cosmos, [2]1997.

Coy, Martin. »São Paulo. Entwicklungstrends einer brasilianischen Megastadt.« *Geographica Helvetica*, 56, 4 (2001): 274-288.

Coy, Martin (Moderation). *Geographische Rundschau* 9 (Westermann, 2010).

De Dijn, Rosine. *Das Schicksalsschiff. Rio de Janeiro – Lissabon – New York 1942.* München: Deutsche Verlags-Anstalt, 2009.

Dewulf, Jeroen. *Brasilien mit Brüchen.* Zürich: Verlag Neue Zürcher Zeitung, 2007.

»Die Diktatur lebt in den Köpfen fort«. Ein Gespräch mit dem brasilianischen Schriftsteller Ignácio Loyola Brandão. *Süddeutsche Zeitung*, 8./9. 8. 1992.

Eckl, Marlen. »*Das Paradies ist überall verloren*«. *Das Brasilienbild von Flüchtlingen des Nationalsozialismus.* Frankfurt a.M.: Vervuert, Iberoamericana, 2010.

Fausto, Boris. *Getúlio Vargas.* São Paulo: Companhia das Letras, 2006.

Fausto, Boris. *História do Brasil.* São Paulo: Edusp, Fundação do Desenvolvimento da Educação, [2]1995.

Fereira Perazzo, Priscila. *Prisioneiros da guerra.* São Paulo: Fapesp, Humanitas, imprensaoficial, 2009.

Gama, Rinaldo. »Sombra e água fresca. Campos de concentração brasileiros foram colônia de férias para os alemães do navio Windhuk.« *Veja*, 15 de fevereiro 1995, 110-111.

Garcia Pallares-Burke, Maria Lúcia. *Gilberto Freyre. Um vitoriano dos trópicos.* São Paulo: Editora UNESP, 2005.

Guedes, Max Justo. *O descobrimento do Brasil.* Lisboa: Vega, [2]1989.

Grünberg, Georg e Aloisio Cabalzar. »Processos de autonomia e desenvolvimento sustentável na Região do Alto e Médio Rio Negro, Amazonas, Brasil.« *Informe para ISA/Projeto Latautonomy.* São Paulo, 2003.

Hansen, João Adolfo. *A sátira e o engenho. Gregório de Matos e a Bahia do século XVII*. São Paulo: Companhia das Letras, Secretaria de Estado da Cultural, 1989.

Hofbauer, Andreas. »Candomblé. Der Weg einer ethnischen Religion ins globale Zeitalter.« *Anthropos* 97 (2002): 127-145.

Hofbauer, Andreas. *Afro-Brasilien*. Wien: Promedia Verlag, 1995.

Klein, Marcus. *Our Brazil Will Awake! The Acção Integralista Brasileira and the Failed Quest for a Fascist Order in the 1930s*. Amsterdam: CEDLA, 2004.

Kohlhepp, Gerd (Hg.). *Brasilien. Entwicklungsland oder tropische Großmacht des 21. Jahrhunderts?* Tübingen: Attempto Verlag, 2003.

»Kommandos. Freunde und Drogenhandel.« Interview mit dem Journalisten und Schriftsteller Julio Ludemir über die organisierte Drogenkriminalität in Rio de Janeiro, *Lateinamerika Nachrichten* 370, April 2005, 17-22.

Kornbluh, Peter (Ed.). »Brazil marks 40th Anniversary of Military Coup.« George Washington University, www.gwu.edu/~nsarchiv/NSAEBB/NSAEBB118/index.htm [letzter Zugriff: 4.5.2013].

Leite, Serafim. *História da Companhia de Jesus no Brasil*, 10 Vols. Rio de Janeiro: Imprensa Nacional, 1938-1950.

Lesser, Jeffrey. *A discontented diaspora. Japanese Brazilians and the Meanings of Ethnic Militancy, 1960-1980*. Durham and London: Duke University Press, 2007.

Leubolt, Bernhard. *Staat als Gemeinwesen. Das Partizipative Budget in Rio Grande do Sul und Porto Alegre*. Wien: LIT, 2006 (= Investigaciones. Forschungen zu Lateinamerika 8).

Levine, Robert M. *Brazilian Legacies*. Armonk, London: M.E. Sharpe, 1997.

Lévi-Strauss, Claude. *Traurige Tropen*. Frankfurt a.M.: Suhrkamp Verlag, 1978.

Lopez, Adriana e Carlos Guilherme Mota. *História do Brasil. Uma interpretação*. São Paulo, SENAC, 2008.

Lübken, Uwe. *Bedrohliche Nähe. Die USA und die nationalsozialistische Herausforderung in Lateinamerika, 1937-1945*. Stuttgart: Franz Steiner Verlag, 2004.

Mauro, Fréderic (Ed.). *O império luso-brasileiro 1620-1750*. Vol. VII. In *Nova história da expansão portuguesa*, ed. por Joel Serrão e A.H. de Oliveira Marques. Lisboa: Estampa, 1991.

Mello, Evaldo Cabral de. *O negócio do Brasil. Portugal, os Países Baixos e o Nordeste, 1641-1669*. Rio de Janeiro: Topbooks, ²1998.

»Mit unsichtbarer Tinte.« *Der Spiegel* 5/1998, 180-182.

Morais, Fernando. *Chatô. O rei do Brasil*. São Paulo: Companhia das Letras, 1994.

Needell, Jeffrey. »Brazilian Abolitionism, Its Historiography and the Uses of Political History.« *Journal of Latin American Studies*, vol. 42, part 2 (May 2010): 231-261.

Novais, Fernando (Ed.). *História da vida privada no Brasil*. Vol. 1: Laura de Mello e Souza (Ed.). *Cotidiano e vida privada na América portuguesa*. Vol. 2: Luiz

Felipe de Allencastro (Ed.). *Império: a corte e a modernidade nacional*. Vol. 3: Nicolau Sevcenko (Ed.). *República: da Belle Époque à era do rádio*. Vol. 4: Lilia Moritz Schwarcz (Ed.). *Contrastes da intimidade contemporânea*. São Paulo: Companhia das Letras, 1997-1998.

Novinsky, Anita. *Cristãos novos na Bahia: a Inquisição no Brasil*. São Paulo: Perspectiva, ²1992.

Novy, Andreas. »Widersprüche des brasilianischen Entwicklungsstaats.« In Lateinamerika nach der Krise: Entwicklungsmodelle und Verteilungsfragen, hg. von Ivan Lesay und Bernhard Leubolt, 117-130. Wien: LIT, 2012 (= ¡Atención! Jahrbuch des Österreichischen Lateinamerika-Instituts 15).

Oehrlein, Josef. »Die Ruralisten gewinnen immer«, in: *FAZ*, 4.12.2012, 6.

Oliven, Ruben. *Tradition Matters. Modern Gaúcho Identity in Brazil*. New York: Columbia University Press, 1996.

Os primeiros 14 documentos relativos à armada de Pedro Álvares Cabral. Ed. por Joaquim Romero Magalhães e Susana Münch Miranda. Lisboa: Comissão Nacional para as Comemorações dos Descobrimentos Portugueses, Instituto dos Arquivos Nacionais, Torre do Tombo, 1999.

Pfeisinger, Gerhard. »Die portugiesische Kolonie Brasiliens und das brasilianische Kaiserreich 1500-1889.« In *Lateinamerika 1492-1850/70*, hg. von Friedrich Edelmayer, Bernd Hausberger und Barbara Potthast, 62-77. Wien: Promedia Verlag, 2005.

Pollak, Martin. *Kaiser von Amerika. Die große Flucht aus Galizien*. Wien: Zolnay, 2010.

Preuss, Ori. *Bridging the Island. Brazilian's Views of Spanish America and Themselves, 1865-1912*. Madrid: Vervuert, Iberoamericana, 2011.

Prutsch, Ursula. »Von Indigenen, Europäern und Japanern: die Globalisierung Paranás im frühen 20. Jahrhundert.« In *Brasilien in der Welt. Region, Nation und Globalisierung*, hg. von Georg Fischer, Christina Peters, Stefan Rinke und Frederik Schulze, 139-163. Frankfurt a.M.: Campus, 2013.

Prutsch, Ursula. »Lateinamerika und die USA – eine konfliktreiche Beziehungsgeschichte (1823-2008).« In *Nordamerika. Geschichte und Gesellschaft seit dem 18. Jahrhundert*, hg. von Margarete Grandner und Marcus Gräser, 234-254. Wien: Promedia Verlag, 2009.

Prutsch, Ursula. *Creating Good Neighbors? Die Kultur- und Wirtschaftspolitik der USA in Lateinamerika, 1940-1946*. Stuttgart: Franz Steiner Verlag, 2008.

Prutsch, Ursula. »El príncipe Rodolfo de Habsburgo posee tierra en el Brasil. Problemas que afronta la historia de la migración austro-húngara.« In *Emigración Centroeuropea a América Latina*, ed. por *Josef Opatrny*, 195-204. Praga: Universidad Carolina, 2001.

Randolpho Paiva, Angela. »Brasilianischer Katholizismus: Unterschiedliche Arten der Affinität mit dem sozialen Wandel.« In *Das moderne Brasilien*, hg.

von Thomas Kühn und Jessé Souza, 192-212. Wiesbaden: VS Verlag für Sozialwissenschaften, 2006.

Rinke, Stefan, Frederik Schulze. *Kleine Geschichte Brasiliens*. München: Verlag C.H.Beck, 2013.

Rodrigues Mororó, Rogerio. »Das partizipative Planungskonzept von Porto Alegre zwischen Wirklichkeit und Mythos.« In *Global Change: Herausforderungen für Lateinamerika*, hg. von Martin Coy und Martina Neuburger, 109-121. Innsbruck: Geographie Innsbruck Selbstverlag, 2011.

Rodrigues-Moura, Enrique. »Territorio, moral y nación. Los pupitres de la escuela. Olavo Bilac y Manuel Bomfim.« *ARBOR Ciencia, Pensamiento y Cultura* CLXXXIII 724 marzo-abril (2007): 227-241.

Rodrigues-Moura, Enrique. »El modelo político de las *empresas políticas* de Saavedra Fajardo. Sus adaptaciones en Graz (1666-1685) y Salvador de Bahía (1710).« In *Centros y periferias en España y Austria: aspectos literarios y culturales*, ed. por Carlos Buján López y María José Domínguez Vázquez, 223-251. Bern et.al.: Peter Lang, 2009.

Rodrigues-Moura, Enrique. »Engenho poético para cantar um artifício engenhoso. O astrolábio de Valetim Estancel nos versos de Botelho de Oliveira e Gregório de Matos.« *Navegações. Revista de Cultura e Literaturas de Língua Portuguesa*, Vol. 4, N.° 2, Julho-Dezembro (2011): 151-166.

Ruy, Affonso. *História da Câmara Municipal da Cidade de Salvador*. Salvador: Câmara Municipal, ³2002.

Sá, Isabel dos Guimarães. *Quando o rico se faz pobre: Misericórdias, caridade e poder no império português 1500-1800*. Lisboa: Comissão Nacional para as Comemorações dos Descobrimentos Portugueses, 1997.

Sadlier, Darlene J. *Brazil Imagined. 1500 to the Present*. Austin: University of Texas Press, 2008.

Saldanha, António Vasconcelos de. *As capitanias do Brasil. Antecedentes, desenvolvimento e extinção de um fenómeno atlântico*. Lisboa: Comissão Nacional para as Comemorações dos Descobrimentos Portugueses, 2001.

Sansone, Livio. *Blackness without Ethnicity. Constructing Race in Brazil*. New York: Palgrave Macmillan, 2003.

Schaeber, Petra. »Von den Flechtfrisuren der Blocos Afros zu Dreadlocks im Hörsaal – die Bedeutung kultureller Bewegungen für das moderne Brasilien.« In *Das moderne Brasilien*, hg. von Thomas Kühn und Jessé Souza, 320-339. Wiesbaden: VS Verlag für Sozialwissenschaften, 2006.

Schäfer, Heinrich Wilhelm. »Pombagira y el obispo: sobre identidades religiosas transnacionales. *La Igreja Universal do Reino de Deus* en Brasil y Mozambique.« *Fiar. Forum for Inter-American Research. The Journal of the International Association of Inter-American Studies*, www.interamerica.de/volumce-6-1/schaefer/1-24. [letzter Zugriff: 10.6.2013].

Schirm, Stefan. »Brasilien: Außenpolitik.« In *Brasilien heute. Politik, Wirtschaft, Kultur*, hg. von Dietrich Briesemeister et.al., 243-254. Frankfurt a.M.: Vervuert 1994.

Schmieder, Ulrike, Katja Füllberg-Stolberg, Michael Zeuske (Hg.). *The End of Slavery in Africa and the Americas. A Comparative Approach*. Berlin: LIT, 2011.

Schmitt, Tobias. »Globaler Wandel und die soziale Konstitution der Naturverhältnisse im Nordosten Brasiliens.« In *Global Change: Herausforderungen für Lateinamerika*, hg. von Martin Coy und Martina Neuburger, 75-89. Innsbruck: Geographie Innsbruck Selbstverlag, 2011.

Schmutzer, Kurt. »*Der Liebe zur Naturgeschichte halber*«. Wien, Verlag der Österreichischen Akademie der Wissenschaften, 2011.

Schultz, Kirsten. *Tropical Versailles. Empire, Monarchy, and the Portuguese Royal Court in Rio de Janeiro, 1808-1821*. New York, London: Routledge, 2001.

Schwarcz, Lilia Moritz. *As barbas do imperador. D. Pedro II, um monarca nos trópicos*. São Paulo: Companhia das Letras, 1998.

Schwartz, Stuart B. *Sugar plantations in the formation of Brazilian society, Bahia, 1550-1835*. Cambridge: Cambridge University Press, 1985.

Schwartz, Stuart B. *Da América Portuguesa ao Brasil. Estudos históricos*. Algés: Difel, 2003.

Schwartz, Stuart B. *Sovereignty and Society in Colonial Brazil: The High Court of Bahia and Its Judges, 1609-1751*. Berkeley: University of California Press, 1973.

Schwarzmayr, Tamara. »Telenovelas: Weltflucht und Sozialromantik.« In *Imágenes – Bilder und Filme aus Lateinamerika*, hg. von Daniela Ingruber und Ursula Prutsch, 145-155. Wien: LIT, 2007.

Seefranz, Catrin. *Tupi Talking Cure. Zur Aneignung Freuds im antropofagischen Modernismus Brasiliens*. Wien: LIT, 2013 (= Investigaciones. Forschungen zu Lateinamerika 18).

Singer, André. *Os sentidos do Lulismo – Reforma gradual e pacto conservador*. São Paulo: Companhia das Letras, 2012.

Skidmore, Thomas E. *Brazil. Five Centuries of Change*. New York: Oxford University Press, 1997.

Stahl, Daniel. *Nazi-Jagd. Südamerikas Diktaturen und die Ahndung von NS-Verbrechen*. Göttingen: Wallstein Verlag, 2013.

Stam, Robert. »Tropicalia, Transe-Brechtianismo and the Multicultural Theme.« In *Brazil and the Americas. Convergences and Perspectives*, ed. by Peter Birle, Sérgio Costa andHorst Nitschack, 223-237. Madrid, Frankfurt a.M.: Vervuert, Iberoamericana, 2008.

Stolcke, Verena. *Coffee Planters, Workers and Wives. Class Conflict and Gender Relations on São Paulo Plantations,1850-1980*. Oxford: Macmillan Press, 1988.

Sullivan, Edward J. (Ed.). *Brazil. Body & Soul*. New York: Solomon R. Guggenheim Museum, 2001.

Tavares, Luís Henrique Dias. *História da Bahia*. São Paulo, Salvador BA: UNESP, EDUFBA, [10]2001.

Tucci Carneiro, Maria Luiza e Marcia Yumi Takeuchi (Eds.). *Imigrantes Japoneses no Brasil. Trajetória, Imaginário e Memória*. São Paulo: Edusp, 2010.

Vainfas, Ronaldo. *Trópicos dos pecados: Moral, sexualidade e Inquisição no Brasil*. Rio de Janeiro: Nova Fronteira, [4]1997.

Viotti da Costa, Emília. *Da Senzala à Colônia*. São Paulo: Editora Unesp, 1997.

Wehling, Arno e Maria José C. M. Wehling. *Formação do Brasil colonial*. Rio de Janeiro: Nova Fronteira, [2]1999.

Wendt, Astrid. *Kannibalismus in Brasilien. Eine Analyse europäischer Reiseberichte und Amerika-Darstellungen für die Zeit zwischen 1500 und 1654*. Frankfurt a.M. et.al.: Peter Lang, 1989.

Wiedemann, Hilde. »Leben in Recife.« In: Marlen Eckl (Hg.), »*...auf brasilianischem Boden fand ich eine neue Heimat«. Autobiographische Texte deutscher Flüchtlinge des Nationalsozialismus 1933-1945*, 318-327. Remscheid: Gardez! Verlag, 2005.

Wöhlcke, Manfred. *500 Jahre Brasilien. Die Entstehung einer Nation*. Strasshof: 4/4 Verlag, 2000.

Wolfe, Joel. *Working Women, Working Men. São Paulo and the Rise of Brazil's Industrial Working Class. 1900-1955*. Durham, London: Duke University Press, 1993.

Wolfe, Joel. *Autos and Progress. The Brazilian Search for Modernity*. Oxford: Oxford University Press, 2010.

Wollowski, Christine. »Schmutzigweiß, sonnenverbrannt und nußbraun.« *FAZ*, 22.2.2010.

Ziegler, Béatrice. »Wirkungen der Einwanderungs- und Kolonisationspolitik Brasiliens im 19. Jahrhundert: eine segmentierte und hierarchisierte Wirtschaft und Gesellschaft.« In *Brasilien im amerikanischen Kontext*, hg. von Horst Nitschack, 91-115. Frankfurt a.M.: TFM, 2005.

Zilly, Berthold. »Nachwort. Das Vaterland zwischen Parodie, Utopie und Melancholie.« In Lima Barreto. *Das traurige Ende des Policarpo Quaresma*, 309-336. Zürich: Ammann Verlag, 2001.

Amerika: Kultur – Geschichte – Politik

BÄRBEL HARJU
Rock & Religion
Eine Kulturgeschichte
der christlichen Popmusik in den USA

2012, 272 Seiten, kart., 28,80 €,
ISBN 978-3-8376-2050-4

NADINE KLOPFER
Die Balkone von New Orleans
Städtischer Raum
und lokale Identität um 1900

2012, 362 Seiten, kart.,
zahlr. z.T. farb. Abb., 39,80 €,
ISBN 978-3-8376-2083-2

CHARLOTTE A. LERG
Amerika als Argument
Die deutsche Amerika-Forschung
im Vormärz und ihre politische Deutung
in der Revolution von 1848/49

2011, 392 Seiten, kart., 35,80 €,
ISBN 978-3-8376-1670-5

**Leseproben, weitere Informationen und Bestellmöglichkeiten
finden Sie unter www.transcript-verlag.de**